Gerhard Jungfer

Strafverteidigung

Annäherung an einen Beruf

Rechtsgeschichte und Rechtsgeschehen

Paperbacks

herausgegeben von

Prof. Dr. Dr. Thomas Vormbaum

Band 2

LIT

Gerhard Jungfer

Strafverteidigung

Annäherung an einen Beruf

Herausgegeben von
Thomas Röth

LIT

Gedruckt mit freundlicher Unterstützung der Rechtsanwaltskammer Berlin und der Vereinigung Berliner Strafverteidiger e. V.

Gedruckt auf alterungsbeständigem Werkdruckpapier entsprechend
ANSI Z3948 DIN ISO 9706

Bibliografische Information der Deutschen Nationalbibliothek
Die Deutsche Nationalbibliothek verzeichnet diese Publikation in der Deutschen Nationalbibliografie; detaillierte bibliografische Daten sind im Internet über http://dnb.d-nb.de abrufbar.

ISBN 978-3-643-13480-6

Verlagskontakt:
Fresnostr. 2 D-48159 Münster
Tel. +49 (0) 2 51-62 03 20 Fax +49 (0) 2 51-23 19 72
E-Mail: lit@lit-verlag.de http://www.lit-verlag.de

Auslieferung:
Deutschland: LIT Verlag Fresnostr. 2, D-48159 Münster
Tel. +49 (0) 2 51-620 32 22, Fax +49 (0) 2 51-922 60 99, E-Mail: vertrieb@lit-verlag.de
Österreich: Medienlogistik Pichler-ÖBZ, E-Mail: mlo@medien-logistik.at
E-Books sind erhältlich unter www.litwebshop.de

Inhaltsverzeichnis

II. Psychologie der Strafverteidigung

III. Grundfragen

IV. Nachdenklichkeit

Anhang

Thomas Röth

Vorwort: Gerhard Jungfer – zur Person, zu seinen Schriften und was er (zumindest bei mir) angestoßen hat

Ich habe Gerhard Jungfer (leider) erst im Jahre 2011 persönlich kennen gelernt, ihn also als Verteidiger nicht in actu erlebt. Er war mir zuvor nur durch seine Aufsätze und Artikel, vorwiegend in anwaltlichen Zeitschriften, bekannt geworden (u.a. auch durch das Buch von Barton: Einführung in die Strafverteidigung).

Wir treffen uns seit 2011 ca. einmal monatlich und tauschen uns aus. Gerhard Jungfer verfügt über ein phänomenales Geschichtsgedächtnis und kann anschaulich erzählen; er hat ja auch viel erlebt und in wichtigen Prozessen verteidigt (u.a. nennbar, da veröffentlicht: RAF-/2. Juni-Prozesse, Pulsstraßenprozess, Antes-Bauskandal-Prozess, Prozess über den Mann, der seine Stieftochter missbrauchte, Mielke-Prozess, Affeld-Prozess sowie die Wiederaufnahmeverfahren für Carl von Ossietzky und Otto John).

Dieses Buch soll zu Gerhard Jungfers 76. Geburtstag erscheinen (er ist am 23. Juni 1940 in Berlin geboren). Die Vorgeschichte zu diesem Buch ist eine längere. Bereits zur Verleihung des Bundesverdienstkreuzes (21. August 2002) an Gerhard Jungfer hat er in seiner Rede darauf hingewiesen, dass er ein kleines Buch mit dem Titel „Strafverteidigung – Annäherung an einen Beruf" veröffentlichen wolle (die Rede ist abgedruckt im Berliner Anwaltsblatt 2002, S. 482 bis 485). 2015 konnten dann in dankenswerter Zusammenarbeit mit dem Hagener Institut für Juristische Zeitgeschichte (Prof. Dr. Dr. Vormbaum) die Projektfäden wieder aufgenommen und zu Ende gewebt werden. Alles Gute, lieber Gerhard!

Im Anhang zu den Aufsätzen gibt es einen tabellarischen Lebenslauf des Kollegen und ein Verzeichnis seiner bisherigen Veröffentlichungen.

Das Buch selbst ist in vier Großkapitel eingeteilt: Geschichte (Allgemeines und Verteidiger-Portraits), Psychologie der Strafverteidigung, Grundfragen und Nachdenklichkeit. In der Rubrik „Allgemeines" gibt Kollege Jungfer einen guten Überblick über die Strafverteidigung seit der Weimarer Republik bis heute (mit vielen Literaturangaben). Er zeigt in einem weiteren Artikel die Schwierigkeiten der Anwaltskammern im Umgang mit neuer Strafverteidigung auf (es geht um die Zeit der Terroristenprozesse). Den Beitrag über den Vortrag von Franz von Liszt zur Strafverteidigung empfand ich als ein größeres unter den vielen Highlights in diesem Buch. Hier geht es um das „Herz" der Strafverteidigung. Die Portraits eignen sich sehr gut dazu, die Verzahnung von Leben, Geschichte und Beruf zu veranschaulichen. Einige Artikel setzen sich genauer mit prozesstaktischen Erwägungen der damaligen Anwälte auseinander (so die Artikel über Erich Frey und über Arthur Brandt). Andere zeigen den „Vorbildcharakter“ der beschriebenen Strafverteidiger im Kampf ums Recht. Im Kapitel „Psychologie der Strafverteidigung“ werden unter anderem Grundprobleme der Strafverteidigung angesprochen. So wird im Artikel „Max-Alsberg-Konflikt“ das Thema der Verteidigung eines „schuldigen“ Angeklagten behandelt. Im Artikel „Zur Psychologie des Vergleichs im Strafverfahren“ werden Verteidigertypen und ihre Neigung zum Vergleich beschrieben. Im Kapitel „Grundfragen“ geht es zum einen nochmal um Verteidigung und Rechtskultur und zum anderen um ein Gerhard Jungfer (und eigentlich allen Strafverteidigern) sehr am Herzen liegendes Thema: Die Form im Strafprozess. Zitat aus diesem Kapitel:

> Strafverteidigung: Die Berufsaufgabe des Strafverteidigers ist es, dafür zu sorgen, dass das formelle und sachliche Recht eines Rechtsstaates eingehalten wird. Dies ist das Primäre, die Frage von Schuld oder Nichtschuld stellt sich dann nicht dominierend. Die Motivation dieser Verteidigung ist nicht einzelfallbezogen, sondern rechtsstaatsbezogen.

Im Schlusskapitel „Nachdenklichkeit“ nimmt Jungfer die Gelegenheit wahr, zur Verabschiedung des 5. Berliner Strafsenats des BGH nach Leipzig auf die Grundfunktion des Revisionsrechts und die derzeit damit verbundenen Probleme aus Verteidiger- und rechtsstaatlicher Sicht (Verkümmerung der Verfahrensrüge) hinzuweisen. Im letzten Aufsatz setzt er sich detailliert mit dem Weltbühnenurteil des Reichsgerichts gegen Carl von Ossietzky unter Beteiligung vieler damaliger großer Strafverteidiger auseinander.

Gerne habe ich mich mit darum gekümmert, dass dieses Buch nun endlich erscheinen kann. Neben dem Hagener Institut für Juristische Zeitgeschichte ist Herrn Prof. Ingo Müller, der Rechtsanwaltskammer Berlin und der Berliner Strafverteidigervereinigung für die Unterstützung dieses Projektes zu danken.

Dank Gerhard Jungfer wurde mein Interesse für die Anwaltsgeschichte geweckt und weiter gefördert. Wie haben Kolleginnen und Kollegen in der Vergangenheit gehandelt? Welchen Wirkungsmächten / Ungerechtigkeiten sahen sie sich ausgesetzt? Welche Vorbilder hatten sie? Auf diese Fragen kann die Anwaltsgeschichte Auskunft geben. Sie weitet damit den Horizont, bereichert das berufliche Erfahrungswissen und führt in vielen Fällen zu großem Respekt gegenüber den beschriebenen Kolleginnen und Kollegen.

Wenn also das Standing der Strafverteidigung zugleich Gradmesser für die Rechtsstaatlichkeit eines Landes ist (Zitat Jungfer: Die Strafverteidigung ist sicherlich die „Speerspitze der Demokratie“), dann wünsche ich den hoffentlich vielen Lesern

Erkenntnisgewinn sowie weitere Ansteckung, wünsche uns „viele Speere“ und schließe mit den Worten Gerhard Jungfers: (Berliner Anwaltsblatt 2002, S. 485):

> Es ist mein Credo, gewachsen aus historischen Studien und psychologischer Gewissheit, dass wir in der Form die geschworene Feindin der Willkür, die Zwillingsschwester der Freiheit haben (Jhering). Es ist mein Credo, dass wir Streitkultur brauchen: Streit begrenzt die Macht, klärt die Fronten, erzwingt klare Positionen, fördert Intelligenz, Mut und Kreativität (Sofsky). Wir brauchen Scherz, Satire, Ironie und tiefere Bedeutung (Grabbe). All dies hier und heute, brauchen wir. Was wir *nicht brauchen:* Political Correctness. Kurzum: Mit Vehemenz wollen wir uns erinnern an die Segnungen, an den Kultursprung, den der kontradiktorische Strafprozess gebracht hat. Es sei uns der löwenhafte Mut und die löwenhafte Gelassenheit gegeben, der Stolz, diesen Kultursprung zu verteidigen.

Dr. Marcus Mollnau
Präsident der Rechtsanwaltskammer Berlin

Geleitwort

1999, in einem Interview mit dem Juramagazin für Fortbildung und Beruf (jumag) (vgl. „Mut der Verzweifelung“, S. 152 ff. in diesem Sammelband), wurde Gerhard Jungfer gefragt, warum er Strafverteidiger wurde. Jungfers Antwort klingt auf den ersten Blick nach dem zufälligen Ergebnis eines einfachen Ausschlussprinzips; er habe zuerst nur gewusst, auf welchen Gebieten er auf keinen Fall tätig sein wollte; letztlich blieb dann die Strafverteidigung übrig. Bereits diejenigen, die Jungfer in mehr als 40 Jahren seiner anwaltlichen Berufstätigkeit in den Gerichtssälen Deutschlands verteidigen erlebten, werden schnell vermuten, dass diese selbstbiografische Annotation nur Ausdruck vornehmer Zurückhaltung sein kann.

Und spätestens nach der Lektüre der in diesem Band gesammelten Beiträge und Aufsätze von Gerhard Jungfer ist deutlich, dass sein Wirken als Strafverteidiger und seine Lust auf Strafprozess Ausdruck einer festen inneren Überzeugung sind. Sein in den ersten Berufsjahren erwachter Widerstandsgeist, das Feld der Strafverteidigung nicht ohnmächtig zu verlassen, ließ ihm keine Wahl. Gerhard Jungfer musste Strafverteidiger werden! Strafverteidigung war für ihn nicht nur die Ausübung eines Berufes sondern Berufung.

Neben der Strafverteidigung hat sich Gerhard Jungfer, was manchmal etwas in den Hintergrund tritt, auch auf dem Gebiet des anwaltlichen Berufsrechts und in der Selbstverwaltung der Berliner Rechtsanwaltschaft besondere Verdienste erworben. Als Mitglied des Vorstandes der Rechtsanwaltskammer Berlin wirkte Jungfer von 1983 bis 1993. Eine kompromisslose Verteidigung der anwaltlichen Rechte – wann und gegen welche Angriffe auch immer – sowie ein nachdrückliches Einfordern der Erfüllung anwaltlicher Berufspflichten charakterisieren sein erfolgreiches Wirken auf diesem Gebiet in besonderer Weise.

Mit dem vorliegenden Band wird der Autor der darin gesammelten Beiträge und Aufsätze geehrt.

Alle Beiträge sind zugleich ein nachdrückliches und überzeugendes Plädoyer für einen liberalen und humanistischen Strafprozess.

Und letztlich sind sie ein Beleg, dass eine beständige Reflexion der Geschichte des anwaltlichen Berufes und der Berufsträger unabdingbar ist. Nur wer die Herkunft kennt, kann die Zukunft gestalten.

In Würdigung der herausragenden Verdienste von Gerhard Jungfer für eine unabhängige Berufsausübung und eine freie Strafverteidigung hat die Rechtsanwaltskammer Berlin sehr gern die Herausgabe dieses Sammelbandes unterstützt. Die Kammer ist dem Rechtsanwalt Gerhard Jungfer sehr dankbar.

Martin Rubbert
Erster Vorsitzender der Vereinigung Berliner Strafverteidiger e. V.

Geleitwort

In der Geschichte der mittelalterlichen Malerei geschah es nicht selten, dass der Name des Schöpfers eines Werkes unbekannt war und man sich mit Notnamen behalf, die eine bestimmte Art zu malen, ein bestimmtes Sujet oder ein besonders berühmtes Werk des Künstlers bezeichneten. So gibt es etwa den „Meister der pausbäckigen Madonnen“, den „Meister mit dem ornamentierten Hintergrund“, den „Meister mit dem gestickten Blattwerk“ oder gar den „Meister vom heiligen Blute“.

Würde der Name Gerd Jungfer je in Vergessenheit geraten, dann bliebe der „Meister des Ausrufezeichens“, dann bliebe der „Meister der Parataxe“, dann bliebe insbesondere der „Meister des eigenen Ermittlungsverfahrens des Strafverteidigers“.

Die hier einzuleitende Aufsatzsammlung Jungfers zeigt uns seine Meisterschaft in diesen drei Bereichen ganz deutlich:

Die Vignetten über Strafverteidiger vornehmlich aus den 20 Jahren des vorigen Jahrhunderts demonstrieren die Technik des Ausrufezeichens. Hier schreibt jemand, der seiner Sache gewiss ist. Einer der nicht wertfrei untersucht und argumentiert, sondern jemand, der pathetisch bedeutende Figuren der Vergangenheit evoziert. Das ist als Methode eines Historikers nicht unproblematisch, aber als Technik diese großen Geister in unser Bewusstsein zurückzuholen, als Aufforderung uns mit ihnen zu beschäftigen, sie in unseren schmalen Vorrat an Vorbildern einzureihen, unerreicht.

Jungfer schreibt einen ganz eigenen Stil; rhetorisch im Gestus, kurze Hauptsätze, Indikativ und am liebsten Präsens. So plädierte er auch, mit leicht schnarrender Stimme, verständlich, empört – wenn es irgendwie zu rechtfertigen war –, witzig, wenn es ihm gerade danach war. Manchmal ein Bibelzitat einstreuend, wenn er grundsätzlich werden wollte, zuweilen aggressiv, aber nie beleidigend.

Und dann: der „Meister des eigenen Ermittlungsverfahrens des Strafverteidigers“! Das war eine Befreiung, als dieser Aufsatz erschien. Eine kühle Herleitung, dass der Strafverteidiger von Gesetzes wegen selbst ermitteln darf, häufig sogar muss. Jungfer hat eigenhändig einen ganzen Berufsstand aus der zwielichtigen Situation herausgeholt, in der sich damals viele Kollegen sahen, wenn Sie mit Zeugen sprachen, noch bevor die Kripo sie ausfindig gemacht hatte oder gar befragen konnte. Welchen Fortschritt dieser Aufsatz damals bedeutete, lässt sich heute fast nicht mehr vorstellen. Er führte nicht zu einer anderen Rechtslage, sondern interpretierte die bestehende Rechtslage so, wie es unter dem Gesichtspunkt der Waffengleichheit längst erforderlich war. Viel zitiert, in fast jeden StPO-Kommentar aufgenommen, eine bedeutende praktische und ideologische Verstärkung des Selbstbewusstseins der Anwaltschaft.

Jungfer hat für diese Anwaltschaft viel getan, Die Herausgabe dieser Aufsatzsammlung ist ein kleiner Dank für seine Verdienste.

Prof. Dr. Dr. Ingo Müller

Geleitwort

Gerhard Jungfers Buch „Strafverteidigung. Annäherung an einen Beruf“ bringt an unzugänglichen Stellen erschienene und unveröffentlichte Reden, Aufsätze und Essays in einem Buch zusammen. Biographische Notizen stehen neben nüchternen Bestandsaufnahmen und grundsätzlichen Aussagen über Freiheit, Recht und Justiz. Sie alle kreisen um den Strafprozess, genauer: die Strafverteidigung.

Angeblich sagt kein anderes Rechtsgebiet soviel über die Rechtsstaatlichkeit eines Gemeinwesens aus wie das Strafprozessrecht. Seit einem Vierteljahrhundert erscheint die volkstümliche dtv-Taschenbuchausgabe der Strafprozessordnung mit einem Vorwort des Münchner Strafrechtlers Claus Roxin, in dem er das Strafverfahrensrecht „die Probe auf das Exempel des Rechtsstaats“ nennt, weil „im Strafverfahren die Kollektiv- und Individualinteressen in nirgendwo sonst anzutreffender Schärfe in Widerstreit treten“. Das Bundesverfassungsgericht bezeichnet Strafprozessrecht als „angewandtes Verfassungsrecht“ und meint, dieses könne gar als „Seismograph der Staatsverfassung“ betrachtet werden.

Wäre es tatsächlich so, müsste man sich Sorgen um Deutschland machen, denn der moderne, aufgeklärte Strafprozess angelsächsischer Prägung hat sich in Deutschland kaum durchsetzen können, je nach Orientierung der fünf politischen Systeme im 20. Jahrhundert mal mehr, mal weniger, aber nie ganz.

Als 1877, nach fünfjährigen heftigen Debatten, die Reichsstrafprozessordnung verkündet wurde, stieß sie bei der damals noch liberalen Mehrheit der Strafprozesslehre auf geschlossene Ablehnung. „Stück- und Flickwerk“ und „hässliche Bastardform“ nannte der große Binding sie und Rudolf von Gneist meinte, man solle sich nicht dadurch täuschen lassen, dass „mündlich pro et contra verhandelt“ werden könne, denn „das Knochengerüst ist wieder das alte geblieben“ nämlich, der ungute alte Inquisitionsprozess. Damals ordnete man Strafprozesstypen den verschiedenen politischen Ordnungen zu: den Parteienprozess, das dem Zivilprozess angenäherte Strafverfahren, dem demokratischen Staat und den überkommenen Inquisitionsprozess dem autoritären Obrigkeitsstaat. Eine Idee, die Jahrzehnte später auch der Strafrechtslehrer Heinrich Henkel vertrat: Der kontradiktorische, auf Rede und Gegenrede, Antrag und Gegenantrag basierende Parteienprozess „entspricht einer Staatsordnung, die ebenfalls auf dem Glauben beruhte, man müsse die Ordnung des

Gemeinwesens dem Zusammenspiel der Parteien im Staat überlassen, damit aus dem Neben- und Gegeneinander der vielfachen Kräfte das Beste für das Volkswohl heraus käme". Dass Henkel als Professor des Dritten Reichs dieses Modell ablehnte, macht seine Grundaussage nicht falsch, genauso wenig wie Franz Exners – auch er Strafrechtsprofessor jener Zeit und in der Bundesrepublik – prägnante Formel: „Anderer Staat, anderer Strafprozess".

Die Reichsstrafprozessordnung mit ihrem „halben Anklageprozess" spiegelte den historischen Kompromiss, den das deutsche Bürgertum 1871 mit Adel und Monarchie eingegangen war. Verblüffend ist jedoch, dass von den rechtsstaatlichen Standards des Jahres 1877 in der Folgezeit viele verloren gingen und auch vom demokratischen Rechtsstaat nicht rekonstruiert wurden. Die dunkelsten Phasen der Strafprozessordnung, die Emminger-Notverordnung vom Januar 1924, die Strafprozessnovelle 1935, die kriegsbedingten „Vereinfachungs-Verordnungen" von 1939, haben in der StPO ihre Spuren hinterlassen, ihre rechtsstaatsfeindlichen Regelungen wurden keineswegs gänzlich beseitigt und soweit dies geschehen war, wurden sie mit den seit 1975 ergangenen 70 Strafprozessgesetzen zu einem großen Teil wieder in Kraft gesetzt. 1971 fand der Reichsgerichtsrat a.D. Fritz Hartung, bedeutender Strafprozesskommentator des Dritten Reichs, gar nichts dabei, festzustellen, dass

> „auf juristischen, insbesondere strafrechtlichen, Gebieten, das NS-Regime [...] Fortschritte von grundlegender Bedeutung gebracht (habe), die bis heute Bestand haben."

Bei diesem Tatbestand wäre es fatal, wenn das Strafprozessrecht symptomatisch für den Zustand unseres Staates wäre. Gott sei Dank wird das Strafverfahren nicht allein von der Strafprozessordnung bestimmt, denn „wo Gefahr ist, wächst das Rettende auch" (Hölderlin). Schon in der Weimarer Republik entwickelte sich trotz ständiger Eingriffe der (Notverordnungs-)Gesetzgebung in die Verteidigungsrechte, wie z.B. Abschaffung der Schwurgerichte, Einschränkung der Laienbeteiligung und Beschneidung des Beweisantragsrechts, eine nie wieder erreichte Verteidigerkultur. Max Alsberg, Alfred Apfel, Erich Frey, Max Hirschberg, Hans Litten, Philipp Loewenfeld und Rudolf Olden standen für eine selbstbewusste Rechtsanwaltschaft, die sich gegen die Einschränkung ihrer Rechte wehrte, publizistisch in Tages- und Fachpresse sowie im Gerichtssaal, und die der Strafverteidigung einen weit größeren Einfluss erkämpfte, als ihr die Strafprozessordnung zubilligte. Vor dem Staatsterror des Dritten Reichs mussten sie freilich kapitulieren, alle Genannten galten – assimiliert oder nicht – als Juden. Als solche wurden sie verfemt und verfolgt, aber auch als engagierte Demokraten, und ihre Art engagierter Strafverteidigung wurde als „jüdisches Advokatentum" geächtet. Damit war 1945 keineswegs Schluss, denn während Richter, Staatsanwälte und Strafrechtsprofessoren fast so weitermachen konnten wie bislang, hatte die Mehrzahl der jüdischen Anwälte die Verfolgung nicht überlebt, der Rest war über den Erdball verstreut.

Es dauerte Jahrzehnte, bis eine neue Generation sich der Strafverteidigung besann. In den siebziger Jahren, vielfach anlässlich der großen Terroristenprozesse, profilierte sich eine neue Generation von Strafverteidigern, professionalisierte sich und eroberte – wie schon fünfzig Jahre zuvor – allen Strafprozessänderungen zum Trotz neue Spielräume im Verfahren. Die erwähnten 70 Gesetzesnovellen mit Hunderten einzelner Gesetzesänderungen gingen alle in dieselbe Richtung. Nicht eine einzige stärkte die Rechte der Verteidigung. Aber der Kampf gegen ständig neue Zumutungen stärkte auch die „Verteidigerbewegung". Die Frontstellungen der siebziger Jahre sind inzwischen aufgeweicht, der Umgang miteinander im Gerichtssaal ist zivilisierter geworden und der Respekt vor einer engagierten Strafverteidigung hat zugenommen. Aber am Kardinalfehler der deutschen Verfahrensordnung hat sich nichts geändert.

Einer der engagiertesten Streiter für einen zivilisierten Strafprozess ist der Berliner Strafverteidiger Gerhard Jungfer. Er entdeckte die großen Verteidiger der untergegangenen Epoche, als es den jüngeren Kollegen noch schien, sie müssten das Rad der Verteidigung neu erfinden. Gegen eine Strafrechtswissenschaft, die bis heute geprägt ist von der Kontinuität konservativ-autoritären Verständnisses vom Strafprozess setzte er die klassisch-liberalen Thesen des frühen 20. Jahrhunderts, der großen Strafrechtslehrer Franz von Liszt und James Goldschmidt sowie der brillanten Verteidiger jener Jahre, deren Vermächtnis so gründlich verschüttet war.

Schwer zu sagen, ob die Beschäftigung mit ihnen Jungfers Blick für die Probleme der Strafverteidigung schärfte oder ob sein bedingungsloses Eintreten für das liberale Prozessmodell ihn zum Klassikerstudium trieb. Sein historisches Interesse ist jedenfalls eine glückliche Verbindung mit seinem standespolitischen Engagement eingegangen und in Jungfers Reflektionen zum Strafprozess geht beides ineinander über. Keine seiner historischen Miniaturen ist ohne Bezug zur überzeitlichen Bedeutung der vorgestellten Personen und in den Abhandlungen zu den Problemen des Strafprozesses fehlen nie die historischen Beispiele. Am klarsten tritt dies in seinem Beitrag zur Hanack-Festschrift hervor, in der es um den vielfach angefeindeten angeblich „neuen Typ des Strafverteidigers" geht. Nachdem er die Verteidigung der „Weimarer" Zeit unter elf Aspekten analysiert und die der letzten zwei Jahrzehnte daran gemessen hat, resümiert er:

> „Es gibt keinen neuen Typ des Strafverteidigers, (wohl aber) eine Renaissance der Strafverteidigung."

Bei Jungfer werden die großen Vorbilder nicht nostalgisch verklärt, sondern bleiben aktuell im langen Streit um ein aufgeklärtes Strafprozessverständnis, das sich nicht zufrieden gibt mit dem halben Parteienprozess, der zur anderen Hälfte doch Inquisitionsprozess ist. Vielleicht, in ferner Zukunft, setzt sich freiheitliches Denken auch im Strafprozessrecht durch, dieser obrigkeitlichen Enklave im demokratischen Rechtsstaat, und vielleicht müssen Strafverteidiger dann nicht mehr das Symbol der halben Freiheit, den Beweisantrag, gegen immer weitere Einschränkungen verteidigen, sondern bekommen das einzig einem demokratischen Staat angemessene volle Beweisrecht. Jede Zeile in Jungfers Schriften, den historischen wie den prozesstheoretischen, ist ein Plädoyer dafür.

Einführung

1. Strafverteidigung lebt aus der Liebe zur Freiheit.

   Deshalb nur ein Wort – der Geist dieses Wortes findet sich in vielen der nachfolgenden Aufsätze

   > „Denn woher haben wir Europäer die Kraft genommen, uns immer wieder von Diktatoren zu befreien, und woher nehmen wir weiterhin und für alle Zeiten das Recht, frei sein zu wollen und die Freiheit als höchsten Wert zu betrachten, wenn nicht aus unserer Überlieferung?
   >
   > Doch was wird aus dieser Überlieferung, wenn wir sie nicht als verpflichtendes Erbe an unsere Kinder weitergeben?“[1]

2. Der Maler Caspar David Friedrich, Napoleon-Gegner, hat mit Blick auf seine Kunst gesagt: (ich übertrage dies auf die Kunst der Strafverteidigung [nachstehend in Klammer und kursiv]).

   > „Nicht alles läßt sich lehren, **nicht alles erlernen** und durch bloßes totes Einüben erlangen; denn was eigentlich rein geistiger Natur in der (*Strafverteidigungs*)Kunst genannt werden kann, liegt über die engen Schranken des Handwerks hinaus. Darum, ihr Lehrer der (*Strafverteidigungs*)Kunst, die ihr euch dünket so viel mit eurem Wissen und Können, hütet euch sehr, daß ihr nicht einem jeden tyrannisch aufbürdet eure Lehren und Regeln; denn dadurch könnt ihr leichtlich zerknicken die zarten Blumen, zerstören den Tempel der Eigentümlichkeit, ohne den der Mensch nichts Großes vermag.[2]

   Über einen ausgewiesenen Strafverteidiger unserer Zeit wurde ein Nachruf geschrieben in dem es heißt:

   > „Er brachte mit, was **nicht** ‘in den Büchern’ steht, was man nicht lernen kann und ohne das sich ‘keine größere Verteidigung führen lässt’“.[3]

   Dieses Buch kann also nur eine „Annäherung“ an den Beruf der Strafverteidigerin, des Strafverteidigers sein.

---

1 *Fuhrman, Manfred*, Cäsar oder Erasmus? Die alten Sprachen jetzt und morgen, 1995.

2 *Sigrid Hinz* (Hrsg.), Caspar David Friedrich in Briefen und Bekenntnissen. Berlin (Henschelverlag Kunst und Gesellschaft) 1974, S. 84/93.

3 Nachruf auf Christian Richter II, AnwBl 2009, 285.

I.

GESCHICHTE

Strafverteidigerinnen und Strafverteidiger kann man nicht in der „Champignonröhre“ züchten.

Ein alter Kollege hat zu mir gesagt:

> „Man hat es oder man hat es nicht.“

Ich selber habe in der Einleitung zu Stefan Königs Buch „Vom Dienst am Recht“[1] im Geleitwort geschrieben:

> „Strafverteidigung geht über die bloße Anwendung der Rechtsregeln hinaus:
>
> > ‘ihre Beherrschung versteht sich für den guten Verteidiger von selbst, aber er weiß, dass sich damit allein keine größere Verteidigung führen lässt’.[2]
>
> Nicht zu vermitteln allein durch das Lernen der Rechtsregeln, lebt sie besonders aus der Kraft ihrer Vorbilder.“

Gleichwohl oder gerade deshalb muss es „Annäherung“ geben.

---

1 Rechtsanwälte als Strafverteidiger im Nationalsozialismus, 1987.

2 *Reiwald*, Die Gesellschaft und ihre Verbrecher, 1974, 190.

Strafverteidigung in der Weimarer Republik – Strafverteidigung in der Bundesrepublik: neuer Typ des Strafverteidigers!?*

Nach Ernst-Walter Hanack wird die Entwicklung zu Vereinbarungen im Strafprozess begünstigt,

> „vielleicht sogar entscheidend begünstigt, durch einen neuen Typ des Strafverteidigers, der in zunehmendem Maße unsere Gerichtssäle beherrscht und ohne Zweifel in Zukunft weiter beherrschen wird. Dieser neue Verteidigertyp ist das vielleicht interessanteste und wichtigste Phänomen in der Entwicklung unserer Strafrechtspflege: Gemeint ist nicht der sog. Starverteidiger und auch nicht der sog. Krawall-Anwalt. Gemeint ist vielmehr der Typ eines sehr engagierten und grundsätzlich seriösen, oft höchst kundigen Verteidigers; aber eines Verteidigers, der die weiten und äußersten Möglichkeiten unserer Prozeßordnung, anders als die Generation vor ihm, nicht nur ausnahmsweise ausnutzt; sondern der im Interesse seines Mandanten, auch wenn er ihn für schuldig hält [...] in alle gesetzlichen Freiräume vorstößt und dabei Verteidigungsstrategien entwickelt, die gerade auch auf die typischen Schwachpunkte unserer Justiz zielen. Es ist der Typ eines Verteidigers, der in der Regel formal durchaus korrekt verfährt, auch das Standesrecht beachtet, sich im Grunde aber dem traditionellen Ziel des Strafverfahrens nicht mehr verpflichtet fühlt oder mindestens doch die Bedeutung dieses Ziels im Spannungsverhältnis zu den Interessen seiner Mandanten kritischer gewichtet als früher; und der zudem (was ein weiteres Phänomen ist) unserer Strafjustiz mit oft geradezu abgrundtiefer Skepsis gegenübersteht.
>
> Die Justiz beginnt auch im eigenen Interesse, sich auf diesen Verteidiger einzurichten. Und gerade dadurch kommt es in zunehmendem Maße eben auch zu internen Verhandlungen, Absprachen oder Vereinbarungen, und zwar in den verschiedensten Formen und Zusammenhängen.“[1]

I. Strafverteidigung in der Weimarer Republik

Strafverteidigung geht über die bloße Anwendung der Rechtsregeln hinaus:

> „Ihre Beherrschung versteht sich für den guten Verteidiger von selbst. Aber er weiß, daß sich damit allein keine größere Verteidigung führen läßt.“[2]

---

* Erstveröffentlichung: *Ebert* (Hrsg.), „Aktuelle Probleme der Strafrechtspflege“, 1991, S. 37.

1 *Hanack*, Vereinbarungen im Strafprozeß, ein besseres Mittel zur Bewältigung von Großverfahren? StV 1987, 500 (501).

2 *Reiwald*, Die Gesellschaft und ihre Verbrecher, 1948, S. 193.

Nicht zu vermitteln allein durch das Lernen der Rechtsregeln, lebt sie besonders aus der Kraft ihrer Vorbilder.[3]

Die Strafverteidigung in der Republik von Weimar hat Vorbildcharakter. Man wird sogar sagen dürfen: Sie ist für ein historisches Bewusstsein heutiger Strafverteidigung in der Bundesrepublik das Vorbild schlechthin.

Zeitlich davorliegende Beispiele sind bekannt, so die Verteidigung der Schillschen Offiziere durch Perwez und die Verteidigung von Andreas Hofer durch Bassevi.[4] Im Hochverratsprozess gegen Gustav Struve erhob 1849 zu Beginn der Verhandlung dessen Verteidiger Brentano eine Besetzungsrüge, mit der er später u.a. auch die Nichtigkeitsbeschwerde begründete.[5]

Gerard Wilk berichtet:

> „Eine besondere Erwähnung unter den Achtundvierzigern verdient der aus Berlin gebürtige Anwalt Louis Schade, der in der Breiten Straße gekämpft hatte und 1851 nach Amerika geflohen war. Er widmete sich einer der unpopulärsten Aufgaben nach dem Ende des Bürgerkrieges. Schade verteidigte Hauptmann Wirz, den Kommandanten des Internierungslagers von Andersonville, in dem Tausende von gefangenen Unionssoldaten durch Hunger und Seuchen umgekommen waren. Wirz war für die Nordstaatler der verhaßteste Name des Südens. Er konnte keinen Verteidiger finden. Schade, ohne jegliche menschliche Sympathie für Wirz, hatte jedoch auf der juristischen Fakultät in Berlin gelernt, daß jeder Angeklagte, wie groß auch sein Verbrechen sei, ein Recht auf einen Verteidiger habe. Wirz wurde zum Tode verurteilt.“[6]

Auch erschienen im vorigen Jahrhundert wichtige Bücher über die Verteidigung.[7]

Die Erinnerung an solche Vorbilder ist aber kaum vorhanden. Mit dem Inkrafttreten der Reichsstrafprozessordnung vom 1. Februar 1877 entsteht für die Strafverteidigung die Ausgangssituation, die für uns eine Vergleichbarkeit und einen direkten Bezug ermöglicht.

---

3 Aus *meinem* Geleitwort zu: König, Vom Dienst am Recht, Rechtsanwälte als Strafverteidiger im Nationalsozialismus, 1987, S. V.

4 *Heilbrunn*, Die Verteidigung vor napoleonischen Kriegsgerichten, in: Festschrift für Martin Drucker zum 65. Geburtstage – 6. Oktober 1934, herausgegeben von Julius Magnus, Nachdruck 1983, S. 57 ff.

5 *Reimann*, Der Hochverratsprozeß gegen Gustav Struve und Karl Blind, 1985, S. 65 und S. 145.

6 In: Der „Berlin-Appeal“, Berliner Forum 4/83 (Presse- und Informationsdienst des Landes Berlin), 1983, S. 56.

7 Beispielsweise: *Hermann*, Versuch einer näheren Anleitung zur gründlichen Abfassung der Verteidigungsschriften für peinlich Angeschuldigte, 1826; *Frydmann*, Systematisches Handbuch der Verteidigung in Strafverfahren, 1878; *Vargha*, Die Verteidigung in Strafsachen, 1879.

Die Überlieferung aus der Kaiserzeit knüpft sich an Namen wie Wronker, Sello, Frank, Munckel, Fritz Friedmann,[8] Mamroth, Werthauer, von Gordon, Liebknecht[9] und Bahn.[10]

Literatur grundlegender Art von Verteidigern erscheint.[11]

Der Grad der Professionalität und des Selbstbewusstseins der Verteidiger der Kaiserzeit mag daran gemessen werden, dass nach von Liszt's Vortrag am 23. Mai 1901 vor dem Berliner Anwaltsverein, einer noch heute gültigen Grunddefinition von Verteidigung, in der anschließenden Diskussion „die meisten Redner dem Vortragenden in allen Punkten" beitraten.[12]

Dies alles fand dann seine Fortsetzung in den Tätigkeiten vieler vorbildlicher Verteidiger in der Weimarer Republik.

Es existierte eine Realität der Verteidigung. Diese ergab sich sicherlich oft im Bewusstsein der Richter und Staatsanwälte, aber auch in dem der Bevölkerung aus der Bewertung einzelner Verteidigerpersönlichkeiten.

Indessen: So wie der einzelne Anwalt „Verteidigung" symbolisierte, so ergab sich – denn immer waren ja auch andere Anwälte in anderen Sachen präsent – auch ein allgemeines Bewusstsein von „Verteidigung".

Ich unternehme den Versuch, aus einzelnen Aktivitäten von Verteidigern zu abstrahieren, was der gemeinsame Nenner ihrer Tätigkeit war, was sich als „Kunst der Verteidigung" in der Weimarer Zeit aus solchen einzelnen Tätigkeiten definieren lässt und weshalb dies Vorbildcharakter für das Bewusstsein heutiger Strafverteidigung hat.

Verteidigung in der Weimarer Republik war sicherlich – wie Verteidigung auch heute – so oft belastet mit den Unzulänglichkeiten, Ängstlichkeiten, dem Fehlen an Ausdauer und Energie und der mangelnden Präzision vieler ihrer Vertreter.

---

8 Zu diesen *Mamroth*, Aus den Erinnerungen eines alten Verteidigers, in: Festschrift für Martin Drucker (s.o. Fn. 4), S. 67 ff.; bzgl. *Sello* und *Friedmann* siehe auch Fn. 11.

9 *Hoeninger*, Berliner Gerichte, 1906, S. 47 ff.; bzgl. *Mamroth* siehe auch Fn. 8 und 11; zu *Werthauer* auch Fn. 11 und *Göppinger*, Juristen jüdischer Abstammung im Dritten Reich, 2. Aufl., 1990, S. 371; zu *Liebknecht* auch Fn. 11.

10 *Walter Bahn*, Meine Klienten, ca. 1910.

11 *Mamroth*, Zur Stellung des Verteidigers, DJZ 1901, 205; *Sello*, Die Irrtümer der Strafjustiz und ihre Ursachen, 1911; *Alsberg*, Justizirrtum und Wiederaufnahme, 1913, mit Beiträgen u.a. von Mamroth, Siegfried Löwenstein, Drucker, Liebknecht und Werthauer; *Friedmann, Fritz*, Die Kunst der Verteidigung und der forensischen Rede, 1915.

12 *von Liszt*, Stellung des Verteidigers in Strafsachen, DJZ 1901, 179 (181).

Rudolf Olden berichtet:

> „Es gab damals in Moabit [...] einen Typus Verteidiger, der Mängel seiner Sache oder auch seiner Person durch Erregtheit, auch durch Stimmaufwand, auszugleichen versuchte; dieser Typus war besonders unter den Anwälten vertreten, die zur äußersten Linken oder zur äußersten Rechten zählten."[13]

Alfred Apfel beklagt in der Weltbühne 1931:

> „Nach meiner Überzeugung könnte in wenigstens der Hälfte aller politischen Prozesse ein Freispruch erfolgen, wenn die Verteidigung juristisch exakter geführt würde. Die Zahl der Richter und Staatsanwälte, die nach juristischen Brücken zum Freispruch in ihnen widerwärtigen politischen Prozessen Ausschau halten, ist größer als man gemeinhin annimmt. Wenn die kleine Phalanx der durchgebildeten Verteidiger, die unermüdlich gegen die Hochverratsjudikatur des Reichsgerichts und gegen die mißbräuchliche Benutzung der Strafgesetze zur Unterdrückung mißliebiger Gedanken durch die Kapazität eines Alsberg erweitert werden würde, könnten viele Niederlagen mutiger Politiker vermieden werden. Es steht fest, daß sich in den meisten Ländern die großen Verteidiger vom politischen Prozeß, zumal wenn er gegen links gerichtet ist, ängstlich fernhalten. Das wird den dei minorum gentium überlassen. Wenn sich Alsberg mit dem Glanz seines internationalen Ansehens in die Phalanx der politischen Verteidiger einreihte, so würde dies beispielgebend wirken."[14]

Wir reden aber hier von dem „Verteidiger" – nicht von dem, der diesen Beruf ausübt, nur und solange er nichts anderes findet, der Kompromisse schließt, weil er nach den Regeln der Kunst nicht zu arbeiten vermag und dem schon die Rechtsregeln unvertraut sind.

Betrachtet werden soll, was sich als Strafverteidigung aus der Aktivität ihrer professionellen Vertreter definiert. Hier in der Tat ist Vorbildliches festzustellen:

Strafverteidigung als

1. Vertretung der Unschuldsvermutung

so uneingeschränkt und unerbittlich, so klar und sicher, dass diese Haltung die Qualität eines vom Willen unabhängigen Reflexes hatte.

---

13 *Olden*, Hans Litten, in: Irmgard Litten, Die Hölle sieht dich an, Der Fall Litten, Paris 1940, S. 7; Neuaufl. (u.a.) 1984 unter dem Titel: Eine Mutter kämpft gegen Hitler, S. 6; zu Olden: *Müller*, Rudolf Olden (1885–1940) Journalist und Anwalt der Republik, in: Kritische Justiz (Hg.), Streitbare Juristen 1988, S. 180 ff.; *Göppinger*, a.a.O. (Fn. 9), S. 306 f.; zu Litten ferner unten Fn. 42.

14 *Apfel*, Alsberg, Die Weltbühne, 1932, 2. Halbjahr, 759; zu Apfel: *Göppinger*, a.a.O. (Fn. 9), S. 266.

Frederic Alexander Mann, der als junger Mann in Alsbergs Hause verkehrte, berichtet:

> „Aber er war nie laut, nie laut. Er war immer sehr ruhig“,

aber er erwähnt eine Ausnahme. Auf einer Gesellschaft standen junge Juristen um Alsberg herum. Dieser

> „erzählte von einem Fall, den er gerade hatte. Da kam der Sohn dazu und sagte: ‘Was hat der Mann getan, Vater?’ Alsberg dreht sich um und schreit den Sohn an: ‘Weißt du nicht, was Du sagen sollst, was soll der Mann getan haben?’“[15]

Diese Haltung Alsbergs erklärt, was seinem Biographen Curt Riess so unverständlich zu sein scheint,[16] nämlich dass Alsberg Verfahren nicht nach politischen Gründen ausgesucht oder abgelehnt hat. So hat er Karl Helferich vertreten und Carl von Ossietzky.

Ernst Nebenzahl, als Referendar im Büro Alsbergs: „Die Verteidigung als solche war eine ethische Mission.“[17]

Arthur Brandt antwortet am 6. Juni 1933 auf eine Denunziation hin, er habe im Tscheka-Prozess als Wahlverteidiger verteidigt und Gebühren von der Roten Hilfe oder der KPD erhalten, und vom Preußischen Justizminister zur Stellungnahme aufgefordert,:

> „Ich habe lediglich in Erfüllung meiner beruflichen Pflichten gehandelt, die ich auch politisch ganz anders Denkenden gegenüber erfüllt hätte und erfüllt habe, zumal der Verteidiger ja auch bei Übernahme des Mandats nicht wissen kann, ob der Klient schuldig ist oder nicht.“[18]

Dabei zugleich:

2. Distanz zum Mandanten

So sehr auch seine Mandanten und deren Gegner in den politischen Kampf verwickelt waren, so sehr bei ihnen die Auffassung bestand, den Prozess zur Bühne der politischen Rede zu machen und den Anwalt hierfür zu instrumentalisieren: Litten kämpfte, aber er kämpfte mit den Mitteln der Strafprozessordnung:

---

15 Gespräch in Berlin am 18. April 1985.

16 Der Mann in der schwarzen Robe, 1965, S. 118, 297 und insbesondere S. 319, 320, siehe auch *Spaethen*, der Alsberg kannte, in der Besprechung des Riess'schen Buches, Industrie-Kurier, 8.02.1969. Mit wohltuender Klarheit a.A. zwei Richter: *Seibert*, NJW 1966, 1643 und *Sarstedt*, AnwBl. 1978, 7 (12).

17 Gespräch am 11. März 1988.

18 Personalakte des Preußischen Justizministeriums von Arthur Brandt, Bundesarchiv, Bl. 36, Brief vom 6. Juni 1933.

> „Hans war in Berlin Anwalt der Roten Hilfe, obwohl er oft Ärger mit den Kommunisten hatte, die von ihm verlangten, daß er die Prozesse nur unter politischen Aspekten führte, was er ablehnte. Er wollte nicht Märtyrer produzieren, sondern Freisprüche erkämpfen. Er war bei den Nazis so verhaßt, daß man Überfälle auf ihn organisierte und er kurz vor der Machtergreifung nur noch unter Bewachung auftreten konnte.“[19]

Dr. Ernst Wolff, Vorstand der Rechtsanwaltskammer Berlin, schreibt für die nach dem Reichstagsbrand verhafteten Rechtsanwälte an das Preußische Ministerium des Innern am 3. März 1933:

> „Der Umstand, daß ein Anwalt in politischen Prozessen mehrfach Angehörige einer bestimmten Partei verteidigt, rechtfertigt noch nicht den Schluß, daß der Anwalt eben dieser Partei angehört. Es geschieht im Gegenteil nicht selten, daß sich Angeklagte zum Verteidiger einen Anwalt wählen, der auf einem anderen politischen Standpunkt steht. Wir halten dies auch für durchaus wünschenswert, denn die Zugehörigkeit des Verteidigers zu derselben Partei, der ein in einen politischen Prozeß verwickelter Angeklagter angehört, bringt die Gefahr mit sich, daß sich der Verteidiger mit dem zur Anklage stehenden Fall allzu sehr identifiziert und dadurch diejenige Distanz verliert, deren Einhaltung nicht nur im Interesse der Rechtspflege, sondern gerade auch im Interesse des Angeklagten für den Verteidiger erwünscht ist. Es ist in der Kriminalgeschichte der letzten Jahre durchaus nichts Seltenes gewesen, daß in politischen Prozessen die Angeklagten von Anwälten einer ganz anderen politischen Richtung verteidigt worden sind.“[20]

Arthur Brandt in der vorstehend genannten Stellungnahme:

> „Ich habe im Jahre 1925 einen Kommunisten verteidigt, bin aber selbstverständlich nicht als kommunistischer Anwalt, sondern gerade als nichtkommunistischer Verteidiger hinzugezogen worden.“[21]

3. Präziseste Vorbereitung

Beispiel: Litten bei der Befragung von Hitler:

> „Es ging nicht so leicht ab wie in Leipzig, wo ihm die Reichsrichter einfach die Stichworte zu einer Propagandarede geliefert hatten. Litten hatte nicht wenige Zitate aus der nationalsozialistischen Literatur zur Hand [...] er vernahm den prominenten Zeugen mit der ihm eigenen beharrlichen Ruhe.“[22]

Arthur Brandt, tätig für die Liga für Menschenrechte, zur Rehabilitierung von Jakubowski, bringt zum Ortstermin eine Puppe in der Größe des getöteten Kindes mit,

---

19 *Fürst*, Gefilte Fisch, 1976, S. 206.

20 Akten des Justizministeriums betreffend die Anwaltskammer zu Berlin, 1929/1934, P 135/20155, Bl. 91.

21 Wie Fn. 18.

22 *Olden*, a.a.O. (Fn. 13), S. 13 (12).

drückt sie dem Angeklagten in die Hand mit der Aufforderung, den Weg zu zeigen, den er damals mit dem getöteten Kind gegangen sei, worauf dieser losläuft und sich damit selbst überführt. Jakubowski ist allerdings bereits hingerichtet.[23]

4. Sachkompetenz / Wissenschaftliche Tätigkeit

Die Sachkompetenz der Anwälte äußert sich in zum Teil umfangreicher schriftstellerischer Tätigkeit. Ein Beispiel: Das Heft 13/14 der Juristischen Wochenschrift vom 15. Juli 1925 ist auf den Seiten 1433–1459 dem Thema „Die Untersuchungshaft" gewidmet. Von anwaltlicher Seite liefern Beiträge Alsberg, Brandt, von Pestalozza, Klefisch, Heine, Bendix, Löwenstein.

Die Juristische Wochenschrift, wurde nicht nur „Herausgegeben vom Deutschen Anwaltverein", sie hatte nicht nur ausschließlich Anwälte als Schriftleiter, sie war auch eine ständige Dokumentation der wissenschaftlichen Aktivität von Verteidigern.

Fachliteratur von Verteidigern erschien: Alsbergs „Beweisantrag" (1930), „Die Philosophie der Verteidigung" (1930) und viele andere wissenschaftliche Werke;[24] Brandts „Tscheka-Prozess" (1925) und seine Erläuterung zur „Strafprozessnovelle vom 27. Dezember 1926" (1927);[25] Hirschbergs „Der Fall Fechenbach" (1922);[26] Oldens „Der Justizmord an Jakubowski" (ca. 1928);[27] Reiwalds „Moabit" (1933);[28] Werthauers „Strafunrecht" (1919), „Das Blausäureattentat auf Scheidemann" (1923) u.a.[29]

Die Sachkompetenz der Verteidiger war so groß, so in der Anwaltschaft anerkannt, dass Präsidenten des Deutschen Anwaltvereins von 1924 an Verteidigerpersönlichkeiten waren:

– von 1924 bis 1932 Martin Drucker[30]
– von 1932 bis 1933 Rudolf Dix.[31]

23 *Brandt*, Unschuldig verurteilt, 1982, S. 22.

24 Dazu *Sarstedt*, Max Alsberg, AnwBl. 1978, 7 ff.; *meine* Dokumentation in Krit. Justiz (Hg.): Streitbare Juristen, 1988, S. 141 ff., Teilliteraturliste S. 151 f.

25 Zu Arthur Brandt: *Göppinger*, a.a.O. (Fn. 9), S. 330.

26 Zu Hirschberg: *Hannover*, Max Hirschberg (1883–1964), Der Kritiker des Fehlurteils, in: Kritische Justiz (Hg.), Streitbare Juristen, 1988, S. 165 ff.

27 Zusammen mit *Josef Bornstein*, hrsg. im Auftrag der Liga für Menschenrechte.

28 Zu Reiwald, *Göppinger*, a.a.O. (Fn. 9), S. 310.

29 Weitere Werke bei *Göppinger*, a.a.O. (Fn. 9), S. 371.

30 Über Druckers Tätigkeit im DAV: *König*, Der Deutsche Anwaltverein und die Reformen des Strafverfahrens in der Weimarer Republik, in: Strafverteidigung und Strafprozeß, Festgabe für Ludwig Koch, 1989, S. 17 ff., 25 ff.; ü. zu Drucker: *Unger*, Martin Drucker, Anwalt des Rechts, AnwBl. 1990, 3 ff.; *Grubel*, dort S. 9 ff., sowie Ansprachen von *Gysi*, S. 2 f. und *Senninger*, S. 12 f.

31 Zur Tätigkeit von Dix im DAV: *König*, a.a.O., (Fn. 30), S. 34.

5. Hinzuziehung von Sachverständigen

In verschiedenen Verfahren nahmen Verteidiger – so Frey im Steglitzer Schülermord-Prozess,[32] Alsberg im Caro-Petschek-Prozess[33] – in umfangreicher Weise die Hilfe von Sachverständigen zur Führung des Prozesses in Anspruch.

6. Eigene Ermittlungen

Das Recht zu haben, eigene Ermittlungen durchzuführen, und zwar auch während der, bzw. parallel zur Hauptverhandlung, ist einhellige Meinung der Anwaltschaft.

Hier sind die Geschehnisse um Hans Litten im Felseneck-Prozess zu nennen.[34]

Litten wird als Verteidiger vom Kammergericht ausgeschlossen, weil er während der Hauptverhandlung eigene Ermittlungen angestellt hatte:

> „Dem Verteidiger ist es [...] während dieses Prozeßstadiums verwehrt, ohne Wissen und Willen des Gerichts mit den als Zeugen benannten Personen und ebenso mit anderen als den von ihm verteidigten Angeklagten in Verbindung zu treten und die Anklagevorgänge zu besprechen."[35]

Es entstand Unruhe in der Berliner Anwaltschaft, es

> „versammelte sich eine stattliche Anzahl – übrigens fehlten noch viel zu viele – um zu beraten, was zu tun sei [...]. Ernst Wolff, Vorsitzender des Kammervorstandes und kein radikaler Heißsporn [...]: 'Es handelt sich um die Freiheit und die Unabhängigkeit des gesamten Anwaltsstandes. Es rührt an die Wurzeln unseres Standes, wenn die Gerichte den Versuch machen, die Freiheit des Verteidigerstandes und damit der Anwaltschaft überhaupt anzutasten [...]. Es ist schlechthin unerträglich, daß das Gericht, welches doch die Wahrheit erst ermitteln soll, für sich das Recht in Anspruch nimmt, den Verteidiger mit dieser Begründung, womöglich schon vor Beginn der Hauptverhandlung, auszuschließen. Gegen diesen Geist der Bevormundung müssen wir uns mit allem Nachdruck zur Wehr setzen. Die These des Kammergerichts, daß nach Beginn der Hauptverhandlung Ermittlungen weder von dem Verteidiger noch von dem Staatsanwalt angestrengt werden dürfen, steht mit der ganzen Kriminalgeschichte in

---

32 Frey hat zum Verfahren fünf Sachverständige geladen, darunter Dr. Magnus Hirschfeld und die Oberschulrätin Wegscheider (Hauptverhandlungsprotokoll vom 9. Februar 1928, Schwurgericht Berlin, 5 a J 969/27, Blatt 70, Akten im Landesarchiv Berlin); er beantragt weitere während des Verfahrens (*Frey*, Ich beantrage Freispruch, 1959, S. 358).

33 *Riess*, Der Mann in der schwarzen Robe, 1965, S. 307 ff.

34 Siehe den Bericht im Leitartikel *Oldens*, Der Geist der Bevormundung, in: Berliner Tageblatt, 1932, 1; die Stellungnahme des Vorsitzenden des Strafsenats des Kammergerichts einerseits und andererseits die des Vorsitzenden des Vorstandes der RAK Berlin, in: Berliner Anwaltsblatt, 1933, S. 13 ff.; siehe auch *Löwenstein*, Klee und Bericht Hachenburg / Bing, in: DJZ, 1932, 1410, 1468, 1524 (1528).

35 Zitiert nach *König*, a.a.O., (Fn. 3), S. 20.

Widerspruch. Zahlreiche berühmte Kriminalprozesse sind nur deshalb zu einem gerechten Ende gekommen, weil der Verteidiger noch während der Hauptverhandlung Ermittlungen angestellt hat.'"[36]

Rudolf Olden kommentiert:

„Das sind treffliche Worte, und niemand wird sagen dürfen, daß hier das Wort nicht auch eine Tat sei [...]. Soll die Notwehr, in der sich die Anwaltschaft befindet, mit Erfolg geltend gemacht werden, so muß das selbstverständlich ohne politische Nebenabsichten geschehen. Es gibt Anwälte in allen Parteien und von jeglicher Weltanschauung, und aller Standesinteressen sind dieselben; wenn auch leider nicht aller Bereitschaft, sie zu verteidigen. Im Felseneck-Prozeß zum Beispiel zeigte sich mehrere Male eine geschlossene Front von Verteidigern, die der Linken und Rechten zuzuzählen sind. Aber endlich ist die freie Advokatur eine liberale Errungenschaft, ihre Aufhebung oder Einschränkung wäre ein Rückschritt zum friderizianischen Absolutismus. Das vergessen weder ihre Freunde, noch ihre Gegner. Auch dies hat Ernst Wolff treffend ausgedrückt: 'Staatspolitisch ist die wichtigste Seite des Anwaltsberufs die Verteidigung der persönlichen Freiheit, die seit langem nicht so bedroht gewesen ist, wie unter den gegenwärtigen Verhältnissen'.

Wenn früher gefragt wurde: 'Ist die freie Advokatur bedroht?', so muß heute geantwortet werden: 'Ja, die Bedrohung ist da!' An der Standesvertretung wird es liegen, alles zu tun, die Drohung zurückzuweisen."[37]

Die Kammerversammlung bekannte sich

„[...] zu dem von jeher von der Anwaltschaft in Anspruch genommenen, vom Ehrengericht gebilligten und für eine ordnungsgemäße Durchführung der Verteidigung unerläßlichen Recht, daß der Verteidiger auch während der Hauptverhandlung in Beratung der ihm anvertrauten Interessen die zur Verteidigung erforderlichen Beweismittel herbeischaffe und die dazu nötigen Ermittlungen anstelle."[38]

7. Beharrlichkeit und persönlicher Mut

Kennzeichnend für viele Verfahren in der Weimarer Zeit ist die außerordentliche Beharrlichkeit, mit der die Anwälte die Sache ihrer Mandanten durch die Instanzen bis vor das Reichsgericht und ggf. erneut in der Tatsacheninstanz und wiederum vor dem Reichsgericht vertreten.

---

36 Leitartikel *Olden*, a.a.O. (Fn. 34), zu Ernst Wolff: *Maier-Reimer*, Zum Gedächtnis an Ernst Wolff, Berliner AnwBl. 1989, 300 ff. und *Göppinger*, a.a.O., (Fn. 9), S. 367 f.

37 Leitartikel *Olden*, a.a.O. (Fn. 34).

38 Zitiert nach *König*, a.a.O. (Fn. 3), S. 20.

Ein Beispiel: Der von 1928 bis 1931 dauernde Gotteslästerungsprozess gegen Georg Grosz und den Verleger Herzfelde, die Tätigkeit Alfred Apfels.[39]

Weitere Beispiele bilden der Fall Jakubowski,[40] das Verhalten der Verteidigung im „Tscheka-Prozess",[41] die Verteidigertätigkeit Littens,[42] die Tätigkeit der Verteidigung im Weltbühnen-Prozess.[43]

Robert W. Kempner berichtet über Strafverteidiger der Weimarer Zeit:

> „Ich habe da viel gelernt. Vor allem für die notwendige Energie: Niemals loslassen! Das hat man bei denen gelernt. Und noch was anderes, was mir später in den USA sehr zugute gekommen ist, man muß sich totkämpfen für den Erfolg."[44]

8. Selbstbewusstsein der Anwälte

Viele Verteidiger zeichnet ein hohes Selbstbewusstsein und eine sichere Gewissheit von der Bedeutung ihrer Aufgabe aus. Erich Freys Verhalten im Steglitzer Schülermord-Prozess ist ein markantes Beispiel:

Als der Vorsitzende ihn in einer Frage unterbricht, erklärt er, er verbitte sich dies. Als der Vorsitzende daraufhin nach Beratung einen Beschluss verkündet, wonach das Gericht die Frage nicht zulasse, da sie nicht zur Sache gehöre, und der Vorsitzende hinzufügt, das Gericht habe ihn zu der Erklärung ermächtigt, dass es auch seinerseits „das Verhalten des Verteidigers nicht billigen könne", legt Frey das Mandat nieder.[45]

Oder Cohn-Bendit: „Plädoyer für Litten", wo es u.a. heißt:

> „Solange Sie Herrn Kollegen Litten unsachliche Verteidigung vorwerfen, muß ich es ablehnen, mit Ihnen über die 'Würde' des Gerichts zu diskutieren. Wir sind nicht gewillt, die Interessen unseres Mandanten auf dem Altar Ihrer 'hohen Aufgabe' – wie Sie sie auffassen – und Ihrer Autorität zu opfern. Eins werden Sie mit Ihrem Beschluß bestimmt nicht erreichen: daß wir in jedem Gerichtssaal das zu sagen unterlassen

---

39 Noch nach Prozessende arbeitet *Apfel* – publizistisch – weiter: „Es ist mir unverständlich, warum dies abschließende Reichsgerichtsurteil eine so gute Presse gefunden hat. Zu Jubelhymnen liegt kein Anlaß vor.", in: Causa finita, in: Die Weltbühne, 1932, 1. Halbjahr, S. 11.

40 Dazu die Nachweise in Fn. 23 und 27.

41 Dazu Brandts Denkschrift Fn. 25.

42 Dazu die Nachweise Fn. 13 und *Düx*, Hans Litten (1903–1938), Anwalt gegen Naziterror, in: Kritische Justiz (Hg.), Streitbare Juristen, 1988, S. 193 ff. und *meine* Dokumentation in AnwBl. 1988, 213 ff.

43 *Hannover*, H. u. E., Politische Justiz 1918–1933, 1966, 186 ff.

44 Gespräch am 6.08.1984, diese Passage dokumentiert in: Friedrich-Ebert-Stiftung, Gratulation zum 90. Geburtstag von Robert M. W. Kempner, 1989, S. 100.

45 Verfahrensakte wie vor, Anm. 32, Blatt 85.

werden, was wir als Verteidiger im Interesse unserer Mandanten, den Zeugen, den Polizeibeamten, Staatsanwälten und Richtern zu sagen für notwendig halten [...].“[46]

9. Publizistische Tätigkeit

In vielen Fällen kommt es auch zu publizistischer Begleitung bzw. Nacharbeitung der übernommenen Mandate durch den Verteidiger oder durch andere Verteidiger. Beispiele: Rudolf Oldens Artikel „Der Geist der Bevormundung“,[47] die Veröffentlichung von Alsbergs „Eingabe an den Herrn Justizminister im Fall Ossietzky“,[48] Apfels publizistische Tätigkeit.[49]

Dabei muss die z.T. literarische Qualität hervorgehoben werden. Zwei Beispiele, die zugleich ein letztes zeigen sollen, als Element der Strafverteidigung in der Weimarer Republik.

10. Kollegialität

a) Rudolf Olden:

> „In diese Welt des Kampfes und der moralischen Abstumpfung trat Hans Litten, ein junger Mensch, klug, aber ohne Arg, zwischen Parteitrompetern und Intriganten eine anima candida, vor allem aber erfüllt von der übermächtigen Sucht, Unrecht zu hindern, Bedrohte zu retten, die Beleidigten und Erniedrigten zu erheben [...]. Auf der Höhe seiner Moabiter Tätigkeit habe ich Litten einmal zugeredet, er möge weniger intransigent sein, es manchmal billiger geben und nicht immer alles auf die Spitze treiben: wir würden ihn sonst nicht lange in Moabit behalten und könnten ihn doch gut brauchen. Er hat erwidert, er sei überzeugt, es werde ohnehin nicht lange mehr mit unserem Rechtswesen dauern, schon deshalb sehe er keinen Grund zu Konzessionen. Ich muß gestehen, er sah die kommenden Dinge genauer als ich [...].
>
> Der franziskanische Mensch Hans Litten wäre vielleicht unangefochten durch die republikanische Periode und ins Dritte Reich gewandert, hätte ihn nicht sein Beruf zum Kämpfer ums Recht gemacht. So aber kam er unvermeidlich in Konflikt mit den durch Rechtsbruch Heraufsteigenden wie mit den offiziellen Rechtswahrern, als sie anfingen, weich gegen die Rechtsbrecher zu werden und sich also gegen Rechtskämpfer verhärten mußten. Gefängnis, Tortur und Tod hat er fürs Recht erlitten. Er ward, schon im dämmernden Morgen nach dem Reichstagsbrand, verhaftet [...].“[50]

---

46 Die Weltbühne, 1932, 2. Halbjahr, 314 (317).

47 Oben Fn. 34.

48 Die Weltbühne, 1932, 1. Halbjahr, 736.

49 Er war ein häufiger Autor der Weltbühne, *Elmar E. Holly*, Die Weltbühne 1918–1933, 1989 stellt 25 Artikel fest (49/50).

50 Vorwort a.a.O. (Fn. 13), S. 9 ff.

b) Max Alsberg:

„Abschied von Paul Levi

Dieses Geistes Zeichen waren seine Kämpfe. Ein Feueratem, der in Fieberglut erlosch.

Denn als ein großer, ein wahrer Ritter des forensischen Kampfes will dieser Mann betrauert sein. Ein Ritter noch, selbst wenn er zu feindseliger Härte das Wort stählte, – weil hinter allem der Überzeugung starke Leidenschaften und des Gemütes reine Mächte lebten.

Was das Forum an Paul Levi verliert, das wissen mehr noch als seine Klienten die, die an dieser Stelle oft seine Gegner waren. Denn des Gedankens Wucht war seine Stärke. Keiner von denen, die tändelnd ablenkend durch einen Nebel von Phrasen den wahren Stand der Dinge zu verhüllen suchen. Ganz Epigramm von Kopf zu Fuß war seine Rede. Was er aus Büchern mitbrachte, war nur die Erziehung seines Geistes. Was er an Ideen, an Formung gab, war sein eigen Fleisch und Blut.

Schonungslos im Kraftgebrauch, vor allem angesichts eines politischen Stoffes; hier wurzelte am tiefsten seine Kunst, hier war für sein Gefühl die größte Tragfähigkeit geschaffen. Äußere Erfahrung, inneres Erlebnis paarten sich gerade hier zu vollkommenstem Einklang, ließen eine wahre Fülle der Eindrücke, der Bilder, der Worte mit der leidenschaftlichen Kraft seelischer Bewegung in ihm auffluten. Daß der Sinn seines Lebens und Strebens das Teilhaben an den Kulturgütern nicht nur für sich, sondern in gleicher Weise für andere war, wurde denn auch in seinen politischen Plädoyers am deutlichsten sichtbar. Man brauchte nicht politisch seines Sinnes zu sein, um die Ethik seines Wollens anzuerkennen. Ein starkes Herz schlägt nicht mehr!“[51]

11. Das Ende

Hatte sich in den Vorgängen um den Felsenecke-Prozess gerade gezeigt, wie stark die Anwaltschaft die Wahrnehmung der eigenen Verteidigerrechte gemeinsam betrieb, so war um so erschütternder, um so bezeichnender, mit welchem „Fanal der Entschlossenheit“[52] die Nationalsozialisten gerade auf die Strafverteidiger losschlugen. Innerhalb weniger Wochen waren bedeutende Strafverteidiger der Weimarer Zeit nicht mehr Anwälte:

Max Alsberg, Alfred Apfel, Arthur Brandt, Erich Frey, Hans Litten, Rudolf Olden, Paul Reiwald, Kurt Rosenfeld, Johannes Werthauer.[53]

---

51 Das Tagebuch, 1930, S. 245.

52 *König*, a.a.O. (Fn. 3), S. 45.

53 *Alsberg*, DJ 1933, 208, 442; *Brandt*, 253; *Litten*, 203; *Olden*, 266; *Reiwald*, 502; *Rosenfeld*, 253; *Werthauer*, 220, 565. Apfel wurde ausgebürgert, siehe die Liste in *Großmann*, Ossietzky, 1983, 481 = Deutscher Reichsanzeiger und Preußischer Staatsanzeiger Nr. 198 vom 25.08. 1933; Frey emigrierte 1933, siehe *Erich Frey*, „Ich beantrage Freispruch“, 2. Aufl., siehe auch *Hannover*, a.a.O. (Fn. 43), S. 187.

Die Verfolgung einer so großen Zahl beispielhafter Verteidiger 1933 bedeutete bereits mit der Beseitigung dieser Vorbilder den Anschlag auf die Verteidigung.

II. Strafverteidigung in der Bundesrepublik

1. Der Begriff des „neuen“ Typs des Strafverteidigers taucht nach dem Kriege erstmals bei Robert Kempner auf:

In der Neuausgabe von Slings: „Richter und Gerichtete“, 1969, schreibt er:

> „Die Atmosphäre von Moabit Ende der 20er Jahre hat mit einigen Wandlungen den Nationalsozialismus und die Nachkriegsjahre überlebt. In ihrem Kern hat sie sich kaum geändert, so wie sich die Justiz selbst auch wenig geändert hat [...]. Auch die Verteidiger-Atmosphäre ist sich gleichgeblieben [...]. Doch die Menschen haben gewechselt: Die großen Verteidiger jüdischer Herkunft wie Prof. Max Alsberg [...] oder Dr. Dr. Erich Frey wurden von den Nationalsozialisten vertrieben. Jetzt ist die Zahl der jüdischen Strafrechtler verschwindend klein; Henry Ormond ist einer der wenigen würdigen Nachfahren.
>
> Prof. Hans Dahs ist heute eine Spitzenfigur unter den deutschen Verteidigern. In die Fußstapfen der ‘Moabiter’ sind Anwälte aus Hessen, dem Rheinland usw. getreten, die sich vielfach in den Nürnberger Prozessen ihren Namen geschaffen haben, wie Egon Kubuschok, Erich Schmidt-Leichner, Hans Laternser und der Eichmann-Verteidiger Robert Servatius, deren Namen für viele andere stehen. Die Kategorie von großen Verteidigern, die gleichzeitig Parlamentarier waren, hat sich abgesehen von Ausnahmen wie Alfred Seidl in München nicht neu gebildet. An ihre Stelle sind politisch interessierte Anwälte getreten wie Paul Haag, Walter Amann oder auf anderer politischer Seite Rudolf Aschenauer.
>
> Erst seit 1968 scheint sich mit einer neuen jungen Generation eine neue elektrisch geladene Gerichts-Atmosphäre zu entwickeln, und zwar durch junge Richter wie auch durch Verteidiger wie Heinrich Hannover, Horst Mahler oder Christian Raabe, deren Name über einzelne Gerichte hinaus bekannt wurden.“[54]

1976, bei Gerhard Mauz, bricht es dann heraus:

> „Die Strafverteidigung ist im Gespräch. Denn in Stuttgart-Stammheim quält sich der BM-Prozeß dahin, und das soll Schuld der Verteidiger sein, denen die vier Angeklagten vertrauen [...]. Zum ersten Mal in der Geschichte der Bundesrepublik steht der Beruf des Strafverteidigers im Mittelpunkt einer öffentlichen, grundsätzlichen Auseinandersetzung. Das ist eine Sensation. Denn bislang konnten Strafverteidiger tun und unterlassen, was sie wollten. Sie konnten stümpern und schlampen, ohne daß sich irgendjemand darüber aufregte. Die Strafverteidigung war in der Bundesrepublik bis heute kein Thema. Sie war ein Beruf, den einige wenige bekannte gediegene Könner und eine Unzahl von Amateuren ausübten [...]. So ist denn von der Strafverteidigung

---

54 S. 312.

in der Bundesrepublik bis heute nie wirklich die Rede gewesen [...]. Der Strafverteidiger hat, wie das 1975 auf dem Deutschen Anwaltstag in West-Berlin der Rechtsanwalt Hans Dahs formulierte, 'die Freiheit seines Berufs vom Staat wieder ins allgemeine Rechtsbewußtsein zu rücken' [...]. Endlich ist die Strafverteidigung im Gespräch, das ist eine Sensation, wenn auch leider eine sehr deutsche Sensation (denn zunächst einmal erregt man sich darüber, daß angeblich zuviel geschieht, wo bislang fast nichts geschah [...].) [...] Es ist für jedermann von kapitaler Bedeutung, daß die Strafverteidiger der Bundesrepublik entdecken, wo, wann und wie sie tatsächlich verteidigen – unter welchen Umständen sie nichts als ein Feigenblatt sind."[55]

Ebenfalls 1976, Jürgen Serke:

> „Strafverteidiger – ein Beruf der ins Gerede gekommen ist [...] Strafverteidigung in Deutschland ist selten brillant, noch seltener gekonnt und in den seltensten Fällen erfolgreich im Sinne des Bestmöglichen für den Mandanten. Sie ist das Aschenbrödel der Juristerei [...]. Eine neue Generation von Rechtsanwälten ist nicht bereit, sich mit solch bescheidenen Freuden zufrieden zu geben [...]."[56]

1977 wird dann der 1. Strafverteidigertag, zunächst norddeutscher, Strafverteidigervereinigungen durchgeführt. Im gleichen Jahr die Erste Deutsche Strafverteidigertagung des „Deutsche Strafverteidiger e.V." (zugleich Arbeitsgemeinschaft des DAV).[57]

1983 spricht dann Beulke davon:

> „Es ist insbesondere das Selbstverständnis des Strafverteidigers, das sich in den vergangenen Jahren so stark gewandelt hat, daß seiner stärkeren Position nunmehr auch bei der Auslegung strafprozessualer Normen Rechnung getragen werden kann. Seine vermehrte Bedeutung wird [...] durch seinen Machtzuwachs in der Hauptverhandlung offenbar. Angesichts dieser Entwicklung ist es sachgerecht, wenn trotz der richterlichen Aufklärungspflicht und trotz der staatsanwaltschaftlichen Objektivitätsverpflichtung die Mitwirkungsbefugnisse des Verteidigers bei der Aufspürung entlastender Momente gesteigert werden."[58]

1987 nun die deutlichste und präziseste Feststellung und Beschreibung eines „neuen Typs des Strafverteidigers" durch Ernst-Walter Hanack.[59]

---

55 Vorwort zu Croissant, *Groenewold* u.a., Politische Prozesse ohne Verteidigung?, 1976, S. 7 ff.

56 Strafverteidiger in Deutschland, 1976, S. 7, 8, 15.

57 Diese Entwicklung beschreibt *mein* Aufsatz: Die schwierige Annäherung tradierter Verbandspolitik an „neue" Strafverteidigung, Festgabe für Ludwig Koch, 1989, S. 3 ff.

58 Das Einsichtsrecht des Strafverteidigers in die polizeilichen Spurenakten, Festschrift für Hanns Dünnebier zum 75. Geburtstag, 1982, S. 285 (296).

59 Wie eingangs wiedergegeben; dies (z.T. wörtlich) übernehmend, wenn auch nicht zitierend: *Caesar*, Absprachen im Strafprozeß, Recht und Politik, 1990, 45 (46); zuvor bereits *Hanack*, in: Aktuelle Probleme der Strafverteidigung in der Bundesrepublik Deutschland, in: Festgabe für Hans Schultz, 1977, S. 299 (302).

2. Einige *inhaltliche* Aspekte sind dabei bemerkbar:

Erstmalig geben Strafverteidigerinnen und Strafverteidiger eine eigene wissenschaftliche Zeitschrift heraus, ab 1981 den „Strafverteidiger". Auch vor diesem Zeitpunkt gab es in der Bundesrepublik von Rechtsanwälten verfasste Literatur, es sei nur genannt Ackermanns Aufsatz „Die Verteidigung des schuldigen Angeklagten",[60] die (rein anwaltliche) Gedenkschrift für Cüppers,[61] Kalsbachs „Standesrecht des Rechtsanwalts" (1956), die Dahs'schen Veröffentlichungen, z.B. „Das Plädoyer des Strafverteidigers"[62] und das „Handbuch des Strafverteidigers".[63]

Die wissenschaftliche Tätigkeit von Strafverteidigerinnen und Strafverteidigern nimmt jetzt aber erheblich zu. Es wird nicht nur in der Zeitschrift „Strafverteidiger" publiziert, sondern umfangreich auch in der ebenfalls ab 1981 (wenn auch nicht unter so dominierender anwaltlicher Beteiligung) erscheinenden „Neue Zeitschrift für Strafrecht". Aus anwaltlicher Feder erscheinen Prozessberichte,[64] es erscheint Praxis- und Ausbildungsliteratur in breiter Form,[65] es entsteht ein sachlich und örtlich weit gestreutes Angebot an Ausbildung und Fortbildung für Strafverteidigerinnen und Strafverteidiger.[66]

Grundsätzliche Aufsätze zur Strafverteidigung und zu Einzelproblemen erscheinen durch Verteidiger und durch die Wissenschaft in großer Zahl.

Beulke stellt 1980 fest:

> „Auffallend ist dabei, daß nicht immer in derselben Intensität über diese Streitfrage nachgedacht wird, sondern daß sich Literatur und Rechtsprechung in unregelmäßigen Abständen dem Problem der Strafverteidigung zuwenden. Solch ein heftiges Aufflackern der Diskussion war in den vergangenen Jahren zu verzeichnen."[67]

---

60 NJW 1954, 1385.

61 1955, mit Beiträgen von Dahs, Brandi, Hogrefe, Ackermann, Reichard, von Stackelberg, Fischinger, Busch und Kalsbach.

62 AnwBl. 1959, 1 ff., aus dem das Handbuch entstand.

63 1. Auflage 1969; i.Ü. sei auf die Literaturübersicht bei *Lüderssen*, Löwe-Rosenberg, StPO, 24. Aufl. 1989, vor § 137, verwiesen.

64 Z.B. das Buch Fn. 55.

65 Reihen wie „Praxis der Strafverteidigung", 1984 ff. und Formularbuch (1988) bzw. Formularkommentierung (1989) für den Strafverteidiger.

66 Durch regionale Strafverteidigervereinigungen, Deutsche Anwaltsakademie, Arbeitsgemeinschaft Strafrecht des DAV, Münchner Institut für Strafverteidigung, Deutsche Strafverteidiger e.V.

67 *Beulke*, Die Verteidigung im Strafverfahren, 1980, S. 17 mit Literaturliste Fn. 3.

Beispielhaft seien für den Zeitraum um 1980 genannt Hanacks „Aktuelle Probleme der Strafverteidigung in der Bundesrepublik Deutschland“,[68] die Dahs'schen Aufsätze zur „Ausschließung und Überwachung des Strafverteidigers“ und zum „Anti-Terroristen-Gesetz“[69] sowie Egon Müllers „Zwischenbilanz“ zur „Strafverteidigung“[70] und schließlich der Gesetzentwurf mit Begründung des Arbeitskreises Strafprozessreform „Die Verteidigung“.[71]

Ausdruck kollegialer Zusammenhörigkeit sind nicht nur die vielen Fortbildungsveranstaltungen,[72] die regelmäßigen Strafverteidigertage/-tagungen, Kolloquien und Symposien, sondern insbesondere die Tatsache, dass es angesichts von Problemen, die die Strafverteidigung als ganze betreffen, auch eine gemeinsame Aktivität aller Gruppen gibt,[73] zuletzt das Forum „Annektion des Strafverfahrens durch die Polizei“ in Bonn am 17. Januar 1990.[74]

III. Neuer Typ des Strafverteidigers!?

Sowohl die zitierten Autoren in ihrer Bewertung als auch der Hinweis auf die (nur beispielhaft) zitierte Verteidigerliteratur zeigen, dass es qualifizierte Strafverteidigung in der Bundesrepublik auch vor 1969/70 gegeben hat.

Gatzweiler charakterisiert dies:

> „Noch Anfang der 70er Jahre war Strafverteidigung in der Bundesrepublik Deutschland, von wenigen Ausnahmen brillanter und kämpferischer Strafverteidigerpersönlichkeiten abgesehen, eine überwiegend im Rahmen nicht spezialisierter Anwaltskanzleien ausgeübte Nebentätigkeit.“ [75]

Dies gilt (nur) der Strafverteidigung in der Bundesrepublik. Hier wird man als erstes Zwischenergebnis festhalten können, dass sich die Betrachtung offenbar regelmäßig – so auch bei Hanack, der vom neuen Verteidigertyp spricht, er handele anders als „die Generation“ vor ihm – auf einen Unterschied zur bis dahin existierenden gene-

---

68 A.a.O. (Fn. 59).

69 NJW 1975, 1385; 1976, 2145.

70 NJW 1981, 1801.

71 1979, vorgelegt von Bemmann, Grünwald, Hassemer, Krauß, Lüderssen, Naucke, Rudolphi, Welp.

72 *Gatzweiler*, Der „neue“ Strafverteidigertyp in seiner Umsetzung im DAV, in: Festgabe für Ludwig Koch, 1989, S. 93 (103).

73 Siehe die Beschreibungen in *meinem* Aufsatz a.a.O. (Fn. 57), S. 4 ff. und S. 11 ff.

74 Dazu StV 1990, 95.

75 *Gatzweiler*, a.a.O. (Fn. 72), S. 94.

rellen Form der Strafverteidigung in der Bundesrepublik bezieht und keine Aussage enthält über Verteidigung in der Weimarer Zeit.

Man wird ferner feststellen müssen, dass diese Einordnung allgemein nicht bezweckt, überhaupt zu leugnen, dass es vitale Strafverteidigung in der Bundesrepublik bis dahin gab, sondern sagt, sie habe es nur bei einzelnen Persönlichkeiten und nicht als generelle Handhabung des Berufsstandes gegeben. Bei Hanack tritt ein Element der Charakterisierung hinzu, dieser neue Typ fühle sich dem traditionellen Ziel des Strafverfahrens nicht mehr verpflichtet, und zudem stehe er der Strafjustiz oft mit geradezu abgrundtiefer Skepsis gegenüber. So erwiese sich denn die Fragestellung als ein Scheinproblem, weil es gar nicht um den in der Überschrift beschriebenen Kontrast geht?

Ich will zunächst einmal nicht selber sprechen.

In einem Schriftverkehr mit Dr. Fred Grubel berichtete ich diesem, dass ich einen Aufsatz über „neue" Strafverteidigung zu schreiben beabsichtige. Fred Grubel, als Referendar Martin Druckers in der Tradition der Verteidigung der Weimarer Zeit aufgewachsen, reagierte spontan und direkt:

> „Es würde mich sehr interessieren zu erfahren, was die 'neue' Strafverteidigung bedeutet. Von Drucker hatte ich gelernt, daß der Verteidiger alles zu tun hat, um seinen Klienten soweit zu schützen, wie das Gesetz es erlaubt, und daß das Gesetz strikt nach dem Grundsatz auszulegen ist, daß der Angeklagte so lange als unschuldig angesehen werden muß, als die Schuld ihm nicht nach allgemeinen Vernunft- und Fairneßregeln nachgewiesen werden kann. Dieses Prinzip ist natürlich von den Nazis völlig auf den Kopf gestellt worden. Ist die Jurisprudenz der Bundesrepublik anderer Meinung als Drucker?"

So reagiert der Zeitzeuge, und dies, obwohl der Begriff „neu" distanzierend in Anführungsstriche gesetzt worden war.

Dies macht betroffen. Müssen wir uns nicht sagen, wir alle, die wir den Begriff der neuen Strafverteidigung, des neuen Typs des Strafverteidigers gebrauchen.

Denken wir nicht zu kurz, wenn wir nur auf wenige Jahre vor 1969/70 zurückblicken? Fehlt uns historisches Bewusstsein, gerade uns, den Angehörigen eines Berufsstandes, für den es unmöglich geworden war, seine Regeln der Kunst in der schrankenlosesten Diktatur der Jahre 1933–1945 anzuwenden?

Es ergibt sich bei der Verwendung des Begriffes „neu" doch die Frage, ob es nicht nötig ist, die Kunst der Verteidigung in der Weimarer Zeit und die jetzige Kunst der Verteidigung zu vergleichen, um dann zu sehen, ob wir wirklich von: neu sprechen dürfen / sollten.

Ich denke, dass dies nicht der Fall ist, weil unsere Verteidigung allen Grund hat, sich unmittelbar auf die Verteidigung in der Weimarer Zeit zu berufen, dass wir froh sein könnten zu sagen, der „alte“ Typ des Verteidigers ist wieder da:

1. Die für die Weimarer Zeit geschilderten Elemente der Professionalität sind auch Elemente, die wir bei unserer Berufsausübung zugrundelegen müssen.

a) Mauz geht bei seiner Schilderung von dem Baader-Meinhof-Prozess in Stuttgart-Stammheim aus:

Schon dabei gibt es eine markante, dokumentierte und unverkennbare, Parallele: den Tscheka-Prozess.

In diesem Verfahren, wie Arthur Brandt dies in der „Denkschrift der Verteidigung“ dokumentiert hat, trat eine Fülle von strafprozessualen Problemen auf, wie sie auch nun wieder die Verteidigung beschäftigten. Es genügt, einige Kapitelüberschriften aus Brandts Dokumentation wiederzugeben:

- Das Ermittlungssystem der Stuttgarter Polizei (dahinter verbirgt sich beispielsweise die Methode, dem Gefangenen einen Spitzel in die Zelle zu legen).
- Die Behandlung der Untersuchungsgefangenen.
- Die Ablehnung wegen Besorgnis der Befangenheit.
- Die Zurückweisung der unmittelbaren geladenen Zeugen.
- Die „ungeeigneten Fragen“.
- Die Ablehnung der Beweisanträge.
- Die formelle Beschränkung der Verteidigung.

Hier nimmt es nicht Wunder, dass ein Verteidiger, Kurt Groenewold, im Jahre 1979 Brandts Denkschrift neu auflegt, und dass die Themen, die in der Denkschrift behandelt sind, zum Teil auch Themen beispielsweise des 5. Strafverteidigertages 1981 waren. Aussagekräftig ist auch der Umstand, dass in der „Schily-Entscheidung“ des Bundesverfassungsgerichts vom 14. Februar 1973 Brandts Denkschrift zitiert wird.[76]

Für die Bundesrepublik ist es ohne Zweifel richtig, dass für die „neue“ Strafverteidigung die „wesentlichen Geburtshelfer also die APO und die daran anschließenden politischen Prozesse waren.“[77]

---

76 EGE XII (2 BvR 667/72), 160 (169).

77 So *Waechtler*, StV 1990, 138, in zutreffender Kritik am Fehlen dieses Bezuges in einem Aufsatz a.a.O. (Fn. 57), ähnlich auch *Bandisch*, Die Entstehungs- und Entwicklungsgeschichte der Arbeitsgemeinschaft Strafrecht im DAV, in: Festgabe für Ludwig Koch, 1989, S. 39 (41) und *Gatzweiler*, a.a.O. (Fn. 72), S. 94/95.

So entwickelte sich Verteidigerkultur auf der Basis der StPO in der Weimarer Republik wie in der Bundesrepublik (auch) aufgrund der Zusammenstöße in politischen Verfahren.

b) Die Elemente der wissenschaftlichen Betätigung durch die Praktiker haben unverkennbar starke Vergleichbarkeit.

c) Gleiches gilt für Elemente der Kollegialität, wie sie aus der Situation der Bedrohung erwachsen. Dort der Kampf gegen die Todesstrafe durch die Verteidigung und das gemeinsame Bemühen, das Recht zu eigenen Ermittlungen zu verteidigen, hier der gemeinsame Kampf gegen Einschränkungen von Verteidigerrechten.

2. Ich sehe, abgesehen von der ja immer gegebenen Notwendigkeit, bei Einhaltung der Regeln der Kunst jeweils den Besonderheiten der Situation, auch der historischen, gerecht zu werden, nur einen Unterschied der Strafverteidigung heute zur Strafverteidigung damals, einen gewichtigen, der uns ihr allerdings näher bringt und nicht von ihr trennt.

Die Verteidigung in der Weimarer Republik war von dem Bewusstsein getragen, rechtsstaatlich notwendig zu sein. Sie verstand sich, wie Alsberg dies auf dem 24. Deutschen Anwaltstag am 12. September 1929 in Hamburg formulierte, als die „jüngste" Institution der Strafrechtspflege.

> „Jede Weiterentwicklung unseres modernen Strafprozesses muß denn, das belegt gerade seine Geschichte, zwangsläufig zugleich die Weiterentwicklung und Stärkung der Rechte der Verteidigung mit sich bringen."[78]

Im Bewusstsein der Verteidiger war Fortschritt eingetreten, seit der Rechtsstaat etabliert war, nach der Begründung des Rechtsstaates war schließlich auch noch die republikanische Staatsform erreicht worden Die Verteidiger wehrten sich gegen den „Geist der Bevormundung", und sicher nur sehr wenige ahnten in diesem Zeitpunkt, dass kurz darauf der Rechtsstaat in der schrankenlosesten Diktatur versinken und ihr Berufsbild verschwinden würde.

Die Strafverteidigung in der Bundesrepublik lebt, wenn sie historisch denkt, mit diesem ungeheuren Bruch: Am Ende des Rechtsstaates Weimarer Republik steht die größte Rechtlosigkeit. Diese Verteidigung weiß, dass sie nur dem Rechtsstaat ihre Existenz verdankt. Dies ist nicht anders, als es für das Bewusstsein der Verteidigung in Weimar war. Die Verteidigung in der Bundesrepublik weiß aber auch oder muss das wissen, dass sie die Energie für den Kampf um das Recht nicht nur aus dem Bewusstsein entnehmen muss, dass dort, wo die Regeln des Rechtsstaates nicht

---

78 Die Philosophie der Verteidigung, 1930, S. 1, 4.

mehr gelten, auch sie nicht mehr existieren wird, sondern auch aus dem Bewusstsein, dass ein solcher Bruch in der jüngsten Geschichte geschehen konnte.

Dies mag die rechtsstaatliche Entschlossenheit der jetzigen Verteidigung und die Neigung der Verteidigung zum Strafverfahrensrecht, zur Form als der geschworenen Feindin der Willkür, der Zwillingsschwester der Freiheit,[79] erklären. Vielleicht liegt hierin auch die Erklärung für die von Hanack festgestellten Besonderheiten, z.B. dafür, dass ein solcher Verteidiger in alle gesetzlichen Freiräume zugunsten seines Mandanten vorstößt, „auch wenn er ihn für schuldig hält". Seine Berufsaufgabe ist es, dafür zu sorgen, dass das formelle und sachliche Recht eines Rechtsstaates eingehalten wird. Dies ist das Primäre, die Frage von Schuld oder Nichtschuld stellt sich dann nicht dominierend. Die Motivation dieser Verteidigung ist nicht einzelfallbezogen, sondern rechtsstaatsbezogen.

Dieser Unterschied, wenn man ihn als solchen überhaupt anerkennen will, ist also eine aus der historischen Sicht gewonnene zusätzliche Motivation im Kampf um das Recht.[80] Weitere Unterschiede vermag ich nicht zu erkennen, und so ist nach meiner Sicht die Antwort auf die eingangs geschilderte Frage:

Bei historischer Betrachtung gibt es keine neue Strafverteidigung und keinen neuen Typ des Strafverteidigers, – allenfalls eine „neue" Strafverteidigung und einen „neuen" Strafverteidigertyp, besser noch aber eine Renaissance der Strafverteidigung.[81]

---

79 *Rudolph von Ihering*, Der Geist des römischen Rechts, 9. Aufl., Reprint 1968, der 5. Auflage, 1898, Teil 2, Abt. 2, § 45, S. 471.

80 Wobei mir die Gefahren des strafprozessualen Vergleichs für diese Verteidigungskultur unverkennbar erscheinen – beängstigend, wenn es, wie *Hanack* a.a.O. (Fn. 1) annimmt, gerade diese Streitkultur war, die den Vergleich besonders gefördert hat.

81 Siehe *Gerhard*, FAZ vom 7.09.1984, vgl. *Bandisch*, a.a.O. (Fn. 77), S. 52; siehe auch *Gatzweiler*, a.a.O. (Fn. 72), S. 99.

Die schwierige Annäherung tradierter Verbandspolitik an „neue" Strafverteidigung*

I. Vorbemerkung

Ursprünglich wollte ich für diese Festschrift einen biographischen Beitrag über Martin Drucker schreiben. Dr. Fred Grubel, Direktor des Leo Baeck Institutes in New York, war Referendar bei Martin Drucker und hat als Vorwort zum Neudruck der Festschrift für Martin Drucker[1] ein Lebensbild Druckers veröffentlicht.

Ich schrieb ihm in diesem Zusammenhang und teilte dann später mit, dass der Plan sich geändert habe und ich über das oben genannte Thema schreiben würde. Daraufhin teilte mir Dr. Grubel mit:

> „Es würde mich sehr interessieren zu erfahren, was die „neue" Strafverteidigung bedeutet. Von Drucker hatte ich gelernt, daß der Verteidiger alles zu tun hat, um seine Klienten soweit zu schützen, wie das Gesetz es erlaubt, und daß das Gesetz strikt nach dem Grundsatz auszulegen ist, daß der Angeklagte so lange als unschuldig angesehen werden muß, als die Schuld ihm nicht nach allgemeinen Vernunft- und Fairnessregeln nachgewiesen werden kann. Dieses Prinzip ist natürlich von den Nazis völlig auf den Kopf gestellt worden. Ist die Jurisprudenz der Bundesrepublik anderer Meinung als Drucker?"

Ich habe ihm daraufhin geschrieben:

> „Mit der 'neuen' Strafverteidigung hat es nach meiner Auffassung nichts 'besonderes' auf sich. Die 'neue' Strafverteidigung ist im wesentlichen die 'alte' Strafverteidigung, die von den großen Kollegen der Weimarer Zeit praktiziert wurde: eine selbstbewußte, sachgerechte, an der Unschuldsvermutung orientierte Strafverteidigung, historisch gesehen ist dies nicht 'neu'. Es ist lediglich insofern 'neu', als es nach dem Kriege wohl einige Zeit dauerte, bis sich die 'Verteidigung' wieder langsam dem Niveau nähern konnte, das einmal in der Weimarer Zeit bestanden hatte.
>
> Ein spezieller Aspekt kommt hier dazu, [...] daß es nämlich so etwa vom Jahre 1970 an plötzlich Konflikte um Strafverteidigung in der Bundesrepublik gab. Es war plötzlich eine Reihe von Verteidigern da, die sehr vital und sehr vehement verteidigten, und dies führte zu Konflikten nicht nur mit Staatsanwaltschaften und Gerichten, son-

---

* Erstveröffentlichung in: „Strafverteidigung und Strafprozeß", Festgabe für Ludwig Koch, 1989, 3 = Berliner Anwaltsblatt 1990, S. 50.

1 Festschrift für Martin Drucker zum 65. Geburtstag – 6. Oktober 1934 – Herausgegeben von *Julius Magnus*; Faksimiledruck des Privatdrucks von 1934 mit einem Vorwort von Fred Grubel von 1983 „Martin Drucker (1869–1947) Anwalt des Rechts" – 1983 Scientia-Verlag, Aalen.

dern auch innerhalb der Anwaltschaft. Der Deutsche Anwaltverein, der zu diesem Zeitpunkt weitgehend zivilistisch orientiert war, fand zunächst kein Verhältnis zu diesen, im wesentlichen ja auch relativ jungen, Verteidigern und dieser 'neuen' Verteidigung. Erst langsam kam es zu einer Annäherung, und über diesen Prozeß soll der mir zugedachte Beitrag dann handeln."

II. Distanz

1. Die Entstehung von Strafverteidigervereinigungen außerhalb des DAV

In Berlin, wo ja bereits in der Weimarer Zeit eine gewisse Vereinsaktivität von Strafverteidigern außerhalb des DAV zu beob-
achten war,[2] wurde am 7. April 1951 die Vereinigung Berliner Strafverteidiger e.V. gegründet.[3]
Am Anfang ihrer Tätigkeit stehen Vorträge, die Begründung einer Schriftenreihe, wobei dort als erster Band das Büchlein Kurt Gage: Die Revision in Strafsachen, erschien, von Sarstedt[4] und dann von Hamm später fortgeführt.

Hervorzuheben ist, dass in dieser Zeit die Rechtsberatung in der Untersuchungshaftanstalt Moabit eingeführt wurde, und zwar erstmalig im August 1953,[5] sie existiert heute noch.[6]

Es gibt dann eine Zeit, in der eine Aktivität der Vereinigung nicht festzustellen ist, das ging so weit, dass ein gewählter Vorstand nicht einmal mehr ins Vereinsregister eingetragen wurde. Die Wiederbelebung der Vereinigung erfolgte durch Rechtsanwalt Roos im Jahre 1972.[7] Die Mitgliederzahl stieg ständig.

Im Jahre 1974 beabsichtigte die Vereinigung Berliner Strafverteidiger e.V. einen „Bund" bzw. „Verband Deutscher Strafverteidiger" zu gründen und teilte dies mit

---

2 Siehe *Königs* Beitrag, in dieser Festschrift S. 17 ff.

3 *Herrmann*, 25 Jahre Vereinigung Berliner Strafverteidiger, in: Berliner Anwaltsblatt 1976, 45; siehe auch *Herrmann / Schily*, Die Vereinigung Berliner Strafverteidiger e.V., Berliner Anwaltsblatt 1976, 5 f. Soweit nachstehend für zitierte Vorgänge betr. die Vereinigung Berliner Strafverteidiger e.V. (z.B. Briefe) Fundstellen nicht angegeben sind: Archiv der Vereinigung, das sich beim Verfasser befindet.

4 *Herrmann*, a.a.O. (Fn. 3), S. 46.

5 *Herrmann*, a.a.O. (Fn. 3), S. 46.

6 Sie wurde im Jahre 1979 zum Vorbild für eine ähnliche Rechtsberatung in der JVA Köln Ossendorf, siehe *Gatzweiler / Richter II*, Der Strafrechtsausschuss des Kölner Anwaltvereins in: 100 Jahre Kölner Anwaltverein, 1987, S. 203.

7 Siehe *Roos*, Die Vereinigung Berliner Strafverteidiger e.V. in: Berliner Anwaltsblatt 1973, 2 f.

einem Schreiben vom 29. Mai 1974 der Bundesrechtsanwaltskammer, den Rechtsanwaltskammern und dem Deutschen Anwaltverein mit.

Zwar kam es hierzu nicht, indessen wandte sich die Vereinigung mit einem Schreiben vom 24. November 1975 an den Deutschen Strafverteidiger e.V., begrüßte dessen Gründung und bekundete ein erhebliches Interesse an einem korporativen Bei-Beitritt.[8] Eine Antwort blieb aus.

2. Der „Strafverteidigertag 1977"

In dieser Zeit bildeten sich Strafverteidigervereinigungen in Hamburg und in Niedersachsen. Es kam zu Kontakten. Die Hamburger Arbeitsgemeinschaft für Strafverteidiger e.V. führte ein Sachverständigenseminar durch, dies wurde 1976 auch in Berlin abgehalten[9] und dabei Kollegen aus Niedersachsen eingeladen.

Damals bestanden rechtspolitische Probleme, die die Verteidigung sehr berührten: Ausschließung des Strafverteidigers,[10] Überwachung des Verkehrs zwischen Verteidigern und Untersuchungsgefangenen,[11] die Änderungen und Änderungspläne betreffend das Strafverfahrensrecht.[12]

Am 16. Februar 1977 schreibt Rechtsanwalt Börner aus Hannover der Vereinigung Berliner Strafverteidiger e.V., am 23. April 1977 würde in Hannover die ordentliche Mitgliederversammlung der Vereinigung Niedersächsischer Strafverteidiger e.V. durchgeführt werden, im Anschluss hieran solle an diesem Tage eine öffentliche Veranstaltung, wahrscheinlich zu dem Thema „Aufgaben und Grenzen der Strafverteidigung", stattfinden.

Er fügte hinzu, dass man es dort außerordentlich begrüßen würde, wenn an dieser Veranstaltung Mitglieder des Berliner Vorstandes oder auch andere interessierte Kollegen teilnehmen würden.

---

8 Siehe *Herrmann / Schily*, a.a.O. (Fn. 3), S. 6 und *Herrmann*, a.a.O. (Fn. 3), S. 72.

9 Siehe *Herrmann / Schily*, a.a.O. (Fn. 3), S. 5.

10 Dazu *Roos*, Bericht über die Versammlung der Vereinigung Berliner Strafverteidiger e.V. am 25. Februar 1974 mit Abdruck der gefassten Resolution in: Berliner Anwaltsblatt 1974, 31 ff. (vgl. auch RAK Berlin in: Berliner Anwaltsblatt 1972, 63).

11 Verlautbarung der Vereinigung Berliner Strafverteidiger e.V. vom 20. Juni 1975 im Berliner Anwaltsblatt 1975, 49 f.

12 Einen instruktiven Überblick für diesen Zeitpunkt (bis 1976) gibt *Hanack*: Aktuelle Probleme der Strafverteidigung in der Bundesrepublik Deutschland in: Schweizerische Zeitschrift für Strafrecht, 94. Jahrgang, Lebendiges Strafrecht, Festgabe zum 65. Geburtstag von Hans Schulz, Bern, 1977, S. 299 ff.

Beteiligt hat sich damals auch die Hamburger Arbeitsgemeinschaft für Strafverteidiger e.V. In dieser Zeit, im März 1977, werden die Lauschangriffe, die Abhörfälle bekannt. Rechtsanwalt Börner hat den Gedanken, das Thema speziell auf diese Vorfälle auszurichten. Wegen des allgemeinen Interesses an dem Thema und um den Mitgliedern Gelegenheit zu geben, hierzu umfassend Stellung zu nehmen, entsteht das erste Mal die Vorstellung, man müßte etwas Umfangreicheres veranstalten, man einigt sich darauf, an einem Freitag um 14.00 Uhr zu beginnen und am Sonnabendvormittag noch zusammen zu bleiben.

An dieser Stelle ist zum zweiten Mal der Deutsche Strafverteidiger e.V. zu nennen. An ihn schreibt nämlich jetzt die Hamburger Arbeitsgemeinschaft für Strafverteidiger e.V. am 25. März 1977 und lädt ihn ein, an dieser Veranstaltung teilzunehmen. Der Deutsche Strafverteidiger e.V. nimmt die an ihn gerichtete Einladung nicht an.

Rechtsanwalt Börner gelingt es allerdings, Rechtsanwalt Dr. Erich Schmidt-Leichner zu einem Festvortrag zu gewinnen. Das Programm des ersten Strafverteidigertages nennt ihn als einen der Hauptreferenten, als Vorstandsvorsitzender des Deutschen Strafverteidiger e.V., – Arbeitsgemeinschaft Strafrecht des DAV –. Er sagte zu, und er wollte kommen.

Eine persönliche Bemerkung:
Was meine Person angeht, war ich ganz naiv; ich dachte, das sei doch eine gute Sache, wenn sich Strafverteidiger zusammenschließen und wir so etwas tun. Es stand ja auch in der Tradition von Überlegungen meiner Strafverteidigervereinigung.

Dass wir hier ganz naiv offenbar ein Stück Anwaltspolitik angefasst hatten, wurde uns sehr schnell und sehr schmerzlich bewusst. Rechtsanwalt Börner weniger als mir, weniger, weil er schon zuvor, einige Zeit zuvor, aus dem Deutschen Anwaltverein ausgetreten war. Schmerzlicher mir, ich war da Mitglied, und ich hatte, wie ich meinte, nichts gegen den Verein Gerichtetes im Sinn. Aber nun traf es mich hart.

Es ging los am 22. April 1977, der erste Anruf eines Berliner Kollegen mit dem Hinweis, der Titel „Erster Deutscher Strafverteidigertag“ sei reserviert vom Deutschen Anwaltverein für eine Veranstaltung im Oktober – also für den Deutschen Strafverteidiger e.V., dessen Vorsitzender nun gerade bei uns reden sollte.

Außerdem wurden Bedenken gegen den Zeitpunkt geäußert, weil der Anwaltverein seine Mitgliederversammlung kurze Zeit später abhalten werde.

Drei Tage später eskalierte dies: Der Hauptgeschäftsführer des Deutschen Anwaltvereins, Rechtsanwalt Dr. Brangsch, rief an. Er bat zunächst, die Veranstaltung zu unterlassen. Dann drohte er eine einstweilige Verfügung an, wenn man es wagen sollte, mit einem solch allgemeinen Titel wie „Deutscher Strafverteidigertag“ oder „Strafverteidigertag“ aufzutreten.

Wir hatten Diskussionen darüber geführt, ob wir die Veranstaltung nicht „Norddeutscher Strafverteidigertag“ nennen sollten.

Es kam dann dieser etwas blasse Titel zustande: „Strafverteidigertag 1977“. Damit aber nicht genug: Was jetzt folgt, ist nun wirklich ein Dokument der (Anwalts-) Zeitgeschichte. Wenige Tage vor dem Strafverteidigertag, der am 14. und 15. Mai durchgeführt wurde, kam am 11. Mai 1977 ein Schreiben von Rechtsanwalt Dr. Erich Schmidt-Leichner bei der Vereinigung Niedersächsischer Strafverteidiger e.V. an:

> „Sehr geehrter Herr Kollege Börner,
>
> unter Bezugnahme auf Ihr Schreiben vom 28. April 1977 muß ich Ihnen leider mitteilen, daß ich an Ihrer Veranstaltung in Hannover nicht teilnehmen kann. Ich bedauere, daß ich Ihnen dies so kurzfristig vor Beginn der Tagung mitteilen muß. Besondere Gründe zwingen mich indessen dazu. Wie Sie mir im Schreiben vom 28. April 1977 selbst mitteilten, wurde seitens des Deutschen Anwaltvereins – Herrn Kollegen Dr. Brangsch – gegen die Veranstaltung, gerade zu dieser Zeit, kurz vor dem Deutschen Anwaltstag in München, protestiert. Wie Sie wissen, ist der Verein Deutscher Strafverteidiger e.V., dessen Vorsitzender ich bin, in Zusammenarbeit mit dem Deutschen Anwaltverein tätig, so daß eine gewisse Abstimmung mit dem Vorstand des Deutschen Anwaltvereins zur Zeit noch unerläßlich ist.
>
> Hinzu kommt, daß nach Versendung Ihrer Einladungen, in denen Sie mich als Hauptreferenten bezeichnet haben, auch von Seiten verschiedener Vorstandsmitglieder dieses Vereins Bedenken gegen den Ihnen zugesagten Vortrag bei mir erhoben werden.
>
> Ich bitte zu verstehen, daß ich mich – zumal in meiner Eigenschaft als Vorsitzender des Deutschen Strafverteidigervereins – nicht mit den Ansichten des Vorstandes des Deutschen Anwaltvereins einerseits und den Bedenken einiger Mitglieder des Vorstandes unseres Vereins in Widerspruch setzen kann. Nur diese beiderseitigen Gründe veranlassen mich, die Ihnen seinerzeit gegebene Zusage zurückzuziehen.
>
> Hinzu kommt, daß Sie Ihre Veranstaltung als „Strafverteidigertag 1977“ ausgegeben haben, während der Deutsche Strafverteidigerverein e.V. im Oktober 1977 den ersten Strafverteidigertag bereits vor Ihrer Einladung beschlossen hatte und vorbereitet.
>
> Sie werden verstehen, daß ich – auch vor der Öffentlichkeit – verpflichtet bin, den Eindruck zu vermeiden, als gäbe es zwei Strafverteidigervereine!
>
> Ich habe mich, wie ich nicht verschweigen möchte, dem auch mir gegenüber ausgesprochenen Protest des Herrn Kollegen Dr. Brangsch vom Deutschen Anwaltverein zunächst heftig widersetzt.
>
> In Kreisen des Vorstandes des Deutschen Strafverteidigervereins haben sich Zustimmungen für meine Teilnahme an Ihrer Veranstaltung mit Ablehnungen überschnitten, so daß ich in der Kürze der Zeit keinen Beschluß des Vorstandes herbeiführen kann.

Diese Tatsachen zwingen mich, meine Teilnahme an Ihrer Veranstaltung abzusagen [...].“

Dies war der äußere Ausdruck ganz erheblicher Anfeindungen. Ich fiel damals sozusagen aus einem Himmel der Harmlosigkeit, in dem ich mich befand, in der Überzeugung, wir würden hier eine wichtige Sache tun. Ich war erschlagen, emotional verletzt über die Drohungen und Anfeindungen, die der Deutsche Anwaltverein gegen unsere Veranstaltung ausgesprochen hatte.

Dies mag auch manches erklären, was in den Reihen der Strafverteidigervereinigungen bis heute die Überlegungen beeinflusst. Die Veranstaltung fand gleichwohl statt. Sie war überraschend stark besucht, von rund 240 Personen.

Die Abschlusserklärung wandte sich gegen Gesetzesänderungsvorhaben der Beschleunigungsnovelle, gegen die Überwachung des mündlichen Verteidigerverkehrs und gegen eine Beiordnung von Verteidigern ohne oder gegen den Willen des Beschuldigten.[13]

Diese Abschlusserklärung hat vielen unserer Kollegen, beispielsweise auch mir, damals außerordentlich geholfen, als wir diese massiven Probleme mit der Beiordnung von Verteidigern gegen den Willen und ohne das Vertrauen des Angeklagten hatten.

In Berlin gab der Vorstand unserer Vereinigung im Rahmen des Lorenz-Drenckmann-Verfahrens Erklärungen, basierend hierauf, ab.[14]

3. Die Erste Deutsche Strafverteidigertagung 13. und 14. Oktober 1977

Ungeachtet der im Frühjahr 1977 gemachten Erfahrungen teilte der Vorstand der Vereinigung Berliner Strafverteidiger e.V. in seinem Rundschreiben Nr. 2 vom August 1977 den Mitgliedern mit:

„Der Deutsche Strafverteidiger e.V. (zugleich Arbeitsgemeinschaft Strafrecht des DAV) veranstaltet am 13. und 14. Oktober 1977 die „Erste Deutsche Strafverteidiger-Tagung anläßlich des 100. Geburtstages Max Alsbergs.“

Es wurden die Vorträge, die Anmeldungsbedingungen mitgeteilt. Ferner:

---

13 Einen Bericht über den Strafverteidigertag gibt *Zieger* in: Berliner Anwaltsblatt 1977, 73 f.

14 Zum Sachverhalt: EG Berlin, Strafverteidiger 1981, 136. Siehe ferner: Schriftenreihe der Vereinigung Berliner Strafverteidiger e.V.: Zwangsverteidigung und Standesrecht. Dokumente zum Ehrengerichtsverfahren gegen unsere Vorstandsmitglieder wegen Abgabe einer Presseerklärung, Berlin 1981.

> „Die Mitglieder unserer Vereinigung werden hiermit vom Vorstand aufgefordert, wenn irgend möglich, an dieser Veranstaltung teilzunehmen, da sie sicherlich weitere wichtige Impulse für die tägliche Arbeit des Strafverteidigers bringen wird."

Am 10. Oktober 1977 hatte die Vereinigung Berliner Strafverteidiger e.V. eine außerordentliche Mitgliederversammlung, um über das Kontaktsperregesetz zu beraten. Bei der Beratung, davon ausgehend, dass die Erste Deutsche Strafverteidigertagung, in Bonn bevorstand, wurde beschlossen, die Initiative während dieser Verteidigertagung zu ergreifen und eine Aussprache über das Kontaktsperregesetz im Rahmen oder bei Gelegenheit dieser Tagung herbeizuführen. Zwei Mitglieder sollten aus dem Ergebnis der Protestversammlung ein Diskussionspapier für die Tagung in Bonn vorbereiten.[15]

Am ersten Tag der Strafverteidigertagung am 13. Oktober 1977 wurde entsprechend die Anregung eingebracht, eine gemeinsame fundierte Erklärung der Vereinigungen zu dem Kontaktsperregesetz herauszubringen, gegebenenfalls durch die Mitgliederversammlungen beraten zu lassen, jedenfalls aber in solchen Dingen zusammenzuarbeiten.

Vom Vorstandstisch wurde erklärt, dass man grundsätzlich zu einer Zusammenarbeit bereit sei, man möge doch einmal das Material der Strafverteidigervereinigung an den Deutschen Strafverteidiger e.V. geben. Dies geschah mit dem Antrag, dieses Material an interessierte Kollegen verteilen zu können. Der Vorstand des Deutschen Strafverteidiger e.V. erklärte, er wolle darüber beraten und am nächsten Morgen Bescheid sagen. Es wurde dann mitgeteilt, dass man die Verteilung nicht wünsche.

Im Grußwort hatte der Präsident des Deutschen Anwaltvereins, Rechtsanwalt Dr. Wagner, ausgeführt:

> „Die Kontaktsperre mag angesichts der durch die Terroristen verursachten Notsituation notwendig geworden sein: Ihre Anordnung aber ohne gesetzliche Grundlage durch Gerichte und Behörden unter Berufung auf einen Notstand konnte nicht hingenommen werden. Wir begrüßen es deshalb, daß der Gesetzgeber gesprochen und das Kontaktsperregesetz vom 2.10.77 verkündet hat, so problematisch dieses Gesetz auch sein mag. Wir hoffen und wollen das unsrige dazu beitragen, daß dieses ungeliebte Gesetz sobald wie möglich überflüssig wird und aus unserer Rechtsordnung wieder entfernt werden kann."[16]

Nachzutragen sei, dass trotz dieser Weigerung zu einer gemeinsamen Erklärung am Schluss in der Aussprache der Mitgliederversammlung wechselseitige Erklärungen erfolgten, zu einer Zusammenarbeit kommen zu wollen.

---

15 Berliner Anwaltsblatt 1977, 82 f.

16 Anwaltsblatt 1977, 453.

4. Der Zweite Strafverteidigertag, April 1978 und die Gründung des Republikanischen Anwaltsvereins 10./11. Februar 1979.

Den Zweiten Strafverteidigertag in Hamburg beschäftigte das Thema der Beiordnung ohne Vertrauen des Angeklagten ebenfalls.[17] Aber nicht nur inhaltlich knüpfte der Zweite Strafverteidigertag in Hamburg an den ersten in Hannover an. Unter anderem die bei der Vorbereitung des ersten Strafverteidigertages hervorgetretene negative Aktivität des Deutschen Anwaltvereins führte nunmehr, ein Jahr später, zu einer organisatorischen Reaktion eines großen Teiles der in Hamburg versammelten Strafverteidigerinnen und Strafverteidiger.

Der Strafverteidigertag wurde, über die Erörterung der Sachthemen hinaus, von ihnen zu dem Beschluss genutzt, eine bundesweite Anwaltsvereinigung zu gründen, dies geschah am 10./11. Februar 1979: Der Republikanische Anwaltsverein wurde gegründet.[18]

Man mag zu dieser Gründung positiv stehen oder negativ: Jedenfalls wird man nicht übersehen können, dass sie mit der harschen und feindseligen Haltung des DAV gegenüber dem ersten Strafverteidigertag intensiv zusammenhing.[19] In einem Hauptvortrag auf dem Zweiten Strafverteidigertag in Hamburg im April 1978 schildert der spätere Vorsitzende des Republikanischen Anwaltsvereins, Rechtsanwalt Dr. Holtfort, ausführlich die Aktivitäten des DAV in bezug auf den ersten Strafverteidigertag.[20]

Darüber hinaus legt er ausführlich und kritisch die Haltung des DAV und des Deutschen Strafverteidiger e.V. zur Artikulierung von Anwaltsrechten gegenüber dem Gesetzgeber dar und führt aus:

> „[...] hiermit ist die Kluft zwischen dem vordemokratischen Anwaltsverständnis des DAV einerseits, und den unabweisbaren Notwendigkeiten einer freien, ungehinderten Verteidigung von Bürgern gegen eine übermächtige Staatsmacht andererseits, offenbart. Sie ist, so wie sich der DAV auf lange Sicht darstellt, unüberwindbar. Zu einer

---

17 Arbeitsgruppe: „Die Pflichtverteidigung – in wessen Pflicht?“, Ergebnis veröffentlicht in: Hannover-Holtfort-Mauz, Strafverteidigung und Anwaltsorganisation 1979, S. 22.

18 Siehe die Veröffentlichung Fn. 17; *Ehrig*, in: Berliner Anwaltsblatt 1979, 8 f., Krit. zur Gründung: Berliner Anwaltsblatt 1979, 6 f.

19 Vgl. das Vorwort, S. 5 zu der Veröffentlichung Fn. 17.

20 *Holtfort*, Die Standesvertretung – Schutz oder Fessel? in: 2. Strafverteidigertag in Hamburg, April 1978, Referate, Pressespiegel, Ergebnisbericht, 1979, S. 9–19 (18). Der Vortrag ist auch in leicht geänderter Form in der Veröffentlichung Fn. 17 unter dem Titel: Interessenvertreter ohne Interessenvertretung, S. 25 ff., erschienen.

> freien Verteidigung in einer offenen, humanen Gesellschaft verhilft uns kein DAV, keine Kammer, hilft uns niemand, außer wir selbst."[21]

Wie groß die Kluft damals tatsächlich war, mag folgendes verdeutlichen:

Im Berliner Anwaltsblatt erscheint im Dezember 1977, also wenige Monate vor dem Zweiten Strafverteidigertag, ein Bericht über den Strafverteidigertag in Hannover, zwei Seiten später ein Bericht über das Herrenessen des Berliner Anwaltvereins.[22]

Im Bericht über den Strafverteidigertag wird aus dem Vortrag von Rechtsanwalt Schily referiert:

> „Er wies darauf hin, in welchem Umfang schon Strafverteidiger, die auch in sog. 'Terroristenprozessen' ihren Mandanten bei der Rechtswahrnehmung beistehen, der gesellschaftlichen Ächtung unterliegen [...] Verteidiger, die sich als Wahrer von Mandanteninteressen, nicht aber als Garanten des zügigen Verfahrens oder als Statisten der Hauptverhandlung verstünden, würden zunehmend in eine Außenseiterrolle gedrängt."

In dem Bericht über das Herrenessen auf der übernächsten Seite heißt es, der Vorsitzende des Berliner Anwaltsvereins

> „zog einen Trennungsstrich zu den Terroristenanwälten, denen er die Bezeichnung als Kollegen verweigerte."

Es spricht für das Berliner Anwaltsblatt, dass es auch in diesen Zeiten Publikationsort für beide Seiten war.

III. Annäherung

Während noch die Strafverteidigervereinigungen unter dem Eindruck der Distanzierungspolitik des DAV standen, begann bei diesem zunächst inhaltlich, dann auch organisatorisch, eine Annäherung.

1. Der Hauptgeschäftsführer des DAV, Rechtsanwalt Dr. Brangsch, erklärte auf der Mitgliederversammlung des DAV vom 4. Mai 1978:

> „Wenn aber Pflichtverteidiger, – wie in Berlin geschehen –, von den Angeklagten in die Falle gelockt, verprügelt und als Zwangslouis beschimpft werden, dann ist die Erfüllung dieser Aufgabe subjektiv unzumutbar und objektiv unmöglich.
>
> Wenn hier kein wichtiger Grund (§ 48 BRAO) für einen Entpflichtungsantrag gegeben ist, dann weiß ich nicht, was alles noch passieren muß zwischen Körperverlet-

21 Wie vor, S.19.

22 Berliner Anwaltsblatt 1977, 73, 75.

zung und Totschlag. Ein Festhalten an der Verpflichtung wegen Organstellung ist für Anwälte entwürdigend und denaturiert die Institution der Pflichtverteidigung."[23]

Hier war eine gewisse Annäherung an Inhalte der Abschlusserklärung des ersten Strafverteidigertages erreicht, das EG Berlin führte bei der ehrengerichtlichen Bewertung der Presseerklärung des Vorstandes der Vereinigung Berliner Strafverteidiger e.V. zur Frage des aufgezwungenen Verteidigers beide Erklärungen nebeneinander zugunsten der angeschuldigten Anwälte an.[24]

Aber auch was das andere auf dem Strafverteidigertag in Hannover behandelte Thema angeht, nämlich die Abhöraffäre, so gibt es zur gleichen Zeit klare Erklärungen durch den DAV und einzelne Anwaltvereine[25] und den eindeutigen Vortrag von Dahs auf dem Anwaltstag im Mai 1977.[26]

Das Kontaktsperregesetz wird allerdings vom DAV im Herbst des Jahres als „ungeliebte Notwendigkeit" akzeptiert,[27] – ein Grund für die berichteten Vorwürfe an den DAV.[28]

2. Ab Ende 1977 kommt es mit dem späteren Nachfolger (ab Juni 1978) von Rechtsanwalt Dr. Brangsch, Rechtsanwalt Dr. Demmer, zu Kontakten zwischen dem DAV und der Vereinigung Berliner Strafverteidiger e.V., die zu einer gemeinsamen Seminarveranstaltung führen, die das erste Mal im Januar 1979 abgehalten wird: „Deutsche Anwaltsakademie in Zusammenarbeit mit der Vereinigung Berliner Strafverteidiger e.V.", Thema: Einführung in die Praxis als Strafverteidiger.[29]

3. In dieser Zeit finden auch Kontakte zwischen Strafverteidigern in Köln und dem Kölner Anwaltverein e.V. statt. Ein Mitglied der Vereinigung Berliner Strafverteidiger e.V. wird im Dezember 1978 nach Köln eingeladen, um über die Tätigkeit einer Strafverteidigervereinigung zu berichten.[30]

Der Vorsitzende des Kölner Anwaltvereins, Rechtsanwalt Ludwig Koch, schlägt den versammelten Strafverteidigern vor, sich innerhalb des Kölner Anwaltvereins als

---

23 Anwaltsblatt 1978, 197.

24 Strafverteidiger 1981, 136, 137.

25 Berliner Anwaltsblatt 1977, 18 ff. (*Brangsch*); Anwaltsblatt 1977, 196, 275 (*Brangsch*), 329 (*Wagner*).

26 Anwaltsblatt 1977, 362 (365 f.).

27 Anwaltsblatt 1977, 452; 1978, 195, s.o. II. 3.

28 Siehe oben II. 4.

29 Deutsche Anwaltsakademie, Deutscher Anwaltverein, Veranstaltungen 1. Halbjahr 1979, S. 137 f.

30 Veröffentlichung Fn. 6, S. 203.

Strafrechtsausschuss zu organisieren. Dies erfolgt dann auch im März 1979.[31] Zunächst gab es zwar einige Widerstände, gespeist aus dem DAV-bezogenen Misstrauen, zu überwinden, aber seit längerer Zeit ist der Strafrechtsausschuss des Kölner Anwaltvereins aktiv mit den Strafverteidigervereinigungen verbunden, in Köln wurde in diesem Jahr der 13. Strafverteidigertag ausgerichtet.

Dies muss als eine markante Annäherung verstanden werden. Was sich andernorts als „neue“ Strafverteidigung im Gegensatz zur Verbandspolitik sah, ist hier als „neue“ Strafverteidigung innerhalb des Anwaltvereins als Strafverteidigergruppe organisiert.

4. Im September 1982 findet dann in Köln das große Strafverteidigerforum „Gegenreform“ statt, veranstaltet aus Anlass des Beschlusses der Justizminister des Bundes und der Länder auf der 52. Justizministerkonferenz vom 1. und 2. Oktober 1981 über „Vorschläge zu gesetzlichen Maßnahmen zur Entlastung der Gerichte und Staatsanwaltschaften in der Strafgerichtsbarkeit.“

Die Veranstaltung wird getragen von der Vereinigung Berliner Strafverteidiger e.V., der Vereinigung Niedersächsischer Strafverteidiger e.V., der Hamburger Arbeitsgemeinschaft für Strafverteidiger e.V., der Initiative Bayerischer Strafverteidiger e.V., der Vereinigung Hessischer Strafverteidiger e.V., dem Deutscher Strafverteidiger e.V. (Arbeitsgemeinschaft Strafverteidigung im DAV), dem Republikanischen Anwaltsverein e.V. und dem Strafrechtsausschuss des Kölner Anwaltvereins e.V.[32]

5. Die Gemeinsamkeiten setzen sich fort. Es kommt zu einer gemeinsamen Sitzung in Bonn am 19. November 1982, bei der der Präsident des DAV, Rechtsanwalt Dr. Rabe, Rechtsanwalt Koch, der Hauptgeschäftsführer Rechtsanwalt Winters sowie Vertreter der Strafverteidigervereinigungen und des Deutschen Strafverteidiger e.V. teilnehmen. Die Rechtsanwälte Koch und Rabe betonten, dass sie die Spaltung der strafrechtlich tätigen Anwaltschaft bedauerten und räumten ein, dass dies nicht zuletzt auf Fehler und Fehleinschätzungen des DAV und seiner Gliederungen zurückzuführen sei. Man solle aber die in Köln deutlich gewordene Gemeinsamkeit in der Sache und das sich entwickelnde reformatorische Bewusstsein im DAV im Lichte einer zukünftigen Zusammenarbeit sehen und die Konflikte und Animositäten der Vergangenheit langsam begraben.

---

31 Wie vor, S. 197.

32 Bericht in: Strafverteidiger 1982, 600; siehe auch Tätigkeitsbericht Winters, Anwaltsblatt 1983, 289 (291).

Von Seiten des DAV wurde auf die Parteinahme im Fall Härdle[33] und die Kostenübernahme im Ehrengerichtsverfahren bezüglich des „Hosenladen-Erlass“ hingewiesen.

6. Im Jahre 1983 wird eine gemeinsame Stellungnahme zum Referentenentwurf eines Gesetzes zur Änderung strafverfahrensrechtlicher Vorschriften (Strafverfahrensänderungsgesetz 1983 – StVÄG) erarbeitet von den Strafverteidigervereinigungen, dem DAV, dem Verein Deutscher Strafverteidiger e.V. (Arbeitsgemeinschaft im DAV) und dem Strafrechtsausschuss des Kölner Anwaltverein e.V.[34] Der Hauptgeschäftsführer Winters teilt in seinem Jahresbericht 1982/83 mit:

> „Diese gemeinsame Stellungnahme dokumentiert im Übrigen, daß Spannungen und Berührungsängste zwischen dem DAV und den Strafverteidiger-Vereinigungen überwunden sind.“[35]

7. Am 5. Mai 1984, unter der Präsidentschaft von Rechtsanwalt Ludwig Koch, kommt es zur Gründung der Arbeitsgemeinschaft Strafrecht des DAV.[36] Dies bedeutet gleichzeitig, dass dem Deutschen Strafverteidiger e.V. nicht länger gestattet wird, die Bezeichnung „zugleich Arbeitsgemeinschaft Strafrecht des Deutschen Anwaltvereins“ zu führen. Diese Entwicklung blieb nicht ohne Widerspruch. Bei der Vereinigung Berliner Strafverteidiger e.V. beispielsweise sah man die Gründung als „geheimbündlerisch vorbereitet“ an, es wurde in der Gründung ein neuer

> „Versuch des DAV [...], die Strafverteidiger wieder zurück unter die Kontrolle des DAV zu führen“,

gesehen.

> „Wir halten diese Gründung für schädlich, sie wird die Position der Anwaltschaft schwächen.“

Am 21. September 1984 kommt der Präsident des Deutschen Anwaltvereins, Ludwig Koch; nach Berlin sowie der stellvertretende Vorsitzende der Arbeitsgemeinschaft, Rechtsanwalt Norbert Gatzweiler, um auf einer Mitgliederversammlung der Vereinigung Berliner Strafverteidiger e.V. über die Gründung zu berichten. Es werden „historische Vorwürfe“ gegen den DAV erhoben.

Bedenken wurden auch von der Hessischen Strafverteidigervereinigung und der Hamburger Arbeitsgemeinschaft für Strafverteidiger erhoben.

Die Arbeitsgemeinschaft Strafrecht des DAV hat sich seitdem stürmisch entwickelt.

---

33 Siehe Tätigkeitsbericht Winters, Anwaltsblatt 1982, 273 (275).

34 Veröffentlicht in Anwaltsblatt 1983, 264 f. und Strafverteidiger 1983, 214 ff.

35 Anwaltsblatt 1983, 289 (291).

Es ist ein gewisser Stillstand in der Annäherung eingetreten. Heute, über zehn Jahre nach der Kluft von 1977, bei dem unzweifelhaft entstandenen Abbau von Misstrauen, sollte nach meiner Auffassung eine neue Phase der Überlegungen beginnen: Es finden Strafverteidigertage, Strafverteidigertagungen, Strafverteidigerkolloquien und Symposien statt.

Als Mitglied der Vereinigung Berliner Strafverteidiger e.V., bei der schon 1974 der Gedanke an eine bundesweite Organisation der Strafverteidiger existierte, „träume“ ich von dem Tag, an dem alle: die Strafverteidigervereinigungen, die Arbeitsgemeinschaften, der Deutsche Strafverteidiger e.V. einen einheitlichen Strafverteidigertag durchführen.

IV. Nachbemerkung

Ludwig Kochs Bemühungen um die Strafverteidiger im DAV beginnen in der Zeit, in der die Kluft am größten war, so groß, dass ein weiterer überregionaler Anwaltverein gegründet wurde.

Sie beginnen damit, dass er die Kölner Strafverteidiger davon überzeugt, sich organisatorisch innerhalb des Kölner Anwaltvereins zu sammeln. Dies hat Bestand, – bis heute, wo der 13. Strafverteidigertag vom 21.–23. April 1989 in Köln stattfand.

In Köln hat auch die große und eindrucksvolle gemeinsame Veranstaltung „Gegenreform“ stattgefunden, bei der alle Gruppen Veranstalter waren. Ludwig Kochs Verdienst ist es auch, dass der Deutsche Anwaltverein heute über eine große und aktive Arbeitsgemeinschaft Strafrecht verfügt. Dies darf bei den anderen Vereinigungen ernsthaft nicht zu Bedenken führen. Es ist ja nicht nur selbstverständliches Recht jedes Vereins, für seine Vereinsziele tatkräftig einzutreten. Darüber hinaus: Da auch die Strafverteidiger im DAV sich als die „neue“ Strafverteidigung im beschriebenen Sinne verstehen, ist hier eine große Kraft für das gemeinsame Anliegen der Strafverteidiger hinzugekommen. Dies haben die Strafverteidiger sehr wesentlich dem „Zivilisten“ Ludwig Koch zu danken!

36 Anwaltsblatt 1984, 493.

„Der Vortrag Prof. von Liszt's vor dem Berliner Anwaltsverein am 23. März 1901 'Die Stellung der Verteidigung in Strafsachen' – damalige und heutige Bedeutung“*

25 Jahre Strafverteidigertag – 2001
    4 x 25 Jahre zurück

= von Liszt's Vortrag

5 x 25 Jahre = StPO:

1976: Der 1. Strafverteidigertag

1951: Vereinheitlichungsgesetz, Abschaffung der nationalsozialistischen Änderungen

1926: Emminger-Reform, dann kurze Phase der Liberalisierung

1901: von Liszt's Vortrag

1877: Der Reformierte Strafprozess

I. Zur Person Franz von Liszts

geb. 1851 in Wien; war er Österreicher; studierte in Wien; habilitierte sich in Graz, dann Gießen; 1882 Marburg[1]

und nun:

1888 Gründung des Kriminalistischen Seminars und kurz darauf, von Liszt ist nun Professor in Halle, Gründung der „Internationalen kriminalistischen Vereinigung“ mit dem Belgier Prins und dem Holländer van Hamel. von Liszt kommt jetzt nach Berlin, wo er von 1899 bis 1916, bis zu seiner Emeritierung, lehrt.

Einige wenige Worte zu von Liszt's wissenschaftlichem Ansatz:

Ausgangspunkt: Die Methoden und der Wissenschaftsbegriff des naturwissenschaftlichen Positivismus, der durch ihn erstmalig konsequent auf das Strafrecht übertragen wird.

---

* Vortrag auf dem 25. Strafverteidigertag 2001. Erstveröffentlichung in: Berliner Anwaltsblatt 2001, 216.

1 Die nachfolgende Lebensbeschreibung habe ich insgesamt dem Buch: *Kleinheyer / Schröder*, Deutsche Juristen aus fünf Jahrhunderten, 2. Aufl., 1983, S. 165 ff. entnommen.

Danach ist die Aufgabe der gesamten Strafrechtswissenschaft vor allem „die kausale Erklärung von Verbrechen und Strafe“. Damit werden Kriminologie und Pönologie die eigentlichen strafrechtlichen Wissenschaften, daneben erscheint die Dogmatik nur als Kunstlehre.

Man kann sich vorstellen, was das bedeutete. Eine Strafrechtswissenschaft, die bis dahin geprägt war von Kant und Hegel, von dem Gedanken der zweckfreien Vergeltung, sah sich an den Rand gedrängt.

Hier stieß einer aus dem Gewölbe der Gedanken hinab in die Realität, einer der versuchte, in empirischer Weise die Ursachen der Kriminalität zu erkennen, der den Darwin'schen Evolutionsgedanken mit Iherings Zweckrationalismus verknüpfte und jede Rechtsphilosophie mit Ausnahme einer positivistischen allgemeinen Rechtslehre ablehnte. Die Straftheorie wird vom Zweckdenken beherrscht. Der Strafvollzug dient nicht mehr der zweckfreien Vergeltung, sondern der zweckgerichteten Spezialprävention: Strafzwecke sind nun Sicherung, Besserung und Abschreckung. von Liszt betont die Schädlichkeit der kurzen Freiheitsstrafe, gelangt zu Verbrechertypen und entwickelt neben der wissenschaftlichen Erforschung von Verbrechen und Strafe als zweite Hauptaufgabe der Strafrechtswissenschaft die Kriminalpolitik, als Teil der Sozialpolitik, die den Kampf gegen das Verbrechen an den Wurzeln des Verbrechens anzusetzen habe, vor allen Dingen die kriminogenen gesellschaftlichen Verhältnisse selbst zu ändern habe. Daneben ist die Dogmatik des Strafrechts nur ein bescheidenes Ding, ein Hilfsmittel.

von Liszt's kriminalpolitische Gedanken setzen sich durch, wenn auch langsam.

Zunächst, wie angedeutet, geriet er auf eine leidenschaftliche Gegnerschaft der klassischen Schule Binding-Birkmeyer. Vier Jahre nach seinem Tode tritt das Jugendgerichtsgesetz 1923 in Kraft. Ein erster Schritt von einem nicht nur vergeltenden, sondern auch bessernden Strafrecht. Das Gewohnheitsverbrechergesetz von 1933 (eine noch vom nationalsozialistischen Gedankengut unbeeinflusste Novelle zum StGB) bringt die Einführung von Maßregeln der Sicherung und Besserung, die Zweispurigkeit von Straf- und Maßnahmerecht, 1968 die Überführung der Bagatelldelikte in Ordnungswidrigkeiten (OwiGesetz) und die beiden Strafrechtsreformgesetze von 1969 mit der Abschaffung der Zuchthausstrafe zur Zurückdrängung der kurzfristigen Freiheitsstrafe und der Erweiterung des Kataloges der Besserungsmaßregeln und die Einführung der sozialtherapeutischen Anstalten.

Zuletzt bleibt zu erwähnen, dass von Liszt kosmopolitisch war. Neben der noch heute nicht nur bestehenden, sondern sehr bedeutenden Internationalen Kriminalistischen Vereinigung, der Anregung eines strafrechtsvergleichenden Sammelwerkes, hat er ein Lehrbuch des Völkerrechts geschrieben.

von Liszt ist ganz ohne Zweifel eine der Leuchtfiguren unserer Profession, ein Mann hoher Wissenschaftlichkeit, verbunden mit einer intensiven Zuwendung zur Realität, besser zum Erkennen der Ursachen menschlichen Handelns.

Und oder besser freilich: Er hat sich in seiner Lehrtätigkeit, dem Strafverfahrensrecht, nicht explizit zugewandt, gelegentlich schon und dann mit welcher Kraft. So hat er die Stellung und Aufgabe der Verteidigung beschrieben mit einer Entschiedenheit, geistigen Druchdringung und Einfachheit, die bis heute nicht nur von der Darstellung verblüfft, sondern in ihrer Aussagekraft viele zum Teil intellektuell übertrainierte Versuche der Definition von Verteidigung in lokomotivenhafter Klarheit über den Haufen rennt.

II. Sprache

Beginnen wir mit der Sprache: Warum spreche ich in einem juristischen Vortrag über einen germanistischen Begriff? Ich bin darauf gekommen durch meine Befassung mit Max Hachenburg. von Liszt lebte von 1851 bis 1919. Hachenburg von 1860 bis 1951. Bei Hachenburg findet sich ein Hinweis auf diesen Gebrauch der Sprache, wie wir ihn bei von Liszt sehen und wie er ganz unzweifelhaft bei der Gelehrtengeneration der Kaiserzeit und der Weimarer Zeit vorhanden war: Hachenburg nennt das „das System der kurzen Sätze, der 'Lapidarstil', wie ihn einmal einer meiner Kritiker nannte".[2] Kurze Beispiele dafür, was unserer Sprache den Begriff des „Dichters" gebracht hat, die „Verdichtung" komplizierter Sachverhalte in der Gedankenwelt kluger, vielleicht weiser Frauen und Männer auf einfache Aussagen.

von Liszt:

> „Der Prozess ist seinem Wesen nach Parteiprozess."
>
> „Der gemeinrechtliche Inquisitionsprozess ist in allen Stadien seiner Entwicklung niemals Prozess gewesen."
>
> „Das Wesen des reformierten Prozesses besteht in Erschaffung der Parteirollen."
>
> „Man hatte sich überzeugt, dass der Inquisitionsprozess wenig geeignet ist, zur Erforschung der Wahrheit zu dienen."

usw., usw.

Wir finden bei Hachenburg eine ähnliche Sprache. Ein kurzes Beispiel – nur der Sprache wegen: Max Hachenburg berichtet aus seinem Studium:

---

2 *Max Hachenburg*, Lebenserinnerungen eines Rechtsanwalts und Briefe aus der Emigration, herausgegeben und bearbeitet von Jörg Schadt, 1978, S. 111, s. auch S. 64.

„Es waren Tage reinen Glückes. Durch Rudolf Sohm wurde mir erst klar, was die Rechtswissenschaft ist und wie man sie lehren kann. Er stand vor dem Katheder; die hohe Gestalt leicht vorgebeugt, das geistvolle Gesicht kaum beweglich, die Hände ineinander gefaltet.

Nur von Zeit zu Zeit lösten sie sich zu einer kurzen Bewegung.

So rollte sich vor den Augen der Zuhörer ein leuchtendes Bild der Vergangenheit und schließlich der Gegenwart auf.

Kein Blatt Papier stand zwischen uns.

Wir hatten das Gefühl, als entstanden all die vorgetragenen Gedanken erst in diesem Augenblicke.

Wir verfolgten ihr Wachsen.

Wir wussten schon im voraus, wo notwendigerweise der Aufbau endigte.

Mitzuschreiben war nicht möglich. Man konnte nur Stichworte notieren. Es fand mein auf das Historische gerichteter Sinn, breite Nahrung [...]. Meine Freude an der Rechtswissenschaft war erwacht."

Um zurückzukehren zur Strafrechtswissenschaft:

Ähnliches finden wir bei Alsberg und hier zitiere ich, zum inneren Gegenstand des Vortrages zurückkommend, aus seiner „Philosophie der Verteidigung",[3] hier zunächst noch den Blick auf die Sprache gerichtet:

„Von den grundlegenden Institutionen des Strafprozesses ist die Institution der Verteidigung die jüngste [...].

Erst mit der Überwindung des inquisitorischen Prinzips, konnte ein mit wahren Rechten ausgestattetes, vom Richteramt gesondertes Amt der Verteidigung entstehen.

Das Wesen des Strafprozesses, der Begriff dieses Rechtsinstitutes [...], muß zunächst einmal gefunden werden, damit der Verteidigung im Strafprozeß ein Platz wurde.

Ein Platz, ohne den das Sinnganze des modernen Strafprozesses überhaupt nicht mehr denkbar ist."

Und nun zitiere ich seinen Nachruf auf Paul Levi:[4]

„Abschied von Paul Levi

Dieses Geistes Zeichen waren seine Kämpfe. Ein Feueratem, der in Fieberglut erlosch.

---

3 1930, S. 1.

4 Das Tagebuch, 1930, S. 243, Nachdruck in *meinem* Alsberg – Porträt in „Streitbare Juristen", 1988, S. 148; ich danke dem Kollegen Dr. Rainer Hamm, dass er mir unmittelbar vor dem Vortrag diesen Nachruf in Erinnerung gebracht hat.

Denn als ein großer, ein wahrer Ritter des forensischen Kampfes will dieser Mann betrauert sein. Ein Ritter noch, selbst wenn er zu feindseliger Härte das Wort stählte, – weil hinter allem der Überzeugung starke Leidenschaften und des Gemütes reine Mächte lebten.

Was das Forum an Paul Levi verliert, das wissen mehr noch als seine Klienten die, die an dieser Stelle oft seine Gegner waren. Denn des Gedankens Wucht war seine Stärke. Keiner von denen, die tändelnd ablenkend durch einen Nebel von Phrasen den wahren Stand der Dinge zu verhüllen suchen. Ganz Epigramm von Kopf zu Fuß war seine Rede. Was er aus Büchern mitbrachte, war nur die Erziehung seines Geistes. Was er an Ideen, an Formung gab, war sein eigen Fleisch und Blut.

Schonungslos im Kraftgebrauch, vor allem angesichts eines politischen Stoffes; hier wurzelte am tiefsten seine Kunst, hier war für sein Gefühl die größte Tragfähigkeit geschaffen. Äußere Erfahrung, inneres Erlebnis paarten sich gerade hier zu vollkommenstem Einklang, ließen eine wahre Fülle der Eindrücke, der Bilder, der Worte mit der leidenschaftlichen Kraft seelischer Bewegung in ihm auffluten. Daß der Sinn seines Lebens und Strebens das Teilhaben an den Kulturgütern nicht nur für sich, sondern in gleicher Weise für andere war, wurde denn auch in seinen politischen Plädoyers am deutlichsten sichtbar. Man brauchte nicht politisch seines Sinnes zu sein, um die Ethik seines Wollens anzuerkennen.

Ein starkes Herz schlägt nicht mehr!

Dr. Max Alsberg“

III.

Nach diesen zwei Eingangsteilen: der Befassung mit der Person Franz von Liszt's und der Befassung mit seiner Sprache, eine kurze Konzentration auf den Inhalt seines Vortrages. Dieser Vortrag wurde gehalten vor dem Berliner Anwaltsverein. Am Ende – das ist im „Nachdruck“[5] nicht enthalten –, gibt es eine kurze Wiedergabe der Diskussion, in der Veröffentlichung der DJZ[6] und dort heißt es: „Die Anwesenden traten dem Redner in allen wesentlichen Punkten bei.“

Wir können also davon ausgehen, dass das im Wesentlichen eine Definition von Strafverteidigung war, wie sie, geläutert durch die Klarheit des Wissenschaftlers, Standard in der Kaiserzeit war. Wenn wir uns das jetzt vor Augen halten und sehen, was wir selber beim Begriff der Strafverteidigung an Definitionen, an Problemen, an Abgrenzung erlebt haben, dann können wir eigentlich nur mit großer Bewunderung und großer Sehnsucht an diesen klaren Rechtszustand zurückdenken, der damals vor 100 Jahren hier herrschte.

---

5 Berliner Anwaltsblatt 2001, 159 ff.

6 DJZ 1901, 179 (182).

Und nun hören wir von Liszt:

Die Grundlage, das Wesen des Reformierten Strafprozesses, besteht in der Schaffung der Parteirollen. Man hatte sich überzeugt, dass der Inquisitionsprozess wenig geeignet ist, zur Erforschung der Wahrheit, dass man vielmehr das Ziel, rascher und sicherer erreichen könne, gerade dadurch, dass man künstliche Parteien schuf. Das heißt, aus dem Objekt des Strafverfahrens, das der Beschuldigte im Inquisitionsprozess ist, wird ein Subjekt des Strafverfahrens, mit eigenen Rechten und eigenen Eingriffsmöglichkeiten. Daraus ergibt sich eine wichtige Folgerung: Staatsanwaltschaft und Verteidigung sind in gleicher Weise berufen, der Wahrheitsforschung zu dienen.

Zur *Staatsanwaltschaft*, sagt von Liszt:
Ich gebe eines zu: die Parteistellung der Staatsanwaltschaft ist durch unsere Prozessordnung besonders verdunkelt worden. Durch die Aufstellung des Legalitätsprinzips, durch die dem Staatsanwalt auferlegte Verpflichtung in gleicher Weise Entlastungs- wie Belastungsmomente zu prüfen, könnte ein bloßer Civiljurist – schön nicht – ein bloßer Civiljurist, zu der Annahme verleitet werden, als wäre die Staatsanwaltschaft nicht Partei, sondern die objektivste Behörde der Welt. Ein Blick in das Gesetz reicht aber aus, um diese Entgleisung als solche zu erkennen.

Ich habe zur Vorbereitung dieses Vortrages wieder in dem wunderbaren Buch von Ingo Müller[7] gelesen, wie er dort darlegt, dass gerade dieses Element, das bis heute ja in den Köpfen der Staatsanwaltschaften und ihrer Interessenvertreter virulent ist, nämlich, dass sie die objektivste Behörde der Welt seien, überhaupt nichts bedeutet, denn objektiv muss jede Behörde sein.

Ich kann einen Fischereischein nicht erstellen, wenn ich nicht die Tatsachen ermittle, ob ich ihn ausgeben kann oder nicht. Ich kann keinen Jagdschein, keine Fahrerlaubnis erteilen ohne dies. Jede Behörde muss objektiv sein.

Was ist da Besonderes bei der Staatsanwaltschaft? Dies alles sind schöne Überlegungen, aber hören Sie doch, wie einfach das bei von Liszt ist:

Ein Blick in das Gesetz reicht aus, um diese Entgleisung – dass es nämlich die objektivste Behörde sei – als solche zu erkennen!

Und zur *Verteidigung*: Ganz so liegt die Sache beim Verteidiger, sagt er. Auch er ist da, um der Wahrheit zu dienen, in dem er seiner Parteirolle treu bleibt. Seine persönliche Überzeugung ist gleichgültig. Er hat die Interessen des Beschuldigten wahrzunehmen. Je entschiedener er das tut, desto fester hoffen wir, dass die Wahrheit

7 Rechtsstaat und Strafverfahren, 1980, S. 203.

zutage treten werde. Der Verteidiger, sagt er, ist der vom Gesetz berufene Beistand des Beschuldigten und daraus folgt:

1. Seine rechtliche Stellung beruht auf dem Willen des Gesetzgebers. Er hat die Verteidigung nach seinem bestem Wissen und Gewissen, nach seinem pflichtgemäßen Ermessen, nicht aber nach dem Willen und der Weisung des Beschuldigten zu führen. Muss man eigentlich noch sehr viel mehr definieren? Man kann es, man kann verschiedene Theorien aufstellen [...]. Es ist alles ganz einfach.

2. Er ist zur Wahrnehmung der Interessen des Beschuldigten berufen! Gerade in dem er das tut, vom einseitigen Parteistandpunkt aus, dient er im Sinne des Gesetzes der Wahrheitsforschung. Daher darf der Verteidiger immer nur zu Gunsten des Beschuldigten, niemals zu seinen Ungunsten tätig sein.

Aus diesem Satz ergeben sich die Lösungen der verschiedensten Fragen.

a) Darf der Verteidiger auf „Nicht schuldig" plädieren, obwohl er von der Schuld des Klienten überzeugt ist? Diese ewige Frage, die wir immer wieder hören. Wir hören sie von Juristen anderer Berufe, auch von Richtern.

Ich hatte vor kurzem, während einer Reise auf einem Flugplatz, als ich lange auf ein Flugzeug warten musste, eine Begegnung mit einem Richter, der lange Strafrichter ist, wir hatten Zeit uns zu unterhalten und er sagte: „Herr Jungfer haben Sie eigentlich eine Ethik der Verteidigung?" Ich sagte, natürlich habe ich eine Ethik der Verteidigung. Er sagte: Ja, manchmal fragen wir uns, wie Sie so jemanden vertreten können. Dieses ewige [...].

Vor 100 Jahren war das klar: Zunächst die schon hervorgehobene Erkenntnis, dass es auf die persönliche Überzeugung des Verteidigers ebenso wenig ankommt, wie auf die des Staatsanwalts. Die Überzeugung eines Einzelnen kann auf Irrtum beruhen. Dies gilt auch dann, wenn sie sich auf ein Geständnis des Beschuldigten stützt. Was hat der Verteidiger zu tun? Das erste wäre, dass er zu dem Beschuldigten sagt, das Geständnis, das du mir abgelegt hast, wiederholst du morgen vor dem Gericht, damit sicherst du dir nicht nur eine mildere Strafe, sondern auch den Frieden deines Innern. Schlägt der Beschuldigte diesen Rat in den Wind, was ein Ausnahmefall ist, so hat der Verteidiger die etwaigen Schwächen der Anklage zu betonen und die rechtlichen Bedenken vorzubringen. Schwerste Missachtung jeder rechtlichen und sittlichen Pflicht wäre es, wenn er gestützt auf das Geständnis auf „Schuldig" plädierte. Bedarf es einer besonderen Hervorhebung, dass zwischen dem auf die persönliche Überzeugung gestützte Eintreten für die Schuld und die ebenfalls auf persönlicher Überzeugung gestützten Eintreten für die Unschuld, noch ein Drittes möglich ist. Die ruhige, streng objektive Betonung der zugunsten des Beschuldigten sprechenden Momente. Nur dies ist es, was ich in einem solchen Falle von dem Verteidiger fordere.

Vielleicht erinnern sich einige von Ihnen daran, welche Aufregung der Film über Joseph Mengele mit Götz George, der vor einem Jahr hier in den Kinos lief, verursachte und kaum gesehen wurde, aber für einen erheblichen Pressewirbel sorgte. Wie kann man jemanden wie Mengele verteidigen, nicht?

Für von Liszt ist das alles kein Problem! Das ist eine Klarheit, die da leuchtet. Das klare Licht des Mittags. Ich weiß nicht [...] Wie hieß das so schön lateinisch?

b) Die zweite Frage die sich klärt: darf der Verteidiger das ihm bekannte Belastungsmaterial verschweigen? Er darf es nicht nur, er ist verpflichtet dazu!

c) Das Dritte, darf der Verteidiger eine Rechtsansicht vertreten, die er für unrichtig hält? Ganz gewiss, seine persönliche Ansicht ist belanglos.

3. Dann sagt er: Der Verteidiger hat die Interessen des Beschuldigten auch wirklich wahrzunehmen. Das heißt, die Verteidigertätigkeit geht über die bloße Abwehr hinaus. Für die Hauptverhandlung ist das klar. Für das Ermittlungsverfahren ist das nicht klar. Das Ermittlungsverfahren hält an den Anschauungen des Inquisitionsprozesses fest. Also, sagt er, bleibt dem Verteidiger nichts anderes übrig, als eigene Ermittlungen zu betreiben und man wird ihm nicht verwehren können, Detektivinstitute zu beauftragen.

4. Er schließt: Nur eines bedarf vielleicht der besonderen Betonung. Der Beruf des Verteidigers ist ein edler, der besten Kräfte würdiger. Dazu gehört eine ausgebreitete Kenntnis auf den verschiedensten Gebieten des Wissens, reiche Lebenserfahrung, ein weiter psychologischer Blick, kampfbereite Geistesgegenwart und eine gewinnende, an Verstand und Herz sich wendende Beredsamkeit. Wie der Arzt und der Priester in das menschliche Elend und Laster herabsteigen müssen, so ist es, dem Angeklagten in dem Kampf für Freiheit und Leben eine hilfreiche Hand zu bieten, ein gewiss gleich vornehmer und würdiger Beruf.

Es mag sein, dass er nicht nach jedermanns Geschmack ist. Doch dies ist eine subjektive Anschauung, die aber unrichtig wird, sobald sie mit der Prätention objektiver Allgemeingültigkeit auftritt. Wenn der Verteidiger sein Amt pflichtgemäß ausübt, warum sollte es weniger vornehm sein, als das des Staatsanwalts?

So, von diesen einfachen Sätzen aus, läßt sich meines Erachtens jedes Problem, das danach entstanden ist und die Verteidigung angeht und uns bis heute beschäftigt, lösen. von Liszt hat zwar noch im gleichen Jahr 1901 in einem Punkt einen Widerspruch gefunden.

Veröffentlicht ist das in einer Schriftenreihe – Veröffentlichung des Berliner Anwaltsvereins – es ist mir leider, lieber Kollege Kärgel, bisher nicht gelungen, das ist das Heft 14, festzustellen, welche Hefte davor waren und welche eventuell noch danach waren:

„Die selbständigen Erhebungen des Vertheidigers und die Strafprozessreform" von Wilhelm Benedict, ein Vortrag, gehalten im Berliner Anwaltsverein. Hier sett er sich mit dem Vortrag von Liszt's auseinander und er sagt im Prinzip, dass wir als Verteidiger keine eigenen Ermittlungen betreiben sollten, weil dies unser objektives Amt beeinträchtigen würde, und weil, wenn wir eigene Ermittlungen betreiben dürften, wir sie auch betreiben müssten, und das sei niemandem zuzumuten. Nun gut, na ja [...].

Aber von Liszt hat ja in vielen Punkten seiner Ausführungen ebenso wie die Definition der Verteidigung, die damit gegeben war, in der nachfolgenden Zeit erhebliche Veränderungen erfahren. Was die eigenen Ermittlungen des Strafverteidigers angeht, so wissen wir, dass diese zeitweilig nicht nur verpönt, sondern schlicht verboten waren und noch nach dem Kriege hat das Kammergericht im Jahre 1979 einen Berliner Verteidiger von der Verteidigung ausgeschlossen, weil er mit einer Zeugin telefoniert hatte. Und erst der Bundesgerichtshof machte diesem Spuk ein Ende, wenn auch mit sehr zögernden Worten, indem er sagte, dem Verteidiger obliegt es nicht, sein eigenes Ermittlungsverfahren zu führen, sondern er hat sich in jedem einzelnen Falle genau zu überlegen, ob er soweit gehen will, einen Zeugen zu hören.[8]

Sie sehen, das war 80 Jahre nach den klaren Worten und der klaren Bestandsaufnahme in der Kaiserzeit und es ist ja auch noch heute so, dass viele unserer Kolleginnen und Kollegen eigene Ermittlungen scheuen, einfach weil sie wissen, dass dies von der Richterschaft und der Staatsanwaltschaft oft mit Misstrauen gesehen wird.

IV.

Ziehen wir ein Fazit aus diesem Vortrag und seiner Bedeutung für die heutige Zeit, so will ich das mit zwei Vorbemerkungen beginnen.

1. Einmal aus Ingo Müllers Buch: Er sagt:[9]

---

8 StV 1981, 105.

9 A.a.O. 175.

„Fester Bestand der heutigen Strafprozeßlehre ist das 'Prinzip der materiellen Wahrheit'.

In nahezu allen Lehrbüchern, Kommentaren und sogar in Gesetzesmaterialien, erscheint er als zentrale Maxime des Strafverfahrens. Nur sehr vereinzelt findet sich daneben ein Hinweis darauf, daß mit diesem 'Prinzip' der entscheidende Streitpunkt, der strafprozessualen Auseinandersetzung der letzten 100 Jahre angesprochen und zugleich entschieden wird. Diese Diskussion wird in der heutigen Literatur totgeschwiegen oder als irrelevant hingestellt. Optionen gegen den Inquisitionsprozeß und für das Modell des rechtsstaatlichen, reformierten und kontradiktorischen Strafprozesses sind selten. In diesem Punkt scheint sich die Diskussion nicht von der Stelle bewegt zu haben, ja sie hat sich in Wirklichkeit derart im Kreise gedreht, daß der heutige Diskussionsstand weit hinter den zurückfällt, der bei der Verabschiedung der Reichsstrafprozeßordnung vor 100 Jahren erreicht war."

Daran musste ich heftig denken, als Stefan König gestern die wunderschönen Sätze sagte – also Stefan ich hab ja gesagt, ich hätte eigentlich auf meinen Vortrag verzichten und Deinen noch mal vorlesen können, weil: gute Dinge vertragen die Wiederholung, aber lass mich wenigstens immerhin eine Stelle wiederholen: „Wenn der Gegensatz zwischen Bürger und Staat an Schärfe verliert", sagt Stefan König, „wechselt die Freiheitsliebe die Ufer".

Es ist in der Tat erstaunlich – ich habe mich das immer gefragt, immer wieder habe ich gelesen, wie in der Kaiserzeit die Anwälte mit harten, klaren Worten sprachen, so hab ich gedacht, wenn wir das tun würden, hätten wir sofort ein berufsrechtliches Verfahren wegen Verletzung des Sachlichkeitsgebots. Wie kam es, dass diese Männer so klar waren, so satireverliebt, ironiewütig, wie kam es, dass sie laut sprachen, vielleicht weil es in diesen Gerichtssälen der Kaiserzeit keine Mikrophone gab? Man musste das Schwurgericht füllen mit seiner Stimme. Sprechen sie heute laut in einem Gerichtssaal, es wird Ihnen gleich gesagt, in einem Gerichtssaal wird nicht geschrien. Aber in der Kaiserzeit, war das nicht nur üblich, es war ja auch notwendig.

Diese beiden Autoren, Ingo Müller und Stefan König, geben uns ja die Lösung. In Zeiten, wo der Kampf um die Freiheit des Bürgers geführt wird, wird die Definition auch viel klarer. Da ist es wohl ziemlich egal, ob es eine konstitutionelle Monarchie ist oder eine Weimarer Republik oder eine Bundesrepublik.

Nur hier ist ja weitgehend das Bewusstsein verloren gegangen, wie König das beschreibt in der Rechtsstaatsmüdigkeit, dafür, dass es erworbene, erkämpfte, mit Blut erkämpfte Positionen sind, die wir heute in der Sicherheit unseres Gerichtswesens oft gar nicht mehr wahrnehmen, wir und auch Richter und Staatsanwälte.

2. Die zweite Vorbemerkung:

Ich habe den Eindruck, sie waren damals, von 1876 jedenfalls bis hinein in die Kaiserzeit, aber auch in der Weimarer Zeit stolz darauf, den Reformierten Strafprozess zu haben.

Diese Verteidiger hatten ein unmittelbares Verhältnis zu dem Kultursprung der geschehen war und sie wussten: es war ein Kultursprung! Sie hatten, wenn auch nur teilweise, im Vorverfahren ja nicht so sehr, aber immerhin in der Hauptverhandlung, einen neuen Prozess! Es war ein Prozess, der sagte: die Wahrheit, aber nicht um jeden Preis.

Der sagte, es sind Parteirollen da, die Interessen müssen vertreten werden. Er sagte, die Wahrheit entsteht aus Rede und Gegenrede, aus Streitkultur. Eine psychologisch, wie wir wissen, sehr richtige Erkenntnis. Und wenn man sich fragt, woher wussten diese Gesetzgeber vor über 100 Jahren, vor 125 Jahren, das? Sie hatten keinen Freud und sie hatten keine psychologische Wissenschaft. Aber sie hatten eben den sechsten Sinn für diese Dinge und sie wussten, und vielleicht wussten sie das ja auch aus der Betrachtung der Geschichte, der Rechtsgeschichte, aus dem Geist des römischen Rechtes, den Rudolf von Ihering[10] damals beschrieb und in dem sich diese schönen Sätze finden von der „Form als der geschworenen Feindin der Willkür, der Zwillingsschwester der Freiheit“, sie wussten das, sie wussten, dass sie nun im Prozess die Wahrheit haben wollten, aber nicht um jeden Preis und deshalb wurden die schützenden Formen in den Prozess gebracht und sie wussten, dass sie diese Wahrheit nur finden konnten, durch Rede, Gegenrede, Streit, Streitlust, Streitwille, Streitwut, Streitkultur.

Deshalb waren sie stolz auf den Reformierten Strafprozess, weil er diese Möglichkeiten eröffnete. Sie lebten aus einem inneren Feuer von dem Stolz, dass sie ein Kulturgut zum Teil mit erkämpft, zum Teil erreicht und zu bewahren hatten und diesen Stolz finden Sie in Varghas Buch „Die Vertheidigung in Strafsachen“.[11] Wer dieses Buch liest, in seiner rationalen aber auch emotionalen Wütigkeit und Willigkeit und Begeisterung, der kann etwas nachempfinden davon.

Ich zitiere Naucke:[12] Eine Anmerkung zu einem Urteil, die mich damals unerhört beeinflusst hat, weil mir klar wurde, plötzlich, worin der Stolz besteht auf den Reformierten Strafprozess und weshalb wir hier heute im Jahre 2001 allen Anlass haben, genauso stolz zu sein.

---

10 9. Aufl., Reprint 1968, der 5. Aufl., 1898, Teil 2, Abt. 2, § 45, S. 471.

11 1879.

12 StV 1990, 397.

Das Bayerische Oberste Landgericht hatte es fertig gebracht, die Wirksamkeit eines Eröffnungsbeschlusses ohne Unterschrift zu bejahen. Sie sehen, an den Details zeigt sich oft die Schurkerei. Sie haben das ausführlich begründet und Nauke schreibt dazu:

> „Das bewußte Einhalten kunstvoller strafprozessualer Figuren und das Denken im Modell des Reformierten deutschen Strafprozesses sind nicht an der Tagesordnung. Die sicher etwas umständlichen strafprozessualen Formen des Reformierten Prozesses werden von der Rechtsprechung, ohne festen Widerstand der Wissenschaft, mit dem Argument Prozeßökonomie = Arbeitsersparnis, Vereinfachung und Beschleunigung des Strafprozesse, abgeschliffen. Das ist der Aufbruch der richterlichen Praxis vom festen Land eines juristisch durchgeformten Prozeßverlaufes zu einem unbekannten Ufer der Utilität mit vielen, von den Gerichten zu klärenden praktischen Alternativen."

Und jetzt sagt er etwas – das ist der springende Punkt –, er sagt, dieser Senat des Bayerischen Obersten Landgerichtes zitiert für seine Entscheidung seine eigene Rechtsprechung mit Stolz. „Der Senat zitiert nicht ohne Stolz die Rechtsprechung des Gerichts, dem er angehört zu Teilen dieser Entwicklung."

So – wir haben also nicht nur keinen Stolz auf den Reformierten Strafprozess mehr, wir finden einen Stolz eines Gerichtes, ihn zu unterwandern und wir haben vielleicht sogar möglicherweise gar keinen Stolz, ihn zu unterwandern, weil das Bewusstsein dafür fehlt, dass wir den Reformierten Strafprozess haben und welche Sicherungen und Sicherheiten er bietet.

V.

Ich komme von diesen Vorbemerkungen ab, und sage:

Die von Liszt'schen Positionen sind klar. Sie sind überdeutlich und sie sind schlechthin nicht entbehrlich. Bereits der Inquisitionsprozess war gegenüber Zweikampf, Blutrache und Gottesurteil ein Kultursprung. Der Kultursprung, den der moderne Reformierte Strafprozess gebracht hat, kann unsere Generation nicht um einen weiteren inhaltlich neuen Kultursprung ergänzen. Der Reformierte Strafprozess ist die Erfindung des Rades und man kann das Rad nicht erneut erfinden.

Vielleicht kann man die Speichen verstärken und die Lauffläche vergrößern. Und dies wird es sein.

Wenn der Gesetzgeber des Reformierten Strafprozesses recht hatte, indem er die Parteirollen schuf, dann hat er die schlichte These zur Maxime des gesamten Strafverfahrens erhoben, dass die prozessuale, und ich sage vielleicht, aber das kann es nicht sein, aber vielleicht sogar die materielle Wahrheit dadurch entsteht, dass wir

Rede und Gegenrede, geistige Auseinandersetzung und Streitkultur haben. Und wenn er zur Maxime erhoben hat, dass die Wahrheit im Strafprozess gefunden werden soll, aber nicht um jeden Preis, und wenn das richtig ist, und der Erfahrung nicht nur der Strafverteidigung, sondern der psychologischen Wissenschaft entspricht, dann kann man sich nur bemühen, diese Elemente, die ja Elemente auch der Kommunikation sind, zu erhalten und zu stärken.

In Königs Vortrag war das angedeutet, in der Arbeitsgruppe auch: die partizipatorischen Elemente. Wir haben versucht, auf der Münchener Tagung der Arbeitsgemeinschaft „Strafrecht" das einmal etwas genauer zu definieren durch die Arbeit verschiedener Kollegen:

Was ist die Form? Die Form und die Kommunikation? Die Form und die Diskursregeln?

Wir haben gesagt, wenn der Satz richtig ist: der Reformierte Strafprozess will die Wahrheit finden, aber nicht um jeden Preis, dann ist die Form die schützende Form: nicht um jeden Preis (§ 136a, StPO, Beweisantragsrecht, Mitwirkung an der Aufklärung), all diese Dinge, das ist die schützende Form.

Und die Wahrheit? Auch die Wahrheit bedarf der Form. Auch die Wahrheit muss geschützt werden!

Deshalb haben wir auch in der Strafprozessordnung, dieser alten Strafprozessordnung, wenn man das einem analytischen Blick unterwirft, durchaus auch Formen, die die Wahrheit schützen. Wir haben nämlich – König hat das gestern erwähnt – die Erklärungsrechte nach § 257 StPO. Wir haben aber die Hinweispflichten des Gerichtes. Wir haben die Möglichkeit oder die Notwendigkeit einer Nachtragsanklage. Wir haben die Verlesung des Anklagesatzes.

Wir haben die Möglichkeit Beweisanträge zu stellen.

All das sind Kommunikationsformen. Ob man sie gleich als Diskursregeln bezeichnen will, erscheint fraglich, jedenfalls theoretisch fraglich, weil die Diskursregel, so habe ich mich belehren lassen, eine Regel ist, die im herrschaftsfreien Raum geschieht und Diskurs kann nicht da sein, wo am Schluss ein Urteil steht.

Wenn man aber auch vielleicht an die Form des Zwischenverfahrens denken kann und wir dann bis dahin von Diskursregeln reden, die Begriffe – ein Richter, der Vorsitzende Richter am Landgericht Essen, Pohl, hat das ja uns Anwälten so sehr deutlich gemacht, die „Offene Kommunikation" als Begriff. Wenn wir sehen, dass dies alles im alten Strafprozess durchaus angelegt und gewollt ist, nämlich in dem Satz, „die Wahrheit, aber nicht um jeden Preis", dann wissen wir, wie wir diesen Strafprozess weiterzuentwickeln haben!

Wir müssen es tun auf der Basis, was uns angeht, der Definition der Verteidigung, wie von Liszt sie gegeben hat: Ohne wenn und aber.

Wir müssen sehen, dass die Staatsanwaltschaft eine parteiische Behörde ist und keine objektive Behörde und wir müssen sehen, dass wir im Ermittlungsverfahren auf den Standpunkt kommen, den der Reformierte Strafprozess in der Form von 1877 noch nicht erreichen konnte.

Es waren politische Rücksichten zu nehmen und es gab eben einen Teilinquisitionsprozess noch im Ermittlungsverfahren.

Aber schrecklich ist es ja, dass es das heute noch gibt.

Noch heute müssen wir europäische Institutionen bemühen, um für den verhafteten Beschuldigten im Haftprüfungsverfahren wenigstens eine vorgelesene Akteneinsicht zu bekommen.

Noch heute wird uns die Akteneinsicht über weite Strecken des Ermittlungsverfahrens verweigert mit der lapidaren Begründung, die Ermittlungen dauern an. Und wenn man dann einen Staatsanwalt darauf hinweist, dass wir uns nicht mehr in der Kabinettsjustiz befinden, dann sagt er, ach ich habe mich geirrt, ich wollte sagen, die Akteneinsicht würde den Ermittlungszweck gefährden.

Das ist ja ein Riesenunterschied. Aber auch das ist eine Sache, die rechtsmittelbewehrt werden muss.

Hier liegen die Reformnotwendigkeiten, die wir sehen und die aus dem alten Bild des Wahrheitssuchens, aber des Wahrheitssuchens „nicht um jeden Preis" des Reformierten Strafprozesses kommen.

Eines bleibt deutlich: Der klare, rigorose, einfache Standpunkt, aus dem von Liszt heraus Verteidigung definiert, ist bis heute unangefochten.

All die Querelen obrigkeitsstaatlicher Auslegung des Verteidigungsbegriffes, die Abschaffung der Verteidigung ab 1933, ihre mühsame Neueinrichtung nach 1945, all dies sind Krebsgänge, historische Rückschritte.

Mit der einfachen Anerkennung der Grundtatsache des Reformierten Strafprozesses, dass es sich um einen Parteiprozess handelt, sind auch alle Probleme zu lösen, mit denen sich die Strafverteidigervereinigungen und der Deutsche Anwaltverein seit Jahren herumschlagen:

Die größere Teilhabe am Ermittlungsverfahren. Hier lebt der Inquisitionsprozess noch heute, man sollte es bei historischer Sicht nicht fassen und deshalb wird es wohl so sein. Genauso wenig wie es eine „neue Strafverteidigung" in der Bundesrepublik gibt, sondern allenfalls eine „Renaissance der Strafverteidigung", wird es wohl kaum eine Reform des Reformierten Strafprozesses geben, sondern was wir wollen ist eine Renaissance des Reformierten Strafprozesses, jedenfalls in seinen äußeren Strukturen.

Was wir wollen ist, dass wir wieder wie von Liszt und all die Zuhörer seines Vortrages vor genau 100 Jahren, Selbstbewusstsein und Stolz empfinden, wenn wir an den Reformierten Strafprozess denken.

Was wir wollen ist, den löwenhaften Mut und die löwenhafte Gelassenheit, einen solchen Kultursprung zu verteidigen und ich bin ganz sicher, dass wir hier Schulter an Schulter mit Männern, wie von Liszt stehen, von Liszt, dem wir gedenken, aber dem wir auch danken.

Martin Drucker als Strafverteidiger* (1869–1947)

Martin Drucker, geboren in Leipzig, war ab 1898 in Leipzig Anwalt und entwickelte viele Aktivitäten im Deutschen Anwaltverein ab 1909. Dort wurde er der Vorsitzende des Strafrechtsausschusses im Jahre 1910 und Präsident des DAV von 1924 bis 1932, danach Ehrenpräsident.

Göppinger[1] fasst seinen Lebenslauf zusammen:

> „*6. Oktober 1869 Leipzig, †22. Februar 1947 Leipzig. Seit 1896 Rechtsanwalt in Leipzig, 1917 zum Justizrat ernannt, er setzt im DAV durch, dass sich der Verein auch der wirtschaftlichen Fragen des Anwaltsstandes annahm, ab 1924 Präsident des DAV, Rücktritt im Herbst 1932, als man beschloss, den Sitz des Vereins von Leipzig nach Berlin zu verlegen; danach Ehrenpräsident des DAV. Freund und Berater des Oberbürgermeisters Dr. Carl Goerdeler, auch noch während des Krieges (was aber der Gestapo verborgen blieb); am 4. Dezember 1943 wurde das Gebäude seiner Kanzlei durch Bomben zerstört, im Februar 1945 auch sein Wohnhaus; danach Flucht nach Jena, wo er von Freunden beherbergt wurde; zum 1. Januar 1944 in den Ruhestand versetzt (auf Grund der VO vom 1. März 1943, RGBl. 1123, zur Änderung der RAO); Anfang Juni 1945 Rückkehr nach Leipzig; Wiederaufnahme der Anwaltstätigkeit.“

Martin Drucker war auf verschiedenen Rechtsgebieten tätig, aber auch – und insbesondere – auf dem Gebiet der Strafverteidigung. Nur dies kann hier behandelt werden.[2]

1. Die Erinnerung an Martin Drucker im DAV

Zum Tode Druckers erschien in der Süddeutschen Juristenzeitung ein Nachruf von Dittenberger,[3] einst erster Geschäftsleiter des Deutschen Anwaltvereins. Danach verblasste die Erinnerung gänzlich. Erst die erneute Herausgabe der „Festschrift für Martin Drucker“,[4] die erstmalig zu seinem 65. Geburtstag am 6. Oktober 1934 erschienen war, vermittelte einer neuen Generation von Anwältinnen und Anwälten

---

* Erstveröffentlichung in: AnwBl 4/2003, 209.

1 Juristen jüdischer Abstammung im Dritten Reich, 2. Aufl. 1990, S. 332.

2 Eine ausgezeichnete, beispielhafte Biografie und Dokumentensammlung: *Lang*, *Hubert, Martin Drucker* – Das Ideal eines Rechtsanwalts, 1997.

3 SM 1948, 421.

4 Herausgegeben von *Julius Magnus*, Nachdruck 1983.

Kenntnisse über Martin Drucker, insbesondere durch die Besprechung dieser Festschrift von Ostler[5] und dem Unterzeichner.[6] Im DAV führte dies zu der Überlegung, in Leipzig zum 120. Geburtstag Druckers eine Gedenkveranstaltung durchzuführen. So reiste eine Delegation des Deutschen Anwaltvereins vom 21. bis 24. Oktober 1989 in die gerade mitten in der Wende befindliche DDR.[7] Anlässlich der Sitzung des Strafrechtsausschusses des DAV im Dezember 1999 in Leipzig entstand dieser Vortrag, der sich auf Erinnerung an die Tätigkeit Martin Drucker als Strafverteidiger beschränkt.

2. *Der Strafverteidiger*

Drucker zeichnete sich durch breit gefächerte standesrechtliche und fachliche Interessen aus. Die Strafverteidigung war, wenn auch zeitweilig, ein erhebliches Betätigungsfeld Druckers:

> „In der Allgemeinheit hat aber wohl seine zum Teil Staunen und Aufsehen erregende Tätigkeit als Strafverteidiger, Kriminologe und Strafrechtswissenschaftler seinen weit über Leipzig hinausgehenden Ruf begründet. Diese Reputation etablierte er eklatant, als er in den ersten Jahren dieses Jahrhunderts als junger Anwalt im Strafprozess nach dem international erschütternden Zusammenbruch der Leipziger Bank, einer der Großbanken jener Zeit, Freispruch von der Anklage des betrügerischen Bankrotts erzielte. Dieser sensationelle Erfolg war nicht Geschworenenreaktion auf ein emotionelles Plädoyer, sondern das Ergebnis von Druckers scharfsinniger Analyse kompliziertester Wirtschaftsvorgänge und bis dahin praktisch kaum erprobter Gesetzesvorschriften. Bezeichnend ist seine Ansicht, dass ein Plädoyer für Gewährung mildernder Umstände den Verdacht [...] der Geistesfaulheit und juristischen Ignoranz des Verteidigers nahe legt.“[8]

Bereits 1910, 41 Jahre alt, wird er Vorsitzender des Strafrechtsausschusses des DAV. 1913 veröffentlicht er in Alsbergs Buch „Justiz-Irrtum und Wiederaufnahme“ einen Beitrag zu der Problematik.[9] 1924 tritt er in einem Grundsatzartikel in der JW mit einem leidenschaftlichen Artikel hervor: „Neuester und allerneuester Strafprozess“.[10] Seine Kritik an den strafverfahrensrechtlichen „Reformen“ der damaligen Tage ist vehement:

---

5 NJW 1984, 2450.

6 Strafverteidiger 1985, 172.

7 Ein ausführlicher Bericht mit den Gedenkvorträgen von *Unger* und *Grubel* und Ansprachen von *Gysi* und *Senninger* in AnwBl. 1990, I–13.

8 *Grubel* in der Einleitung zu 4), S. VIII/IX.

9 1913, S. 276 ff.

10 JW 1924, 241 ff.

> „Über jede dieser Negation von Garantien kann die Kriminalwissenschaft sich ereifern, das Staatsgefühl sich entrüsten. Aber stärker als wissenschaftliche Gegnerschaft, stärker als gefühlsmäßige Ablehnung muss die Resignation, die Trauer sein: Ist das Deutsche Volk wirklich so tief gesunken, dass zur Wiederherstellung der öffentlichen Ordnung und Sicherheit ihm der Präsident der Republik unter Mitwirkung der Minister der Justiz und des Inneren im weiten Maße das Kulturgut eines ordentlichen Strafverfahrens entziehen musste?“

Unter vielen Verteidigungen hebt sich die Tätigkeit im Caro-Petschek-Prozess hervor.[11] Auch nach 1933 – zunehmend bedrängt, behindert und bedroht – hat er noch verteidigt. 1933 wurde ihm das Notariat entzogen, ab 1. April 1944 wurde er als Anwalt in den Ruhestand versetzt.[12]

3. Druckers „Philosophie der Verteidigung“

Ein Satz ist eingangs berichtet, Druckers Auffassung, dass ein Plädoyer für die Gewährung mildernder Umstände den Verdacht der Geistesfaulheit und juristischen Ignoranz des Verteidigers nahe lege.[13] Hier kommt der Charakter Druckers als „Pflichtenmensch“ zum Ausdruck. Die Überzeugung, die Arbeit des Anwaltes und auch des Strafverteidigers, erfordere scharfsinnige Analyse und klassische Subsumtion. An anderer Stelle wird diese Auffassung deutlich:

> „Die allen Kriminalisten bekannte Neigung vieler Gerichte, bei offenbarem Mangel des Verschuldens den objektiven Tatbestand hypothetisch festzustellen und dann mittels Verneinung des subjektiven Tatbestands zur Freisprechung zu gelangen [...]. Die Freisprechung aus subjektiven Gründen sollte schon im regulären Strafprozess nur verfügt werden, wenn der objektive Tatbestand festgestellt ist.“[14]

Am deutlichsten, kommt Druckers Auffassung von den Aufgaben der Strafverteidigung aber in einem Verfahren zum Ausdruck, das beklagenswerter Weise von den „neuen Herren“ im Jahre 1935 gegen ihn geführt wurde. Ausgerechnet mit der Behauptung der Verfehlung gegen die Standesregeln vor dem Ehrengericht der Sächsischen Anwaltskammer im Januar 1935, das in dieser Instanz zu seiner Ausschließung führte.[15]

---

11 Dazu *Riess*, *Curt*, Der Mann in der schwarzen Robe, Das Leben des Strafverteidiger Max Alsberg, 1965, S. 313 f. *Lang Hubert*, Martin Drucker – Das Ideal eines Rechtsanwalts, 1997, S. 42 f.

12 *Lang* a.a.O., S. 72 ff.

13 *Grubel*, Fn. 8.

14 *Drucker* Fn. 9, S. 282/283.

15 *Lang* a.a.O., S. 66 f.

Es war ein Verfahren, das die Tätigkeit Druckers als Strafverteidiger zum Gegenstand hatte und in dem Beschuldigten vorgeworfen wurde:

Ein Kollege hatte sich an Drucker gewandt mit der Bemerkung, sein Mandat bringe ihn in eine gewisse Kollision zwischen seinem nationalen Empfinden und seiner Pflicht als Verteidiger. Er wollte Rat und Auskunft darüber, ob er als deutscher Rechtsanwalt sich unmittelbar an die französische Regierung wenden dürfe, um die Rücklieferung seines Mandanten, eines wegen Spionage zu Gunsten Frankreichs angeklagten Deutschen, nach Frankreich durch Frankreich zu fordern und durchsetzen zu lassen. Sein Mandant sei von deutschen Kriminalbeamten durch List und Gewalt von französischem auf saarländisches Gebiet verbracht worden. Von dort auf deutsches Gebiet und sei dort verhaftet worden. Drucker vertritt die Meinung, der Kollege habe an Frankreich mit einem Auslieferungsverlangen heranzutreten, wenn er dies als Verteidiger für erforderlich halte. Für diesen Rat wird Drucker angeschuldigt. Zu seiner Verteidigung führt er aus:

> „[...] dass ein Verteidiger die moralische Seite der Handlungen des von ihm verteidigten Mandanten nicht zu prüfen habe, dass er nicht befugt sei, in moralischer Hinsicht über die Handlungsweise des Auftraggebers ein Werturteil zu fällen, der Verteidiger habe sich vielmehr nur streng an Recht und Gesetz, und dazu gehöre auch das Völkerrecht, zu halten und deren Rahmen alle Mittel zu ergreifen, die im Interesse seines Mandanten lägen. Der Anwalt sei ausschließlich Diener des Rechts und damit auch des Völkerrechts.“[16]

Das Ehrengericht führt aus:

> „Dass diese Auffassung unseren nationalsozialistischen Anschauungen widerspricht, bedarf keiner Ausführung. Vor allem Recht steht das Deutsche Volk, denn dieses hat ja alles Recht geschaffen. [...] Der Verteidiger eines Landesverräters hat besonders die Pflicht, darauf zu achten, dass die ‘Rechte’ dieses Schädlings am Volke nicht zum Schaden des Volkes ausschlagen und damit zum höchsten Unrecht werden. Selbst wenn man dem Angeklagten als Nichtarier und in der damaligen Zeit zubilligen will, dass er sich aus seiner liberalistischen Denkweise heraus dieser Folgerung nicht bewusst geworden ist und sie auch nicht gefühlsmäßig erfasst hat, so bleibt doch immer als besonders schimpflich an dem Schritte [...] übrig, dass zu Gunsten eines Landesverräters eine fremde Macht gegen die eigene Regierung mobilisiert werden sollte.“[17]

Die Ausschließung wurde durch den Ehrengerichtshof in einen Verweis mit Geldbuße geändert.

---

16 *Lang* a.a.O., S. 99.

17 *Lang* a.a.O., S. 99.

4.

1945 nahm der 75jährige seine berufliche Tätigkeit in größtem Umfang wieder auf und die Arbeit für die Anwaltschaft. Als er im Februar 1947 stirbt, schreibt Dittenberger:

> „Wenn wieder einmal eine ‘Deutsche Rechtsanwaltschaft’ entsteht, wie wir sie erhoffen, wird das Beispiel Martin Drucker Wege weisend wirken können.“[18]

18 A.a.O., Fn. 3.

Max Alsberg (1877–1933)*
Verteidigung als ethische Mission

Sein Name leuchtete.[1]
Ein streitbarer Jurist: Fürwahr! Wie jeder große Streiter verfügte er über unzählige Fähigkeiten und Mittel.

Er setzte sie alle ein – einzeln, nebeneinander, nacheinander: unerschütterlicher Wille, für die Rechte des Angeklagten zu kämpfen; persönlicher Mut; Zähigkeit; Scharfsinn; Angriffslust; Konzentration; strenge Sachlichkeit und Wissenschaftlichkeit – bei Kreativität, Intuition und Leidenschaft; Rednergabe; unermessliche Arbeitskraft; exakte Vorbereitung.

Er war Strafverteidiger, Mitglied in strafrechtlichen Vereinigungen, ehrenamtlich tätig in der Anwaltschaft, Wissenschaftler (als Autor und Hochschullehrer), Mitherausgeber und Mitarbeiter von Fachzeitschriften, Autor in Zeitungen und allgemeinen Zeitschriften und von Theaterstücken.

1. Der Wissenschaftler

Schon der Referendar:

> „Bonn 1902. Wir scharen uns um Zitelmann, den berühmten Rechtslehrer. Der Andrang der Studenten ist groß, daß er nicht alle unsere Arbeiten selbst korrigieren kann. Er bedient sich eines jungen Assistenten, den wir mit staunender Ehrfurcht betrachten. Das war der Referendarius Max Alsberg, von dem man sich Wunderdinge erzählte. Er sei ein Polyhistor, hieß es, bewandert in allen Geisteswissenschaften, gleichbedeutend als Theoretiker und Praktiker des Rechts. Der alte Eccius, der Prüfungsleiter der Assessorenkommission, publizierte sogar Alsbergs wissenschaftliche Examensarbeit wegen ihrer besonderen Qualitäten. Bonn bot ihm einen Lehrstuhl an, er zog es aber vor, Anwalt in Berlin zu werden."[2]

1913, Alsberg ist gerade sieben Jahre Rechtsanwalt, erscheint sein Buch „Justizirrtum und Wiederaufnahme".[3] Es enthält einen Allgemeinen Teil:

---

* Erstveröffentlichung in: Streitbare Juristen, 1988, S. 141.

1 Eingangssatz eines Artikels „Max Alsberg" von *Erich Ebermayer*, unveröffentlicht, 1970. Ich danke Herrn Helmut Ebermayer-Auteneder für die Überlassung.

2 *Apfel*, Alsberg, in: Weltbühne, 2. Halbj. 1931, 758.

3 Nach mehreren Veröffentlichungen zu verschiedenen Themen bereits zu dieser Zeit, siehe das Werkverzeichnis.

Vom Justizirrtum. Die Gefahren des Strafprozesses. Die Unvollkommenheit des Rechtsmittels der Revision. Der begrenzte Wert der Wiederaufnahme für die Beseitigung von Justizirrtümern durch die Ungunst der Gesetzgebung und die Ungunst der Praxis.

Es schließen sich in einem zweiten Teil Fälle aus der Verteidigerpraxis in Wiederaufnahmesachen an. Hier finden sich u.a. Beiträge von Ernst Mamroth, Siegfried Löwenstein, Martin Drucker, Karl Liebknecht und Johannes Werthauer, ferner zwei Beiträge aus Alsbergs Praxis.

Der Sachverhalt ist exemplarisch: Der Verteidiger Alsberg tritt nahezu sofort für die Belange seiner Mandanten als Wissenschaftler hervor. Mit allergrößter Sicherheit und Selbstverständlichkeit ergreift er das Wiederaufnahmerecht und kritisiert es in noch heute gültiger Form. In einem Werk verbindet er die Ansprüche an die wissenschaftliche Theorie mit der Durchdringung der Fälle aus seiner Praxis. Er motiviert in einer Weise, die Vergleichbares bis heute nicht finden lässt, andere Kollegen, und das sind berühmte Namen in ihrer Zeit, zur Mitarbeit und dies als junger Anwalt. Bereits zuvor hatte Alsberg im Berliner Tageblatt zum Problem der Wiederaufnahme Stellung genommen,[4] und im Vorwort zu seinem Buch findet sich dann der Satz, er hoffe, die Darstellung veranschauliche einigermaßen

> „die Leichtigkeit der Entstehung und die Schwierigkeit der Beseitigung des Fehlurteils."

Er spricht von der Darstellung,

> „die lehren und werben will. *Lehren* die hohe praktische Bedeutung der Wiederaufnahme, *werben* für ihre Befreiung von den unverständlichen Fesseln, die ihr mehr noch als vom Gesetz von der Praxis unserer Gerichte auferlegt sind. Überzeugender aber als alle Lehre ist das Leben selbst. Dem Rechtsleben ist deshalb in dem zweiten Teil dieses Buches das Wort gegeben."[5]

Hier findet sich ein Charakterzug Alsbergs, der seine besondere Qualität als Streiter belegt: Niemals ist er zufrieden mit der bloßen Vertretung des Falles, stets sieht er das Allgemeine im Einzelnen. Er abstrahiert, und er stößt aus dem Gewölbe der Gedanken auf den Einzelfall herunter.

So bleibt er sein ganzes Anwaltsleben lang in einer von einem Anwalt wohl vorher und nachher nie erreichten Weise wissenschaftlicher Praktiker und praktischer Wissenschaftler. In schneller Folge erscheinen unzählige Urteilsanmerkungen, Gutachten zu Juristentagen, Festschriftbeiträge, Aufsätze, Sammlungen, Einzelwerke, Zeitungsartikel und sogar Theaterstücke zu Verteidigerproblemen.

---

4 Berliner Tageblatt und Handelszeitung 11. Februar 1911, 1.

5 Vorwort Seite XIV und XV.

Die Fülle der Veröffentlichungen und Themen macht Kürze hier besonders schwer. Vielleicht gibt die nachstehende Übersicht ein besonders gutes Beispiel zur Beurteilung von Alsbergs wissenschaftlicher Leistung und zu ihrem im Sinne von Alsbergs Methode genuinem Gegenüber, der Praxis:

Alsberg hat den Gang und Ablauf des Verfahrens mit seinen wissenschaftlichen Arbeiten begleitet:

- Untersuchungshaft[6]
- Ermittlungsverfahren: „Niemand hat wuchtiger als er betont, daß der Angeklagte ein hilfloses Objekt der Strafrechtspflege bleiben wird, solange man ihm nicht die Möglichkeit gibt, kontradiktorisch auch schon im Vorverfahren zu verhandeln."[7]
- Beweisantragsrecht: Sein wichtigstes Werk: „Der Beweisantrag im Strafprozeß". Er führt im Vorwort zur ersten Auflage aus: „Mir selbst wurde aber diese Arbeit im wahrsten Sinne des Wortes zur Lebensaufgabe. Von den Anfängen meiner strafprozessualen Praxis an stand sie mir als Ziel vor Augen."[8]
- Berufung[9]
- Revision[10]
- Wiederaufnahme.[11]

Und selbstverständlich befasst er sich auch mit dem materiellen Recht[12] und mit übergreifenden Themen, mit der „Philosophie der Verteidigung" und dem „Weltbild des Strafrichters". Schließlich schreibt er zwei Theaterstücke: „Voruntersuchung" zu Fragen der richterlichen Befangenheit und „Konflikt"[13] zu Grundfragen der Verteidigung.[14]

---

6 U.a. den Kommentar mit *Lobe*, 1927 (siehe Schriftenverzeichnis, in diesem Band S. 65).

7 *Apfel*, a.a.O., S. 759.

8 Im Jahre 1983 wurde von *Karl-Heinz Meyer* die 5. Auflage herausgegeben. In einem – noch nicht veröffentlichten – Beitrag zur geplanten Alsberg-Dokumentation, für dessen Überlassung ich hiermit danke, spricht Meyer davon: „Dieses Buch überragt nicht nur in seinem Umfang, sondern vor allem seinem wissenschaftlichen Gehalt nach alles, was Alsberg sonst geschrieben hat."

9 Die Mängel des geltenden Berufungsverfahrens in Strafsachen, JW 1926, 1105.

10 Beispielsweise unzählige Urteilsanmerkungen zu RG-Entscheidungen in der JW.

11 Justizirrtum und Wiederaufnahme, 1913.

12 Siehe das Werkverzeichnis.

13 Dazu *meine* Dokumentation in der – privaten – Festschrift für Franz-Josef Brieske, 1986, S. 171 ff.

14 Zu den Theaterstücken eingehend *Sarstedt*, AnwBl. 1978, 7 (12 ff.).

Alsberg war Mitglied der Internationalen Kriminalistischen Vereinigung. Er wirkte bei der Herausgabe der Kriminalistischen Monatshefte und der Zeitschrift für die Gesamte Strafrechtswissenschaft mit und war Mitarbeiter an Goltdammer's Archiv.

Seit 1931 war er Honorarprofessor in Berlin.

2. Der Verteidiger

a)

An den Anfang dieses Abschnittes setze ich eine sehr persönliche Bemerkung. Einer seiner Sätze ist mir besonders wichtig, weil er Verteidigerrealität und Verteidigermotivation wie in einem Brennglas zusammenfasst, weil es in meinen Augen eines jener glücklichen Worte ist, in die ein großer Geist eine Vielzahl von Gedanken und Gefühlen – all diese nicht verfälschend, sondern verdeutlichend – zu sammeln und zu bündeln vermag.

Es ist Alsbergs Satz aus seiner „Philosophie der Verteidigung", wo er vom Bewusstsein des „Nichtwissens" als positivem Wert spricht und davon, niemand werde das allerdings leichter übersehen als der Richter.

> „Die Leidenschaft des Wahrheitssuchens kennt keine Leidenschaftslosigkeit. Nicht im Einzelfall zur Wahrheit durchgedrungen zu sein, wird Demut unbekümmert aussprechen – aber die Besinnung auf solche Demut kann fehlen."

Und dann sagt er:

> „Den hochgemuten, voreiligen Griff nach der Wahrheit hemmen will der Kritizismus des Verteidigers!"[15]

Wenn einen als Verteidiger im Gerichtssaal gelegentlich die Leere anfällt angesichts der Sicherheit und des Genauwissens anderer Verfahrensbeteiligter, wenn man immer wieder erleidet, wie den Zeugen die Möglichkeit zum Zeugenbericht durch Dazwischenreden genommen wird, wie Fragen der Verteidigung zu stören scheinen, dann ist es hilfreich, sich an diesen Satz, an dieses Geschenk des großen Kollegen zu erinnern, um mit Mut und Ausdauer zu hemmen, was hochgemut und voreilig nach der Wahrheit greift.

b)

> „Er war in den Zeiten eines großen forensischen Kampfes unfähig, auch nur ein Gespräch zu führen, dessen Mittelpunkt nicht 'sein Fall' war. Er konnte nichts anderes denken, nichts anderes sehen, nichts anderes hören. Diese Besessenheit war vermutlich auch die Wurzel des nachtwandlerischen Instinktes, mit dem Alsberg in den

---

15 Die Philosophie der Verteidigung, 1930, S. 11.

schwierigsten prozessualen Situationen plötzlich auf einen 'Einfall' verfiel, der alles rettete. Er konnte in irgendeiner verzweifelten Lage seinen Mandanten oft nicht einmal gründlich erklären, was er bezwecke; er schien oft etwas ganz Absurdes und Hoffnungsloses zu tun, – Dinge, auf die kein Anderer je verfallen wäre, über den man sich anfangs am Richtertisch und auf der Bank seiner Gegner moquierte: Etwas später ergab sich, daß er gerade den Punkt getroffen hatte, auf den es ankam. Denn er hatte die Leidenschaft, die Phantasie und die Intuition des wirklichen Künstlers, der man sein muß, um ein großer Advokat zu sein."[16]

c)

Alsbergs Verteidigungen waren genau vorbereitet, von hoher Rationalität und dabei doch von großer Leidenschaft. Unter den unzähligen Belegen Alsbergs Plädoyer im Falke-Prozess vor dem Schwurgericht in Hamburg im Jahre 1930: Hier verbinden sich wissenschaftliche Betrachtung, Bezugnahme auf große Rechtslehrer und ausführlichste Sachverhaltsanalyse mit äußerst energischer, messerscharfer, zum Teil ironischer Attacke gegen die Staatsanwaltschaft:

„Herr Präsident! Meine Herren Richter, meine Herren Geschworenen!

Nicht minder als anderen Prozeßbeteiligten ist die Verteidigung darüber erfreut, daß die letzten Verhandlungstage auf einen friedlichen Ton gestimmt gewesen sind. Ich werde denn auch alles vermeiden, was dem Schlußvortrag den Charakter einer Sinfonie 'mit Paukenschlag' geben könnte, und mich lieber zur Tonart der pastoralen Sinfonie bekennen.

Aber liegt nun einmal in der Natur der Dinge, in der Tatsache, daß die Staatsanwaltschaft gewissermaßen ungehindert im luftleeren Raum ihre Anklage aufbauen konnte und daß die Verteidigung nun diese Anklage zertrümmern muß, daß manches und sachlich Scharfe gegen diese Anklage und ihre gestrige Begründung gesagt werden muß.

[...].

Wer sich als Verteidiger einer solchen Anklage gegenübersieht und wem sich da nicht alles aufbäumt: der ist kein Jurist mehr!

[...] Nicht ein Gegensatz der juristischen Meinungen, sondern ein Gegensatz der Weltanschauungen ist es, der uns von der Staatsanwaltschaft trennt, hier gibt es keine Brücke mehr, die von einem Ufer zum anderen führt! Das ist der Grund, weshalb man auch einmal heftig werden kann, daß man auch einmal etwas sagen muß, was einem anderen nicht lieb ist!

Herr Staatsanwalt Dr. Stein hat gestern den vielleicht bedeutsamsten Kriminalisten des vergangenen Jahrhunderts, Binding, zitiert. Er hat Worte von ihm zitiert, die einen goldenen Gehalt haben. Wer einmal in seinem Leben Binding gesehen und gehört hat, wer diesen Feuerkopf erlebt hat, der wird sein ganzes Leben den Eindruck dieses

---

16 *Schwarzschild*, Das Neue Tage-Buch, Paris, Amsterdam, 1933, S. 288.

Mannes nicht vergessen. Nicht oder jedenfalls nicht nur, wegen seiner Lehren. Was er an juristischer, an logischer Schärfe brachte (das ist vielleicht anderen ähnlich geglückt, wie ihm), – sondern wegen des heiligen Feuers, das in diesem Manne glühte. Das darf ich denn auch wohl sagen: Wenn Binding dieser 'Menschenraub'-Anklage gegenüberstünde – gelegentlich ist er einmal als Verteidiger vor den Richtertisch getreten –: er würde sicher mit größter Leidenschaftlichkeit dem entgegentreten, was hier von seiten der Herren Staatsanwälte zur Begründung der Anklage gesagt worden ist. Hätte er diesen 'Menschenraub'-Prozeß erlebt, er würde vielleicht an der Stelle seines Lehrbuches, wo sich die klassischen Worte finden, die ich wörtlich in meiner Verteidigungsschrift wiedergegeben habe, und in denen er Einspruch erhebt, gegen eine solche Jurisprudenz, wie sie dort geschildert ist – eine Jurisprudenz der Worte –, als Beispiel in eine Anmerkung bemerkt haben: 'Siehe die Anklage im Hamburger Menschenraub-Prozeß'! Wenn man so konstruieren will, wie die Herren Anklagevertreter konstruieren, kann man alles konstruieren!

[...].

Wäre die juristische Methode richtig, die uns gestern die Herren Staatsanwälte doziert haben, so bedeutete das die Abschaffung der Jurisprudenz! Es bedeutete, daß man das ganze Strafgesetzbuch verbrennen könnte – wie man hier im Jahre 1918 in Hamburg die Seemannsordnung verbrannt hat –, und daß man anstelle des Strafgesetzbuches einen einzigen Paragraphen setzen könnte:

'Der Richter bestraft, was ihm strafbar erscheint. Er verurteilt, wenn sein Rechtsgefühl eine Bestrafung fordert'.

[...].

Herr Dr. Stein, der rechtsschöpferisch zu arbeiten bestrebt war, hat uns vorgestern vorgetragen, Absicht sei ein 'besonders scharf betonter Vorsatz'. Ich kann dazu nur sagen, daß dieser 'besonders scharf betonte Vorsatz' etwas ganz Neues darstellt. Es wird zwar fortgesetzt über Vorsatz und Irrtum geschrieben, und ich kann nur jeden warnen, über diese Fragen eine neue Monographie in die Welt zu setzen; jedenfalls: der 'besonders scharf betonte Vorsatz' ist etwas juristisch Neues, eine Erfindung, die in diesem Prozeß von Herrn Dr. Stein gemacht worden ist. Nur kann ich nicht zugeben, daß diese Erfindung eine Bereicherung unserer Anschauungen auf diesem Rechtsgebiet bedeutet.

[...].

In diesen Tagen hat gerade der Altmeister der deutschen Rechtswissenschaft, ein Mann, den wir nicht nur alle verehren, sondern lieben, Wilhelm Kahl, das Wort gesprochen: 'Kein Kulturgut ist in der Neuzeit so durch die Politik geschädigt worden, wie das Recht!' Kahl hätte sicherlich diesen Ausspruch nicht getan, wenn er nicht der Überzeugung und der Hoffnung wäre, daß es wieder anders werden müsse. Auf dem Wege zu diesem Ziele wird das freisprechende Urteil, das wir in dieser Sache zuversichtlich erwarten, ein Markstein und ein Siegeszeichen einer auf das Recht und nur auf das Recht gestellten Rechtspflege sein.“[17]

d)

Bei all der Kürze, zu der die Darstellung nötigt, darf hier ein weiterer Punkt nicht unerwähnt bleiben.

Alsbergs uneingeschränktes und unerbittliches Festhalten an der Unschuldsvermutung. Hierin war er so klar, so sicher, dass diese Haltung die Qualität eines vom Willen unabhängigen Reflexes hatte.

Frederic Alexander Mann, der als junger Mann in Alsbergs Hause verkehrte, berichtet: „Aber er war nie laut, nie laut. Er war immer sehr ruhig“, aber er erwähnt eine Ausnahme: Auf einer Gesellschaft standen junge Juristen um Alsberg herum. Dieser „erzählte von einem Fall, den er gerade hatte. Da kam der Sohn dazu und sagte: ‘Was hat der Mann getan, Vater?’ Alsberg dreht sich um und schreit den Sohn an: ‘Weißt Du nicht, was Du sagen sollst, was *soll* der Mann getan haben?’“[18]

Diese Haltung Alsbergs erklärt, was seinem Biographen Curt Riess so unverständlich zu sein scheint,[19] nämlich dass Alsberg Verfahren nicht nach politischen Gründen ausgesucht oder abgelehnt hat. So hat er Karl Helfferich vertreten und Carl von Ossietzky.

Ernst Nebenzahl, als Referendar im Büro Alsbergs:

> „Die Verteidigung als solche war eine ethische Mission.“[20]

e)

Schließlich: Sicherlich erfährt man etwas über einen Menschen, wenn man weiß, wem er Achtung zollt. So dient zur Charakterisierung des streitbaren Juristen Max Alsberg der Nachruf, der einzig mir bekannte Nachruf Alsbergs auf einen Kollegen, den er für einen Mann in dessen Eigenschaft als Strafverteidiger geschrieben hat, für Paul Levi:

> „Abschied von Paul Levi

---

17 In einem Sonderdruck einer Zeitung enthalten, nähere Angaben nicht bekannt.

18 Gespräch in Berlin am 18. April 1985.

19 Der Mann in der schwarzen Robe, 1965, S. 118, 297 und insbesondere S. 319, 320; siehe auch *Spaethen*, der Alsberg kannte, in der Besprechung des Riess’schen Buches, Industrie-Kurier, 8.02.1969. Mit wohltuender Klarheit a.A. zwei Richter: *Seibert*, NJW 1966, 1643 und *Sarstedt*, AnwBl. 1978, 7 (12).

20 Gespräch am 11. März 1988.

Dieses Geistes Zeichen waren seine Kämpfe. Ein Feueratem, der in Fieberglut erlosch.

Denn als ein großer, ein wahrer Ritter des forensischen Kampfes will dieser Mann betrauert sein. Ein Ritter noch, selbst wenn er zu feindseliger Härte das Wort stählte, – weil hinter allem der Überzeugung starke Leidenschaften und des Gemütes reine Mächte lebten.

Was das Forum an Paul Levi verliert, das wissen mehr noch als seine Klienten die, die an dieser Stelle oft seine Gegner waren. Denn des Gedankens Wucht war seine Stärke. Keiner von denen, die tändelnd ablenkend durch einen Nebel von Phrasen den wahren Stand der Dinge zu verhüllen suchen. Ganz Epigramm von Kopf zu Fuß war seine Rede. Was er aus Büchern mitbrachte, war nur die Erziehung seines Geistes. Was er an Ideen, an Formung gab, war sein eigen Fleisch und Blut.

Schonungslos im Kraftgebrauch, vor allem angesichts eines politischen Stoffes; hier wurzelte am tiefsten seine Kunst, hier war für sein Gefühl die größte Tragfähigkeit geschaffen. Äußere Erfahrung, inneres Erlebnis paarten sich gerade hier zu vollkommenstem Einklang, ließen eine wahre Fülle der Eindrücke, der Bilder, der Worte mit der leidenschaftlichen Kraft seelischer Bewegung in ihm auffluten. Daß der Sinn seines Lebens und Strebens das Teilhaben an den Kulturgütern nicht nur für sich, sondern in gleicher Weise für andere war, wurde denn auch in seinen politischen Plädoyers am deutlichsten sichtbar. Man brauchte nicht politisch seines Sinnes zu sein, um die Ethik seines Wollens anzuerkennen.

Ein starkes Herz schlägt nicht mehr!

Dr. Max Alsberg"[21]

Was sich hier an kollegialer Bewunderung für Paul Levi ausdrückt, haben andere für Max Alsberg empfunden:

> „Wir haben im Laufe von Alsbergs großen forensischen Taten nicht immer auf seiner Seite stehend, manchmal sogar nicht einmal neutral bleiben können. Aber jenseits von aktuellen Sympathien und Antipathien blieben doch niemals Zweifel an dem besonderen Format und an der hohen Qualität seiner wissenschaftlichen wie praktischen Arbeit, in der ihm nach Paul Levis Tod niemand in Deutschland auch nur von Ferne mehr gleichkommt."[22]

3. Der Kollege

Alsbergs Kollegialität war ausgeprägt. Er gehörte der Schlichtungskommission für Streitigkeiten zwischen Anwälten und Richtern an und repräsentierte sie für das Kriminalgericht.[23] Er war Mitglied im Arbeitsausschuss des Kuratoriums für anwalt-

---

21 Das Tagebuch, 15. Februar 1930, Heft 7, Jahrgang 11.

22 *Schwarzschild*, Tagebuch der Zeit, Das Tagebuch, 1931, S. 1763.

23 Berliner Anwaltsblatt 1928, Heft 9, 2.

liche Fort- und Fachbildung des Berliner Anwaltsvereins und hielt Fortbildungskurse für Anwälte.[24] Er gehörte von der Gründung der Strafrechtlichen Vereinigung der Berliner Rechtsanwälte an.[25] Zu seinem 25jährigen Berufsjubiläum wurde ihm von dieser ein Text gewidmet, in dem es u.a. heißt:

> „Seit 25 Jahren stehen Sie in unseren Reihen. 25 Jahre lang waren Sie unser Mitstreiter im Kampf um die höchsten Güter der Menschheit, um Recht und Gerechtigkeit. [...] Wir sind stolz darauf, daß wir Sie vom Tage der Gründung unseres Vereins zu den unsrigen und zu einem unserer Führer zählen durften. Möge ein freundliches Geschick Sie uns noch eine lange Reihe von Jahren in voller Lebensfrische und Tatkraft erhalten, als schaffenden Gelehrten und vorbildlichen Kämpfer für Recht und Gerechtigkeit!“[26]

4. Sein Tod

Auch Alsberg musste das Land verlassen. Der Mann, der soeben den Caro-Petschek-Prozess beendet hatte, dessen zweites Theaterstück „Konflikt“ in Bremen uraufgeführt worden war und in Berlin gespielt wurde, wurde jählings aus allem gerissen. Noch in Berlin, als er um die Verteidigung Littens gebeten wurde, war bereits klar, dass dies nicht mehr möglich ist, er nennt „allerhand ‘unbelastete’ Anwälte.“[27]

Von der März- zur Aprilausgabe 1933 der Kriminalistischen Monatshefte fehlt ohne jede redaktionelle Erläuterung Alsbergs Name in der Herausgeberliste auf dem Titelblatt.

Alsbergs Verlag wollte ihn nicht mehr publizieren.[28] Unter den vielen Beispielen ein letztes:

Alsbergs Name findet sich auf einer Denunziationsliste des Vorstandes der Rechtsanwaltskammer Berlin, die dieser beim Preußischen Justizminister einreicht. Alsbergs ‘Belastung’ lautet wie folgt:

> „Alsberg, Dr. Max, Berlin W 30, Nollendorfplatz 1:
> (nicht-arisch)
> Verteidigung im Landesverratsprozeß Ossietzky
> Material: Zeitungsnachrichten.“[29]

---

24 Berliner Anwaltsblatt 1930, 2.

25 Siehe JW 1918, 803, 805.

26 Mir in Kopie überlassen vom Sohne Alsbergs, Claud Allen, dem ich hierfür, wie für seine sonstige vielfältige Hilfe sehr danke.

27 *Irmgard Litten*, Eine Mutter kämpft gegen Hitler, Neuauflage 1984, S. 19.

28 *Riess*, a.a.O., S. 329.

29 Siehe *König*, Rechtsanwälte als Strafverteidiger im Nationalsozialismus, 1987, S. 49.

Am 12. September 1933 erschoss sich Alsberg in Samaden in der Schweiz. Wir haben dem streitbaren Juristen Max Alsberg Vieles zu danken, die Erinnerung an ihn stärkt.

Sein Name leuchtet!

Schriften von Max Alsberg (Auswahl)

Unterschlagung von durch Postanweisung übersandtem Geld. Annalen des Deutschen Reichs, 1903, S. 795 ff.

Die Bedeutung der Verlesung eines vom Revisionsgericht aufgehobenen Urteils in der erneuten Verhandlung. Gerichtssaal 1904, 147.

Zur juristischen Natur der Eidesdelikte. Gerichtssaal 1905, 54.

Zum Rücktritt vom nichtbeendeten Versuch. Gerichtssaal 1906, 375.

Vollendung und Realkonkurrenz beim Meineid des Zeugen und Sachverständigen, 1906.

Der Fall des Marquis de Bayros und Dr. Semerau. Ein Beitrag zur Lehre von der unzüchtigen Schrift und unzüchtigen Darstellung, 1911.

Justizirrtum und Wiederaufnahme, 1913.

Das Kriegsrecht des Bekleidungsgewerbes (Handels- und Gewinnbeschränkungen), mit PESCHKE, MAX, 1918.

Kriegswucherstrafrecht, 4. Auflage, 1918.

Das Spezialistentum in Rechtswissenschaft und Rechtsanwaltschaft, JW 1919, 280.

Der Beweisermittlungsantrag, in: Festgabe für Josef Kohler zum 9. März 1919, Archiv für Strafrecht und Strafprozeßrecht, Band 67 (1919), S. 261–274.

Die Reichs-Amnestiegesetze, Erl., 1919.

Die strafbare Handlung. Die Schuld (§§ 12–19 AE.). Beitrag in: ASCHROTT / KOHLRAUSCH: Reform des Strafrechts, 1926, S. 51–76.

Der Beweisantrag im Strafprozeß. Eine begriffliche Grundlegung, in: Festschrift für Heinitz zu seinem 50jährigen Dienstjubiläum, 1926, S. 416–445.

Empfiehlt sich eine Abänderung der Bestimmungen über parlamentarische Untersuchungsausschüsse, um den ungestörten Verlauf des Strafverfahrens und die Unabhängigkeit des Richtertums sicherzustellen? Gutachten, Verhandlungen des 34. Deutschen Juristentages, 1926, S. 332–394.

Die Untersuchungshaft, Kommentar mit LOBE, ADOLF, 1927.

Die strafprozessualen Entscheidungen der Oberlandesgerichte, unter Mitarbeit von GERO FRIEDRICH, Band 1–3, 1927–1928.

Mit welchen Hauptzielen wird die Reform des Strafverfahrens in Aussicht zu nehmen sein? Gutachten, Verhandlungen des 35. Deutschen Juristentages, 1928, S. 440–488.

Der Prozeß des Sokrates im Lichte moderner Jurisprudenz und Psychologie, 2. unveränderte Auflage, 1928.

Die Sittlichkeitsdelikte im Strafgesetzentwurf, in: Archiv für Kriminologie, Band 83, 1928, S. 94–100.

Zur Lage der Strafrechtspflege. Die Lehren eines praktischen Falls, in: Archiv für Kriminologie, Band 82, 1928, S. 99–138.

Wilhelm Kahl (Meister des Rechts), 1929.

Die Philosophie der Verteidigung, 1930.

Das Weltbild des Strafrichters, 1930.

Polizeistrafrecht, systematisiert und eingeleitet von MAX ALSBERG, 1930.

Der Beweisantrag im Strafprozeß, 1930.

Abschied von Paul Levi, in: Das Tagebuch, 1930, S. 245.

Voruntersuchung, Schauspiel in fünf Akten, 1930, mit HESSE, OTTO ERNST.

Das Grabmal der Pressefreiheit, in: Das Tagebuch, 1932,S. 1746–1752.

Die Auslegung der Handelsstrafgesetze, in: Festschrift für Albert Pinner zum 75. Geburtstag, 1932, S. 215–233.

Strafprozeßfälle, 1933.

Konflikt, Schauspiel in sieben Bildern, 1933.

Das Plaidoyer, in: Martin Drucker, zum 65. Geburtstag, 1934 = AnwBl.1978, 1.

Urteilsanmerkungen in der JW.

Literatur über Max Alsberg

APFEL, ALFRED, Alsberg, in: Weltbühne, 2. Halbj. 1931, 758.

SCHWARZSCHILD, LEOPOLD, Max Alsberg, in: Das Neue Tage-Buch, Paris-Amsterdam, 16. September 1933, S. 288.

RIESS, CURT, Der Mann in der schwarzen Robe. Das Leben des Strafverteidigers Max Alsberg, 1965.

SEIBERT, CLAUS, Zur Erinnerung an Max Alsberg, in: NJW 1966, 1643.

SARSTEDT, WERNER, Max Alsberg. Ein deutscher Strafverteidiger, in: AnwBl.1978, 7.

JUNGFER, GERHARD, Max Alsberg: Konflikt – Bremen, 3.3.1933 – Eine Dokumentation, in: Festschrift für Franz-Josef Brieske (Privatdruck), 1986.

Erich Frey (1882–1964)
Die Hauptverhandlung gegen Paul Krantz im Jahre 1928*
Vorbild einer wirksamen Strafverteidigung

Die Erinnerung an die Steglitzer Schülertragödie ist sinnvoll.[1] Sie bringt einmal die Begegnung mit Erich Frey, der sagte:

> „Wenn ich von Fällen spreche, die mir ganz besonders ans Herz gewachsen sind, muss ich immer wieder an die Steglitzer Schülertragödie denken."[2]

Die Befassung mit diesem Verfahren ist aber auch sinnvoll, weil es die Begegnung mit einer großen Verteidigung ist und mit der Problematik von Verteidigung im Binnenraum, im Raum der Verfahrensbeteiligten untereinander, und auch im Außenraum, nämlich mit dem, was Verteidigung nach außen bewirkt und wie Verteidigung von außen gesehen wird.

1. Der Sachverhalt

Am 28. Juni 1927 werden in der Wohnung des Kaufmanns Otto Scheller in Berlin-Steglitz zwei Leichen gefunden: Sein Sohn Günther, 19 Jahre alt, der frühere Freund seines Sohnes, Hans Stephan, 19 Jahre alt. Beide sind erschossen. Es stellt sich heraus: die Eltern Scheller sind verreist. In der Wohnung waren in der Tatnacht noch zwei 16jährige Mädchen, die Tochter des Kaufmanns Scheller, Hilde, und deren Freundin, Elinor Ratti und Paul Krantz.

Paul Krantz lässt sich von Anfang an, bis auf kleine Abweichungen in der Aussage gegenüber dem hinzugekommenen Notarzt, in gleicher Weise ein. Das ist sehr wichtig für den Außenraum, nämlich für die Frage, was später die Betrachter des Prozesses aus dieser Betrachtung gemacht haben.

Am Sonntagabend holt er Hilde Scheller, für die er sich sehr interessiert, die ihm sehr gefällt, ab und geht mit ihr zum Landhaus ihrer Eltern, in einem Vorort von

---

* Vortrag anlässlich des Strafverteidiger-Kolloquiums 1991. Erstveröffentlichung in: StraFo 1993, 4.

1 Ich danke Rechtsanwalt Dr. Sven Thomas, der mir vorgeschlagen hat, einen solchen Vortrag zu halten. Der Prozess ist oft erörtert worden, siehe dazu *Schild*, Berühmte Berliner Kriminalprozesse der zwanziger Jahre, in Rechtsentwicklung in Berlin 1988, S. 121 (163), mit Literaturnachweisen 163, Fn. 108.

2 „Ich beantrage Freispruch" 1959, S. 269.

Berlin. Sie schlafen zusammen. Für Paul Krantz ist es das erste Mal, dass er mit einer Frau schläft. Er fährt am nächsten Tag mit Günther Scheller, seinem Klassenkameraden, dem Bruder von Hilde Scheller, zusammen in die Stadtwohnung der Schellers, wo auch am Abend Hilde Scheller eintrifft, zusammen mit Hans Stephan. Dies ist für beide Männer äußerst provozierend. In der Aussage des Paul Krantz vom 30. Juni, also zwei Tage nach der Tat, heißt es:

> „Ich dachte noch an den Tag zuvor zurück und war über das Tun der Hilde vollkommen gebrochen. Günther regte sich darüber, dass jemand bei Hilde war, nicht auf. Ihm schien es gleich zu sein."

Aber dann erfährt Günther, wer bei Hilde ist, nämlich der frühere Freund und heutige Feind Hans Stephan. Er wird „darauf ganz wild vor Erregung und erklärte mir, dass ihn das sehr aufrege und ihm die Handlungsweise seiner Schwester ganz unverständlich sei. Günther erzählte mir dann, Stephan habe Günther bei seinen – Günthers Eltern – wegen einer sehr schlimmen Angelegenheit verpetzt. Außerdem wüsste Hilde ganz genau, dass er den Stephan so hasse, dass er zu allem fähig sei."

„'Im Laufe des Gesprächs', das ist alles die Aussage von Paul Krantz am 30. Juni, 'verlangte Günther von mir die Pistole. Sie war gespannt und gesichert [...].' Eine Pistole, die Paul Krantz einmal geschenkt bekommen hatte. Hilde taucht dann plötzlich auf. Sie geht wieder zurück ins Schlafzimmer. Nachdem Hilde im Schlafzimmer war, sagte mir Günther: 'Siehst Du, jetzt geht sie wieder ins Schlafzimmer zu meinem guten Freunde Hans Stephan.' Mir kam jetzt erst so richtig zum Bewusstsein, was für eine unerhörte Handlung Hilde vor den Augen ihres Bruders und auch vor mir verübe, zumal ich ihr doch erklärt hätte, wie lieb ich sie hätte. Günther sagte mir darauf, er könne dies nicht mehr aushalten, er wolle Schluss mit sich selbst machen. Ich erklärte ihm darauf, dass ich jetzt auch soweit sei und mit ihm aus dem Leben scheiden wolle. Wir berieten jetzt über die Art, wie wir aus dem Leben scheiden wollten, weil wir nur eine Pistole hatten. Gleich darauf erklärte mir nun aber Günther, dass es für ihn ein furchtbarer Gedanke sei, wenn er aus dem Leben scheide, während der Todfeind seiner Familie sich noch mit seiner Schwester belustigte und noch weiterlebe. Günther sagte mir darauf, er werde Hans Stephan auch erschießen. Ich fragte ihn darauf: 'Und Deine Schwester [...]?' Wir hingen nun eine ganze Weile unseren Gedanken nach. Günther sagte mir, die Hilde könne als einzige Überlebende der Tragödie nicht bleiben und 'Du' – auf mich gedeutet – 'hast doch allen Grund [...]' hier brach er das Gespräch ab. Ich wusste, was er hiermit sagen wollte, antwortete ihm aber sofort gar nichts, überlegte eine Weile und sagte dann: „'Es ist gut, dann sterben wir alle vier [...].' Ich war mit diesem Plan einverstanden. Wir fingen nun an, Briefe zu schreiben [...]. Günther und ich haben uns diesen Entschluss reiflich überlegt, und wir sind immer wieder zu der Ansicht gekommen, dass ein Weiterleben für Günther und mich keinen Zweck hätte, und dass Stephan und Hilde mit uns mitgehen müssten, nachdem sie uns diese Schmach angetan hätten. Sie schreiben dann Briefe. Nun machten wir in der Küche das Licht aus und gehen aus dem Kammerfenster. Wir haben hierbei m. W. kaum gesprochen.

Nachdem es nun noch heller wurde, kamen mir Gewissensbisse, und ich sagte zu Günther, es sei doch alles Quatsch, was wir geschrieben haben. Es sei doch albern, dass wir uns jetzt aus dem Leben stehlen wollten, und vor allem unser Gewissen noch durch Mord belasten wollten [...]. Soviel ich mich entsinne, klingelte es auf einmal an der Flurtür [...]. Ich atmete nun auf [...]. Elinor Ratti trat ein [...]. Günther ging nun durch das Speisezimmer, das sogen. Kinderzimmer, während Hilde, Elinor und ich sich auf dem Korridor unterhielten [...]. Günther kam aus dem Kinderzimmer heraus und ging in das Schlafzimmer seiner Eltern, wo kurz zuvor noch Hilde drin war; die Tür zum Schlafzimmer stand offen. Ich glaubte, nun aus dieser Tatsache entnehmen zu können, dass Hans Stephan bereits weg war. Günther sah sich im Schlafzimmer um, ich ging ihm [...] nach [...]. Ich sah nun, wie Günther auf eine Masse, die hinter dem Ankleideschrank war und mit einem Badelaken bedeckt war, deutete, ein ganz verzerrtes Gesicht macht und: 'Jetzt' sagte. Er schoss sofort zweimal nacheinander auf das Laken und im gleichen Moment sich selbst eine Kugel in den Kopf. Dies hat sich in ganzer kurzer Zeit abgespielt."[3]

Dies ist die Aussage.

Zwei Tage später meldet sich Erich Frey zu den Akten, beantragt, einen Haftbefehl nicht zu erlassen und schreibt, – jetzt beginnt etwas, das für diese Verteidigung typisch ist: Die Prägnanz, die Kürze all der Anträge, die Erich Frey stellt:

> „Objektiv liegt kein Mord vor, sondern allenfalls Totschlag. Subjektiv ist die Tätigkeit des Beschuldigten keine Anstiftung und auch weder Mittäterschaft noch Beihilfe. Selbst bei Annahme eines dringenden Tatverdachts jedoch liegt nach den umfangreichen Ermittlungen der Kriminalpolizei keine Verdunkelungsgefahr vor. Auch Fluchtgefahr ist bei dem 19 jährigen nicht gegeben."[4]

Der Oberstaatsanwalt bei dem Landgericht beantragte am 8. Juli, Haftfortdauer anzuordnen. Er trägt vor, er schuldige Paul Krantz an,

> „gemeinschaftlich mit dem durch Selbstmord geendeten Schüler Günther Scheller vorsätzlich und mit Überlegung den Kochlehrling Paul Stephan getötet zu haben."

Und er nimmt auch Fluchtverdacht an mit folgender bemerkenswerter Begründung:

---

3 Die Akten des Krantz-Prozesses befinden sich im Landesarchiv Berlin, Rep. 58, Akte 56. Hier Band 1, Blatt 31 ff.

4 Fn. 3, Band 1, Blatt 121.

> „Fluchtverdacht ist umso mehr begründet, als, wie die Akten ergeben, der Angeschuldigte ebenso wie Scheller nach der Tat aus dem Leben zu scheiden beabsichtigt hatte.“

Erich Frey, sofort darauf, eine kurze handschriftliche Stellungnahme:

> „Ich verweise auf Löwe 1925 zu § 112 StPO Nr. 3, wonach sogar Selbstmordversuch (geschweige denn die von dem Angeschuldigten nicht mehr aufrechterhaltene Selbstmordabsicht) nicht als „Fluchtversuch“ anzusehen ist.“[5]

Es kommt dann zum Haftprüfungstermin am 13. Juli. Der Verteidiger beantragt die Aufhebung des Haftbefehls mangels hinreichenden Tatverdachts und mangels zutreffender Haftgründe. Die Staatsanwaltschaft widerspricht. Ergebnis: Der Haftbefehl wird aufrechterhalten, „weil nach dem bisherigen Stande der Ermittlungen sowohl dringender Tatverdacht wie auch Verdunkelungsgefahr vorliegt.“[6]

Die Haft dauert an. Der Prozess findet dann ein halbes Jahr später in größter Öffentlichkeit statt. Es ist ein Prozess, der die Medien der Weimarer Republik außerordentlich beschäftigt. Es werden Analogien gezogen. Es wird die ganze Erziehung der Jugend in der Weimarer Republik behandelt, die Rolle der Eltern, die ja nicht da waren. Es gibt bei den Akten des Landgerichts einen ganzen Sonderband, der sich nur mit den Zugangskarten der Presseberichterstatter befasst. Und der Prozess führt schließlich zum Freispruch. In den Urteilsgründen heißt es:

> „Die Anklage legt dem Angeklagten zunächst zur Last, mit dem Verstorbenen Günther den Mord an Hilde verabredet zu haben. Sie hält diesen Vorwurf für begründet durch die Besprechungen, die im Laufe der Nacht zwischen beiden erfolgt sind [...]. Dass ein solcher Entschluss von ihnen gefasst worden ist, wird von dem Angeklagten zugegeben [...] der gemeinschaftliche Plan, Hilde zu erschießen, ist jedenfalls späterhin noch aufrechterhalten worden.
>
> Mit der Feststellung, dass der Angeklagte und Günther Scheller den gemeinschaftlichen Plan gefasst haben, Hilde zu ermorden, ist der Tatbestand des § 49b StGB noch nicht gegeben. Denn für das Vorliegen einer „Verabredung“ im Sinne dieser Strafbestimmung reicht das bloße Vorhandensein entsprechender Gedankenäußerungen und Absprachen der Beteiligten nicht aus. Die Annahme einer Verabredung setzt vielmehr voraus, dass aufgrund der Besprechungen ein gemeinsamer auf Ausführung der Mordtat ernstlich gerichteter Wille zustande gekommen ist“ (RGSt.58.393.) (UA S. 36–38).

Doch ein kleiner Kommentar schon einmal hier zwischendurch:
Man sieht, jedenfalls als Verteidiger, auf wie ungeheuer brüchigem Grund der Freispruch stand oder bzw. in welcher großen Besorgnis die Verteidigung bis zum

---

5 Fn. 3, Band 1, Blatt 123, 127.

6 Fn. 3, Band 1, Blatt 128.

Schluss sein musste. Denn jetzt geht es ja an die Auslegung von Begriffen: Was ist ernstlich, was ist nicht ernstlich. Das Gericht prüft dann, „ob die Besprechungen zwischen dem Angeklagten und Günther während der Nacht in beiden einen ernsthaften, auf die Mordtat gerichteten Willen erzeugt haben“ (UA S. 38). Das Gericht befasst sich nun über lange Passagen mit der Frage der Bedeutung des bei beiden festgestellten Alkoholkonsums in der Nacht und kommt zu dem Ergebnis:

> „so kann nicht angenommen werden, dass während der Nacht bei den Besprechungen zwischen dem Angeklagten und Günther ein ernstlich auf die Mordtat gerichteter Wille zustande gekommen ist“ (UA S. 39).

Das Gericht folgert dies im Wesentlichen aus der Tatsache, dass ein übermäßiger Genuss von Nikotin und Alkohol festgestellt worden war.

Jetzt eine Passage, die für den Prozess von wesentlicher Bedeutung war: Die Rolle der Sachverständigen: Zu demselben Ergebnis gelangen auch die hierzu vernommenen Sachverständigen (UA S. 39).

Da war vernommen worden ein Prof. Kramer, es war vernommen worden Eduard Spranger, dieser „kommt aus rein psychologischen Erwägungen aus Gründen der allgemeinen Jugendpsyche zu dem Ergebnis, dass das, was in der Mordnacht geschehen ist, nicht unter die Bezeichnung eines bestimmten ernsten Planes zu bringen sei.“ (UA S. 40) Es wird der Oberstudiendirektor Prof. Goldbeck gehört, es wird die zu dieser Zeit in Berlin sehr bekannte Oberschulrätin Dr. Wegscheider gehört, es wird der Sanitätsrat Dr. Magnus Hirschfeld gehört, es wird der Stadtarzt Dr. Hodan gehört und der Medizinalrat Dr. von Marenholz. (UA S. 39 ff) Sie alle meinen, dass ein ernstlicher Plan bei der Gegebenheit nicht vorgelegen haben könnte. Ich zitiere für alle etwas ausführlicher aus dem Gutachten von Dr. Magnus Hirschfeld:

Der „Angeklagte ist kein Psychopath, aber ein von der Norm abweichender Mensch. Die Pubertät sei bei ihm erst spät, und zwar im 15. Lebensjahr eingetreten [...]. Es habe sich alles bei ihm in einem gewissen Gärungszustande befunden und befinde sich noch darin. Den Überschwang der Gefühle habe der Angeklagte durch Dichten abzulenken gesucht. Dazu komme bei ihm ein starkes Minderwertigkeitsgefühl [...]. In der Mordnacht habe der Angeklagte unter dem Einfluss Günthers gestanden. Günther sei der Eigenwilligere gewesen, währen der Angeklagte wohl der geistig Höherstehende, jedoch der Nachgiebigere gewesen sei. Das gehe insbesondere aus den hinterlassenen Briefen hervor. Die Unterschrift des Angeklagten sei hierbei weich, diejenige des Günther dagegen druckbetont und klar. Unter Berücksichtigung des starken Alkoholgenusses kommt der Sachverständige zu dem Ergebnis, dass zur Zeit des Schreibens der Briefe bei dem Angeklagten die freie Willensbestimmung ausgeschlossen gewesen sei. Nach seiner Ansicht seien die Briefe die Produkte eines vom Alkohol umnebelten Gehirns“ (UA S. 41/42).

Das Gericht gelangt zu dem Ergebnis:

> „Eine Feststellung dahin, dass der Angeklagte mit Günther Scheller den Mord an Hildegard Scheller verabredet hat, konnte somit nicht getroffen werden. Der Angeklagte war daher insoweit freizusprechen“ (UA S. 44).

Das Gericht fährt dann fort:

> „Dem Angeklagten ist durch den Eröffnungsbeschluss ferner zur Last gelegt, gemeinschaftlich mit Günther Scheller vorsätzlich und mit Überlegung den Hans Stephan getötet zu haben. Die Verteidigung des Angeklagten gegen diesen Vorwurf geht dahin, dass er geltend macht, er habe am Morgen angenommen, dass es zu der Tat nicht mehr kommen werde, vor allem sei er aber überzeugt gewesen, dass Hans nicht mehr im Zimmer gewesen sei, als er mit Günther das Schlafzimmer betrat“ (UA S. 44/45).

Hier kommt eine ganz wichtige Stelle für die Verteidigung und später für das Urteil, dass nämlich diesem Verteidigungsvorbringen gegenüber einige Äußerungen der Zeuginnen Hilde und Elinor standen, die in verschiedenen, für die Verteidigung des Angeklagten wesentlichen Punkten von seiner Darstellung abwichen.

> „So bekundet Hilde in Widerspruch mit der Einlassung des Angeklagten, dass sie von diesem in der Küche an dem Armen festgehalten worden sei, als Günther nach dem Schlafzimmer ging. Von seiner Darstellung weicht ferner ab die Angabe der Hilde, dass sie noch kurz vor der Tat sich das Ehrenwort von dem Angeklagten, dass er Günther die Anwesenheit von Hans nicht verraten hätte, habe geben lassen, und auch weiter ihre Bekundung über das Verschließen der Tür, als der Angeklagte und Günther das Schlafzimmer betraten. Gegen die Verteidigung des Angeklagten spricht dann noch die Angabe der Elinor, wonach er kurz vor der Tat an die Badezimmertür geklopft und dabei bemerkt haben soll: „Die beiden sind jetzt im Schlafzimmer.“

Das sind alles Aussagen, die kontrastierten zu dem, was der Angeklagte zu seiner Verteidigung vortrug und die belegen, in welch gefährlicher Situation er sich, nach meiner rückschauenden Betrachtung des Urteils, bis zum Schluss der Beweisaufnahme, was eine mögliche Verurteilung und eine mögliche Todesstrafe anging, befand. Das Gericht fragte nun, ob diese Bekundungen der beiden Zeuginnen die Verteidigung des Angeklagten widerlegen. In langen Ausführungen wird eine nach der anderen der belastenden Ausführungen der Zeuginnen als nicht wesentlich angesehen. Eines als Beispiel:

> „Das Gericht hat jedoch nicht die Überzeugung erlangt, dass die Zeugin in diesem Punkte objektiv die Wahrheit gesagt hat. Es erscheint nicht ausgeschlossen, dass ein Irrtum der Zeugin vorliegt“ (UA S. 49).

Der Angeklagte wird daher auch, soweit ihm eine Beteiligung an der Ermordung des Stephan zur Last gelegt ist, freigesprochen und lediglich wegen des unbefugten Besitzes einer Schusswaffe zu drei Wochen Gefängnis verurteilt.

2. Die Verteidigung

Sieht man die Verteidigung dieser Sache, sieht man den Ausgangspunkt dieser Verteidigung, dann kann es einen nur schaudern.

Hier war, und das ist ja immer das Gefährlichste, für jede Interpretation freier Lauf.

Hier, wenn irgendwo, musste das Kunststück gelingen, der rollenden Maschine der Anklage zunächst einen Halt zu gebieten und alsdann von solchem Ruhepunkt aus das Gericht zu veranlassen, einmal Überlegungen auch in Richtung der Verteidigung anzustellen.

Erich Frey hat, die Akten sind vorhanden, im Rahmen der Voruntersuchung bis zum Aufruf der Sache unzählige Bemühungen unternommen, diese rollende Anklagemaschine vorher anzuhalten. Dies misslang. Diese Anklagemaschine rollte in den Prozess hinein und zog die Richter ganz offenbar in ihren Bann, ein Phänomen, das wir aus unzähligen unserer Verteidigungen kennen:

Die vorgestanzte Anklage, die Selektion des Ermittlungsergebnisses auf eine praktikable Form, die dringt in die Hirne und manchmal auch in die Herzen der Richter ein.

Wir beginnen nicht auf einem Punkt null, sondern wir beginnen auf einem Punkt minus zehn oder minus zwanzig, soweit diese rollende Anklage bereits in die Sinne und Gemüter der Richter vorgedrungen ist.

Unsere Aufgabe, wie die hier Erich Freys, besteht darin, diese Anklage zunächst mal zurückzuholen auf ein Null-Niveau und dann die Beteiligten zu bewegen, darüber nachzudenken, ob an dem Vortrag des Angeklagten nicht etwas dran sein könnte, und sie langsam in ein Plus-Niveau zu bewegen.

Hier, sage ich, musste es einem schaudern, nach diesem Ausgangspunkt, nach einer Aussage des Angeklagten, die interpretierbar war, und nach den belastenden Aussagen der beiden 16jährigen Zeuginnen Hilde Scheller und Elinor Ratti.

Welches war nun die Bemühung Erich Freys in der Hauptverhandlung, seinem Mandanten rechtliches Gehör im Sinne eines inhaltlichen Gehörtwerdens zu verschaffen?

Zunächst einmal benutzte er das Mittel, Beweisanträge zu stellen und Zeugen selbst zu laden. Der selbstgeladene Zeuge, der selbstgeladene Sachverständige konnte dem Gericht aufgezwungen werden.

Erich Frey lädt selbst und in erheblichem Umfang, er bringt die Leuchtfiguren der damaligen Wissenschaft in den Gerichtssaal. Eduard Spranger, Hildegard Wegscheider, Magnus Hirschfeld. Er lädt diese selbst. Ich nenne beispielhaft aus der Verfahrensakte einen Antrag. Er wird als Anlage I zum Protokoll der Hauptverhandlung vom 9. Februar genommen. Der 9. Februar ist der erste Hauptverhandlungstag, es ist die erste Anlage zum Protokoll in dieser Sache; ein Signal:

Ich wiederhole

> „meine bereits zum Teil der Staatsanwaltschaft gemachte Mitteilung, dass ich als Sachverständige unmittelbar geladen habe
>
> 1. Sanitätsrat Dr. Magnus Hirschfeld
> 2. Oberstudiendirektor Dr. Goldbeck
> 3. Frau Stadtschulrätin Dr. Wegscheider
> 4. Herrn Stadtarzt Dr. Hodann
> 5. Herrn Arnold Bronnen."

Und jetzt die Kombination zwischen Selbstladung und Beweisantrag. Jetzt kommen Beweisanträge in beispielloser Kürze:

> „Ich beantrage jetzt die Ladung folgender Zeugen:
> 1. Polizeirätin Wieking, Beweisthema Blatt 48 d.A."

Hier lässt er sich immerhin noch hinreißen, ein paar Worte mehr zu sagen. Das kommt dann nicht immer,

> „insbesondere darüber, dass Hilde Scheller eine Doppelrolle spielt, unglaubwürdig ist, unwahre Angaben macht, keinerlei Trauer empfindet über den Tod des Bruders und des Geliebten und lächelnd über alle Vorwürfe hinweggeht.
> 2. Den Kaufmann Ziepser, Beweisthema Blatt 51 d.A."

Da sagt er auch noch ein kleines Wort:

> „insbesondere über sein homoerotisches Verhältnis zu Günther Scheller."

Und jetzt geht das einfach so:

> „3. Kriminalassistent Soluk, Beweisthema Blatt 59 ff. d.A.
> 4. Mädje, Beweisthema Blatt 60R ff und Blatt 68R d.A.
> 5. Irma Biernetzki, Beweisthema Blatt 66 d.A.
> 6. Heinz Müller, Beweisthema Blatt 70 d.A.
> 7. Weichelt, Beweisthema Blatt 74 d.A.
> 8. Else Goldschmied, Beweisthema Blatt 77 d.A.

9. Kriminalsekretär Baltraschat, Beweisthema Blatt 89 d.A., insbesondere darüber, dass die Zeugin Otto nicht ohne Beeinflussung ihre Aussage gemacht hat.

Die Adressen sämtlicher Zeugen ergeben sich aus den angegebenen Seiten der Akten.

Frey Rechtsanwalt."[7]

Er stellt eine Fülle von weiteren Anträgen, beispielsweise am 11. Februar 1928 einen Beweisantrag, in dem er über 30 weitere Zeugen benennt.[8] Dies also das eine Verteidigungsmittel: aktive Einflussnahme auf den Prozess durch die Selbstladung von Zeugen und das Stellen von Beweisanträgen. Und das Zweite, das Auftreten im Gericht.

Wenn Erich Frey im Gerichtssaal war, dann war der Gerichtssaal voll. Er verstand es, sich zu artikulieren. Er war ein Mann, der zu dominieren, zu entscheiden wusste. Vielleicht kam das aus seiner Biographie; er war von 1915–1919 beim Militär, zuletzt als Intendant der ersten und zweiten Marinedivision in Flandern. Und er war ein Mann, der überzeugt war von seiner Aufgabe und von der Bedeutung seiner Aufgabe. Er trat im Gerichtssaal deutlich auf. Der Staatsanwalt, der verpflichtet war, Berichte zu schreiben über den Prozessablauf für seine Vorgesetzten, teilt dem Generalstaatsanwalt bei dem Kammergericht mit Schreiben vom 24. Februar 1928 mit:

> „Rechtsanwalt Frey zeigte bereits vom Beginn der Hauptverhandlung an eine äußerst gereizte und aggressive Haltung gegen den Vorsitzenden, der genötigt war, wiederholt Fragen des Verteidigers zu beanstanden."[9]

Nun gut, das mag so sein. Wenn wir uns vergegenwärtigen, was mein Ausgangspunkt hier ist, dann war es notwendig, hier in klarer Form aufzutreten, und diese klare Form verursacht ja bei anderen Verfahrenbeteiligten und bei Betrachtern des Prozesses oft den Eindruck, die Verteidigung sei gereizt, sei aggressiv. Die Verteidigung sieht das sicher anders. Hier jedenfalls war es notwendig, Verteidigung im Gerichtssaal zu zeigen, Erich Frey hat das getan. Und es kommt dann zum Konflikt. Notwendigerweise kommt es zum Konflikt an dem Punkt, der das alte Leiden von Strafverteidigerinnen und Strafverteidigern markiert, nämlich der Ausübung des Fragerechtes. Es kommt an diesem Punkt wieder, wenn man andere Prozesse sieht und wieder, wenn man unsere heutigen Prozesse sieht, zum Konflikt. Das alte Leiden, dass zunächst einmal das Gericht die Zeugen befragt, und dass es dies tut in einer oft sehr ungeschulten Weise, dauernd dazwischen redend, belehrend. Kaum eine Bestimmung wird so nachhaltig und so dauerhaft verletzt wie die, dass der

---

7 Fn. 3, Band 3, Blatt 90.

8 Siehe Fn. 3, Band 3, Blatt 126.

9 Fn. 3, Sonderband I, Blatt 89R.

Zeuge aufzufordern ist, zunächst einen Zeugenbericht abzugeben (§ 69 Abs. 1 Satz 1 StPO).

Wenn dann endlich die Verteidigung daran ist, den Zeugen zu befragen, dann hat sie einen durch die Befragung der anderen Verfahrensbeteiligten bereits stark beeinträchtigten Zeugen vor sich. Wenn sie eine Frage aufbauen will, dann muss sie zurückgreifen auf bereits Gesagtes und bereits Gefragtes, und wird dabei schon bei dem Versuch, überhaupt eine sinnvolle Frage aufzubauen, von dem Vorsitzenden unterbrochen. Dies war so in der Kaiserzeit, Friedmann hat darüber sehr eindrucksvoll berichtet.[10] Das war so in der Weimarer Zeit, das werde ich hier jetzt behandeln, und es ist leider heute nicht viel anders geworden.[11] Es kommt zum Konflikt. Rechtsanwalt Frey stellt im Laufe des 5. Verhandlungstages, am Mittwoch, dem 15. Februar 1928, dem Zeugen Strafanstaltsoberlehrer Sehmann, der missbilligend bemerkte, dass Krantz zuerst in eine so genannte schwere Zelle des Untersuchungsgefängnisses gelegt worden sei („Mörderzelle“), die Frage, ob ihm bekannt sei, dass die Staatsanwaltschaft „Strafvollzugsbehörde“ sei. Der Vorsitzende fragte den Verteidiger, was er mit dieser Frage bezwecke, da er die Frage ggf. beanstanden müsse. Nach dem bereits erwähnten Bericht an die Generalstaatsanwaltschaft geschieht nun folgendes:

> „Rechtsanwalt Frey protestierte sehr erregt hiergegen und sagte:
> 'Ich verbitte mir diese ständigen Unterbrechungen durch den Vorsitzenden'.“

Als der Vorsitzende hierauf erklärte, das Benehmen des Verteidigers sei ungehörig, erwiderte Rechtsanwalt Frey in fast brüllendem Tone: „Ihr Benehmen ist ungehörig, Herr Vorsitzender!“

Darauf zog sich das Gericht zur Beratung zurück.[12] Es ergeht dann folgender Beschluss:

> „Das Gericht lässt die Frage des Verteidigers nicht zu, da sie ungeeignet ist und nicht zur Sache gehört. Der Vorsitzende erklärte, dass das Gericht ihn zu der Erklärung ermächtigt habe, dass es auch seinerseits das Verhalten des Verteidigers nicht billigen könne.“[13]

---

10 *Fritz Friedmann*, Die Kunst der Verteidigung und der forensischen Rede, 2. Aufl. 1927, S. 54 ff.

11 Vergleiche dazu die eindringliche Mahnung *Prüfers*, Der Zeugenbericht, DRIZ 1975, 334; Siehe auch *Salditt*, Die Befragung von Zeugen durch den Verteidiger, Strafverteidiger-Forum 1992, 51 (52).

12 Fn. 9, Blatt 89R, 90.

13 Fn. 3, Band 3, Blatt 85.

Erich Frey ist über diesen Vorgang empört, aber er bleibt ruhigen Sinnes und lässt zunächst einmal die Befragung des Sachverständigen vorübergehen. Wie er in seinen Memoiren berichtet, das steht nicht im Protokoll, wird aber auch durch den erwähnten Bericht an die Generalstaatsanwaltschaft bestätigt, kündigt er an, dass er sich eine Reaktion auf diese Erklärung des Vorsitzenden vorbehält. Die Sachverständigenvernehmung geht weiter. Es wird sogar noch ein weiterer Sachverständiger gehört, und dann:

> „In diesem Augenblick entschließe ich mich zum Äußersten. Ich sage: ‘Ich bitte um eine Pause von 10 Minuten, um mir über die Erklärung des Gerichts schlüssig zu werden’. ‘Bitte!’ Der Vorsitzende nickt. Ich gehe ins Anwaltszimmer.“[14]

Er geht ins Anwaltszimmer, sicherlich auch deshalb, weil er dort in Ruhe seine Erklärung ausarbeiten kann, aber natürlich, weil er wusste, was für den Fall einer Niederlegung der Verteidigung erfolgen würde:

Kaum hätte er niedergelegt, würde das Gericht das große Lasso holen und das ins Anwaltszimmer werfen und irgendeinen Anwalt heranziehen und ihn zum Pflichtverteidiger machen. Man sieht, die Probleme sind überhaupt nicht neu, und abgesehen davon: für uns Berliner: dieses Anwaltszimmer, in dem wir täglich sind, das ist dieses Anwaltszimmer, ich muss oft daran denken, wenn ich da hineinkomme, an diese Szene an einem Spätnachmittag im Jahre 1928:

> „Es ist fast leer [...]. Drüben am Fenster erhebt sich eine einsame Gestalt. Ich erkenne Dr. Schulz, einen tüchtigen aber in großen Sachen noch nie hervorgetretenen Kollegen.“[15]

Und nun ist er, denke ich, außerordentlich geschickt. Er geht nicht etwa hin zu Dr. Schulz und sagt: Passen Sie auf Kollege, gleich klingelt hier das Telefon, dann ist der Dr. Dust dran, und Sie haben abgehoben, und Sie sind der Pflichtverteidiger, sondern er sagt ihm:

„Würden Sie seine Verteidigung übernehmen, wenn ich niederlege?“ Dr. Schulz protestiert: „Niemals! Das wäre unkollegial.“ Frey daraufhin, wie ich meine, psychologisch außerordentlich geschickt: „Und wenn ich Sie darum bitte?“ Darauf Dr. Schulz: „Das schaffe ich niemals. Ich hatte keine Zeit, mir die Verhandlung anzuhören. Um die Akten zu studieren brauche ich Tage [...].“

Nun sagte Erich Frey nicht etwa: „Dann erklären Sie, Sie sind nicht vorbereitet“, sondern er sagt: „Das ist Ihre Sache, bitte springen Sie für mich ein.“

„Gut“ sagt Dr. Schulz. Frey setzt sich an den Tisch und bereitet die Erklärung vor:

---

14 Fn. 2, 366.

15 Fn. 2, 366.

„Ich muss jedes Wort meiner Erklärung an das Gericht abwägen. Kein Schuss Temperament zuviel, aber auch kein hundertstel Millimeter Schärfe zuwenig [...]. Dann betrete ich wieder den großen Schwurgerichtssaal und verlese meine Erklärung."[16]

Diese Erklärung, in den Akten erhalten, in klarer markanter Schrift abgefasst, lautet:

„In der Strafsache Krantz hat das Gericht den Vorsitzenden nach dessen Erklärung ermächtigt, auszusprechen, dass das Gericht durch das Benehmen des Verteidigers gegenüber dem Gericht empört sei. Derartige Kritiken an dem Verhalten des Verteidigers sind ungewöhnlich. Im vorliegenden Fall ist die Kritik unbegründet. Der Herr Vorsitzende gab Veranlassung zu der Kontroverse mit ihm, indem er den Verteidiger, wie schon sehr oft im Laufe der Verhandlung, ehe die Fragestellung beendet war, unterbrach. Er durfte nur die Frage beanstanden. Die Herbeiführung einer Stellungnahme des Gerichts zu dieser persönlichen Angelegenheit war überflüssig. Sie konnte nur den Zweck haben, den Verteidiger in den Augen der Öffentlichkeit herabzusetzen. Sie musste aber auch die Würde des Anwaltsstandes verletzen. Der Verteidiger sieht sich nicht in der Lage, unter diesen Umständen die Verteidigung weiterzuführen.

Dr. Dr. Frey
Rechtsanwalt
15.11.28"[17]

Der Vorsitzende tut, was Erich Frey vorausgesehen hat; er winkt einen Justizwachtmeister heran und spricht mit ihm, der Wachtmeister verschwindet in Richtung Anwaltszimmer. Er wird dort niemand anderen antreffen als den Rechtsanwalt Dr. Schulz. Er findet ihn, und Dr. Schulz wird beigeordnet. Und jetzt weist das Protokoll aus, übrigens über das hinausgehend, an das sich Erich Frey im Exil in Chile erinnert, dass sich Dr. Schulz verhält, wie sich genuiner Weise ein Anwalt in solcher Situation zu verhalten hat, und insofern ist hier nicht nur Erich Frey zu gedenken, sondern auch Dr. Schulz: Er ist nun bestellt, und er beantragte Aussetzung, evtl. Unterbrechung der Hauptverhandlung, da ihm sonst die zur Vorbereitung der Verteidigung erforderliche Zeit nicht verbleiben würde.[18] Die Verhandlung wird daraufhin bis auf Sonnabend, den 18. Februar 1928, vormittags 9 1/2 Uhr, unterbrochen. In Erich Freys Memoiren heißt es:

„Nach der Übernahme der Verteidigung durch Rechtsanwalt Schulz erlitt Paul einen Zusammenbruch. Die Sachverständigen [...] waren sich einig, dass Paul in ein Krankenhaus gehörte. Sein Gesundheitszustand schien es nicht zu erlauben, dass er dem neuen Verteidiger in den nächsten zwei Tagen die nötigen Informationen geben könnte [...]. Wenn kein Wunder geschah, war der Prozess Krantz also aufgeflogen [...].

16 Fn. 2, 366.

17 Fn. 3, Band 3, Blatt 108.

18 Fn. 3, Band 3, Blatt 85R.

> Am Freitag [...] gegen 8.00 Uhr abends bat mich der Vorsitzende der Anwaltskammer, zu einer Unterredung ins Restaurant Hiller Unter den Linden zu kommen [...].“[19]

Dort trifft man sich hinter einer schweren Eingangsportiere in einem Glaszimmer mit hohen Spiegeln, dicken, jeden Laut verschluckenden Teppichen. Dr. Dust und Erich Frey sitzen sich gegenüber und überlegen.

> „Der Vorsitzende hatte mir vor drei Tagen das Missfallen des Gerichts ausgesprochen. Natürlich bildete ich mir nicht ein, dass sich dieses Missfallen innerhalb von 3 Tagen in Gefallen verwandelt haben sollte. Andererseits war ich vor der Öffentlichkeit angegriffen worden. Und diese Kränkung musste aus der Welt geschafft werden. Nicht um mein verletztes Ehrgefühl zu versöhnen, sondern damit ich neben Staatsanwalt und Vorsitzendem wieder als gleichwertiger Partner auftreten konnte. Ein Strafverteidiger mit einem ‘Tadel im Klassenbuch’ ist für seinen Mandanten nichts wert [...].“[20]

Die Verhandlungen sind schwierig.

> „Wir wurden immer halsstarriger, immer bockiger [...] –. Plötzlich kam mir eine Idee. Ich riss eine Seite aus meinem Notizbuch, schrieb bedächtig eine kurze Erklärung und schob sie dem Landgerichtsdirektor hin [...]. Wort für Wort las er, dann blickte er mich befriedigt an. Langsam stand er auf und kam um den Tisch herum auf mich zu. Er streckte mir die Hand entgegen und sagte: ‘Das ist das Ei des Kolumbus’.
>
> Das ‘Ei des Kolumbus’ wurde von allen vier Anwesenden unterschrieben. Am nächsten Tag sollte es im Prozess verlesen werden.“[21]

So geschieht es. Erich Frey meldet sich wieder als Verteidiger, und der Vorsitzende verliest das ‘Ei des Kolumbus’:

> „Mit Befriedigung nimmt das Gericht davon Kenntnis, dass der frühere Verteidiger Doktor Frey die Vertretung des Angeklagten wieder übernommen hat. Der Erledigung dieses Prozesses kann das nur förderlich sein. Dadurch erübrigt sich die Stellung eines Offizial-Verteidigers. Ich danke Herrn Rechtsanwalt Doktor Schulz, dass er bemüht war, sich in den schwierigen Fragenkomplex dieses umfangreichen Prozesses in so kurzer Zeit einzuarbeiten.“[22]

Erich Frey wertet dies so:

> „Das war praktisch eine Ehrenerklärung für mich, ohne dass der Vorsitzende auch nur ein Wort seiner früheren scharfen Kritik hatte zurücknehmen müssen.“[23]

---

19 Fn. 2, 368/371.

20 Fn. 2, 372.

21 Fn. 2, 372, 373.

22 Fn. 2, 374, bestätigt durch einen Bericht der StA, Fn. 9, Blatt 94.

23 Wie vor.

Und nun geschieht etwas, das wir ja auch immer wieder erleben, zu unserem Erstaunen, wenn wir aus einer „Harmonieerziehung“ des Humanistischen Gymnasiums stammen, zu unserem Erstaunen deshalb, weil die so „unharmonische“ Konfrontation gerade die Harmonie hervorbringt:

> „Die Atmosphäre war verändert. Es war, als sei ein Engel durch den großen Schwurgerichtssaal gegangen. Der Journalist Manfred Georg schrieb darüber im *Acht-Uhr-Abendblatt*: ‘Der ganze große Raum atmet Entspannung. Kein rauer Ton. Verbindlichkeiten hinüber und herüber. Keiner fällt mehr dem anderen ins Wort. Im Gegenteil, man lässt sich mit konzilianter Handbewegung ‘ach bitte, Sie zuerst’ den Vortritt oder vielmehr das Vorwort. Der Vorsitzende lächelt, der Verteidiger verneigt sich. Und im Lager der Staatsanwaltschaft legt man beinahe Wert darauf, nicht bemerkt zu werden. Nicht nur der Angeklagte wird aufatmen, wenn dieser Prozess zu Ende ist’.“[24]

Dies war der Punkt, denke ich, wenn man das Geschehen analytisch betrachtet, den ich am Anfang erwähnte: Jetzt war die Maschine der Anklage nicht nur angehalten worden, das gelang schon mit den Beweisanträgen und den Selbstladungen, jetzt begann das Gericht, anders zu denken. Jetzt begann es, sich in einer inhaltlichen Weise auf die Einlassung des Angeklagten einzustellen. Jetzt begann es, inhaltlich auch einmal darüber nachzudenken, ob nicht dies, was Paul Krantz sagte, tatsächlich so geschehen sein kann. Jetzt war erreicht, was erreicht werden musste.

Nun wird man sagen müssen, in der Bewertung dieses Vorganges, der ein unerhörtes Skandalon in der Prozessgeschichte der Weimarer Zeit war, dass jede kleinliche Bewertung schweigen muss.

Hier ging es nicht um Eitelkeit eines vielleicht auch eitlen Anwalts. Hier ging es nicht darum, dass da ein Staranwalt war, der angeblich die Gunst der Stunde und die Neugier der Presse für sich nutzen wollte, sondern hier war, meine ich, genuines, ausschließlich an der Sache orientiertes Verteidigerverhalten festzustellen und zu bewerten. Hier muss man auch sagen, dass, bei allem Respekt vor dem großen Sling, dieser die Dinge völlig anders und, wie man vielleicht in einem seltenen Fall auch einmal beweisen kann, falsch sah. Der Beweis dafür gelingt, weil Erich Frey einen Mandanten hatte, der sich später seiner Verteidigung durch Erich Frey immer erinnert hat.

Aus Paul Krantz wird Erich Noth, er ändert den Namen, er nimmt den Vornamen seines Verteidigers an. Er, wie Frey, muss emigrieren, sie halten über die Zeit der Emigration Kontakt, sind eine Zeitlang gleichzeitig in Paris im Exil.

---

24 Wie vor.

Am Ende seines Lebens, inzwischen ist er Literaturprofessor in den USA, schreibt Paul Krantz, das ist Erich Noth, oder Erich Noth, das ist Paul Krantz, seine Memoiren „Erinnerungen eines Deutschen.“[25]

Dort findet sich auch ein Kapitel über den Prozess, und er behandelt dort auch die Frage der Bewertung des Prozessgeschehens durch den Außenraum. Er nimmt zwar nur auf Kiaulehn Bezug, aber das Gleiche gilt für die Bewertung, die Sling angestellt hatte:

> „Besonders bedauerlich finde ich in diesem Zusammenhang die [...] Behauptung, der paragraphensichere und stimmgewaltige Doppeldoktor habe schon früh gewusst, auf welch schwachen Füßen die ganze Anklage gegen mich stand. Er habe deshalb einen scharfen Zusammenstoß mit dem Gerichtsvorsitzenden provoziert, der in der Aufsehen erregenden, glücklicherweise aber nur vorübergehenden Mandatsniederlegung Dr. Frey gipfelte. Dies, so unterstellt Kiaulehn, sei ein völlig überflüssiger Knalleffekt gewesen, da zu diesem Zeitpunkt der Prozess bereits zu meinen Gunsten entschieden gewesen sei. Ich weiß nun hingegen, aus späteren Enthüllungen meines Anwalts bei unseren melancholischen Begegnungen in billigen Pariser Bistros, die wir uns selten genug leisten konnten, dass der Sachverhalt ganz anders aussah. Nach dem Fiasko der Beweisaufnahme und dem Fallenlassen der Mordanklage wollten Staatsanwaltschaft und Gericht mich zur Wahrung ihres Gesichts und Vermeidung von Schadensersatzansprüchen für die lange Haftzeit mit dem Kompromiss einer Proforma-Verurteilung wegen Beihilfe zum unvorsätzlichen Totschlag abspeisen. Das geringe Strafmaß sollte durch die Untersuchungshaft als verbüßt gelten. Daher wollte Dr. Frey mit dem ‘provozierten Zwischenfall’ diesen Anschlag stören und vereiteln, da dieser ihn um den Freispruch gebracht hätte, den er von Anfang an kompromisslos gesucht und betrieben hatte.“[26]

Und Sling hatte ja geschrieben und außerordentlich starke Worte gefunden:

> „Diese Verhandlung, dieser ganze Prozess: eine erschreckende Ungeistigkeit, eine Anklageschrift, auf die man kein Verfahren eröffnet, sondern über die ein kluger Strafkammervorsitzender eine Beschwerde an den Justizminister verfasst [...]. Eine Verteidigung, der es nicht an Begabung und Temperament, wohl aber an jener Vornehmheit der Form gebricht, ohne die jede noch so scharf gedachte Attacke zur peinlichen Anrempelei wird. Schließlich bepöbelte man sich. Aber eins muß doch zugunsten der Verteidigung gebucht werden. Unter Umständen hatte Dr. Frey das schwere Opfer auf sich genommen, durch ein an sich beklagenswertes Verhalten seinen Mandanten allen Gefährnissen zu entreißen [...]. Also opferte der Verteidiger den Ruf eines charmanten Menschen, um seinen Klienten unter allen Umständen zu retten. Man darf sagen, er machte Klamauk, wo man mit den Fingerspitzen nicht nur vornehmer, sondern auch sicherer arbeiten konnte. Man fegt die Schachfiguren nicht vom Brett. Eine Niederlage muss jeder Kämpfer in den Bereich der Möglichkeiten

---

25 1971.

26 S. 106 f.

> ziehen. Ohne diese Bereitschaft verliert auch der geistige Sport seine Fairness. Und Ernstliches konnte dem Angeklagten wirklich nicht mehr geschehen.“[27]

Diese Bewertung der Anklageschrift, da muss man Sling widersprechen, ist sicherlich eine unzutreffende juristische Würdigung. Diese Anklage, die sich bis in das Urteil hinein auswirkte, war brandgefährlich, und es ist mit hoher Wahrscheinlichkeit anzunehmen, dass bei geringerem Einsatz und geringerer Kraft der Verteidigung eine Verurteilung am Ende des Verfahrens gestanden hätte.

3. Erich Frey musste emigrieren, Paul Krantz musste emigrieren. Die Akte endet dann damit, dass zehn Jahre später Schreiben eingehen: 3. November 1938: Verbindungsstab der NSDAP:

> „Im Auftrag des Stellvertreters des Führers bitte ich um Übersendung der oben genannten Akten zur Einsichtnahme.“

19. November 1938: Geheime Staatspolizei, Staatspolizeistelle Berlin:

> „Die dortigen Akten [...] werden noch benötigt.“

17. Dezember 1938: Geheime Staatspolizei, Geheimes Staatspolizeiamt:

> „Ich beabsichtige, gegen Kranz ein Ausbürgerungsverfahren einzuleiten.“[28]

---

27 *Sling*, Richter und Gerichtete, Neuausgabe von Robert Kempner, 1969, S. 30, 31.

28 Fn. 3, Band 4, Blatt 82 ff.

Alfred Apfel (1882–1949)*

Am 12. März 1882 in Düren geboren, wuchs Apfel im liberalen Milieu des preußischen Rheinlandes auf, in einer großbürgerlichen assimilationsbereiten jüdischen Familie. Sein Judentum wurde ihm erst während seines Jura-Studiums in Bonn deutlich, als er Anschluss an studentische Korporationen suchte und schließlich erst bei einer jüdischen Verbindung Aufnahme fand.[1] Nach Examen und Promotion zum Dr. jur. (1906) meldete er sich zum Militär, besuchte die Offiziersschule, wurde aber nicht zum Offizier befördert, da er am mosaischen Glauben festhielt und sich nicht einer „Karrieretaufe" unterziehen wollte. Der durchaus patriotisch gesinnte Apfel berichtet, wie sehr ihn diese Zurücksetzung gekränkt hat:

> „Mir wurde das Gefühl vermittelt, Bürger zweiter Klasse zu sein; ich verlor all meine Begeisterung für die juristische Arbeit an dem kleinen rheinischen Gericht und empfand eine Abneigung dagegen, mit Kollegen an einem Tisch zu sitzen, deren gesellschaftlicher Rang sich mehr oder weniger nach ihrem militärischen richtete."[2]

Apfel meldete sich 1914 freiwillig zum Kriegseinsatz und wurde mit dem Eisernen Kreuz Erster Klasse ausgezeichnet, aber bei seiner Entlassung aus Gesundheitsgründen im Jahr 1916 war er zum überzeugten Pazifisten geworden.

In seinen schon 1934/35 in Frankreich und Großbritannien, aber leider noch nicht auf Deutsch erschienenen Memoiren[3] schildert Apfel, wie Antisemiten und Zionisten, beide auf ihre Weise, aber durchaus in vergleichbarer Intensität, dem rheinischen Preußen einredeten, dass sein Judentum nicht bloß eine Frage des Glaubens sei, sondern eine anthropologische Kategorie. Dabei hatte der wachsende Antisemitismus wohl noch größeren Einfluss auf Apfels Engagement in jüdischen Organisationen als Theodor Herzels Sammlungsbewegung. Schon 1909 gründete Apfel den Verband der jüdischen Jugendvereine Deutschlands, in den zwanziger Jahren war er Hauptvorstandsmitglied des Centralvereins deutscher Staatsbürger jüdischen Glau-

---

* Zusammen mit *Ingo Müller* veröffentlicht in: StraFo 2003, 149 f.

1 Biographische Notiz bei *Göppinger*, Juristen Jüdischer Abstammung im „Dritten Reich", 2. Aufl. 1990, S. 266. An seine Bonner Studienzeit erinnert er in einem knappen, aber sehr informativen Beitrag „Alsberg" in: Weltbühne, 2. Hj. 1931, 758.

2 Behind the Scenes of German Justice, Reminiscences of a German Barrister 1882–1933, London, 1935, S. 29, Rückübersetzung aus dem Englischen durch *Krach*, Jüdische Rechtsanwälte in Preußen, 1991, S. 16 und Fn. 2.

3 Siehe Fn. 2, Das deutsche Manuskript konnte bisher nicht gefunden werden; eine Rückübersetzung der engl. Übersetzung ins Deutsche durch *Matthias Hanten*, Fn. 9, steht bevor. Eine französische Übersetzung befindet sich im Leo-Baeck-Institut New York.

bens und ab 1926 Vorsitzender der Zionistischen Vereinigung Berlin. Nach dem ersten Weltkrieg hatte es ihn aus der rheinischen Provinz in die Reichshauptstadt gezogen, wo er als Anwalt und später als Notar zugelassen wurde.[4]

Aufsehen erregte Apfels Verteidigung des Revolutionärs Max Hölz[5] vor dem Berliner Sondergericht im Juni 1921. Der allgemein als „Räuberhauptmann" bezeichnete Hölz hatte schon 1919 als Vorsitzender des Arbeitslosenrats im sächsischen Falkenstein umfangreiche Beschlagnahmen vorgenommen und die requirierten Gegenstände an die Armen verteilt. Zur Abwehr des Kapp-Putsches hatte er den Arbeiteraufstand im Vogtland angeführt und 1921 die Mansfelder Bergarbeiterrevolte geleitet. Obwohl Hölz sein Schlusswort zu einer flammenden „Anklagerede gegen die bürgerliche Gesellschaft",[6] einer Generalabrechnung auch mit dem Gericht nutzte, wurde der wegen Hochverrats und Mordes Angeklagte nicht zum Tode, sondern zu lebenslangem Zuchthaus verurteilt. Apfel betrieb die Wiederaufnahme,[7] sein Antrag wurde jedoch hinfällig, als Hölz 1928 unter eine Amnestie fiel und entlassen wurde.

In der Folgezeit entwickelte sich Apfel zum Ratgeber für verfolgte Journalisten, Schriftsteller und Künstler, auf deren Verfolgung sich die Staatsanwaltschaften in den ruhigeren Jahren der Weimarer Republik konzentrierten. So verteidigte er den kommunistischen Dichter Johannes R. Becher (späterer Kultusminister der DDR), der gleich wegen fünf verschiedener Werke der Vorbereitung zum Hochverrat, Teilnahme an einer staatsfeindlichen Verbindung, Herabwürdigung der republikanischen Staatsforen und Beschimpfung der christlichen Religion angeklagt war. Das Verfahren zog sich über Jahre hin und wurde schließlich auch nach dem erwähnten Amnestiegesetz eingestellt. Apfel verteidigte den Arzt und Schriftsteller Friedrich Wolf, den man nicht wegen seines Theaterstücks „Cyankali", dessen Aufführung an verschiedenen Orten unterbunden wurde, anklagte, sondern wegen einiger Abtreibungen, die er in seiner Stuttgarter Praxis vorgenommen haben sollte (wahrscheinlich auch hatte). Den Maler George Grosz, der wegen dreier Zeichnungen, darunter der berühmte Christus mit der Gasmaske, wegen Gotteslästerung angeklagt, vom Schöffengericht verurteilt und vom LG freigesprochen worden war, vertrat Apfel

---

4 Fn. 2, S. 24 ff.

5 Fn. 2, S. 61–83. *Apfel* hat ein „Kalendarium in Sachen Max Hölz" veröffentlicht in Weltbühne 1927, 2. Halbj., 5 f. und 3 weitere Beiträge zu Hölz in der Weltbühne, Mai 1928, 741, 784, 819.

6 *Hölz*, „Anklagerede gegen die bürgerliche Gesellschaft", mit einem Vorwort von *F. Halle*, Leipzig / Berlin, o.J. (1922).

7 Zusammen mit *Felix Halle*, ausführlich zum Wiederaufnahmeverfahren und der Rolle Apfels, *Schwarz*, Zu Unrecht vergessen: Felix Halle und die Rolle der deutschen Justiz 1997, S. 59 ff., siehe auch *Ulrich Stascheit*, Felix Halle in: Kritische Justiz (Hg), Streitbare Juristen 1988, S. 153, 155, Fn. 14.

durch alle Instanzen, auch vor dem Reichsgericht, das – wie nicht anders zu erwarten – den Freispruch aufhob. Im Rücklauf erfolgte erneut Freispruch, den das Reichsgericht dann hinnahm.[8]

Vor allem verteidigte Apfel Carl von Ossietzky schon 1927 in einem Verfahren, in dem der Weltbühnen-Herausgeber zusammen mit dem Autor Berthold Jacob wegen Beleidigung der Reichswehr angeklagt war, weil dieser die Verantwortlichkeit der Reichswehrführung für die zahlreichen Fememorde behauptet hatte. In diesem Prozess kam es zu scharfen Auseinandersetzungen zwischen Apfel und dem Schöffengerichtsvorsitzenden Dr. Crohme, der später zum Vizepräsidenten des Volksgerichtshofs avancieren sollte. Der Streit endete mit Freiheitsstrafen für Jacob und Ossietzky (beantragt waren nur Geldstrafen). Im „Weltbühnenprozess", Ossietzky war wegen Landesverrats und Spionage (!) angeklagt, führte Apfels Engagement dazu, dass die Verteidigerbank mit Max Alsberg, Alfred Apfel, Rudolf Olden und Kurt Rosenfeld so gut besetzt war wie wohl nie wieder in einem politischen Prozess in Deutschland. Apfel war es gelungen, Alsberg, den prominentesten Strafverteidiger jener Jahre, der keineswegs zur Linken zählte und im Beleidigungsprozess Erzberger / Helfferich noch den rechtsradikalen Beleidiger Matthias Erzberger verteidigt hatte, für „die kleine Phalanx der durchgebildeten Verteidiger" zu gewinnen, die gegen die skandalöse Landesverratsrechtsprechung kämpfte. Im Fall Ossietzky vergeblich, das Reichsgericht verurteilte ihn zu 18 Monaten Gefängnis.[9] Schließlich gelang Apfel zusammen mit Rudolf Olden noch im Dezember 1932 ein spektakulärer Freispruch für Ossietzky, der, aus der Strafhaft vorgeführt, nach Veröffentlichung des Tucholsky-Satzes „Soldaten sind Mörder" wegen Beleidigung der Reichswehr angeklagt war.[10]

In einer Vielzahl von Artikeln in der Weltbühne[11] hat *Apfel* seine Prozesse dokumentiert und kommentiert. Die oben dargestellten Verfahren, die sämtlich exemplarische Bedeutung hatten, waren regelmäßig von Kampagnen vor allem der Liga für Menschenrechte begleitet, deren Politischem Beirat *Apfel* seit 1927 angehörte.

---

8 *Apfel*, Weltbühne 26. Jahrgang 1930, S. 952. Ein informativer Zeitungsartikel mit Foto Apfels aus dem Prozess, Conrad, Tagesspiegel 17.01.1988, 9.

9 Vgl. *St. Berkholz*, Carl von Ossietzky: 227 Tage im Gefängnis, 1988; Hanten, StraFo 1999, 7 ff., sowie seine Dissertation: Publizistischer Landesverrat vor dem Reichsgericht, 1999; dazu auch *Krach*, a.a.O., Fn. 2, S. 108 ff.; sowie *Müller / Jungfer*, NJW 2001, 3461.

10 Siehe dazu *von Soldenhoff*, Carl von Ossietzky, 1988, S. 192 mit eindrucksvollem Foto, Apfel stehend, sprechend, von Ossietzky, Rudolf Olden daneben sitzend (Foto auch bei www.anwaltsgeschichte.de).

11 Eine Liste seiner Artikel befindet sich bei *Elmar E. Holly*, Die Weltbühne, 1918–1933, 1989, S. 49 f. (24 Artikel!).

Befasst auch mit den zahlreichen Korruptionsvorwürfen der Weimarer Zeit, von der Rechten allzu oft unberechtigt erhoben und weidlich ausgeschlachtet, plante *Apfel* ein Buch über die Finanzen berühmter Männer.[12] In der Reichstagsbrandnacht wurde *Apfel* verhaftet, elf Tage später aber wieder freigelassen,[13] vermutlich um ausländische Presseberichte zu widerlegen, die bereits seinen Tod gemeldet hatten. Nach Erlass der Gesetze „zur Wiederherstellung des Berufsbeamtentums“ und „über die Zulassung zur Rechtsanwaltschaft“ v. 7. April 1933, welche Entlassung von Beamten und den Entzug der Anwaltszulassung für „Nichtarier“ und für Personen vorsahen, die „sich im kommunistischen Sinne“ betätigt hatten, wurde *Apfel* aus der Anwaltschaft ausgeschlossen, nicht wegen seines Judentums, sondern – wie auch sein Kollege Olden – wegen „kommunistischer Betätigung“, denn für Nichtarier gab es Ausnahmebestimmungen, die auf Apfel – als Frontkämpfer und „Altfall“ (Zulassung vor 1914) – anzuwenden gewesen wären.[14] Aus dem Schutzverband Deutscher Schriftsteller wurde er bereits im April 1933, neben Feuchtwanger, Kerr, Kisch u.a. ausgeschlossen.[15]

Alfred Apfel floh nach Frankreich.[16] Am 25. August 1933 veröffentlichte der Deutsche Reichsanzeiger erstmals eine Liste von Personen, denen die deutsche Staatsbürgerschaft aberkannt wurde. Auf der ersten dieser Ausbürgerungslisten, ein Gotha deutschen Geistesadels, standen u.a. Lion Feuchtwanger, Alfred Kerr, Heinrich Mann, Philipp Scheidemann und Kurt Tucholsky, angeführt wurde sie von Alfred Apfel.[17] Der wohl profilierteste Verteidiger der republikanischen Linken starb am 19. Juni 1940 in Marseille, fünf Tage nach der Besetzung von Paris durch deutsche

---

12 *Küntzel*, Nervus-Rerum, Die Geschäfte berühmter Männer, 1991, S. 657. Dieses Buch eines früheren Mitarbeiters Apfels beruht, wie der Autor beschreibt, auf dieser Idee Apfels.

13 U.a. sicherlich auch aufgrund der Bemühungen des – noch – demokratischen Vorstandes der RAK Berlin durch Dr. Ernst Wolff auch bezügl. der gleichzeitig mit Apfel verhafteten Rechtsanwälte Dr. Ludwig Barbasch und Hans Litten, siehe Bundesarchiv „Akten des Justizministeriums betreffend die Anwaltskammer in Berlin 1929–1934“, BI. 88–97; *Krach*, a.a.O., Fn. 2, S. 87 ff., stellt diesen Sachverhalt sehr ausführlich dar, insbesondere zu den Umständen von Apfels Freilassung.

14 § 1 Abs. 2 des Gesetzes über die Zulassung zur Rechtsanwaltschaft v. 7.04.1933, RGBI I, 188.

15 Jüdische Rundschau 38 (1933), 27 (4.4.), 134.

16 Am 19.04.1934 nimmt er an einer Kundgebung des Schutzverbandes Deutscher Schriftsteller in Paris teil, wo er von Ossietzkys tapferem Auftreten gegen die Fememorde und die Betrugswirtschaft der Republik sprach (der Gegenangriff v. 28.04.1934, II. Jahrgang, Nr. 17, Pariser Ausgabe, 10).

17 Deutscher Reichsanzeiger 1933, Nr. 198, nachgedruckt bei *Großmann, Ossietzky* 1963, 480, 481, ebenso erscheint im „Illustrierten Beobachter“ Aug. 1933, 1176, eine Liste „Volksverräter ausgestoßen aus der Deutschen Volksgemeinschaft“, in der er neben Scheidemann, Wels, Pieck, Breitscheid, Tucholsky und vielen anderen genannt ist.

Truppen.[18] Er ist weder in der Sammlung „Streitbare Juristen" der Kritischen Justiz vertreten, noch in dem Beck'schen Band über Deutsche Juristen jüdischer Herkunft.

18 Über Apfels Todesstunde berichtet *Fry, Varian*, Auslieferung auf Verlangen, 1995, S. 208/209: Apfel wurde von einem französischen Polizisten angedeutet, seine Verhaftung stehe bevor; wenige Minuten darauf erlitt er einen Herzanfall und starb.

Rudolf Dix (1884–1952)

a) Der berufliche Lebenslauf

Rechtsanwalt in Berlin ab 1920.

> „1927 hielt er auf dem Deutschen Anwaltstag[1] einen Vortrag, der die Zuhörer aufs höchste begeisterte. Von diesem Tage wurde er zur maßgeblichen Berufsarbeit in steigendem Maße herangezogen. Er wurde Mitglied des Vorstandes des Deutschen Anwaltvereins und der Berliner Anwaltskammer.[2] Sein besonderes Bemühen galt den Rechtsauskunftsstellen und der Reichsrechtsanwaltskammer. Als der Deutsche Anwaltverein seinen Sitz nach Berlin verlegte, galt es als selbstverständlich, daß Dix sein Präsident wurde. Es ist die Tragik seines Lebens, daß der Verein, an dem er mit größter Liebe hing, als solcher bald aufgehoben wurde."[3]
>
> „In den großen Prozessen vor 1933, ich denke an Katzenellenbogen, Ullstein, Caro-Petschek, war er beteiligt. Diese Zeit der freiesten Meinungsäußerung entwickelte Monsterverfahren, die bis zu 8 Monate dauerten und eine enorme Anforderung an die beteiligten Anwälte stellten. Seit 1934 war er wohl der bekannteste politische Verteidiger, zum mindesten im alten Preußen. In lebendiger Erinnerung ist, wie er sich für die Geistlichen aller Konfessionen einsetzte, z.B. für den Bischof von Meißen [...].
>
> Den äußeren Höhepunkt seiner anwaltlichen Laufbahn bildete sein Auftreten vor dem internationalen Militärgericht und den amerikanischen Militärgerichten in Nürnberg 1945–1948. Er war dort der Sprecher der Anwaltschaft. Niemand, der diese Zeit an seiner Seite mitmachen durfte, wird die Kühnheit und die Eindringlichkeit vergessen, mit denen er dort vor den besten Köpfen der internationalen Rechtswissenschaft und der Öffentlichkeit der ganzen Welt sprach. Von Nürnberg ging er dann nach Frankfurt, wo er eine seinem Wesen entsprechende Praxis vorwiegend staatsrechtlichen Charakters aufbaute, bis ein Bergunfall [...] viel zu früh seinem Leben ein Ziel setzte. Seinem Nachruf ist nicht eine lange Literaturliste beizufügen. Die gestaltende Kraft seines Geistes lag in der gegenwärtigen Rede."[4]

Seine Doktorarbeit behandelt: „Die rechtliche Stellung des Verteidigers zum Angeklagten."[5]

---

1 Berliner Anwaltsblatt 1933, 14,16.

2 Am 22.11.1927, Berliner Anwaltsblatt 1928, 3, Wiederwahl 1931, 2.

3 *Bartmann*, Anwaltsblatt 1952, 49.

4 *Haensel*, NJW 1952, 654.

5 Juristische Fakultät der Universität Leipzig, 1907.

b) Tätigkeit im Berliner Anwaltsverein

Vorstandsmitglied seit Oktober 1927 bis 1933.[6] Im Juli 1930 wird er zum 2. stellvertretenden Vorsitzenden gewählt.[7] Im April 1932 wird er Präsident des Deutschen Anwaltsvereins[8] bis 18. Mai 1933.[9]

Er war auch im Ehrengericht Richter.[10]

Er gehört der Schlichtungskomission für Streitigkeiten zwischen Anwälten und Richtern an und repräsentiert sie für das Kammergericht.[11]

Sein Vortrag auf dem Anwaltstag 1927[12] führt zu einer „Reformbewegung, die diesmal, und wohl zum ersten Male, die weitesten Teile der deutschen Anwaltschaft ergriffen hat."[13] Dix sagt:

> „Die Anwaltschaft ist die geborene Trägerin, der geborene Propagandist einer liberalen individualistischen Weltauffassung. [...] eine universalliberale Weltauffassung und damit *anwaltschaftlicher Geist ist in jedem politischen Lager möglich.* Deshalb wäre auch die Spaltung der Organisation der Anwaltschaft als solcher in politische Parteien, wie sie mancherorts versucht werden soll, mit dem Wesen der Anwaltschaft unvereinbar. Diese politische Splitterung der Anwaltschaft als solcher würde ihr geradezu die Qualitäten nehmen, welche die Rechtsanwälte zu *politischen Führern* prädestiniert, insbesondere die Fähigkeit, geübt durch ständiges Berufstraining, sich in fremde Gedankengänge einzuleben und auch dem Gegner gerecht zu werden. Der spezifisch anwaltschaftliche Geist hat eine universelle Grundlage, deren Palladien die Freiheit des Geistes, die Freiheit der Persönlichkeit, *insbesondere aber die leidenschaftliche selbstzweckmäßige Verfolgung und Verehrung des Rechts gedankens* im Gegensatz zu und in eventuellen Kämpfen mit jeder formalen Macht und jedem weltlichen Machthaber sind."[14]

Immer wieder, gerade auch von Pinner, wird diese Rede zitiert.[15]

So wie Wolf dem Berliner Anwaltverein die Impulse gab, setzt es Dix für den Deutschen Anwaltverein fort.

---

6 Berliner Anwaltsblatt 1927, Heft 9, 2; 1930, 57 (Wiederwahl).

7 Berliner Anwaltsblatt 1930, 149.

8 Anwaltsblatt 1932, 115.

9 Anwaltsblatt 1933, 137, 140.

10 Berliner Anwaltsblatt 1929, 104;1930, 18.

11 Berliner Anwaltsblatt 1928, Heft 9, 2.

12 Berliner Anwaltsblatt 1927, Sonderheft, 3 f.

13 *Pinner*, Berliner Anwaltsblatt 1928, Heft 6, 5.

14 Berliner Anwaltsblatt 1927, Sonderheft, 3.

15 *Pinner*, DJZ 1928, 23 = Berliner Anwaltsblatt 1928, 1; 1929, 191.

Der Eindruck seiner Rede ist so nachhaltig, dass am 27. Oktober 1927 u.a. der Vorstand des Berliner Anwaltverein für die Ergänzungswahlen zum Kammervorstand an erster Stelle der Kandidatenliste Rudolf Dix vorschlägt mit dem Hinweis „Referent auf dem 23. Deutschen Anwaltstag".[16] Gleichzeitig wird Dix in den Vorstand des Berliner Anwaltsverein gewählt.[17]

Er arbeitet mit Pinner Hand in Hand im Berliner Anwaltsverein und wird Präsident des Deutschen Anwaltverein mit der Sitzverlegung.[18]

Auch mit Wolf besteht eine enge Zusammenarbeit, sei es in den Gesprächen im Reichsjustizministerium,[19] sei es bei der Abwehr der Angriffe des Abgeordneten Kube. Er schreibt an diesen einen offenen Brief:

> „Gleichgültig welche Stellung man weltanschaulich, politisch und rassemäßig zur Judenfrage einnimmt, kann man nur die menschliche und politische Kulturlosigkeit bedauern, die in solchen antisemitischen Ausfällen gegen meine jüdischen Kollegen liegt. Insbesondere als Deutscher und Exponent eines geistigen Standes des Deutschen Volkes muß ich auch hier wiederum mit großer Beschämung die Tiefe des in solchen Ausführungen liegenden politischen und kulturellen Niveaus feststellen."[20]

In seine Amtszeit fällt die Auflösung des Deutschen Anwaltvereins 1933[21] und damit des Berliner Anwaltsvereins. Sein Verhalten dabei zeigt Ambivalenz:[22]

Das Eintreten für die jüdischen Kollegen
- in schwerer Zeit und in offensiver Auseinandersetzung mit den Nationalsozialisten: der Zusammenstoß mit Freisler, 1932,[23]
- am 26. März 1933,[24] in einer von Dix gezeichneten Erklärung des DAV einerseits,

und dann, wenige Tage später, am 7. April 1933, die Aufforderung an die jüdischen Mitglieder im Vorstand ihre Ämter niederzulegen „im Interesse der Erhaltung der Selbständigkeit des DAV."[25]

---

16 Berliner Anwaltsblatt 1927, Heft 9, 2.

17 Wie vor, 3.

18 Dazu die ausführliche Schilderung hier, zu Pinner, II., 3., b.

19 Oben II, 1. b.

20 Anwaltsblatt 1932, 225.

21 Dazu ausführlich *Ostler*: Buch, a.a.O., S. 229, ff., *Krach*: Buch, S. 223 ff.; *Krach*, Die „Gleichschaltung" der anwaltlichen Standesorganisationen in Preußen und ihre Folgen für die jüdischen Kollegen, Anwaltsblatt 1990, 294 ff., 352 ff.

22 *Krach*: Buch, S. 224.

23 Anwaltsblatt 1931, 225 und Freislers Antwort, 226.

24 Anwaltsblatt 1933, 89.

25 *Ostler*: Buch, a.a.O., S. 230.

Als die Erhaltung der Selbständigkeit des DAV scheitert, der Rückzug aus den Ämtern.[26]

Er ist Mitglied des Nationalsozialistischen Rechtswahrerbundes Gau Berlin, Gaugruppe Rechtsanwälte in der Arbeitsgemeinschaft für Strafrechtspflege, die nur 90 Mitglieder hat,[27] und an deren Tagungen er, zwar nicht häufig, aber doch immer wieder teilnimmt.[28]

Auf der anderen Seite wendet er sich am 10. Mai 1935 an Gürtler und geißelt die Praxis der Gestapo, Rechtsanwälte zurückzuweisen als Züge eines „geheimen inquisitorischen Verfahrens".

Die Gestapo kommentiert seine Forderung dahin, er verstehe es, seinen „unmöglichen Forderungen" einen „Anschein von Wissenschaftlichkeit" zu geben.[29]

Immerhin haben wir das Zeugnis eines Zeitzeugen, Ferdinand Bartmann, der nicht nur davon spricht, es sei die Tragik im Leben von Dix gewesen, dass der DAV, an dem er mit größter Liebe hing, als solcher bald aufgehoben wurde, sondern hinzufügt:

> „Noch tragischer ist aber, daß die Tatsache und die Form der 'Übergabe des Vereins an die Nazis' grundlegend mißverstanden wurden. Als letzter Überlebender der Drei, die alles aus nächster Nähe miterlebt haben, bezeuge ich: Seine größte Sorge war, die Anwaltschaft in ihrer Wesensart zu erhalten und darum auch ihren selbständigen Verein. Für dieses Ziel hat er vielleicht ein sacrificium intellectus gebracht, ist aber nie von seiner Überzeugung abgewichen. Über verlockende Angebote hat er nur gelächelt und einer Drohung – auch mit dem Konzentrationslager – gespottet. Dieser Haltung entsprach auch sein weiteres Leben: Er hat sich von allen Ehrenämtern zurückgezogen, seine ganze Kraft dazu verwendet, um allen Verfolgten des Nazismus ohne Rücksicht auf Rasse, Stand und Glaubensbekenntnis zu helfen."[30]

Und es gibt ein Zeugnis von Dix selbst:

> „Mit der Verlegung des Sitzes des DAV nach Berlin wurde er (Dittenberger) mein erster Mitarbeiter als damaliger Präsident des DAV. Diese Arbeitsgemeinschaft wur-

---

26 Das nachstehende Zitat von *Dittenberger*, Anwaltsblatt 1952, 49 und Dix selbst im Entnazifizierungsverfahren Raeke, zitiert bei *Krach*: Buch, S. 230.

27 Nationalsozialistischer Rechtswahrerbund, Gau Berlin, Gaugruppe Rechtsanwälte 1942, Arbeitsplan und Mitgliederverzeichnis der Arbeitsgemeinschaft für Strafrechtspflege, Seite 9; wann die Mitgliedschaft begann, lässt sich aus dieser Quelle nicht ermitteln.

28 Wie vor, Tagungsberichte mit Anwesenheitslisten, 1. Tagung 11.06.1941; 3. Tagung, 11.08.1941; 5. Tagung 22.10.1941; 10. Tagung, 22.05.1942; danach, soweit ersichtlich nicht mehr.

29 *König*, a.a.O., Seite 101, 102.

30 Anwaltsblatt 1952, 49.

de zur Kampfgemeinschaft in der ersten Zeit der Machtergreifung des Nationalsozialismus bis zur Niederlegung meiner Stellung als Präsident des DAV im Mai 1933.

Insbesondere die Erinnerung an diese Zeit macht es mir zum Bedürfnis, meinem alten Kampfgefährten dieser turbulenten Tage diesen Geburtstagsglückwunsch zu schreiben. Der Vorstand des DAV hatte mir damals mit Rücksicht auf die fast immer sofort zu treffenden Entschließungen 'diktatorische Vollmacht' erteilt, weil ein jeweiliges Zusammentreten des Vorstands unmöglich erschien. Der damalige Kampf mit dem als hoffnungslos erkannten Ausgang, der mit 'hinhaltendem Widerstand' geführt werden mußte, bescherte mir in meinen beiden Mitarbeitern *Dittenberger* und *Bartmann* treue, mutige und, was selten zu finden ist, auch wirklichkeitsnahe und diplomatische Mitarbeiter. Ich werde dies beiden, und damit auch unserem jetzigen Geburtstagskind, nie vergessen und freue mich, hier in aller Öffentlichkeit Zeugnis hierfür ablegen zu können."[31]

c) Gedenken

Ehrenmitglied des DAV.[32] Die Biographie dieses Mannes ist noch nicht geschrieben.

Für die Anwaltsgeschichte wäre es außerordentlich lohnenswert, würde sich jemand finden, vielleicht ein Doktorand, der diese Lebensgeschichte recherchiert, schreibt, zeitlich einordnet und bewertet.

Dem Museum der Deutschen Rechtsanwaltschaft ist es gelungen, zwei Doktoranden für das Thema „Verteidigung in den Nürnberger Prozessen" zu finden. Es bleibt zu hoffen, dass die Recherchenbemühungen sich auch und insbesondere mit der Person von Rudolf Dix befassen.

Ganz offenbar ist er wegen seiner Haltung im Jahre 1933 beim Ende des Deutschen Anwaltvereins immer wieder angegriffen worden. Die wiedergegebenen Äußerungen von Bartmann und ihm selbst belegen dies. Bartmann sagt, es sei vielleicht ein „sacrificium intellectus" gewesen.

Auf der anderen Seite gibt es sein klares Eintreten für die jüdischen Kollegen am Ende der Weimarer Zeit. Auch seine Rede zum Tode Pinners kann so verstanden werden.

Das, was wir von ihm aus der Nazizeit wissen, zeigt persönlichen Mut.

---

31 *Dix*, Heinrich Dittenberger 75 Jahre alt, NJW 1950, 139, 140.

32 125 Jahre Deutscher Anwaltverein, Eigendruck DAV, 1996, S. 191. Nach Auskunft des DAV vom 1.07.2003, war die Verleihung der Ehrenmitgliedschaft beschlossen, konnte aber nicht mehr erfolgen, weil Dix vorher verstarb.

Ämter im „Neuen Staat“ hat er nicht übernommen. Die Mitgliedschaft im Nationalsozialistischen Rechtswahrer-Bund war automatisch, die Mitgliedschaft in der Arbeitsgemeinschaft für Strafrecht kann notwendige Taktik zur Verbesserung der Ausgangsposition Mandanten zu vertreten gewesen sein.

Arthur Brandt (1893–1989)*

Am 24. Januar 1989 starb Arthur Brandt, 95 Jahre alt. Er war durch Beschluss der Mitgliederversammlung der Vereinigung Berliner Strafverteidiger e.V. vom 28. Januar 1981 Ehrenmitglied dieser Vereinigung. Geboren am 21. Juni 1893 in Züllichau, Provinz Brandenburg, seit 1921 Rechtsanwalt, seit 1929 Notar, musste er 1933 emigrieren.

1. Die Weimarer Zeit

Es blieb Arthur Brandt also in der Weimarer Zeit nur eine kurze Spanne von zwölf Jahren anwaltlicher Tätigkeit, in der er sich einen Namen als Strafverteidiger und Autor machte.

a) Als *Strafverteidiger* war das herausragende Ereignis seine Teilnahme als Verteidiger am sog. Tscheka-Prozess. Er hat hierüber, 1925, ein Buch veröffentlicht: eine „Denkschrift der Verteidigung“.

Ich zitiere hierzu Kurt Groenewold, dem das Verdienst zukommt, das Buch im Jahre 1979 erneut veröffentlicht zu haben:

> „Tscheka ist der Name der 1917 gegründeten [...] politischen Polizei der Sowjetunion. 1925, im so genannten Tscheka-Prozeß versuchten die Staatsschutzbehörden der Weimarer Republik den Beweis zu führen, dass die Kommunistische Partei (KPD) eine Tscheka – eine besondere Gerichtsbarkeit – aufgebaut hatte. Als Zeuge wurde ein Mann benutzt, der sich selbst beschuldigte, zusammen mit seinen Mitangeklagten einen Polizeispitzel ermordet zu haben. Er berichtete außerdem über eine Vielzahl weiterer Pläne und Absichten. Das Gericht unterstützte den Plan der Staatsanwaltschaft und der Staatsschutzbehörden. Es trat allen Versuchen, entlastende Beweise oder Zeugen in das Verfahren einzuführen, entgegen. Die Behinderung der Verteidigung gipfelte schließlich darin, dass einer der Verteidiger, Rechtsanwalt Samter, zwangsweise aus dem Saal entfernt wurde, als er weiter sprechen wollte.
>
> Das Verfahren endete mit drei Todesurteilen. Das Gutachten des Verteidigers Arthur Brandt ist ein erschütterndes Dokument. Brandt stellt fest, dass das Verfahren eine einzige Kette von Rechtsverstößen darstellte und dass die Richter des Staatsgerichtshofs die Rechte der Angeklagten und ihrer Verteidiger mit Füßen traten.
>
> Der Staatsgerichtshof wollte eine Verteidigung nur insoweit zulassen, als der vorgefaßte Plan der Verurteilung nicht gestört werden konnte. Brandt zeigt in seinem Buch,

* Erstveröffentlichung in: StraFo 1995, 62.

dass in der Geschichte des Rechts diejenige Justiz an Glaubwürdigkeit verliert, die die Verteidigung beseitigen, einschränken oder kontrollieren will.“[1]

Dies vorausgeschickt, ist von Interesse, was Arthur Brandt dazu ausführt:

> „Ich habe in meinem Plädoyer schon darauf hingewiesen und betone es nochmals ausdrücklich, dass sowohl das Verfahren wie auch das Urteil des Staatsgerichtshofes zum Schutze der Republik in seiner Wirkung tatsächlich nicht zum Schutze der Republik beiträgt. Ich bin der festen Überzeugung, dass man durch solche Urteile und durch ein Verfahren, welches die grundlegenden Rechte der Angeklagten missachtet, notwendig Gefühle der Erbitterung und der Aufbäumung gegenüber diesen Rechtsverletzungen schafft, die zur Beruhigung nicht beitragen und die Gegensätze noch mehr verschärfen müssen. Die Strafprozessordnung ist die moderne Magna Charta des Angeklagten.
>
> Der verbrieften Rechte sind darin so wenig, dass diese unter allen Umständen geachtet werden müssen, wenn nicht die Grundlagen unseres Strafprozesses, Recht und Gerechtigkeit, die auch die Fundamente jedes Rechtsstaates sein sollten, ins Wanken geraten müssen. Nur der Wunsch, diese der Republik drohenden Gefahren zu vermeiden, hat mich bei dieser Arbeit beseelt.“[2]

In seiner Denkschrift über den Tscheka-Prozess sind viele strafprozessuale Probleme angesprochen, die uns auch heute bewegen, z.B. das Selbstladungsrecht des Verteidigers, der Einsatz von V-Leuten, die Verweigerung der Aussagegenehmigung für beamtete Zeugen, die Kronzeugenproblematik, verbotene Vernehmungsmittel nach § 136a StPO, etc. Es verwundert nicht, dass Themen des Buches beispielsweise auch Themen des 5. Strafverteidigertages waren, oder dass das Buch in der Schily-Entscheidung des BVerfG zitiert ist:[3]

> „Entzieht das Gericht einem Rechtsanwalt die Verteidigungsbefugnis, weil er im Verdacht der Teilnahme an der dem Beschuldigten zur Last gelegten Straftat steht, so liegt darin ein Eingriff in die Freiheit der anwaltlichen Berufsausübung (Art. 12 Abs. 1 GG), der z. Zt. weder durch Gesetz noch durch Gewohnheitsrecht gedeckt ist. Vor allem fehlt es an der billigenden Aufnahme dieser Rechtsprechung durch die beteiligten Kreise. Die organisierte Anwaltschaft ist ihr vielmehr unmissverständlich entgegen getreten. Der Deutsche Anwalt Verein begründete in Eingaben an den Reichsjustizminister vom 2. April 1925 und 22. November 1926 (AnwBl. 1927, 58 ff.) seinen Widerspruch damit, dass die Strafprozessordnung dem Gericht eine Entscheidung über die Zulassung eines zum Verteidiger gewählten Anwalts nicht einräume. Der Vorstand der Berliner Anwaltskammer brachte in seiner Eingabe an den Reichjustizminister vom 22. Januar 1929 (JW 1929, 568 f. = BerlAnwBl. 1929, 45 ff.) gleichfalls zum Ausdruck, dass dem Gericht keine Befugnis zustehe, einen der Teilnahme nur verdächtigen Verteidiger zurückzuweisen. Die Kammerversammlung der

1 Der Tscheka-Prozeß, Denkschrift der Verteidigung, Neuausgabe 79, S. 7.

2 Wie vor Fn. 1 Einleitung zur Erstausgabe, S. 20.

3 Beschl. vom 14.02.1973 – BvR 667/72, EGE 160, 169, 170.

Anwaltskammer Berlin fasste am 21. November 1932 den Beschl. (JW 1932, 3744), in Gemeinschaft mit anderen Verbänden der Anwaltschaft für eine Änderung der Strafprozessordnung einzutreten; danach sollte der Verteidigerausschluss wegen Teilnahme oder Begünstigungsverdacht erst zulässig sein, wenn das Hauptverfahren gegen den betroffenen Anwalt eröffnet ist.

Schließlich hat die Rechtsprechung des Staatsgerichtshofs und des Reichsgerichts auch im vorkonstitutionellen Schrifttum keine ungeteilte Zustimmung gefunden. Sie wurde zwar vielfach befürwortet [...], sie stieß aber auch weithin auf Ablehnung und Kritik. Nicht weniger Autoren sprachen dem Strafrichter mangels gesetzlicher Grundlage jedes Ausschussrecht ab (Brandt in: „BZ am Mittag" vom 9. März 1925; derselbe, der Tscheka-Prozeß 1925, S. 51) [...]. Angesichts dieser Gegenstimmen kann von einer Billigung oder widerspruchslosen Hinnahme der vom Staatsgerichtshof und Reichsgericht zeitweise verfolgten Spruchpraxis nicht die Rede sein. Vielmehr erweist sich, dass es kein Gewohnheitsrecht gibt, wonach der Strafrichter ermächtigt wäre, den der Teilnahme dringend verdächtigen Anwalt von der Verteidigung auszuschließen."

Im Fall Jakubowski kämpft Arthur Brandt gegen die Todesstrafe. Er vertritt die Liga für Menschenrechte.[4]

b) Arthur Brandt war aber auch als Wissenschaftler tätig. Seine Dissertation (1915) befasst sich mit dem Thema „Grenzen der mittelbaren Täterschaft geltenden und künftigen Strafrecht". Arthur Brandt tritt dann im Zusammenhang mit dem bereits erwähnten Tscheka-Prozess als Autor hervor[5] und veröffentlicht auch zum Fall Jakubowski.[6] Im Jahre 1925 beteiligt er sich mit einem Aufsatz an einem Themenheft der JW zur Untersuchungshaft (zusammen mit Alsberg, Kohlrausch, von Pestalozza u.a.).[7] 1926 erscheint sein Aufsatz: Formalismus im Strafprozeß.[8] 1927 veröffentlicht er eine Broschüre „Die Strafprozessnovelle" vom 27. Dezember 1926, eine Erläuterung „dazu bestimmt, dem Praktiker einen raschen Überblick [...] zu ermöglichen" (Vorwort). Er verfasst Urteilsanmerkungen und Aufsätze in der JW. Nach dem Kriege veröffentlicht er ein Buch „Unschuldig verurteilt, Richter sind nicht unfehlbar" (1982).[9]

---

4 Dazu *Olden / Bornstein*, Der Fall Jakubowski. Herausgegeben im Auftrag der Liga für Menschenrechte, o. J.

5 Neben der Veröffentlichung Fn. 1 siehe auch BZ am Mittag vom 9.03.1925: Abermals: Staatsgerichtshof gegen Verteidiger.

6 In: Die Justiz III (1927/28), 291 ff. und in seinem Buch: Unschuldig verurteilt, 82, S. 15 ff.

7 JW 25, 1439.

8 JW 26, 1107.

9 Besprechung von *Ehrig* in: StV 83, 134.

2. Verfolgung

1933 muss Arthur Brandt emigrieren. Er wird denunziert wegen seiner Verteidigung im Tscheka-Prozess. Der Vorstand der Rechtsanwaltkammer benennt dem Preußischen Justizministerium bereits am 11. Mai 1933 33 Namen, u.a. erscheint dort „Brandt, Dr. Arthur [...] Wahlverteidiger in dem bekannten Tscheka-Prozeß Gebühren von der Roten Hilfe oder KPD.“[10]

Arthur Brandt schreibt am 6. Juni 1933, als er vom Preußischen Justizministerium zur Stellungnahme aufgefordert wird, u.a.:

> „Ich habe einmal im Jahre 1925 einen Kommunisten verteidigt, bin aber selbstverständlich nicht als kommunistischer Anwalt, sondern gerade als nicht kommunistischer Verteidiger hinzugezogen worden [...]. Ich habe lediglich in Erfüllung meiner beruflichen Pflichten gehandelt, die ich auch politisch ganz anders Denkenden gegenüber erfüllt hätte und erfüllt habe, zumal der Verteidiger ja auch bei der Übernahme des Mandats nicht wissen kann, ob der Klient schuldig ist oder nicht.“

Die Stellungnahme befindet sich auf Blatt 36 und 37 der Personalakte des Preußischen Justizministeriums, Blatt 38 lautet dann:

> „Die Zulassung des Rechtsanwalts Dr. Arthur Brandt zur Rechtsanwaltschaft [...] wird [...] zurückgenommen, weil er sich in kommunistischem Sinne betätigt hat.“[11]

Damit nicht genug: Gegen den emigrierten Rechtsanwalt ergeht ein „Steuersteckbrief“ des Finanzamtes Berlin-Charlottenburg-Ost, weil er die „Reichsfluchtsteuer“ nicht bezahlt hat.[12] Er befindet sich in der Emigration in London und New York.

3. Nachkriegszeit

1950 kehrt er nach Berlin zurück und praktiziert hier erneut. So vertritt er die Familie van der Lubbe im Wiederaufnahmeverfahren zum Reichstagsbrandprozess.[13]

Im hohen Alter zieht er sich 1970 nach Lugano zurück und arbeitet von dort aus journalistisch, u.a. die Justizszene in Deutschland beobachtend.

Von dort steht er auch in Kontakt mit der Vereinigung Berliner Strafverteidiger e.V.

---

10 Zitiert nach *König*, Vom Dienst am Recht, S. 87, S. 50.

11 Personalakten des Preußischen Justizministeriums betr. Dr. Arthur Brandt, Bundesarchiv Koblenz, dort auch Bl. 32 eine Einzeldenunziation.

12 Deutsche Allgemeine Zeitung vom 27.05.1934.

13 Siehe StV 81, 143.

1978 zur erneuten Veröffentlichung der Denkschrift der Verteidigung über den Tscheka-Prozess schreibt er:

> „Ich fühle mich daher verpflichtet, meine warnende Stimme zu erheben und, rückblickend auf die vom damaligen Staatsgerichtshof geübten Methoden, daran zu erinnern, dass die jedem Angeklagten, gleichviel welchen Delikts er beschuldigt wird, gleichviel auch welches seine politische Einstellung ist, und seinem gewählten oder bestellten Verteidiger zustehenden und gesetzlich verbrieften Rechte unter allen Umständen gewährt werden müssen. Eine Verletzung dieser für den Strafprozess geltenden Rechte [...] würde unweigerlich, wenn man nicht ihren Anfängen wehren würde, die fundamentalen Grundlagen des Rechtsstaats ins Wanken bringen."[14]

1981 seine Grußbotschaft an die versammelten Verteidiger zum 30jährigen Bestehen der Vereinigung Berliner Strafverteidiger e.V.:

> „Ich möchte damit eine mahnende Bitte verbinden, in Ihrem Kampf gegen das Unrecht nicht zu erlahmen und nie zu vergessen, dass Menschenrecht und Menschenwürde unteilbar und unabdingbar sind."[15]

---

14 Fn. 1, S. 15.

15 Schriftenreihe der Vereinigung Berliner Strafverteidiger e.V., 5. Strafverteidigertag, Referate, Ergebnisse 81, S. 8.

Paul Reiwald (1895–1951)*

Paul Reiwald, heute wenig bekannt, ist für die Psychologie der Strafverteidigung von großer Bedeutung. Er war seit 1924 Rechtsanwalt in Berlin, Strafverteidiger, Dozent, seit 1929 Notar und musste 1933 emigrieren.

1. Die Weimarer Zeit

Er begann, noch nicht Rechtsanwalt, als Repetitor. Ein Zeitzeuge, Prof. Dr. Ernst Heinitz:

> „Bei Reiwald war ich 1922 im Repetitorium, nach meiner Erinnerung [...] groß, schlank, rothaarig, witzig-ironisch – [...]. Ich lernte bei ihm zu antworten, mich auszudrücken. Sonst weiß ich nur noch, dass ich damals die Arbeitskraft von R. bewunderte: Vorbereitung auf das Repetitorium, sonstiger Dienst im Gericht [...]. Ich bin ihm wirklich zu Dank verpflichtet. Ich hatte fleißig gearbeitet, meinen Enneccerus kannte ich – aber einen Fall zu entwickeln, direkte Fragen zu beantworten, das Wissen zu kontrollieren und zusammenzufassen: das lernte ich bei ihm, und wenn ich später immer vertreten habe, dass die Aufgabe des Repetitors nützlich und notwendig ist, dass es aber eine andere Aufgabe ist, als die, welche wir Professoren haben, so geht das auf meinen ersten Repetitor zurück. Wohl habe ich 1925 bis 1928 dafür gesorgt, dass die ersten psychoanalytischen Werke im Krim. I. angeschafft wurden (gegen Goldschmidt, mit Kohlrausch; z.B. Reiyk, Geständiszwang und Strafbedürfnis): aber von Reiwalds wissenschaftlicher Tätigkeit erfuhr ich erst später.“[1]

Von seiner Zulassung zum Beruf des Rechtsanwaltes bis zu seiner Emigration vergingen nur etwas über neun Jahre. In einem Lebenslauf, den er in der Emigration in Genf im Jahre 1942 geschrieben hat, heißt es:

> „1923 bestand ich das Assessorexamen und ließ mich als Anwalt nieder: nach kurzer Zeit besaß ich eine umfangreiche Praxis als Strafverteidiger. Ich gehörte der demokratischen Partei an, war aber politisch nicht tätig. Nach weiteren fünf Jahren wurde ich Notar. In dieser Zeit habe ich begonnen, psychologische Studien an Strafgefangenen zu machen und mich eingehend mit internationalem Strafrecht zu beschäftigen. Ich hielt Vorlesungen an der Humboldthochschule über Psychologie des Verbrechers, gab einen Kommentar zum Devisennotrecht heraus und veröffentlichte 1933 eine literarische Studie „Moabit, Verbrecher und Verteidiger“, die auf meinen psychologi-

---

* Erstveröffentlichung in: StraFo 1996, 16.

1 Brief an den Verfasser vom 30.07.1984.

schen Studien fußt. Das Buch wurde 1933 gedruckt, konnte aber nicht mehr erscheinen, die Exemplare befinden sich in der Schweiz."[2]

In seinem Buch „Moabit" schreibt er über sich:

> „Seit Jahren ist der Verfasser als Verteidiger tätig. Er hat viele Menschen gesehen; wenige Verbrechen gibt es, die er nicht kennen gelernt hat. Aber niemals verließ ihn das Erstaunen darüber, dass neben der großen Welt, die als die eigentliche gilt, eine andere besteht, mit eigenen Menschen, mit eigener Luft, mit eigenen Gesetzen:
>
> Moabit. Eine unbekannte Welt – trotz aller Berichte und Veröffentlichungen. Die Hauptverhandlung, die große Fassade, kann jeder sich ansehen. Über das, was hinter ihr vorgeht, schweigen Richter und Staatsanwälte, Verteidiger und Angeklagte."[3]

Das Buch, quasi unveröffentlicht[4] – nur in der Bibliothek des BGH's habe ich ein Exemplar gefunden – ist aus der Sicht der Strafverteidigung von großem Interesse. Zwei Kapitel befassen sich ausdrücklich damit: „Der Verteidiger" und „Die Technik der Verteidigung". Aber auch in den anderen Kapiteln finden sich Ausführungen dazu.

Reiwald befasst sich mit der „ewigen" Frage an die Strafverteidigung: „Wie ist es nur möglich, wie kann man sich für solche Menschen hinstellen?" Und antwortet:

> „Die beste Verteidigung, das können Sie mir glauben, da ich die Gerichte und Gefängnisse kenne, ist für den schlechtesten Fall noch gerade gut genug. Bevor eine Strafe verhängt wird, können die Gegengründe gar nicht eindringlich genug dem Gericht vor Augen gehalten werden. Der Angeklagte muss sich verteidigen können, wie er es für richtig hält [...]. Es ist ihm nicht möglich, weil er keinen Abstand von sich selbst nehmen kann, weil ihm die Redegabe, die Kenntnis der juristischen Begriffe und ihrer Anwendung fehlen [...]. Nicht um die Überzeugung des Verteidigers handelt es sich, sondern um die des Angeklagten. Für seine Gedanken gilt es die richtigen Worte zu finden, für ihn die richtigen Schlüsse zu ziehen und so zu sprechen, wie er selbst, wenn er Redner und Jurist wäre. Nichts anderes kann die Aufgabe des Verteidigers sein."[5]

Und nun setzt er sich mit der Gegenfrage auseinander, das sei alles ganz schön und gut, aber

---

2 30.11.1942, Kopie beim *Verfasser*. Ich danke der Ehefrau, Frau Hilde Mala-Reiwald und den Töchtern Sibylle Hofer-Reiwald und Olga Arthur-Reiwald für die mir gewährte Hilfe und die Überlassung von Unterlagen.

3 1933, S. 5.

4 Das Buch lag ca. Mitte 1933 gedruckt vor, offenbar aber noch nicht gebunden und wurde wohl nicht mehr ausgeliefert. In den amtlichen Bibliographien ist es nicht verzeichnet. Einzelne Exemplare existieren aber – möglicherweise nach dem Kriege aus Restexemplaren gebunden. In einer Literatursammlung des BKA ist das Buch erwähnt (Schriftenreihe des BKA 46/021) und in der Bibliothek des BGH wurde es aus einer Leihbücherei 1960 angeschafft.

5 Fn. 3, 47 ff.

„‘wo stehen sie eigentlich: auf Seiten der Gesellschaft, oder auf Seiten der Verbrecher? Das ist die Frage’. Nein, es ist nicht die Frage.

Man sieht den Anwalt für den Verbrecher eintreten und glaubt nun, ihn irgendwie ihm näher verbunden, während sich das Verhältnis des Richters und des Staatsanwalts, so meint man, in kühler Pflichterfüllung, hier und dort einmal in leichtem Wohlwollen, öfter aber in offen ausgesprochenem Abscheu erschöpft.

Aber die Scheidewand zwischen Gesellschaft und Verbrecher ist dünn, am dünnsten vielleicht dort, wo sie zur Abwehr gegen ihn gerüstet steht. Richter und Staatsanwalt, sie, die den Verbrecher verfolgen und verurteilen, die sich von dem Mann auf der Anklagebank durch eine Welt geschieden fühlen, stehen ihm näher als sie denken [...].

Auch für sie gilt das Gesetz, das die Beziehungen der Gesellschaft zum Verbrechertum beherrscht: durch alle Organe, durch die sich die Gesellschaft gegen den Verbrecher sichert, verbindet sie sich auch wieder mit ihm [...] auch der Wille zur Verfolgung schafft Beziehungen, Beziehungen, die mit reiner Erkenntnis wenig zu tun haben. Es ist die alte Wahrheit: Der Verfolger kann sich nicht von dem Verfolgten scheiden. Das trifft nicht nur für die Polizei zu, es gilt auch für den Staatsanwalt und Richter.“[6]

Dies nun ist ein Vorgriff auf Reiwalds spätere Arbeiten, die in seiner großen Untersuchung gipfeln, in dem Buch, das seine Bedeutung für die Psychologie der Strafrechtspflege und damit für die Psychologie der Strafverteidigung ausmacht: „Die Gesellschaft und ihre Verbrecher“.

2. Verfolgung

Am 6. Oktober 1933 wurde Paul Reiwald in der Liste, der beim Kammergericht zugelassenen Rechtsanwälte gelöscht, das Amt als Notar erlosch ebenfalls.[7] Paul Reiwald begibt sich in das Exil, in die Schweiz. Er schreibt darüber in seinem überlieferten Lebenslauf vom 30. November 1942:

„Sofort nachdem Hitler zur Macht gekommen war, entschloss ich mich Deutschland zu verlassen. Ich verkaufte mein Haus und meine Praxis, was damals noch möglich war, da ich persönlich nicht verfolgt wurde. Ich begab mich zunächst nach Palästina, nahm dann aber eine Stellung als Generalsekretär der zionistischen Federation Belgiens an. Gleichzeitig hielt ich jedes Jahr Vorlesungen am Institut des Hautes Etudes de Belgique in Brüssel über internationales Recht und Fragen der internationalen Rechtslage Palästinas.

Bei Ausbruch des Krieges befand ich mich mit meiner Familie auf Sommerferien in der Nähe von Genf und konnte nicht mehr nach Belgien zurückkehren. Ich habe die

6 Fn. 3, 50 ff.

7 Deutsche Justiz 1933, 502.

> Zeit benutzt, um mein Studium der modernen Psychologie, zumal der Psychoanalyse sowie das des internationalen Strafrechts fortzusetzen und zwei umfangreiche Arbeiten fertig gestellt „Psychoanalyse der Kriminaljustiz“ und „Gesellschaftsbildung und Friedensordnung im Geiste der Psychologie.“[8]

Er erhält dann mit seiner Familie Asyl in der Schweiz. Dort wird er umfangreich wissenschaftlich und als Dozent tätig. Er ist nie wieder als Verteidiger aufgetreten.

3. Nachkriegszeit

Nach dem Kriege veröffentlicht er in Zürich eine „Internationale Bibliothek für Psychologie und Soziologie“ mit zwölf Titeln. Zwei davon verfasst er selbst: „Vom Geist der Massen“ (Band I, 1946) und „Die Gesellschaft und ihre Verbrecher“ (Band V, 1948). In diesem Buch finden sich Ausführungen zum Thema „Psychologie des Verteidigers“, die mich vom ersten Lesen bis heute besonders beeindrucken und für die ich etwas Vergleichbares nicht gefunden habe (siehe nachstehendes Zitat).

Es befasst sich generell mit der Frage, was im Strafprozess und zwischen den Beteiligten psychologisch vorgeht. Diese Überlegungen sind unter Juristen bis heute kaum zur Kenntnis genommen worden. Dies liegt sicherlich daran, dass Reiwald einen „Generalangriff auf die Strafjustiz“ durchgeführt hat, der die Juristen „damals eher erschreckt hat“,[9] und dies zu Teilen sicherlich noch heute tut.[10]

Bemerkenswert freilich ist, dass sich ein psychoanalytisch geschulter Strafverteidiger der Aufgabe unterzogen hat, der Psychoanalyse eine Bresche in die Strafjustiz zu schlagen. Eine solche „Pionierleistung“ – so hat dies Mitscherlich genannt[11] – mag bei fortgeschrittenem, späterem Forschungs- und Wissensstand Kritik hervorgerufen, dies mindert aber nichts an der Einzigartigkeit dieses Vorstoßes. So hat das Buch auch, auf Initiative Mitscherlichs, 1973 eine Neuauflage erfahren,[12] der Her-

---

8 Fn. 2.

9 *Tilmann Moser*, Wie überholt ist Paul Reiwalds Kriminologie? Eingangsbeitrag zur Neuausgabe des Buches als Suhrkamp-Taschenbuch Nr. 130, 1973, S. 9.

10 Ich habe die im Kasten mitgeteilten Passagen unzählige Male unkommentiert auf Seminaren der Anwaltsakademie vorgetragen und dort immer wieder lebhafte und gegensätzliche Reaktionen festgestellt.

11 Brief an Frau Mala-Reiwald vom 19.09.1993, Kopie beim Verfasser. *Jäger*, Fn. 11: Das Buch gehört „[...] als später Höhepunkt noch in die Pionierphase psychoanalytischer Strafrechtskritik“.

12 Wie Fn. 11, Suhrkamp-Verlag TB Nr. 130, in diesem Buch befindet sich neben dem bereits in Fn. 9 genannten Beitrag ein weiterer von *Herbert Jäger*, Psychologie des Strafrechts und der strafenden Gesellschaft, S. 20.

bert Jäger und Tilmann Moser umfangreiche Beiträge zur Einordnung der Reiwald'schen Leistung vorangestellt haben.

In einer Zeit, in der über die Psychologie der Berufswahl und der Berufsausübung der Strafverteidigerin / des Strafverteidigers keinerlei Klarheit besteht und jedes systematische Forschen dazu fehlt, in der – obschon es sich um einen Beruf handelt, in dem mit „Affekt" gearbeitet wird[13] – keinerlei prinzipielle psychoanalytische Ausbildung dieser Personen besteht (ebenso wenig wie bei den anderen Justizberufen), in der Begriffe wie „Supervision" oder „Balint-Gruppe" unbekannt sind, jedenfalls solches nicht existiert, ist die „Modernität" des Reiwald'schen Denkens unübersehbar und stellt einen Appell an die Strafverteidigung dar, seine Überlegungen aufzunehmen und weiter zu entwickeln.

Dokumentation:

„Psychologie des Verteidigers
Hier mag ein Wort über den Verteidiger eingeschaltet werden, denn seine Bedeutung hängt aufs engste mit unbewußtem Schuldgefühl und Strafbedürfnis zusammen. Ich wies bereits auf die Rettungsphantasien hin, die ich an seine Person knüpfen. Aber sie genügen nicht, um den Affekt hervorzubringen, ohne den eine wirkliche Verteidigung in einer großen Sache nicht möglich ist [...]. Es kommt zu einer Identifizierung des Verteidigers mit dem Angeklagten. Aber es handelt sich dabei nicht um das bestimmte Verbrechen, das der Angeklagte begangen hat, es handelt sich nicht darum, dass der Anwalt ebenfalls einen solchen Mord versucht oder einen solchen Meineid geschworen haben könnte, sondern unbewußte Schuldgefühle, die bis in die früheste Kindheit zurückreichen, ermöglichen es ihm, sich schuldig zu fühlen. Schuldiger vielleicht als der Angeklagte selbst. Die unbewußten Affekte wissen sich des kleinsten Anhaltspunktes zu bemächtigen, um aus ihnen eine ähnliche Situation zu schaffen, wie die, auf die das unbewußte Schuldgefühl zurückgeht. Darum kann der einzelne Verbrecher den Verteidiger noch so sehr abstoßen oder ihn gleichgültig lassen, die bloße Lage des Angeklagten, das Verhängnis, das über ihm schwebt, kann genügen, um die Identifizierung zu bewirken [...].

Das unbewußte Schuldgefühl, das durch die Identifizierung mit dem Verbrecher erregt wird, ist aber schwer erträglich. So kann es denn zu einer höchst erregten und erregenden Verteidigung kommen, die einem ganz anderen gilt als dem Angeklagten, nämlich dem Verteidiger selbst. Und nicht nur ihm. Mit der Verteidigung entlastet er das Schuldgefühl der Zuhörer, der Öffentlichkeit, er spricht für alle. – Was hier mit der Entschuldigung des Verbrechers erreicht wird, kann aber auch auf dem entgegen gesetztem Wege erreicht werden, mit der Anklage. Viel richtiger als das viel zitierte Wort 'Qui s'excuse, s'accuse', ist seine Umkehrung, 'Qui accuse, s'excuse', und es gilt nicht selten für den Staatsanwalt. Wir behandeln hier ausschließlich die affektiven Fragen und lassen die juristischen beiseite. Ihre Beherrschung versteht sich für den guten Verteidiger von selbst [...].

---

13 Ausgabe von 1973, S. 191.

Die Spannung, die durch das Verteidigen hervorgerufen wird, kann einen sehr hohen Grad erreichen. Daher zieht der Beruf des Verteidigers sehr häufig Anwälte an, für die solche inneren Spannungen einen besonderen Reiz haben [...] Berufe, in denen mit Affekt 'gearbeitet' werden muss, haben aber stets ihre besonderen Gefahren für die geistige Gesundheit [...]. Jedenfalls finden sich unter den Verteidigern eine besonders hohe Zahl von Neurotikern, ja Persönlichkeiten, die hart an der Grenze des Pathologischen stehen [...]. Was der Zivilisation gelungen und was ihr misslungen ist, das können wir im Gerichtssaal erfahren. Ihr ist es in hohem Maße gelungen, das Individuum als Individuum zur Verdrängung seiner aggressiven Regungen zu zwingen. Es ist ihr misslungen, dem einzelnen Individuum ausreichende Möglichkeiten zur Triebsublimierung zu verschaffen und ihn genügend zur Triebsublimierung zu erziehen. Daher die Kriminalisierung der Phantasie, daher die Erscheinung des Neurotikers, dessen Vorstellungen von unrealisierten, verbrecherischen Wünschen erfüllt sind, da ihm weder Verdrängung noch Sublimierung ausreichend geglückt sind. Daher die Erscheinung des Verbrechers als einer kraftlosen, neurotischen Gestalt, die sich in Wirklichkeit immer von dem Verbrecher in der Phantasie entfernt. Daher die Strafen, die das Verbrechen zugleich bekämpfen und enthalten und so der Verewigung des Zustandes dienen. Daher unsere affektgeladene Kriminaljustiz."[14]

---

14 *Reiwald*, Die Gesellschaft und ihre Verbrecher, Ausgabe 1973, S. 188 ff.

Robert Kempner (1899–1993)
Der unbequeme Mahner*

Robert Kempner zu Ehren haben wir uns versammelt.

1. Ich erinnere mich an ihn und gebe einen Eindruck:

August 1984: Der große, schlanke, asketische Grandseigneur.[1] Damals fast 85 Jahre, erinnerungskräftig, humorvoll, abgeklärt, die Stimme etwas zerbrechlich, er selbst aber kommunikativ, auskunftsfreudig, energisch. Kurz zuvor, im Juni, hatte Rasehorn ihn getroffen: Er

> „trat auf mich zu, mit jenem aufrechten Gang, als halte ein Ladestock das Rückgrat zusammen, mit scharf geschnittenem Gesicht und lebhaften Augen. Sogleich drängte es sich in mir auf: ein Preusse! Und ich sah die Kupferstiche der Generale Friedrich des Großen oder der Befreiungskriege, auch der beiden Humboldts lebendig werden."

Er fügt hinzu: Das Jude-Sein war für ihn offensichtlich kein wesentliches Problem. Er

> „macht in seinen Memoiren keinen Hehl aus seiner jüdischen Abstammung: aber sie wirkt bei ihm wie eine Herkunftsbezeichnung: wie jemand auf seine bayerische oder Berliner Herkunft verweist, so Kempner auf seine jüdische. Selbst seine Emigration scheint das Jude-Sein nicht wesentlich beeinflusst zu haben. [...] (er) hat sich nicht mehr um die deutsche Staatsangehörigkeit bemüht. Zugrunde lag nicht die verständliche Aversion des Juden gegen das Deutsche, sondern eher ein preußisches Verhalten: 'Sie haben mich rausgeschmissen, damals nach 1933, da hätte ich mir etwas vergeben, einen Antrag auf Wiedereinbürgerung zu stellen'."[2]

Sebastian Haffner hat über Hitler gesagt:

> „Ihm fehlte alles, was einem Mann normalerweise 'Schwere, Wärme und Würde gibt: Bildung, Beruf, Liebe und Freundschaft, Ehe und Vaterschaft'."[3]

---

* Vortrag, gehalten anlässlich der Benennung einer Straße in Berlin nach Robert Kempner am 27. August 2003. Gedenkveranstaltung der Initiative „Haus Wolfenstein e.V.", Berlin-Steglitz, die sich seit Jahren um das Andenken Robert Kempners bemüht, als desjenigen, der in Steglitz (Ortsteil Lichterfelde) aufgewachsen und beerdigt ist. Der Titel ist entnommen der Aufsatzsammlung „Gegen Barbarei, Essays Robert M. W. Kempner zu Ehren", Herausgegeben von *Rainer Eisfeld* und *Ingo Müller* 1989, nachstehend „Essays". Nachruf in: Anwaltsblatt 1994, 82.

1 *Lichtenstein*, Essays, 20.

2 *Rasehorn*, Der Untergang der deutschen linksbürgerlichen Kultur, 1988, S. 103, 104.

3 Zitiert nach *Meyer-Larsen*, Spiegel 24.04.1995, 166 (172).

Nun: Robert Kempner:

Er hatte all das, was einem Mann Schwere, Wärme und Würde verleiht: Bildung, Beruf, Liebe und Freundschaft, Ehe und Vaterschaft. Er war kein typischer Intellektueller, keiner der aus „Tintentuben seine Pandekten satt"[4] machte. Dazu war er zu praktisch, zu zupackend, zu handelnd, mit all seinem hohen Verstand, der ihm die große Klarsicht verlieh. Er war innerlich berührt, aber äußerlich ein großer Unberührbarer, „untouchable". Er ging durch das Jahrhundert, gerade, klarsichtig, unbeirrt, wie unbeirrbar. Ein Paulskirchenmann. Er hatte Humor. Ich gebe Ihnen ein Beispiel, denken Sie bitte daran, dass es ein Anwalt ist, der zu Ihnen spricht:

Zu Anwälten sagt er: „Es gibt eben Priester, es gibt Leute die Gräber schaufeln, und es gibt Anwälte. Sicher färbt das ab."[5] Und an anderer Stelle: weshalb er nicht Anwalt werden wollte:

> „So extravagant bin ich nicht."[6]

Für Erich Frey, einer seiner Ausbilder, schreibt er nach dem Kriege eine Befürwortung an das Entschädigungsamt Berlin:

> „Ich war bei ihm einmal Referendar in Berlin, wo ich viel Gutes und Schlechtes gelernt habe, und möchte daher mich für ihn einsetzen."[7]

Er war forsch und direkt. Keiner von denen, wie es Alsberg[8] über Paul Levi gesagt hat, die tändelnd ablenkend durch einen Nebel von Phrasen den wahren Stand der Dinge zu verhüllen suchen. So fragt er Göring:

> „Na, Feldmarschall, jetzt schwindel mal nicht. Wer hat wirklich den Reichstag angezündet?"[9]

Er hatte diese knappe, klare Art zu sprechen, „das System der kurzen Sätze", Stakkato, den Max Hachenburg den „Lapidarstil"[10] genannt hat. Er konnte sich in die Menschen hineindenken: Waldemar Frank, Mitarbeiter in seinem Büro:

> „Für seine menschliche Qualität spricht ja auch der Umstand, dass Angehörige solcher Personen, die in Nürnberg zum Kreise der Angeklagten gehören, sich nach dem Ende dieser Prozesse an ihn gewandt haben mit der Bitte um Hilfe oder Vertretung

---

4 *Gottfried Benn*, Destille, I, Gesammelte Gedichte, 2. Aufl. 1957, S. 291.

5 Seine Lebenserinnerungen „Ankläger einer Epoche", in Zusammenarbeit mit Jörg Friedrich, 1983, S. 236.

6 Lebenserinnerungen, S. 43.

7 Brief vom 13.05.1953 im Archiv des Verfassers.

8 Das Tagebuch, 15. Februar 1930, Heft 7, Jahrgang 11.

9 *Scheftelowitz*, Erinnerungen an Robert Kempner, Berliner Anwaltsblatt 1993, 433.

10 Lebenserinnerungen eines Rechtsanwaltes (1927), Neuaufl. 1978, dort S. 64, 111.

ihrer Interessen, [...] beispielsweise Emmy Göring [...] Witwe von Hermann Göring.“[11]

2. Sein Leben umspannt wie eine Klammer ein Jahrhundert.

Geboren fast am Anfang, gestorben nahezu am Ende des vorigen Jahrhunderts. Und es umgreift auch Kernereignisse des vorigen Jahrhunderts: Das Aufkommen des Nazi-Reiches, sein Ende und die juristische Aufarbeitung. Ich hebe eines sogleich hervor: es gibt auch eine inhaltliche Klammer seines Lebens, die markanteste: Es war seine Begegnung mit Hermann Göring, der ihn 1933 unmittelbar nach der Machtübernahme aus dem Amt warf und dem er 1945 als Ankläger gegenüber stand. Nichts beschreibt besser, als diese Umkehrung, den Zusammenhang dieses Lebens, wie Kempner es sagt: „Eine Wende des Schicksals.“[12]

Nun aus dem Allgemeinen ins Einzelne:

3. Herkunft

Robert Kempner wurde geboren am 17. Oktober 1899. Das war zwar in Freiburg im Breisgau, aber die Eltern waren dort auf der Durchreise nach Berlin, wo er dann in Lichterfelde aufwuchs und sein Abitur mit 17 Jahren machte.

Beide Eltern waren Ärzte, Bakteriologen. Seine Mutter war die erste deutsche (Honorar-)Professorin. Kriegsdienst, Studium, 1923 erstes Staatsexamen. 1923–1926 ist er Referendar u.a. bei Erich Frey und lernt die lebhafte Strafverteidigerkultur der Weimarer Republik kennen, die „Atmosphäre von Moabit“.[13] Hierüber sagt er:

> „Ich habe da viel gelernt. Vor allem für die notwendige Energie: Niemals loslassen! Das hat man bei denen gelernt. Noch was anderes, was mir später in den USA sehr zugute gekommen ist, man muss sich totkämpfen für den Erfolg.“[14]

Und ferner:

> „Verteidigung muss sein, das gilt in jedem Rechtstaat, und Chirurgen müssen auch sein. Es ist ein sehr vernünftiger Beruf, wenn er vernünftig ausgeübt wird. Solange

---

11 In: Gratulationen zum 90. Geburtstag von Robert M. W. Kempner (Privatdruck Friedrich-Ebert-Stiftung, nicht im Handel) 1989, S. 66.

12 *Kempner*, Verpasste Nazi-Stop, Abdruck der Denkschrift mit einer Einführung, 1983, S. 144.

13 *Kempner* in: Sting, Richter und Gerichtete, 1929, neu eingeleitet und kommentiert von Kempner, 1969, S. 312.

14 Gespräch mit dem Verfasser, 6.08.1984.

Verteidiger wirklich in erster Linie das Wohl ihrer Mandanten im Kopfe haben, ist es ein lobenswerter und oft entbehrungsreicher Beruf. Aber ich weiß nicht, ob ich noch mal mit ihm beginnen würde; die Möglichkeit, Mandanten zu bekommen, ist heute oft ein schwerer Kampf [...] die Finanzierung dieses Berufes hat mir seinerzeit nicht gefallen [...]. Das war einer der Gründe, weshalb ich 1926 nach dem Assessorexamen zur Berliner Staatsanwaltschaft ging. Ich hatte kein Verständnis für die schiefen Sachen, die gedreht wurden. So extravagant bin ich nicht. Meine Mutter war im öffentlichen Dienst, mein Vater war während der Kriegszeit im Sanitätsdienst. Es war für meine Anschauungen ein bißchen wild. Der Erfolgszwang, die teuren Büros – in der Inflationszeit waren die Sachen kaum auszugleichen. Und außerdem hatte ich ein Interesse an dieser neuen Republik und dachte, innerhalb gerichtlicher oder beamteter Stellungen, politisch was schaffen zu können.“[15]

4. Weimarer Zeit, Emigration, Nürnberg

Er wird also nicht Anwalt und arbeitet 1926 bis 1928 für die Staatsanwaltschaft in Berlin. 1928 beginnt er im Preußischen Innenministerium und steigt unter dem Ministerialdirektor Dr. E. Klausener zum Justitiar der Preußischen Polizei auf. 1930 arbeitet er an der Denkschrift „Die nationalsozialistische Deutsche Arbeiterpartei als staats- und republikfeindliche, hochverräterische Verbindung“, die im Sommer 1930 fertig gestellt ist.[16] Das Gutachten, beauftragt vom Preußischen Innenminister kommt zu dem Ergebnis:

> „Danach ist die NSDAP eine staatsfeindliche Verbindung im Sinne des § 129 StGB, die die Bestrebung verfolgt, die verfassungsmäßig festgestellte republikanische Staatsform zu untergraben (§ 4 Nr. 1 RepSchGes). Ihre Betätigung stellt sogar ein hochverräterisches Unternehmen im Sinn des § 86 StGB dar. Wer an der NSDAP teilnimmt, verwirkt daher Gefängnisstrafe von 3 Monaten bis 5 Jahren, wenn er sich in Kenntnis ihrer Bestrebungen an ihr beteiligt. Dabei genügt schon die Kenntnis und Billigung des Endziels während es im Übrigen nicht erforderlich ist, daß der Täter auch mit den Arbeits- oder Kampfmitteln der Partei einverstanden ist (RGSt 58, 401). Wer mit diesem, wenn auch nur bedingten Vorsatz an der Partei teilnimmt, macht sich gleichzeitig nach § 86 StGB des Verbrechens des Hochverrats bzw. der Beihilfe dazu schuldig.“[17]

Das Gutachten wird vom Preußischen Innenministerium an Reichsregierung und Oberreichsanwaltschaft weitergeleitet, – nichts geschieht.[18] Die Bedeutung des Dokuments beurteilt Kempner:

---

15 Lebenserinnerungen, S. 38, 43.

16 Der verpasste Nazi-Stop. Die NSDAP als staats- und republikfeindliche, hochverräterische Verbindung. Nachdruck der Denkschrift mit einer Einführung 1983.

17 Wie vor, S. 135.

18 Wie vor, S. 8 ff.

„Wäre die Reichsregierung den Feststellungen der Preußischen Regierung damals gefolgt, so wäre Hitler am 30. Januar 1933 nicht Reichskanzler geworden und der Zweite Weltkrieg hätte nicht stattgefunden. Hitler wäre in einem rechtsstaatlichen Kriminalverfahren bereits im Jahre 1931 wegen hochverräterischer Unternehmen, Meineides und Gründung staatsfeindlicher Organisationen, wie der NSDAP, der SA und der SS, verurteilt und sofort als lästiger Ausländer aus dem Deutschen Reich ausgewiesen worden.“[19]

Wenig später, 1932, erscheint seine Untersuchung „Justizdämmerung, Auftakt zum Dritten Reich“. Sie beruht auf einer Anregung des Staatssekretärs im PrJM Dr. Abegg. Kempner wird gebeten, ein Pseudonym[20] zu wählen, er publiziert als Eike von Repkow. Die Schrift soll „eine ernste Warnung an Juristen und Verwaltungsbeamte sein, nicht mit dem Nationalsozialismus zu liebäugeln.“[21] Sie enthält einen kurzen historischen Überblick zur Justizgeschichte und eine Darstellung der Angriffe der Nationalsozialisten auf die Justiz einerseits und ihrer Vorstellungen von Justiz andererseits, nämlich dass diese „Justiz“ von vornherein auf die Ermordung der politischen, rassischen und religiösen Gegner ausging.“ Das Buch endet – März 1932 – mit der Feststellung: „Hemmungslose Mordlust“ – das Kennzeichen der Blutjustiz des Dritten Reiches.“[22]

Nun wird mit dem Regierungswechsel vom 30. Januar 1933 Göring zum kommissarischen Preußischen Innenminister und also Kempners Vorgesetzter, – eine seiner ersten Amtshandlungen ist die Entfernung des bei den Nazis verhassten Mannes.[23] Kempner bleibt zunächst in Berlin, als Auswanderungsberater, wird 1935 kurz verhaftet und emigriert nach Italien, 1939 in die USA.[24] Es kommt zu Kontakten mit dem Justiz- und Kriegsministerium, Kempner wirkt maßgeblich beim Aufbau einer Kommission mit, die NS-Verbrechen registriert. Er gehört zur Gruppe des Justice Jackson. Seine Arbeit findet Anerkennung, er wird im Winter 1944/45 von Jackson beauftragt, gegen Göring und Frick eine Anklage zu verfassen.[25] Kempner entfaltet in der Vorbereitung der Nürnberger Prozesse und in ihnen eine umfangreiche Tätigkeit, wird Stellvertreter des amerikanischen Hauptanklägers Robert Jackson im

---

19 Wie vor, S. 8.

20 *Kempner* hat auch unter dem Pseudonym „Procurator“ geschrieben, in der Zeitschrift „Die Justiz“ unter „Ein Richter“ und unter „Barett“, siehe die Neuausgabe von Slings Buch „Richter und Gerichtete“, 1969, S. 8.

21 Neuauflage (Privatdruck), 1963, Vorwort und S. 120.

22 Neuauflage (Privatdruck), 1963, Vorwort und S. 120.

23 Lebenserinnerungen, S. 89.

24 Lebenserinnerungen S. 120, 133, 138, 147.

25 Lebenserinnerungen, S. 149 ff., 187 ff., 212.

ersten Nürnberger Prozess gegen Göring,[26] Heß u.a. und Hauptankläger im Wilhelmstraßenprozess.[27]

Über diesen Prozess gibt er, zusammen mit dem Verteidiger, Dr. Carl Haensel das Buch heraus: „Das Urteil im Wilhelmstraßenprozess“, das mit dem auf dem Deckblatt angebrachten rot unterstrichenen Vermerk versehen ist:

> „Dieser Prozess ist einer der wichtigsten der 13 Nürnberger Prozesse. Er geht jeden an, der die politischen Ereignisse der letzten Jahre verstehen will. Die hier entwickelten Begriffe des Menschlichkeits-Verbrechens und des Angriffskrieges sind aus den heutigen internationalen Konferenzen, Noten der Weltmächte, Debatten der Parlamente nicht mehr wegzudenken. Sie bieten die Grundlagen der zukünftigen Politik der Westmächte.“[28]

Er fügt in seinem Vorwort hinzu:

> „Mein Dank gebührt meinen Mitarbeitern bei der Anklagebehörde und den Verteidigern, die sich um eine Aufhellung der dunkelsten Jahre Deutschlands bemüht haben.“[29]

Der Verteidiger Haensel in seinem Vorwort:

> „Eine der bleibenden Lehren für uns aber ist aus der Tatsache zu schöpfen, dass das Gericht mit einer völlig schonungslosen Offenheit das Geheimnis der Beratung gelüftet hat und in souveräner Größe dargelegt hat, welche Gedankengänge für die einzelnen Richter maßgebend waren und wie sich jeder einzelne von ihnen zu dem Problem

---

26 Fn. 13, S. 144: „Eine Wende des Schicksals: Zwölf Jahre später vernahm ich Göring – als US-Ankläger in Nürnberg.“ Siehe auch, *Kempner*, Danksagung zur Verleihung der Ehrendoktorwürde der Universität Osnabrück, 1986, S. 41 ff. (46 ff.); Vernehmung Görings in *Kempner*, Das Dritte Reich im Kreuzverhör. Aus den Vernehmungsprotokollen des Anklägers, 1984, S. 13–21, 28 f.

27 Lebenserinnerungen, S. 310 ff.; *Lichtenstein*, Essays, 28; *Weber*, Robert M. W. Kempner, Biographie in: Heinrichs / Franzki / Schmalz / Stolleis (Hrsg.) Deutsche Juristen Jüdischer Herkunft, 1993, S. 793 ff. (802 ff.); *Tilman Westphalen*, Ein Advokat für die Humanität. Laudatio zur Verleihung der Ehrendoktorwürde der Universität Osnabrück, 1986, S. 15 ff. (22 ff.).

28 *Robert M. W. Kempner / Carl Haensel*, Das Urteil im Wilhelmstraßenprozess, 1. Aufl. 1950. Zur Bedeutung seiner Arbeit für die zukünftige Entwicklung des Völkerrechts, siehe u.a. *Häusler*, Nürnberg, Rom, Den Haag. *Robert M. W. Kempner* und seine Aktualität für Antikriegs- und Völkerrecht in: „Beiträge zum 100. Geburtstag“, herausgegeben von Gerhard Niederstücke und Thomas F. Schneider im Auftrag der Initiative Haus Wolfenstein e.V. (Berlin) und der Universität Osnabrück, 2000, S. 52; *Ders.*, Berliner Anwaltsblatt 1999, 584; siehe auch Kempners eigene Einschätzung, Forderung nach einem Internationalen Strafgerichtshof, bei *Annette Wilmes*, Deutschland Radio Berlin, Kalenderblatt 17.10.1999: Vor 100 Jahren: Robert M. W. Kempner wird geboren, www.annette-wilmes.de. und *Tilman Westphalen*, a.a.O. (Fn. 28), S. 22 ff.

29 Wie vor, S. IX.

des Völkerstrafrechts verhielt, das nun in der Welt ist und nicht zum Schweigen kommen kann, bis man es gelöst hat."[30]

5. Rechtsanwalt in Frankfurt/Main

Die Nürnberger Prozesse sind vorbei, Kempner lässt sich als Rechtsanwalt in Frankfurt/Main nieder und setzt fort, was er in Nürnberg tat: Aufklärung, Kampf gegen das Vergessen. Er ist Nebenklägervertreter in NS-Prozessen, führt die Wiederaufnahme van der Lubbe wegen des Reichstagsbrandprozesses, erstattet Anzeige gegen die Richter am Volksgerichtshof, er wirkt unermüdlich publizistisch.[31] Dies führt, jedenfalls in der unmittelbaren Nachkriegszeit, nicht nur zu Anerkennung. Er ist der „unbequemen Mahner."[32]

Er wird in der Presse der Bi-Zone, wie in der eben gegründeten Bundesrepublik als „eifernder Großinquisitor" angegriffen, nicht nur mit Torquemada und Fouché, sondern auch kaum verhüllt mit Wyschinski und Freisler in eine Reihe gestellt. Er wird als „Stalins bester Gehilfe" beschimpft (in der Züricher Weltwoche, nachgedruckt in der Zeit) und in der Zeit als „Schädling" apostrophiert, als der „unrühmlich bekannte Ankläger von Nürnberg".[33] Aber Anerkennung und Bewunderung setzen sich durch. Er wird nun vielfach geehrt, die beiden wohl schönsten Ehrungen:

a) Essays zu seinen Ehren erschienen 1989[34] unter dem Titel „Gegen Barbarei":

> „[...] keine landläufige Festgabe, sprich: Sammlung von Aufsätzen mehr oder minder beliebigen inhaltlichen Zuschnitts. Statt dessen steckt der Titel den thematischen Bezugsrahmen ab für einen Diskussionsbeitrag zur zeitgeschichtlichen – juristischen wie historisch-politikwissenschaftlichen – Forschung erstens über Wurzeln, Erscheinungsformen und Konsequenzen der Perversion des Denkens und Handelns in Deutschland, zweitens über Reaktionen auf solche Inhumanität – von der versuchten Ahndung und Verarbeitung über die anhaltende Verdrängung bis zur Wiederbelebung alter Infamien durch die neue Rechte der Bundesrepublik."[35]

---

30 Wie vor, S. XIII.

31 Bibliographie von *Thomas Schneider* unter Mitarbeit von *Tilman Westphalen*, 1987. Dort befindet sich eine Vorbemerkung von Kempner: „Alle diese gedruckten und ungedruckten, öffentlichen und geheimen schriftlichen Arbeiten hatten das eine Ziel: Innen- und außenpolitischen Frieden, Wiedergutmachung und Förderung der Menschenrechte", S. 11.

32 Siehe Fn. 1.

33 *Eisfeld / Müller*, Essays, 14; Zur liberalen. einfühlsamen Kritik seiner Tätigkeit in Nürnberg: Richard von Weizsäcker, Vier Zeiten, Erinnerungen, 1997, S. 125 ff.

34 Fn. 1.

35 Essays, 13.

b) Die „tabula gratulatoria“ zu seinem 90. Geburtstag.[36] Dies ist ein besonderes zeitgeschichtliches Dokument: 129 Personen, die ihn kannten, legen in Gratulationen ihre Erinnerungen nieder. Wertvoll, da persönlich, authentisch, abseits des Wissenschaftsbetriebes, zum Teil sehr emotional und sehr erhellend, detailgenau, – das schönste Geschenk, das gemacht werden kann, – ihm wurde es gemacht.

6. Ich schließe mit zwei Bemerkungen, die eine gewisse Zuversicht enthalten.

a) Ich nehme den Beginn, die Preußische Denkschrift. Bei der Neu-Herausgabe hat Kempner die Frage gestellt: „Die Lehren?“

> „Wie kann man heute gegen den wiederaufkommenden Nazismus und seine Terrorakte ankämpfen? [...] (Notwendig ist die) Achtung der Republik und [...] (der) Mut zur Republik. Diese Achtung und dieser Mut werden den Schülern in der Bundesrepublik nicht genügend beigebracht. Erst in den letzten Jahren hat sich dieser Zustand gebessert; an dem endgültigen Ergebnis werden wir die Abnahme oder Zunahme radikaler Aktivitäten messen können.“[37]

b) Am Ende seines 1971 erschienen Aufsatzes „Jüdische Juristen in Deutschland“ sagt er:

> „Mit Schmerz ist [...] zu vermerken, dass ich weder in den Justizministerien, noch im Bundesgerichtshof, im Kammergericht, in einem anderen Gericht oder einem Anwaltszimmer bisher auch nur eine Gedenktafel für die ermordeten oder vertriebenen jüdischen ehemaligen Kollegen, Richter, Staatsanwälte oder Rechtsanwälte, habe finden können.“[38]

Hier hat sich seitdem vieles zum Guten gewandt. Der „Vorhang der Geschichtslosigkeit“[39] wurde bei den Juristen langsam durchbrochen. Heute gibt es Gedenktafeln in vielen Gerichten. Auf Anwaltstagen wurde vieler Juristen gedacht, die Kempner in seinem Aufsatz erwähnt. Eine umfangreiche biographische Aufarbeitung erfolgte und erfolgt. Die Bundesrechtsanwaltskammer hat ihr neues Haus in Berlin nach Hans Litten benannt und jüngst ein „Museum der Deutschen Anwaltschaft“ gegründet.[40]

---

36 Privatdruck, Friedrich-Ebert-Stiftung, 1989.

37 Fn. 17, S. 14.

38 Recht und Politik 1971, 112 ff., 173 ff. (174).

39 Aus *meinem* Geleitwort zu Königs Buch, Vom Dienst am Recht Rechtsanwälte als Strafverteidiger im Nationalsozialismus, 1987, S. V.

40 Eine Übersicht über diese Erinnerungsarbeit habe ich im Schlusskapitel *meines* Aufsatzes „Köpfe des Berliner Anwaltsverein in der Weimarer Republik“ in der in Kürze erscheinenden

Robert Kempner würde es freuen, – freuen aus der Summe seines Lebens:

„Ewige Wachsamkeit ist der Preis der Freiheit".[41]

Festschrift zum 150jährigen Jubiläum des Berliner Anwaltsvereins zusammengestellt. Siehe auch www.brak.de; die Arbeit des „Forum Anwaltsgeschichte e.V." = www.anwaltsgeschichte.de, mit weiteren links, und, übergreifend den Informationsverbund www.juristische-zeitgeschich te.de.

41 Von Kempner geprägter Titel einer Ausstellung, gestaltet von Lehrern und Schülern des Adolf-Reichwein-Gymnasiums, Heusenstamm; Bericht in: Die Mahnung, BVN-Berlin, 1. Oktober 1993. Siehe auch www.scripidigital.de/ausgaben/a16/kempner.htm. Ein umfang- und dokumentenreicher Ausstellungskatalog, mit Vorwort *Stolleis*, 1995 (ohne Verlag).

Hans Litten zum 50. Todestag – Eine Dokumentation –*

Hans Litten wurde am 19. Juni 1903 in Halle geboren, 1928 erfolgte seine Zulassung zur Anwaltschaft. Sein Freund von Jugend an, Max Fürst, dessen Frau Margot Littens Sekretärin war:

> „Hans Littens Vater war Jurist, Dekan der juristischen Fakultät, zeitweise Rektor der Königsberger Universität [...].
>
> Der alte Litten hat es später sehr bereut, Hans in die juristische Karriere hineingezwungen zu haben. Obgleich Hans das alles verachtete – in seinem Tagebuch fand ich den Satz, als sich der Ochse im Paradiese langweilte, erfand er die Jurisprudenz –, machte er doch glänzende Examen und wurde ein ausgezeichneter Jurist. Er wurde Rechtsanwalt am Kammergericht und fühlte sich verpflichtet, für das Recht einzutreten. So war er bald der Verteidiger der Arbeiter in ihrem Kampf gegen die Nationalsozialisten und bei diesen einer der am meisten gehaßten Männer [...]. “[1]

1. Die Anwaltstätigkeit

Bereits unmittelbar nach seiner Zulassung zur Anwaltschaft trat Litten mit einer Anzeige vom 4. Mai 1929 hervor, die gegen den Polizeipräsidenten von Berlin Zörgiebel wegen Anstiftung zum Mord gerichtet war. Diese Anzeige war begründet mit der Nichtaufhebung des Demonstrationsverbotes am 1. Mai 1929 und verbunden mit der Anweisung, auf Demonstranten scharf zu schießen.[2] In der Strafanzeige heißt es:

> „Der Beschuldigte war sich bewusst, dass das Abgeben scharfer Schüsse auf Menschen geeignet ist, den Erfolg der Tötung herbeizuführen [...]. Die strafbaren Handlungen, zu denen der Beschuldigte. die Beamten der Schutzpolizei angestiftet hat, sind am 01. 05. 1929 zu Berlin in einer großen Anzahl von Fällen auch tatsächlich begangen worden. Nach den bisher vorliegenden Mitteilungen sind 9 Menschen durch Scharfschüsse getötet und über 100 verletzt worden.“

Litten wirkte ferner im Ausschuss zur Untersuchung der Berliner Maivorgänge (Vorsitz: Carl von Ossietzky, Mitglieder u.a. Heinrich Mann, Alfred Döblin, Rechtsanwalt Dr. Apfel) mit.

---

* Erstveröffentlichung in: Anwaltsblatt 1988, 213. Hinweis: Die kompletten Titel befinden sich im Literaturverzeichnis.

1 *Fürst,* Gefilte Fisch, S. 204, 205.

2 *von Brück,* S. 53 ff.; *Paech,* Demokratie und Recht, 1988, S. 73.

Im Jahre 1931 im Eden-Palast-Prozess kommt es zum Zusammenstoß mit Hitler: Rudolf Olden, selbst Strafverteidiger, Journalist und Schriftsteller:

> „Litten zog sich schon durch seine forensischen Erfolge die Aufmerksamkeit und Abneigung der Nationalsozialisten zu, auch die seiner nationalsozialistischen Kollegen. Die Abneigung sollte sich zum Hass steigern durch einen folgenschweren Zwischenfall: Hitler wurde in Moabit als Zeuge vernommen. Rechtsanwalt Litten wollte nachweisen – auch hier als Vertreter der durch Nazi-Terror Geschädigten –, dass die Partei selbst Gewalttätigkeiten ihrer Mitglieder dulde, ja sie hervorrufe. Darum wurde der Parteiführer selbst geladen [...].
>
> Litten hatte ihm aber doch gehörig zugesetzt. Es ging nicht so leicht ab wie in Leipzig, wo ihm die Reichsrichter einfach die Stichworte zu der Propagandarede geliefert hatten. Litten hatte nicht wenige Zitate aus der nationalsozialistischen Literatur zur Hand, – 'die Gegner zu Brei zerstampfen', 'von der Revolution des Worts zur Revolution der Tat übergehen', und anderes mehr, – er vernahm den prominenten Zeugen mit der ihm eigenen beharrlichen Ruhe, machte ihn ein paar Mal wütend und ließ ihn zwei Stunden lang beträchtlich schwitzen. Ob damals irgendjemand im Saal eine Ahnung hatte, dass er sich selbst das Urteil qualvollen Todes gesprochen hatte? Ich glaube, keiner von uns vermochte so weit zu blicken [...].“[3]

1932 im Röntgenstraßen-Prozess – eines der vielen Verfahren betr. den Charlottenburger SA-Sturm 33, geht es um einen Feuerüberfall. Angeklagt sind neun Kommunisten, sie sollen Mitglieder des SA-Sturms überfallen haben. Litten gelingt es, u.a. mit Hilfe eigener Ermittlungen, einen Freispruch aller Angeklagten zu erreichen.[4] 1932 findet auch der „Felsenecke-Prozess“ statt.[5]

> „Littens Erfolge beruhten auch darauf, dass er mit größerem Zeitaufwand, als sonst Anwälte sich erlauben, Erhebungen auf eigene Faust anstellte. Es war unvermeidlich, dass er dabei mit Menschen von geringem bürgerlichen Ansehen, mit Psychopathen, unsicheren Gesellen in Berührung kam. Einer von denen fand sich, der einmal und noch einmal seine Meinung änderte und dann Litten beschuldigte, er habe ihn zu einer falschen Aussage bestimmen wollen. Zwar glaubte das niemand, aber das Gericht beschloss, der Rechtsanwalt Litten sei der Begünstigung verdächtig und er sei von der Verteidigung auszuschließen. Ein solcher Beschluss war noch nicht erhört. Einen Augenblick schien es, als wolle sich die ganze Anwaltschaft vor Litten stellen, seine Sache zu der ihren machen. Auch das Kammergericht besann sich seiner besseren Vergangenheit und hob den Beschluss auf. Als aber darauf das untere Gericht – wieder ein sehr ungewöhnlicher Schritt – sich selbst für befangen erklärte, die Verhandlung, die bereits vier Monate gewährt hatte, von neuem begonnen werden musste und auch das neue Gericht wieder Litten von der Verteidigung ausschloss wich das Kammergericht zurück und bestätigte den schweren Eingriff in die Rechte der An-

3 *Olden* (Ausgabe 1940), S. 11, 13.

4 *von Brück*, S. 71 ff.

5 Dazu *König*, S. 18 ff.

> waltschaft. Es war der Herbst des Jahres 1932, Abend lag über der deutschen Republik; und das Ende aller Freiheiten und Rechte dämmerte herein.“[6]

Am 28. Februar 1933 in der Nacht des Reichstagsbrandes wird Litten verhaftet und von da in verschiedene Gefängnisse und Konzentrationslager gebracht. In der Nacht vom 4. zum 5. Februar 1938 stirbt er im Konzentrationslager Dachau. Alle vielfältigen und langjährigen Bemühungen, Hans Litten zu befreien, scheitern am wütenden Widerstand Hitlers.[7]

2. Litten als Strafverteidiger

a) Verteidigerpersönlichkeit

Es ist ein Glücksfall, dass ein Mann, der selber Verteidiger war und so großen theoretischen Sinn für Verteidigung hatte, wie Rudolf Oden, die Verteidigerpersönlichkeit Hans Littens beschrieben hat:

> „Es gab damals in Moabit [...] einen Typus Verteidiger, der Mängel seiner Sache oder auch seiner Person durch Erregtheit, auch durch Stimmaufwand, auszugleichen versuchte; dieser Typus war besonders unter den Anwälten vertreten, die zur äußersten Linken oder zur äußersten Rechten zählten. Von ihnen unterschied sich Litten deutlich, ja auffallend [...] sein Radikalismus zeigte sich nicht in den äußeren Mitteln. Er trat zutage in der Formulierung von Fragen und Beweisanträgen, die gelegentlich scheinbar Entferntes, ja den ganzen Staatsaufbau umfassten, wo die Verhandlung nur um eine Straßenrauferei zu gehen schien; und er erwies sich in jener Gründlichkeit, die auch den scheinbar gleichgültigen Punkt ins Licht zog. Beides, wie wir sehen werden, hat dazu beigetragen, den Rechtsanwalt Litten ins Verderben und in den Tod zu führen [...].
>
> In diese Welt des Kampfes und der moralischen Abstumpfung trat Hans Litten, ein junger Mensch, klug, aber ohne Arg, zwischen Parteitrompetern und Intriganten eines anima candida, vor allem aber erfüllt von der übermächtigen Sucht, Unrecht zu hindern, Bedrohte zu retten, die Beleidigten und Erniedrigten zu erheben; ein Mensch, der sich gelegentlich ‘revolutionärer Marxist’ nannte, weit links von der Kommunistischen Partei, der aber seinem inneren Wesen nach einfach ein Christ war, so unerbittlich in seinem Christentum, dass er buchstäblich nach der Bergpredigt leben wollte, seinen Nächsten lieben, selbst seinem Feind gerecht werden und ihm verzeihen. Wo er seinen Stand haben musste, das war selbstverständlich, wie die Verteilung der Kräfte nun einmal war: links, da doch von rechts, und mit allen Mitteln, angegriffen wurde. Aber auch, dass er zu Schaden kommen musste, war unvermeidlich [...].
>
> Litten hatte Erfolg. Der heilige Eifer, den er der Sache widmete, der unermüdliche Ernst, mit dem er sich seiner Aufgabe unterzog, die Ausschließlichkeit, mit der er

---

6 *Olden* (Ausgabe 1940), S. 15.

7 *Irmgard Litten* (Ausgabe 1940), S. 71.

Zeit und Arbeitskraft opferte – so außerordentliche Anstrengungen machten sich bezahlt. Nicht allerdings im materiellen Sinn; meist verdiente er kaum genug, um sein Büro laufend zu erhalten. Aber juristisch für die Wahrheitsfindung lohnte der Eifer sich.

Auf der Höhe seiner Moabiter Tätigkeit habe ich Litten einmal zugeredet, er möge weniger intransigent sein, es manchmal billiger geben und nicht immer alles auf die Spitze treiben; wir würden ihn sonst nicht lange in Moabit behalten und könnten ihn doch gut brauchen. Er hat erwidert, er sei überzeugt, es werde ohnehin nicht lange mehr mit unserem Rechtswesen dauern, schon deshalb sehe er keinen Grund zu Konzessionen. Ich muss gestehen, er sah die kommenden Dinge genauer als ich.

Hans Litten war ein franziskanischer Mensch, und da er einmal in die Juristerei verschlagen war, so stand er fürs Recht, unnachsichtlich, nicht für billigen Vergleich, nicht für Kompromisse. Das Recht ist immer die Sache der Schwachen; die Starken brauchen kein Recht, und nur zu sehr sind sie geneigt, da sie ja die Macht haben, ohne Recht auszukommen. Der franziskanische Mensch Hans Litten wäre vielleicht unangefochten die republikanische Periode und ins Dritte Reich gewandert, hätte ihn nicht sein Beruf zum Kämpfer ums Recht gemacht. So aber kam er, unvermeidlich, wie ich sagte, in Konflikt mit den durch Rechtsbruch Heraufsteigenden wie mit den Offiziellen Rechtswahrern, als sie anfingen, Weich gegen die Rechtsbrecher zu werden und sich also gegen Rechtskämpfer verhärten mussten. Gefängnis, Tortur und Tod hat er fürs Recht erlitten. Er ward, schon im dämmernden Morgen nach dem Reichstagsbrand, verhaftet [...].“[8]

So sehr auch seine Mandanten und deren Gegner in den politischen Kampf verwickelt waren, so sehr bei ihnen die Auffassung bestand, den Prozess zur Bühne der politischen Rede zu machen und den Anwalt hierfür zu instrumentalisieren: Litten kämpfte, aber er kämpfte mit den Mitteln der Strafprozessordnung:

„Hans war in Berlin Anwalt der Roten Hilfe, obwohl er oft Ärger mit den Kommunisten hatte, die von ihm verlangten, dass er die Prozesse nur unter politischen Aspekten führte, was er ablehnte. Er wollte nicht Märtyrer produzieren, sondern Freisprüche erkämpfen. Er war bei den Nazis so verhaßt, dass man Überfälle auf ihn organisierte und er kurz vor der Machtergreifung nur noch unter Bewachung auftreten konnte.“[9]

b) Litten und die eigenen Ermittlungen des Strafverteidigers

Die Vorgänge im Felsenecke-Prozess führten zu einer leidenschaftlichen Diskussion über den Begriff der Strafverteidigung und die Stellung und das Selbstverständnis des Strafverteidigers. Diese Diskussion ist noch heute von einer unmittelbaren Frische und Bedeutung. Das macht es lohnend, aus einigen Stellungnahmen zu dokumentieren.

---

8 *Olden* (Ausgabe 1940), S. 7, 9 f., 11, 16, 17.

9 *Fürst,* Gefilte Fisch, S. 206.

Zunächst Litten selbst:[10]

> „Jeder Anwalt weiß, dass seine Tätigkeit in der Hauptverhandlung nur einen Bruchteil und sehr häufig nur den unwesentlichsten Bruchteil seiner Aufgaben umfasst. In vielen Fällen besteht gerade die Hauptaufgabe des Verteidigers darin, zugunsten des Angeklagten Ermittlungen anzustellen, die die staatlichen Untersuchungsorgane nicht anstellen konnten oder wollten. Es ist reine Willkür, das Recht zu solchen Ermittlungen auf die Zeit vor Beginn der Hauptverhandlung zu beschränken. Gerade in großen Prozessen, die die Öffentlichkeit erregen und in denen vor allem die Presse bei der Wahrheitsfindung mitarbeitet, werden dem Verteidiger häufig erst während der Hauptverhandlung Zeugen und andere Beweismittel zugänglich, die das Gericht nicht kennt. Wie oft kommt es vor – und nicht nur in politischen Prozessen –, dass sich Auskunftspersonen melden, die aus irgendwelchen Gründen nicht selbst im Prozess auftreten wollen, aber dem Verteidiger im Vertrauen auf seine berufliche Schweigepflicht Mitteilungen machen, die für seine weitere Ermittlungstätigkeit von größter Bedeutung sein können. Nach der Ansicht des Kammergerichts müsste der Verteidiger sich weigern, Mitteilungen eines solchen Besuchers entgegenzunehmen.
>
> Ein Anwaltsstand, der seine Aufgabe ernst nimmt und es nicht zulassen will, dass das Institut der Verteidigung zu einer bloßen Farce herabsinkt, kann auf diesen Beschluss des Kammergerichts nur eine Antwort geben: Er muss es zur Standespflicht erklären, dass jeder Verteidiger diesem Beschluss zuwiderhandelt, wo immer er eigene Ermittlungen im Interesse der Sache für erforderlich hält.“

Rechtsanwalt Erich Cohn-Bendit, einer der Verteidiger im Verfahren, hält ein „Plädoyer für Litten“:[11]

> „Die bloße Frage, ob Sie das Recht haben, einen unbequemen Verteidiger hinauszuwerfen, verletzt das Ansehen des Anwaltsstandes. Es hat keinen Zweck, über eine Frage zu diskutieren, wenn die Frage grundsätzlich falsch gestellt ist [...].
>
> Ob seine Fragen ungeeignet oder nicht zur Sache gehörig waren darüber wird endgültig das Reichsgericht entscheiden. Vor dem Schwurgericht bestimmt der Verteidiger nach pflichtgemäßem Ermessen, was er fragen will, und Sie können darüber entscheiden, ob die Beantwortung der Frage zugelassen wird oder nicht. Wir lassen uns, meine Herren Richter, die Fragen, welche wir nach unserer Ansicht zu stellen haben, von Ihnen nicht vorschreiben [...].
>
> Meine Herren Richter, wenn dieser Beschluss zulässig wäre, so könnte jedes Gericht einem ihm unbequemen Verteidiger schon nach dreistündiger Verhandlung mit den von Ihnen angegebenen Scheingründen die Verteidigung untersagen. Herr Kollege Litten hat sich durch die Art, wie er die Interessen seiner Mandanten wahrnimmt, in den Wochen dieser Verhandlung auch die Achtung der Mitverteidiger einschließlich des Kollegen erworben, der bekanntermaßen im nationalsozialistischen Lager steht. ‘Verletzte Würde des Gerichts’? Solange Sie Herrn Kollegen Litten unsachliche Ver-

10 *Litten*, Weltbühne, 1 Halbj. 1932, 757.

11 *Cohn-Bendit,* Weltbühne, 2. Halbj. 1932, 314.

teidigung vorwerfen, muss ich es ablehnen, mit Ihnen über die 'Würde' des Gerichts zu diskutieren. Wir sind nicht gewillt, die Interessen unserer Mandanten auf dem Altare Ihrer 'hohen Aufgabe' – wie Sie sie auffassen – und Ihrer Autorität zu opfern. Eins werden Sie mit Ihrem Beschluss bestimmt nicht erreichen:

Dass wir in jedem Gerichtssaal das zu sagen unterlassen werden, was wir als Verteidiger im Interesse unserer Mandanten den Zeugen, den Polizeibeamten, Staatsanwälten und Richtern zu sagen für notwendig halten."

Rudolf Olden veröffentlicht am 29. November 1932 im Berliner Tageblatt seinen großen Leitartikel „Der Geist der Bevormundung":

> „Wenn früher gefragt wurde: 'Ist die freie Advokatur bedroht?', so muss heute geantwortet werden: 'Ja, die Bedrohung ist da!'."[12]

3. Der Tod

Irmgard Litten hat den jahrelangen Kampf um das Leben ihres Sohnes geschildert.[13] Noch einmal Rudolf Olden:

> „Im Verlauf der Wiederaufnahme des 'Felseneck' – Prozesses wollte man von Litten, nun Insasse eines Konzentrationslagers, erfahren, wer eigentlich jenen Schwarz vom Leben zum Tode gebracht hatte. Das wußte er wahrscheinlich nicht, wollte es aber jedenfalls, treu seiner Anwaltspflicht, nicht sagen. Darum wurde die Tortur gegen ihn angewendet, und er versuchte Selbstmord, um sich selbst den Mund zu verschließen [...]. Und der Tortur ward er unterworfen, weil er, ich möchte sagen übermenschlich pflichttreu, die Anwaltspflicht des Geheimnisses noch wahrte, als schon die ganze Rechtsordnung, auf der solche Pflicht ruhte, im Abgrund der Nazi-Anarchie verschwunden war."[14]

Und Gräfin Dönhoff:

> „Vielleicht war er einer jener Gerechten, um derentwillen der Herr die Stadt – das Land, die Nation – nicht gänzlich verderben ließ."[15]

---

12 *Olden*, Der Geist der Bevormundung, Berliner Tageblatt vom 29.11.1932, S. 1. Siehe dazu auch die Stellungnahme des Vorsitzenden des Strafsenates des Kammergerichts, in: Berliner Anwaltsblatt 1933, 13, der hervorhebt, es sei keine allgemeine These aufgestellt, sondern lediglich das im vorliegenden Fall beanstandete Verhalten des Rechtsanwalts behandelt, – eine Auslegung, die a.a.O. der Vorsitzer des Vorstandes der RAK Berlin wiederum kritisch erörtert. Siehe auch die Artikel von *Löwenstein*, Verteidigernot, in: DJZ 1932, 1409; *Klee*, Verteidigungsmißbrauch, in: DJZ 1932, 1468 und den Bericht von *Hachenburg* und *Bing* über die Abgeordnetenversammlung des Deutschen Anwaltvereins vom 4.12.1932, in: DJZ 1932, 1524 (1527).

13 *Irmgard Litten* (Ausgabe 1940).

14 *Olden* (Ausgabe 1940), S. 16 und S. 17/18.

15 *Gräfin Dönhoff*, Zeit vom 5.12.1986, 74.

Literatur

1. Texte von Litten

- Zugrundegerichtet. Vier Monate Felsenecke-Prozeß. In: AIZ Nr. 37 vom 11. 9. 1932.
- Liebe Weltbühne. In: Weltbühne 1932, 2. Halbj., 635.
- Notverordnung des Kammergerichts. In: Weltbühne 1932, 2. Halbj., 757.
- Aus Briefen Littens aus Konzentrationslagern. In: Irmgard Litten, Eine Mutter kämpft gegen Hitler. Ausländische Ausgaben 1940, Rudolstadt 1947, Frankfurt a.M. 1984, S. 241 ff.
- Briefe aus dem KZ (geschrieben aus dem KZ Lichtenberg an seine Mutter). Zeugnisse von Faschismus Ermordeter. In: Sinn und Form 30 (1978), S. 228–236.
- Kunstmerkblatt für Anfänger. In: Irmgard Litten, Eine Mutter kämpft gegen Hitler, S. 247 ff.
- Archivmaterial Landesarchiv Berlin: Hier sind div. Prozessunterlagen vorhanden. Die Verfahrensakten des Felsenecke-Prozesses (Rep. 58 Acc. 399, Nr. 37) sowie drei Verfahren gegen Rechtsanwalt Litten wegen seiner Verteidigertätigkeit (Rep. 58 Acc. 399 Nr. 1510; Nr. 2049; Nr. 2050).
- Weiteres Archivmaterial befindet sich in Potsdam im Zentralen Staatsarchiv der DDR sowie im Staatsarchiv Potsdam (dort die Strafanzeige gegen Zörgiebel).

2. Texte über Litten

- Carlheinz von Brück, Ein Mann, der Hitler in die Enge trieb, 2. Auflage, 1975.
- Cohn-Bendit, Plädoyer für Litten. In: Weltbühne, 2. Halbj. 1932, S. 314 ff.
- „Denkschrift der „Union für Recht und Freiheit“ über die Geiselschande im III. Reich, vom 1.11.1937, Prag (S. 3), im Archiv der Sozialen Demokratie der Friedrich-Ebert-Stiftung.
- Gräfin Dönhoff, Der vergessene Opfergang In: Die Zeit, 5. 12. 1986, 74, ferner Briefe zu diesem Aufsatz von Sperlich, Margot Fürst, Kelletat, Carlebach und Kreys. In: Die Zeit, 26. 12. 1986, 13.
- König, Vom Dienst am Recht, Rechtsanwälte als Strafverteidiger im Nationalsozialismus 1987, S. 16 ff.
- Fürst, Gefilte Fisch, 1976, Taschenbuchausgabe.

– FÜRST, TALISMAN, Scheherezade, 1976.

– LEBER (Hrsg.), Das Gewissen entscheidet, Bereiche des deutschen Widerstandes von 1933–1945 in Lebensbildern, 1963, S. 114 ff.

– LITTEN, IRMGARD, Eine Mutter kämpft gegen Hitler, ausländische Ausgaben 1940, Rudolstadt, 1947, Frankfurt a.M., 1984.

– OLDEN, Hans Litten. In: Irmgard Litten, wie vor.

– OLDEN, Der Geist der Bevormundung. In: Berliner Tageblatt Nr. 565 vom 29. 11. 1932, 1.

– PAECH, „Ich habe nur als proletarischer Anwalt meine Pflicht den angeklagten Proletariern gegenüber erfüllt“, Hans Litten, Rechtsanwalt (1903–1938). In: Demokratie und Recht, 1988, S. 70 ff.

Hans Litten zum 100. Geburtstag
Hans Litten als Strafverteidiger[1]

Ein kurzes Leben, 34 Jahre 7 Monate und 16 Tage. Die meisten hier sind älter, als er überhaupt wurde. Ein frühes Anwaltsleben: Litten war 25 Jahre und 3 Monate, als er Rechtsanwalt wurde.

Ein kurzes Anwaltsleben, 4 Jahre und 5 Monate und 1 Tag: Zulassung 27. September 1928, Verhaftung und Ende der Tätigkeit 28. Februar 1933. Viele hier sind länger Rechtsanwälte, als er überhaupt lebte.

Ein wichtiges Leben.

Dies wird keine Chronologie der Prozesse, an denen Litten beteiligt war. Ich stelle Fragen:

- Warum wurde Litten Strafverteidiger?
- Was war die Psychologie seiner Berufswahl?
- Wie steht er die Härte des Berufslebens durch, in die er alsbald gerät?
- Wie wird einer fertig mit solchen Anfeindungen, die er alsbald erlebt?
- Woher kam der Impetus, dies durchzuhalten? – Bei einem der aus der Harmonieerziehung des Humboldtschen Bildungsideals kommt?
- Was war seine besondere Psychologie? – „Bei seiner universalen Begabung wären ihm alle geisteswissenschaftlichen Berufe offen gewesen“.[2] Und nun Rechtsanwalt, Strafverteidiger?
- Was ist der tiefenpsychologische Grund, die Ursache für solche Berufswahl? – Woher kommt, was Alsberg in der „Philosophie der Verteidigung“ die „Intuition“, den „seelischen Affekt“, das „Gefühl eines ernsten Mitleids“ nennt und Paul Reiwald das „unbewusste Schuldgefühl“?

---

1 Vortrag anlässlich der Gedenkveranstaltung am 22. Juni 2003 zum 100. Geburtstag von Hans Litten in der Gedenk- und Bildungsstätte Haus der Wannseekonferenz. Organisiert wurde die Veranstaltung von Bundesrechtsanwaltskammer, Rechtsanwaltskammer Berlin und Gedenk- und Bildungsstätte Haus der Wannseekonferenz. Erstveröffentlichung in: BRAK-Mitteilungen 2003, 161 ff.

2 Die wörtlichen Zitate beziehen sich: im Teil 1. auf: *Max Fürst*, Gefilte Fisch, 5. Aufl. 1975; im Teil 2. auf *Rudolf Olden*, Hans Litten; Vorwort zu Irmgard Litten, Die Hölle sieht Dich an, 1940.

1. Die Jugend

Der Vater jüdischer Herkunft, Jura-Professor. In vielem angepasst und dann doch verfolgt. Gebrochen. Die Mutter, Schwäbin, stolz, aus einem schwäbischen Raubrittergeschlecht zu stammen, als es nichts mehr war mit den Raubrittern, Pastoren und Professoren. Behend, stabil, äußerst gebildet, sie gab nie auf.

Mit dem Vater: Zerwürfnis, mit der Mutter: Harmonie.

Litten war ein widersetzlicher Mensch, scharfzüngig und unnachgiebig in der Vertretung seines Standpunktes, mitfühlsam wo er helfen wollte, er war „die Güte selbst" (Kurt Hiller). Er wollte Kunstgeschichte studieren. Der Freund der Jugend Max Fürst:

> „Hans war nie kaltherzig [...] er konnte kaltblütig sein im Denken und Handeln."

> „Hans Litten kam zu uns nicht als unbeschriebenes Blatt: ihm ging der sagenhafte Ruf voraus, die beiden Primen des Wilhelms-Gymnasiums gesprengt zu haben [...] (der) Schule des gehobenen Bürgertums [...]. Da er die Schule für eine Verdummungsanstalt hielt, die nur dazu da war, den letzten Tropfen Geist aus den Schülern herauszupressen, eröffnete er seinen Kampf gegen die Schule und gewann mit der Zeit die ganze Klasse für seine Ideen."

Und:

> „Das bürgerliche Milieu war nicht so einfach abzuschütteln. Andererseits waren wir als Juden doch Außenseiter der Gesellschaft [...]. Wir fühlten uns [...] als Ausgestoßene [...]." „Ich glaube nicht, daß es für Juden auch in Deutschland je eine heile Welt gegeben hat."

> „Von unserer Gruppe, die wir lehrten, aktiv zu sein und zu kämpfen, ist ein großer Teil in der Zeit Hitlers und in der Zeit Stalins umgekommen."

Ich denke, dies sind gute Bedingungen, Strafverteidiger zu werden. Konflikt mit dem Vater, Rückhalt und Wärme bei der Mutter. Konflikt mit dem Vater: Das bedeutet: Abschied von der Harmonieerziehung: Liebe zum geistigen Kampf, Streitlust, Streitkultur: Streit begrenzt die Macht, klärt die Fronten, erzwingt klare Positionen, fördert Intelligenz, Mut, Kreativität (Sofsky). Das alles gilt und galt, solange das Land eine Republik ist. So ist es für diese Zeit sehr kennzeichnend: Es endet der Schulkonflikt dann doch mit einem „Kompromiss, dass alle sich während der Schulstunde mit dem beschäftigen konnten, was sie interessierte. Die Klasse kam dann doch geschlossen durch das Abitur". Und es gab erhebliche Konflikte in der Jugendgruppe, – und doch bleibt die Freundschaft mit einzelnen Mitgliedern. Der Konflikt mit dem Vater endet nicht. Er kann es nie akzeptieren: der Sohn als Rechtsanwalt und dessen Mandanten. Harmonie mit der Mutter: auch diese endet nicht: der unermüdliche Kampf dieser Mutter für ihren Sohn. Und so: da er nun einmal Rechtsanwalt geworden war, brachte er dies mit: Die Liebe zur geistigen Auseinandersetzung, zur Klarheit des Gedankens, die Hartnäckigkeit des Wollens, die Beständigkeit des Handelns. Und: die Sicherheit der internen Harmonie, aus der die Kraft kommt, den anderen wahrzunehmen und für ihn einzutreten, Fürsprech zu sein.

2. Er ist nun Rechtsanwalt und das in der „Atmosphäre von Moabit"

Wenden wir uns bei der Betrachtung der Verteidigerpersönlichkeit Littens einem weiteren Zeitzeugen zu: *Rudolf Olden*. Es ist für uns ein Glücksfall, dass ein Mann wie Rudolf Olden das nachdenklichste und liebevollste Portrait seines Kollegen Litten schreibt: Rudolf Olden, fast 20 Jahre älter, Rechtsanwalt, Strafverteidiger, Schriftsteller, politischer Redakteur des „Berliner Tageblatts", Vorstandsmitglied der Deutschen Liga für Menschenrechte. Ein Glücksfall, dass es dieser Mann war, mit so großem Sinn für die Verteidigung, mit so breiter klassischer Bildung. Zwei kongeniale Persönlichkeiten, die sich – waren sie einander erst begegnet – nicht mehr aus den Augen verloren. Es ist so vieles geschrieben worden über Hans Litten, darunter auch Mutmaßungen, Erdachtes, Falsches. Hier haben wir den genuinen Zeitzeugen gleicher Profession. Abseits der Einzelheiten des täglichen Betriebs wendet er sich Allgemeinem in der Person Littens zu:

> „Hans Litten war ein *franciscanischer* Mensch."

Wir ahnen, was das bedeutet. Was bedeutet es? Franz von Assisi hatte Littens Konflikt vorgelebt: Der Fluch des Vaters wegen der Berufswahl: Als er Kaufmann werden soll, zieht er seine Kleider aus, „ich gebe dem Vater, was des Vaters ist, ich selbst gehöre Gott" und geht. Ein hochethischer Mensch, Mildtätigkeit, Bruderliebe, Demut. Fortan sind es Bettler, Kranke, Aussätzige mit denen er zu tun hat, – die Schwachen. Und es ist das Mittelalter. Und doch: Franz von Assisi bleibt, trotz vieler Konflikte, aufgrund seiner Zähigkeit in der mittelalterlichen Welt und stirbt eines natürlichen Todes. So fährt Olden fort:

> „Der franciscanische Mensch Hans Litten wäre vielleicht unangefochten durch die republikanische Periode und ins Dritte Reich gewandert, hätte ihn nicht sein Beruf zum Kämpfer ums Recht gemacht. So aber kam er, unvermeidlich [...] in Konflikt mit den durch Rechtsbruch heraufsteigenden wie mit den offiziellen Rechtswahrern, als sie anfingen, weich gegen die Rechtsbrecher zu werden und sich also gegen Rechtskämpfer verhärten mußten."

Er berichtet:

> „Auf dem Höhepunkt seiner Moabiter Tätigkeit habe ich Litten einmal zugeredet, er möge weniger intransigent sein, es manchmal billiger geben und nicht immer alles auf die Spitze treiben; wir würden ihn sonst nicht lange in Moabit behalten und könnten ihn doch gut brauchen. Er hat erwidert, er sei überzeugt, es werde ohnehin nicht lange mehr mit unserem Rechtswesen dauern, schon deshalb sehe er keinen Grund zu Konzessionen. Ich muß gestehen, er sah die kommenden Dinge genauer als ich."

So erklärt sich die ungeheure Beharrlichkeit seines Vorgehens.

a) Die Gründlichkeit seiner Vorbereitung in der Stoffsammlung:

eigene Ermittlungstätigkeit durch Zeugenbefragung (Röntgenstraßenprozess, Felsenecke)

b) Materialsammlung für die Zeugenbefragung.

Hier ist ein Beleg zu finden, der für die Verteidigertätigkeit Littens besonderes ausweist und zugleich diese dann zerstörte: Die Befragung Hitlers am 8. Mai 1931:

– Exakte Vorbereitung:

> „Litten hatte nicht wenige Zitate aus der nationalsozialistischen Literatur zur Hand."

– Beharrlichkeit der Befragung:

> „Er vernahm den prominenten Zeugen mit der ihm eigenen beharrlichen Ruhe, machte ihn ein paar mal wütend und ließ ihn beträchtlich schwitzen. Ob damals irgend jemand im Saal eine Ahnung hatte, daß er sich selbst das Urteil qualvollen Todes gesprochen hatte? Ich glaube, keiner von uns vermochte so weit zu blicken [...]."

Hitler musste seine Verfassungstreue beschwören.

c) Der Kampfeswille.

Dieser zeigt sich auch in dem Vorgehen gegen Prozessniederlagen: Immer wieder stellt er neue Anträge oder legt Rechtsmittel ein.

– Ein herausragendes Beispiel liefert sein Verteidigerausschlussverfahren im Felsenecke-Prozess, das er durch die Instanzen treibt und in dem er große Unterstützung von der Berliner Rechtsanwaltschaft erhält. Eine Kammerversammlung ausschließlich zur Erörterung dieses Punktes wird einberufen und „außerordentlich stark besucht".

Der Vorsitzende der Rechtsanwaltskammer *Ernst Wolff* führt in der Ansprache aus,

> „es rühre an die Wurzeln unseres Standes, wenn die Gerichte den Versuch machen, die Freiheit des Verteidigerstandes und damit der Anwaltschaft überhaupt anzutasten."

Die Versammlung stellt sich hinter Litten. Hier sind strafprozessuale Aussagen von Litten bewirkt, auf die wir uns noch heute berufen.

– Ein weiteres Beispiel stellt sein Vorgehen gegen den Berliner Polizeipräsidenten Zörgiebel wegen des Schießbefehls am 1. Mai 1929 dar. Litten ist gerade gut sechs Monate Rechtsanwalt. Er zeigt Zörgiebel wegen Anstiftung zum Mord in 33 Fällen an und verfolgt diese Linie hartnäckig auch zur Entlastung seiner Mandanten in anderen Verfahren.

d) Persönlicher Mut.

– Diese Beispiele haben ausreichend gezeigt, von wie großer Zivilcourage Litten erfüllt, zu welchem Mut er fähig war. Er wurde angefeindet, besonders von der Nationalsozialistischen Propaganda:

> „Dem Anarchisten Litten wird das Handwerk gelegt“,

so wird getitelt, aber auch durch die Haltung einzelner Gerichte. In seinem Ausschlussbeschluss nimmt das Schwurgericht ihn am 15. August 1932 brutal ins Visier: er sei „nicht mehr verantwortungsbewusstes Organ der Rechtspflege“, er habe „hemmungslose parteipolitische Propaganda im Prozess entfaltet“, „er habe unter den Angeklagten eine verhetzende Tätigkeit ausgeübt.“ Immerhin: Das Kammergericht hebt diesen Beschluss auf (einen späteren nicht).

– Ein weiters Beispiel: sein Verhalten im KZ.
Er wird gefoltert, weil er Anwaltsgeheimnisse aus dem von den Nazis wieder aufgerollten Felseneckeprozess preisgeben soll. Er bricht zusammen, und kaum ein wenig zu Kräften gekommen, widerruft er seine Aussage. Er überlebt nur knapp einen Selbstmordversuch. Das war bereits 1933.

3.

Ich komme zurück auf die Bemerkung zum Leben Franz von Assisis:

Es war das Mittelalter, aber Franz von Assisi konnte in der mittelalterlichen Welt bleiben. Der franciscanische Mensch Litten hatte diese Möglichkeit nicht. Wäre die Republik geblieben, er wäre als einer ihrer Bewahrer hervorgegangen. Da sie nicht blieb, ging er mit ihr unter. Zwangsläufig war bei seiner Persönlichkeit sein „Kampf ums Recht“. War zwangsläufig auch der Untergang der Weimarer Republik? Sicher nicht, wenn es in allen Berufen viele Litten gegeben hätte. Olden:

> „In diese Welt des Kampfes und der moralischen Abstumpfung trat Hans Litten, ein junger Mensch, klug, aber ohne Arg, zwischen Parteitrompetern und Intriganten eine anima candida, vor allem aber erfüllt von der übermächtigen Sucht, Unrecht zu hindern, Bedrohte zu retten, die Beleidigten und Erniedrigten zu erheben.“

Eine *anima candida*: eine helle, weiße Seele, strahlend, durchsichtig, ungekünstelt, lauter. Aber eine anima candida heißt auch: eine heitere, eine glückliche Seele. Dies hätte Litten auch sein können, wenn er seinen Kampf gewonnen hätte. Es war der Kampf für die Republik. Für die Staatsform in der wir leben und auch leben wollen.

Dies ist die Mahnung an uns.

Wilfried Rasch (1925–2000)*

Ein 'rocher de bronze' der Humanität lebt nicht mehr.

Ein Mann, der hohe Wissenschaftlichkeit mit der Kraft des Fühlens und Nachfühlens verband.

Ein Mann: widersetzlich, scharfzüngig und unerschrocken, wo es galt, eine als richtig erkannte Wissenschaft zu vertreten; sanft und mitfühlend mit den Kranken und Gescheiterten; ein Meister in der hohen Kunst, Distanz zu halten und doch inmitten zu sein.

Als ich ihn vor einem Jahr zuletzt in seinem Haus in Südfrankreich besuchte, zeigte er mir voll innerer Freude ein Foto vom alten Polizeipräsidium am Alexander Platz in Berlin, in dem er aufgewachsen war. Sein Vater war Leiter der dort untergebrachten Jugendhilfsstelle, einer seinerzeit sehr modernen, selbst im Ausland Interesse erweckenden Einrichtung für Jugendliche in Schwierigkeiten, obdachlos herumstreunend, z.T. mit dem Gesetz in Konflikt geraten. Ein Schutzheim war angegliedert, dem Vater und Mutter vorstanden, wie einer großen Familie. Die Dienstwohnung der Eltern, in der er aufwuchs, und das Heim lagen Wand an Wand und waren miteinander verwoben. Die Trennlinie zwischen den eigenen Kindern und den untergebrachten Jugendlichen war durchlässig. Sein Schulweg führte quer über den Gefängnishof des Polizeigefängnisses.

Dort lernte er, Menschen schlicht als Menschen zu sehen, unabhängig von ihrer Situation, ihrer sozialen Stellung oder ihren Verfehlungen.

Aber nicht nur das. Er sah so schon früh, dass es nicht nur die Deviation ist, die zum Konflikt mit dein Gesetz führt, sondern dass es sehr häufig die Ausnahmesituationen sind, in die ein Mensch geraten kann, wenn seine Kräfte der Kontenance zerbrechen und sein Handeln von Affekt oder seelischer Erschöpfung bestimmt wird.

Schon als Kind hatte Wilfried Rasch den Berufswunsch, Arzt zu werden. Gleich nach der Entlassung aus der Kriegsgefangenschaft im Jahre 1948 begann er sein Medizinstudium.

Die Begegnung mit seinem Lehrer, Prof. Dr. Bürger-Prinz, am Universitätskrankenhaus Hamburg-Eppendorf führte ihn in die Forensik. Seine Habilitationsschrift „Die Tötung des Intimpartners“ – eigentlich ein Teil eines größer angelegten Forschungs-

---

* Erstveröffentlichung in: StV 11/2000, 641.

projektes über Tötungsdelikte allgemein – machte ihn als forensischen Psychiater weithin bekannt.

Hier in der Untersuchung der letzten Grenzsituationen menschlicher Existenz, wo die tiefsten Gefühle sich verdichten und unglücklicherweise in einer Straftat enden, entfaltete sich am stärksten seine Kraft zum Erkennen der Ursachen, zum Bewerten der Zusammenhänge und zur humanen Durchdringung der Katastrophe.

Niemals laut und allwissend im Inhalt seiner Gutachten und seiner wissenschaftlichen Aussagen, aber schonungslos im Kraftgebrauch gegenüber Arroganz und Besserwisserei, in seinem Fach, wie in dem der Juristen. Er war erfüllt von jener uns überkommenen Weisheit, die Alsberg in seiner „Philosophie der Verteidigung" beschreibt, wo er vom Bewusstsein des „Nichtwissens" als positivem Wert spricht und sagt:

> „Die Leidenschaft des Wahrheitssuchenden kennt keine Leidenschaftslosigkeit. Nicht im Einzelfall zur Wahrheit vorgedrungen zu sein, wird Demut unbekümmert aussprechen – aber Besinnung auf solche Demut kann fehlen."

Es ist Rasch's unauslöschliches Verdienst, dass er erfüllt war von der Besinnung auf solche Demut.

Die Angeklagten, die er zu begutachten hatte, fühlten sich oft zum ersten Mal in ihrem Leben wirklich gehört und verstanden, sie bedankten sich bei ihm für dieses Verständnis auch dort, wo sein Gutachten ihnen das „Lebenslänglich" nicht ersparte.

Wir Strafverteidigerinnen und Strafverteidiger schätzten ihn, weil uns seine Publikationen bei der Einsicht in die innere Welt unserer Mandanten halfen und uns die Möglichkeit gaben, für die Beweisaufnahme und das Plädoyer ihre „Seele" nachzudichten, und wir schätzten ihn, weil er im konkreten Fall zur Vorbereitung der Gutachtenerstattung und bei der Gutachtenerstattung ein Mann war, der „Gehör gab", der das lebte, was das Bundesverfassungsgericht als „Urrecht des Menschen" bezeichnet hat: Gehör zu finden.

Er war ein Vertreter der Nachdenklichkeit, der Bescheidenheit, der Gründlichkeit. Insofern war er in einer Welt der kurzen, schnellen, geschichtslosen Urteile und der Denkferne ein Relikt, aber auf der anderen Seite jedoch ein höchst. moderner Mensch, denn es sind seine Tugenden, die die Zukunft verlangt.

In seinen letzten Jahren äußerte er sich kaum noch öffentlich. Tat er es, dann nur, wenn er glaubte, sich einsetzen zu müssen für jemanden, dem Hilfe gegeben werde musste. Ein biblisches und ein antikes Motiv standen über seinem Leben, und wer von seinen Freunden hätte diese Worte nicht von ihm gehört „Kommet her zu mir alle, die ihr mühselig und beladen seid“ und: „Nicht mitzuhassen, mitzulieben bin ich da.“

Rasch’s Publikationsliste umfasst rund 150 Titel. Es ist eine Festschrift für ihn erschienen: „Die Sprache des Verbrechens – Wege zu einer klinischen Kriminologie“ 1993. Im Jahr 1999 erschien die 2. Auflage seines Lehrbuches „Forensische Psychiatrie“.

Sein Vorwort zu dieser 2. Auflage, geschrieben im Herbst 1998, schließt mit hellsichtigen Worten:

> „Die Entwicklung der gesellschaftlichen Einstellung gegenüber Außenseitern verläuft in Zyklen. Vielleicht ist die Talsohle noch nicht einmal erreicht, und die Frage erhebt sich, was unter den jetzigen gesellschaftlichen Bedingungen überhaupt als ‘normal’ anzusehen ist. Festzustellen ist zumindest für das Jahr 1997, daß Deutschland im Internationalen Vergleich weiterhin ein recht friedliches, im Grunde kriminalitätsarmes Land geblieben ist. Vielleicht ist auch mal wieder eine Phase zu erwarten, die durch bessere Differenzierung unter den Außenseitern, mehr Verständnis für sie, sowie mehr humanitäres Engagement gekennzeichnet ist.
>
> Valete posteri.“

II.

Psychologie der Strafverteidigung

Es ist ein nachdenkenswerter Umstand festzustellen:

Es gibt unzählige Veröffentlichungen zur Psychologie der Berufswahl zu so vielen Berufen.

Ich habe mit mehreren Inhabern von Lehrstühlen gesprochen und sie gefragt, ob es Untersuchungen gäbe über die „Psychologie der Berufswahl der Strafverteidigerinnen und des Strafverteidigers".

Die spontane Antworten waren immer „Ja, selbstverständlich". Dann habe ich darum gebeten, mir solche Untersuchungen zugänglich zu machen, die Antworten waren immer die gleichen:

> Es gibt keine Feldstudien über diese Frage.

In diesem Zusammenhang ist auch Anlass zu großer Nachdenklichkeit der weitere Umstand:

Es gibt eine sehr umfangreiche Burn-out-Literatur. Sie beschäftigt sich mit unzähligen Berufsgruppen: Diplomaten, Lehrern, Krankenschwestern, all die sozialen Berufe mit dem „Helfersyndrom".

Über das „Ausbrennen" von Rechtsanwältinnen und Rechtsanwälten insbesondere von Strafverteidigerinnen und Strafverteidigern gibt es keine validen Erkenntnisse.

Während die Psychotherapeuten für sich selbst Regeln der Supervision haben, gibt es bei den Personen, die, um ein mittelalterliches Wort zu gebrauchen, „mit dem Blut umgehen", sowohl für Richter als für Staatsanwälte, als für Rechtsanwälte keine Regeln über Supervision, noch nicht einmal eine Ausbildung in den Fragen, wie ein Helfender Beruf mit Übertragungen, Rettungsphantasien oder schlicht dem einfachen menschlichen Leid auf die Dauer, 30 Jahre lang und mehr, umgehen kann ohne selbst infiziert zu werden von den Neurosen derjenigen, deren Fälle behandelt werden.

Auch hier ist nur „Annäherung" zu erreichen.

Max Alsberg: Konflikt – Bremen, 3. März 1933 – Eine Dokumentation*

Vorbemerkung

Ein Berliner Strafverteidiger, der eingeladen ist, für einen Bremer Kollegen einen Festschriftbeitrag zu schreiben: Was vermag eine Brücke zu bilden zwischen den beruflichen Spezialisierungen und den verschiedenen Orten der Tätigkeit?

Ich denke, ich habe sie gefunden, wenn ich als Geschenk zum Jubiläum meines verehrten Kollegen Brieske die Erinnerung an den großen Strafprozessualisten Max Alsberg wachrufe, indem ich einiges dokumentiere über sein Theaterstück „Konflikt" und dessen Uraufführung in Bremen am 3. März 1933.

Dokumentation

Max Alsberg, Strafverteidiger, Autor so vieler wissenschaftlicher Werke, Vorträge und Urteilsanmerkungen schrieb zwei Theaterstücke „Voruntersuchung" (mit O. E. Hesse) und „Konflikt". Beide Stücke wurden erfolgreich aufgeführt, das letzte nur kurze Zeit.

1. Das Stück

a) Sarstedt hat den Inhalt zusammengefasst[1]

Die Heldin, Frau Christine, hat einen musikalisch hochbegabten Sohn aus erster Ehe; ihr zweiter Mann ist ein Trunkenbold, der nicht nur sein eigenes Vermögen in einem schäbigen Geschäft angelegt hat, sondern auch das väterliche Erbe seines Stiefsohns zur Sanierung dieses Geschäfts verwenden möchte. Der Junge selbst soll dort, sehr gegen seinen eigenen Wunsch, als Lehrling eintreten. Um den entgegenstehenden Willen der Mutter zu überwinden, will er ihr seinen Teilhaber gerichtlich als Beistand bestellen lassen und hat eine Unterschrift von ihr erschlichen, mit der sie dieser Bestellung zustimmt. Als sie die Machenschaften ihres Mannes durchschaut, geht sie zum Anwalt, der ihr helfen soll, die Bestellung dieses eigensüchtigen Beistandes zu verhindern. Das erweist sich aber als nicht ganz leicht, weil der

* Erstveröffentlichung in: Festschrift für Franz-Josef Brieske (Privatdruck), 1986, S. 171.

1 *Sarstedt*, Max Alsberg, Ein deutscher Strafverteidiger, AnwBl. 1978, 7 ff., 13.

Mann – ohnehin meist betrunken – das Schriftstück nicht herausgibt. Der Sohn macht ihr Vorwürfe, dass sie ein solches Schriftstück unterzeichnet habe und bedrängt sie, es wieder an sich zu bringen. Sie sagt ihm das zu und geht in das Schlafzimmer, hoffend, dass der Mann in seiner Trunkenheit schlafen werde und dass sie die Urkunde aus der Nachttischschublade an sich nehmen könne. In dieser Schublade liegt auch, wie sie weiß, ein Revolver. Es fallen zwei Schüsse, die Frau kommt heraus, der Mann ist erschossen. Sie wird, wie Sie sich vorstellen können, wegen Mordverdachts festgenommen; der Anwalt besucht sie in der Untersuchungshaft, nachdem sie eine etwas verworrene Geschichte von Rangelei, Griff des Mannes zum Revolver, Handgemenge und unabsichtlich losgegangenen Schüssen zu Protokoll gegeben hatte. Das Gespräch im Gefängnis ist ein Höhepunkt des Stückes. Der Anwalt zeigt sich gütig und verständnisvoll, fordert sie mehrfach auf, ihm den Hergang genauer zu schildern; sie könne Vertrauen zu ihm haben, zu ihrer Verteidigung müsse er alles wissen. Im Verlauf dieses Gesprächs setzt sie mehrmals erkennbar zu einem Geständnis an; aber jedesmal unterbricht er sie, es wird ganz deutlich, dass er das Geständnis nicht hören will. Schließlich versteht sie und gibt kalt eine klare, entlastende Erklärung ab. Auf sein Plädoyer hin wird sie freigesprochen. Bei der Rückkehr in ihre Wohnung empfängt ihr Sohn sie misstrauisch und abweisend. Er sagt ihr auf den Kopf zu, dass sie seinen Stiefvater erschossen habe. Trotz der Anwesenheit des Anwalts und eines anderen, älteren Juristen, und trotz deren Versuchen, einzugreifen, fühlt sie sich schließlich so in die Enge getrieben, dass sie die Tat zugibt. – Der Teilhaber ihres Mannes, der ebenfalls nicht an ihre Unschuld glaubt, sieht sich vor dem wirtschaftlichen Ruin, wenn dessen Vermögen von seiner Witwe als Erbin aus seinem Geschäft gezogen wird. Er droht mit einem Erbunwürdigkeitsverfahren. Sie auch dabei zu vertreten, lehnt der Anwalt ab. Als ihre Bitten immer dringender werden, braucht er Ausflüchte. Mit diesem Rechtsgebiet sei er wenig vertraut, er könne ihr viel bessere Anwälte empfehlen. Sie wendet ganz einleuchtend ein, wenn nicht er sie vertrete, werde man das auf sein nachträgliches Wissen von ihrer Schuld, vielleicht auf ein nachträgliches Geständnis schieben, auch wenn er das Zeugnis verweigere. Schließlich appelliert sie an seine Menschlichkeit, vor der ihre Tat doch vielleicht bestehen könne. Nach schwerem innerem Kampf gibt er nach. Er vermittelt einen Vergleich, nach dem das Geld des Toten in dem Geschäft des Teilhabers bleibt, das Geld des Sohnes aber nicht hineinkommt und – wie sich versteht, der Sohn selbst für seinen erwählten Beruf frei wird. Der Sohn löst sich von seiner Mutter; der Zuschauer bleibt im ungewissen, ob er vielleicht einmal zurückkehren wird. Der Anwalt, zunächst sehr erschüttert, versinkt in neuer Arbeit.

b) Zitate[2]

aa) Die Kernszene: Das Gespräch im Gefängnis

„*Justizwachtmeister*:
Dann darf ich jetzt Frau Kühne hereinlassen?

Bohlen:
Ja, ich bitte darum.

Justizwachtmeister (öffnet die seitwärts gelegene Tür):
Ich bitte, Frau Kühnel (Er lässt sie eintreten und geht nach rechts ab).

2. Szene.

Christine. Bohlen.

Bohlen (absichtsvoll heiter und frisch):
Ich höre eben, daß ich heute nicht Ihr erster Besuch bin, gnädige Frau. Guten Morgen.

Christine (sehr bleich und elend):
Guten Morgen, Herr Doktor, Werden Sie heute für mich Zeit haben?

Bohlen:
Selbstverständlich – ich wäre auch schon eher gekommen. Mir lag daran, erst die Akten zu studieren.

Christine (matt):
Eine aussichtslose Sache, nicht wahr, Herr Doktor?

Bohlen:
Keineswegs. Sie haben gar keinen Grund, zu verzagen.

Christine:
Ich bin am Verzweifeln.

Bohlen:
Ich kenne das. Das Untersuchungsgefängnis ist kein Nervensanatorium, das kann man wohl sagen. Männer, Menschen mit Nerven wie Schiffstaue, lassen sich da unterkriegen. – Aber wenn Sie den Kopf nicht oben behalten, wie soll ich dann kämpfen?

Christine (mit Bitterkeit):
Ich fürchte, ich werde Sie nicht aufrichten können. Es hat ja auch keinen Sinn mehr.

Bohlen:
Hat Ihnen Horn denn gar keinen Trost bieten können?

Christine:
Trost! Wenn man ja doch wieder in diese grauenhafte Einsamkeit zurück muss. Zu diesen kahlen Wänden. Man ist Untersuchungsgefangene – und doch Gefangene. Drei Tage – zehn Ewigkeiten. Man zählt die Stunden, die Minuten. Man denkt tausend Gedanken – und wenn man sie gedacht hat, ist ein Augenblick vorüber. Und man ist

2 *Max Alsberg*, Konflikt, Schauspiel in 7 Bildern, Berlin-Leipzig, 1933.

weiter allein und zählt und wartet. Und dann erlöschen die Gedanken. Dann kann man nicht mehr. Dann stirbt jede Hoffnung.

Bohlen:
Denken Sie doch an Ihren Sohn, gnädige Frau. Das muss Sie aufrecht erhalten.

Christine:
Das ist doch das Grausamste. (Ein wenig schamhaft): Herr Doktor, seit ich ihn geboren habe, ist es jetzt das erstemal, daß ich nicht mit ihm unter einem Dach schlafe (Sie weint.).

Bohlen (sanft):
Eine solche Nacht wate früher oder später auch so gekommen. Horn wird Sie ja über sein Wohlbefinden beruhigt haben?

Christine:
Beruhigt! Wie Sie das sagen! Haben Sie denn eine Ahnung, was einem hier durch den Kopf geht?

Bohlen:
Gewiss habe ich eine Ahnung, gnädige Frau.

Christine:
Augenblick lang ist es ein Hexensabbat. Und dann ist alles wieder dumpf und still, so entsetzlich Stillt (Bohlen ist, um seine tiefe Erschütterung zu Verbergen, aufgestanden und steht nun, mit dem Rücken zu Christine, am Fenster.) Sie haben dergleichen wohl schon hundertmal gehört? Bohlen (bleibt abgewandt): Nein – nein. Sprechen Sie nur, wenn Sie das erleichtert. Christine: Man räuspert sich, man probiert die Stimme, ob sie noch klingt – ob man nicht stumm geworden ist. Und man ist doch so übervoll, zum Platzen voll mit – mit so vielem, was man sagen will, und nicht sagen kann. Herausschreien möchte man es – und niemand ist da. Ja – ein paar Verbrecherinnen, beim Spaziergang.

Bohlen (Wendet sich nach ihr um):
Verbrecher – oft genug sind es Menschen, die – (Er zögert.).

Christine:
– die weniger Schlimmes getan haben als ich, meinen Sie?

Bohlen:
Nein, nein.

Christine:
Wahrscheinlich haben Sie Recht. Ich darf mir die Überheblichkeit nicht erlauben. (Ausbrechend): Retten Sie mich hier heraus, Herr Doktor! Helfen Sie mir! Nicht um meinetwillen – ich habe für mich keine Wünsche mehr. Aber für meinen Sohn, Herr Doktor, für meinen Christoph! Bohlen: Haben Sie doch nur ein bisschen Mut, gnädige Frau. Und sprechen Sie sich ruhig über alles aus. Sehen Sie, es trifft sich ja gut. Sie haben dieses lang zurückgedämmte Verlangen, sich mitzuteilen. Und ich müsste Sie so vieles fragen. Erzahlen Sie doch einmal. So könnten wir weiterkommen.

Christine (mit leisem Misstrauen):
Ja – Ihre kostbare Zeit. Ich weiß.

Bohlen (sehr gütig, ohne Ressentiment):
Sie irren. Ich habe Zeit, solange Sie wollen. (Er legt ihr die Hand auf die Schulter.) Ich soll Ihnen doch helfen. Sie beraten. Da muß sich jetzt der Druck lösen, der Ihnen in diesen Tagen so qualvoll die Kehle zugeschnürt hat. Sprechen Sie.

Christine (zu ihm aufblickend):
Ja? (Sie zögert.) Und ich kann auf Ihre Hilfe rechnen? Auf Ihre ganze Kraft?

Bohlen:
Wenn Sie wünschen, daß ich Sie in dieser Sache verteidige, so stehe ich zu Ihrer Verfügung. Sonst wäre ich ja nicht gekommen. Und was meine bescheidene Kraft betrifft – ja, ich glaube, ich setze sie immer ganz ein. Da gibt es keine Halbheiten.

Christine (reicht ihm die Hand):

Bohlen (behält ihre Hand in der seinen):
Nur, meine liebe Frau Kühne: ich muß Ihr ganzes Vertrauen haben. Sie müssen jetzt in mir den Menschen erblicken, dem Sie all das sagen können, was Sie In diesen Tagen und Stunden so furchtbar bedrängt hat. – (Er lässt ihre Hand los.) Wollen Sie mir nun erzählen?

Christine (reißt sich etwas zusammen):
Ja. Ich will. (Wieder zögernd): Aber – hat es denn einen Sinn? Wird man mir denn glauben, daß es [...] ein unglücklicher Zufall war [...] in einem Handgemenge? (Wieder zusammenbrechend.) Ach, man wird mir nicht glauben!

Bohlen:
Sie müssen zu mir das Zutrauen haben, daß ich dem Gericht einen Tatbestand so darstellen kann, wie er sich in Wahrheit abgespielt hat – und Sie müssen zum Gericht das Zutrauen haben, daß es diesen Tatbestand auch entsprechend begreift und würdigt. Ich kenne ja Ihre Darstellung aus den Akten. Aber es wäre doch gut – auch für Sie, meine ich – wenn Sie sich auch mir gegenüber aussprechen wollten.

Christine (mit einem tiefen Seufzer):
Wo beginnen? Bei den Schrecken dieser Ehe? Bei der Angst um das Schicksal meines Jungen ? Und wie diese Angst immer grauenhafter wurde – Sie haben ja das alles schon einmal anhören müssen.

Bohlen:
Wohin gingen Sie von meinem Büro?

Christine:
Ich ging spazieren. Ich ging spazieren, um über das wenige, was Sie mir gesagt haben, nachzudenken. Ich konnte nicht direkt nach Hause gehen. Ich – war – sogar noch einmal in Ihrem Büro. Sie wissen das nicht?

Bohlen:
Nein. Weshalb kamen Sie zurück?

Christine (mit müdem, leisem Vorwurf):
Vielleicht, weil ich soviel Zeit hatte, wie Sie eilig und gehetzt waren. Ich war bei Ihnen so eingeschachtelt zwischen Briefen und Telephongesprächen und Terminen. Bohlen: Es tut mir furchtbar leid, aber ich [...].

Christine:
[...] aber Sie können ja nicht anders, jetzt weiß ich das schon. Bloß: für mich handelte es sich um alles, ich konnte Ihnen das nicht so begreiflich machen – und weil ich so deutlich spürte: wir sind nicht zu einem Ende gekommen – deshalb kam ich zurück. Ich wollte nicht nach Hause – ich wollte überlegen. Ich wollte alles genauer und schärfer sehen.

Bohlen:
Sie kamen erst am Abend nach Hause. Dann hatten Sie jene Gespräche mit Horn, mit Linsmeier, mit Ihrem Sohn.

Christine:
Ja. Das war alles so, wie es in den Akten steht. Und dann ging ich schließlich hinein. Zu ihm, ins Schlafzimmer. Nachdem er sich geweigert hatte, mit Horn zu sprechen. Da ging ich dann zum zweiten Male hinein (Sie zittert heftig.).

Bohlen:
Wenn es Sie doch jetzt zu sehr anstrengt [...].

Christine (beinahe flehend):
Nein, nein – lassen Sie mich sprechen! Ich ging hinein – – – ich mußte, so fühlte ich, dieses Dokument mit der Unterschrift wiederhaben – um jeden Preis – ich fragte mich – was wird er tun, wenn ich das Papier an mich nehme – einfach nehme – er wird, er kann das nicht ohne Widerstand geschehen lassen – Er wird Sieger bleiben – dachte ich – wir werden vor dem Vormundschaftsgericht kämpfen müssen – ich sah diesen Kampf vor dem Richter – einen ekelhaften, ungewissen Kampf – und so drängten sich mir die Gedanken [...].

Bohlen (sehr aufgeregt):
Aber davon steht nichts in den Akten! Da gewinnt man einen ganz anderen Eindruck.

Christine:
Ich spreche doch zu Ihnen anders – ich sage Ihnen doch mehr als diesem fremden Richter! (In Tränen): Sie wollten doch wissen, wie es war!

Bohlen (ist jetzt aufgestanden. Er geht ans Fenster und steht dort, mit dem Rücken zu ihr, die linke Faust gegen das Fensterglas und den Kopf gegen die linke Faust gepresst. Beinahe verzweifelnd ruft aus):
Ja – war das Handgemenge denn nicht ganz unvorhergesehen?

Christine (von ihm nicht gesehen, starrt vor sich hin).

Bohlen (in höchster Erregung, noch immer abgewandt, mit großer Heftigkeit):
Kam es denn nicht überraschend?

Christine (blickt in namenloser Hilflosigkeit nach der vor Nervosität zitternden Gestalt und der auf dem Fensterbrett spielenden rechten Hand Bohlens, dann bricht sie leise aus):
Wer soll mir da helfen – wer hilft mir? Was wird aus Christoph? Kann denn niemand mit mir fühlen?

Bohlen (zutiefst erschüttert, vom Fenster weg, ebenfalls leise, als wollte er ein Geheimnis vor ihr preisgeben):
Niemand? Sie sehen doch, wie ich es tue! (Er geht in schwerem Kampf im Zimmer auf und ab.).

Christine (nach einer Pause, in deren Ablauf sie ihn beobachtet; leise):
Es kam ja alles überraschend, Herr Doktor. (Pause.) Herr Doktor!

Bohlen (bleibt in ihrer Nähe stehen. Zerstreut):
Ja? Bitte?

Christine (sieht ihn groß an, dann rafft sie sich zu einem Entschluss auf. Sie steht auf, geht, ihn genau beobachtend, auf ihn zu. Ruhig und ganz laut):
Ich sagte Ihnen doch: es kam überraschend. Ganz unvorhergesehen.

Bohlen (Wieder mit ganzer Stimme, gleichsam plädierend):
Na also! Alles, was danach geschah, war ja auch ganz folgerichtig. Punkt für Punkt. Alles plausibel, so plausibel wie etwas nur sein kann. (Pause.) Wir müssen uns noch über jede Einzelheit aussprechen, gnädige Frau. Aber nicht heute.

Christine:
Jetzt glauben Sie wieder an mich?

Bohlen:
Warum sollte ich nicht?

Christine (zugleich traurig und ein wenig lauernd):
Ich hatte vorhin einen Augenblick so das Gefühl [...].

Bohlen:
Aber ich bitte Sie [...].

Christine (ersichtlich beruhigt):
Ich werde jetzt auch ruhiger sein, Herr Doktor. Ich danke Ihnen.

Bohlen:
Lassen Sie nicht mehr die Widerwärtigkeiten der Haft so auf sich einwirken. Auch diese Zeit wird vorübergehen. Ich rufe jetzt den Wachtmeister (Er will zur Tür gehen, auf halbem Wege bemerkt er, daß sie noch etwas zu sagen wünscht.).

Christine:
Sie haben immer nur Unschuldige verteidigt?

Bohlen:
Nein. Auch Schuldige.

Christine (mit ernstem Kopfschütteln):
Aber keine Schuldigen, um deren Schuld Sie wußten.

Bohlen:
Gnädige Frau – genug, daß ich mir jetzt über Sie den Kopf zerbrechen muß – (Jovial): Zerbrechen Sie sich jetzt nicht den Kopf über mich! (Er öffnet die Tür rechts.) Schumann (S. 74–81)!

bb) Einige Alsbergs Auffassung von Verteidigung wiedergebende Zitate stelle ich zusammen:

„*Zerb*:
Um's Himmels willen – nein, gnädige Frau! Der Chef: Für den wird jede Sache, die ihn packt, zu einem furchtbar aufregenden Kampf, gleichsam um sein Schicksal! Leider.

Christine:
Wieso „leider"?

Zerb:
Er ruiniert sich damit. Verteidigen ist doch auch nichts weiter als ein Beruf, denke ich. Aber er? Wenn ihn eine Sache einmal hat, dann fürchte ich jedes Mal: er muss kaputt gegen. Und er schafft es doch immer wieder. Aber auf die Dauer kann das doch kein Mensch aushalten (S. 14).

„*Zerb*:
Was ist denn das für eine neue Sache?

Bohlen:
Eine langwierige, fürchte ich.

Zerb:
Übernehmen Sie sie doch nicht. Wir halten das bald alle nicht mehr aus. Das ganze Büro ist überarbeitet. und Sie auch. Wozu?

Bohlen:
Wozu? Ja, Miss Zerb, wozu? [...] Helfen oder nicht helfen – das ist hier die Frage (S. 25).

Horn (Landgerichtsdirektor u. R., 30 Jahre Strafrichter, väterlicher Freund von Frau Christine):
„Ja, ein Schicksal bliebe diese Tat, auch wenn sie eine schuldhafte Tat wäre. Sehen Sie, lieber Doktor: es ist etwas ganz Merkwürdiges. Da hat man nun jahrzehntelang Recht gesprochen, da hat man Tausende von Fällen erlebt und hat nie so richtig den Einzelfall gesehen. Jetzt mit einemmal ist man in einem solchen Einzelfall drin – und da erkennt man, dass man immer nur die eine Seite von der Kugel gesehen hat.

Bohlen:
Sie erleben jetzt das, was uns eben zu Anwälten macht, dass wir den Einzelfall sehen, das Lebensgesetz des einzelnen. Was ist ein Verbrechen im Leben eines guten Menschen? Eine unsichtbare Narbe, die sich vielleicht längst geschlossen hat, wenn wir sie von außen her zum Bluten bringen.

Horn (schlicht):
So habe ich die Welt bisher nie gesehen.

Bohlen:
Mit Recht, Herr Landgerichtsdirektor! Sonst wären Sie kein Richter gewesen – kein Hüter der sozialen Schranken. Die Funktionen sind nun einmal geteilt – sie müssen geteilt sein – und das einzige, was uns zusammenbringen kann, ist das Gefühl und die Gewissheit, dass wir Anwälte und ihr Strafrichter letzten Endes doch die gleiche Gerechtigkeit wollen – den Ausgleich zwischen dem Schicksal und der Pflicht" (S. 82/83).

„*Horn*:
Jetzt fühle ich es, wie es schon in Ihnen arbeitet.

Bohlen:
So muss es sein. Wenn der Beruf das Herz in Wallung bringt, dann bedarf es keines Zwanges mehr zur Leidenschaft.

Horn:
Was wäre ein solcher Beruf ohne ein inneres, ein heiliges Feuer? Meine Lebensaufgabe war, über andere Menschen zu richten. Ich tat es als ein Fanatiker des Rechts! Ja, wie konnte ich das Unrecht hassen! Und doch diese Frau, diese Frau, die ich von Kind auf kenne – sie wird für mich immer dieselbe bleiben.

Bohlen:
Ihr Gefühl darf wieder arbeiten. Und vielleicht ist unser lebendiges Gefühl wertvoller, zielsicherer als das tote Gesetz.

Horn (überlegend):
Möglich. Ich brauche niemandem mehr eine Faust zu zeigen, die nicht meine Faust ist.

Bohlen:
Lieber Herr Landgerichtsdirektor, was mich und Frau Kühne betrifft, so kann ich nur sagen, dass ich sie in mein Verteidigerherz einbezogen habe. Ich werde das Gericht von ihrer Unschuld überzeugen.

Horn:
Ich wünsche nicht's anderes mehr zu erleben, als dass Ihnen das gelingt" (S. 84/85).

Christoph:
Du glaubst an die Komödie, die Bohlen aufgeführt hat?

Lisa:
Ich glaube, dass Bohlen deine Mutter mit Recht freibekommt.

Christoph:
Bohlen weiß wie ich, dass Mutter Herrn Kühne absichtlich erschossen hat.

Lisa:
Wenn er es gewusst oder auch nur geahnt hätte: glaubst du, dass er so hätte sprechen können?

Christoph:
Du lässt dich blenden, Lisa!

Lisa:
Sein Plädoyer: das war doch echte Ergriffenheit, Christoph! Das war doch, als ob er selbst der Tat bezichtigt worden wäre.

Christoph:
Solche Leute haben ihre Routine.

Lisa:
So weit geht die Routine nicht. (Schweigen).

Christoph:
Darf ein Anwalt verteidigen, wenn er weiß, dass der Angeklagte schuldig ist?

Lisa:
Das weiß ich nicht.

Christoph (plötzlich):
Du – wenn er es aus Mitleid getan hätte?

Lisa:
Was getan hätte?

Christoph:
Ich könnte mir vorstellen: dass er es aus Mitleid getan hätte.

Lisa:
Deine Mutter verteidigt, obwohl er wusste, dass sie schuldig ist?

Christoph:
Oder weil es sein Beruf ist, Menschen zu verteidigen.

Lisa:
Du grübelst zuviel, Christoph (S. 90/91).

Bohlen:
Tscha. Nur anderthalb Stunden Plädoyer! [...] In einem Mordprozess! [...].

Horn:
Sie haben einen ganz andern Aufbau gehabt, als Sie mir gestern skizzierten?

Bohlen:
Ja. Ich erlebe das immer wieder. Ich habe alles aufs sorgfältigste vorbereitet. Ich fange an zu plädieren – nach dem Plan, den ich mir gemacht habe – und dann kommt alles ganz anders.

Horn:
Ist das nicht gefährlich?

Bohlen:
Nein. Für mich nicht. Ich kann nur aus der Intuition heraus wirklich überzeugend sprechen. Es ist eine Art Trance wissen Sie? Es ist, als ob der, den ich verteidige, in mich hineinschlüpft. Ich bin so drin in der Materie, dass ich geradezu visionär arbeite.

Es kommt wie eine innere Klarheit über mich. Sozusagen ein zweites Gesicht. Sehen Sie: als ich da heute vor dem Gericht stand: da sah ich mit einemmal alles, wie es geschah. Jeden Schritt. Jede Geste. Jede Bewegung – den ganzen Vorgang mit jeder Nuance – wie ein Film lief das in mir ab.

Horn:
Ja. Die Rekonstruktion der Tat war faszinierend (S. 103).

Horn:
Ja. Sie haben das Material wirklich großartig verwertet. Aber am meisten imponiert mir doch diese doppelte Abwehr. erst einmal die Überraschung der Angeklagten darzustellen – mit dieser visionären Anschauung der Tatsituation und dann – für den Fall, dass doch noch Ungläubige da sind – dieses juristische Bollwerk aus den Rechtsentscheidungen!

Bohlen:
Tja, lieber Herr Direktor: man muss immer Reservepositionen haben (S. 105).

Bohlen:
Glauben Sie, dass ein Sohn eine Mutter, die alles für ihn getan hat, verraten kann?

Zerb:
Alles?

Bohlen:
Sie sollen antworten und nicht fragen.

Zerb:
Auch eine Mutter, die gemordet hat, ist eine Mörderin.

Bohlen:
Es gibt Schicksale, die stärker sind als jedes Gesetz.

Zerb (zuckt die Achseln).

Bohlen:
Sie zweifeln? Glauben Sie, ein Anwalt könnte das alles aushalten, wenn er nicht eine höhere Aufgabe in sich spürte? Die vom Gesetz selbst geheiligte Aufgabe, an der Seite des Bedrohten zu kämpfen, ihn zu verteidige n. Mein Beruf hat mich auf die eine Schale von Justitiens Waage gestellt. Unverrückbar. Zu wägen hat der Richter (Schweigen.) (S. 115/116).

Bohlen:
[...]. Ich lasse mich nicht gerne einschüchtern (S. 117).

Linsmeier:
Sind Sie ein Seelsorger, Herr Doktor?

Bohlen:
Gewissermaßen – ja. Es geht doch schließlich um Menschen, um Seelen – und nicht nur um finanzielle Transaktionen" (S. 120).

Zum Wunsch Christines, den Erbunwürdigkeitsprozess zu übernehmen:

„*Bohlen*:
Ich kann nicht eine Sache vertreten, bei der mir die [...] bei der mir, wie ich deutlich spüre, der Elan fehlt. Ich gefährde mein Renommee, wenn ich schwach bin – verstehen Sie das denn nicht? Und ich gefährde vor allem die Chancen Ihres Prozesses“ (S. 122).

cc) Zur werkimmanten Kritik / Selbstkritik

Bitte zur Übernahme des Erbunwürdigkeitsprozesses:

„*Christine*:
Ich brauche keine Empfehlungen. Ich suche keinen andern Anwalt. Ich bin verloren. Oh – hätte ich zu Ihnen damals im Zimmer des Untersuchungsrichters so gesprochen, wie ich es wollte! Dann wäre alles vorüber.

Bohlen:
Sie haben mir nichts gestanden.

Christine:
Nein. Ich habe nicht gestanden. Aber ich wollte es tun – und Sie sind schuld, dass ich es nicht getan habe.

Bohlen:
Ich? Aber, gnädige Frau, ich hatte darüber doch keine Macht.

Christine:
Doch. Sie hatten die Macht. Als ich sprechen wollte – als Sie zu ahnen begannen, dass ich mich Ihnen ganz aufschließen wollte – – – jawohl, Herr Doktor, Sie haben es geahnt, Sie haben es gespürt, ganz genau haben Sie es gespürt!! – da fühlte ich, wie Sie matt wurden, wie Sie Ihre Begeisterung für den Fall, wie Sie ihn sich aus den Akten zurechtgezimmert hatten, verloren – – – und da, da war mir die Kehle zugeschnürt, da packte mich die Angst, Sie würden mich fallen lassen – – – so wie Sie mich jetzt fallen lassen wollen.

Bohlen:
Ich habe den Prozess für Sie gewonnen, gnädige Frau.

Christine:
Den anderen, ja. Aber dieser muss auch gewonnen werden. Sonst war alles – alles vergeblich Nachgeben gegenüber dieser Klage, das heißt hinausschreien: Ja, ich bin eine Mörderin. Ich gestehe es ein! Alles, was ich vor dem Schwurgericht gesagt und beteuert habe, war nur eine Komödie. Ich habe sie gut gespielt, lebenswahr. Ich hatte ja auch einen Meisterregisseur.

Bohlen:
Ich wusste nicht um ihre Schuld.

Christine:
Weil Sie an meine Unschuld glauben wollten. Ich musste die Maske selbst Ihnen gegenüber wahren. Jetzt dürfen Sie nicht verlangen, dass ich sie vor aller Welt herunter-

reiße. Sie haben mich, als ich verzagen wollte, kämpfen gelehrt. Ich wäre durch Ihren Rückzug für immer geächtet (S. 122, 123).

Bohlen:
Jetzt sehen Sie einmal, Herr Landgerichtsdirektor, wie's in der Werkstatt eines Anwalts aussehen kann – vielleicht erzählen Sie bei Gelegenheit Ihren aktiven Kollegen, dass es auch bei uns eine Verantwortung gibt – und weit und breit niemanden, der sie uns tragen hilft!

Horn:
Sie hatten vielleicht das richtige Gefühl, als Sie aus der Sache heraus wollten.

Bohlen:
Ja, durfte ich denn? Jetzt kommen Sie mir damit! Glauben Sie mir, was mich an jenem Abend bei der Stange hielt, das war keine Logik, das waren keine überzeugenden Gründe. Ich hatte einfach nicht die Kraft zu der Schwäche, dieses tapfere junge Ding, diese Lisa, abzuschütteln. Auf mich hat dieses tiefe Gefühl Für die Tragik des Muttertums gewirkt wie Naturgewalt: so ein kleines Mädel, halb noch ein Kind, und doch schon ganz erfüllt vom reifsten Verständnis für Mütterliches – Allzumütterliches!

Horn:
Ja, das Leben packte Sie – das Leben wird und muss Sie wieder packen. Dann geht auch alles wieder weiter. Sie müssen nur den Glauben an sich selbst wiedergewinnen!

Bohlen:
Mit nichts als den Glauben an mich selbst kann ich Syndikus des Weltbundes der Einsiedler werden. Aber nicht einmal dazu verspüre ich Lust. Schluss!

Horn:
Ein Beruf, der solche Verantwortung zu vergeben hat – das ist schon ein Beruf, der ein Leben lohnt, Doktor Bohlen!

Bohlen:
Das dachte ich auch einmal. Jetzt ist mir der Rückweg zu dieser Überzeugung abgeschnitten.

Zerb (tritt schüchtern ein):
Herr Doktor [...]" (S. 139/140).

Er beginnt, veranlasst durch Frl. Zerb, an einem anderen Fall zu arbeiten.

„*Horn* (lächelnd, halblaut):
Das Schwungrad kommt auf Touren [...].

Bohlen (ohne seine eigenen Gedanken zu verlassen):
Was beschäftigt Sie, Herr Direktor?

Horn:
Ach – ein physikalisches Problem.

Bohlen:
Wieso? Welches denn?

Horn:
Das Prinzip von der Erhaltung der Energie.

Bohlen (ohne Verständnis):
Darüber sprechen wir nächstens, ja (S. 143)?“

c) Zur Bewertung des Stückes Sarstedt[3]

Es kann nicht zweifelhaft sein, dass dieser Anwalt ein Selbstporträt Alsbergs ist. Gar zu viele Einzelheiten stimmen mit dem überein, was man auch sonst von ihm weiß. Die Sekretärin im Stück, Fräulein Zerb, ist Alsbergs Sekretärin Jenny Braun. Die von dem Rechtsanwalt Bohlen im Stück geäußerten Ansichten und Grundsätze sind auf Schritt und Tritt dieselben, die man aus Alsbergs Schriften und Vorträgen kennt. Das Selbstporträt ist auch nicht geschmeichelt. Dieser Anwalt Bohlen ist keine Idealfigur, sondern ein Mensch, auch mit seinen Schwächen, nämlich mit Alsbergs kleinen Schwächen: seiner Unpünktlichkeit, der Neigung, seine Mitarbeiter ebenso zu überfordern wie sich selbst und – wofür ich Ihnen den Beweis versprochen hatte – der Neigung, sich über die Unschuld seiner Schutzbefohlenen selbst etwas vorzumachen. Wer wollte ihm wohl darob gram sein – ihm, der sich dieser Schwäche, wenn es eine ist, vor einem breiten Publikum aus Juristen und Nichtjuristen selbst zu zeihen imstande war. Denn Alsberg war nach Verstand und Gefühl der Mann, ganz genau zu wissen, dass man ihn mit diesem Rechtsanwalt Bohlen identifizieren würde, dass man Bohlen als das Selbstporträt erkennen würde, das er war. Wer wollte einem solchen Manne das Recht bestreiten, seine innere Not in alle Welt hinauszuschreien?

d) Zur generellen Einordnung des Stückes gibt Alsberg die folgende Betrachtung:

2. Die Uraufführung

Die Uraufführung des Stückes fand am 3. März 1933 in Bremen statt. Im Programm 1932/33 des Bremer Schauspielhauses heißt es:

> „Professor Dr. Max Alsberg, einer der prominentesten Anwälte Deutschlands, der noch letzthin im Caro-Prozeß geradezu forensische Triumphe feierte, ist im vorigen Jahre mit einem Schauspiel ‘Voruntersuchung’ aufgetreten, das an allen Bühnen Deutschlands ein nachhaltiger Erfolg war, der Erfolg einer wirklich starken dramatischen Begabung, dazu der Erfolg einer guten Gesinnung, die in unserer Zeit nicht resigniert, sondern um Gesundung und Sauberkeit unseres Lebens kämpft. Die ‘Voruntersuchung’ fand einen außerordentlichen Widerhall bei Laien und Maßgebenden. Der Zeck des begabten Werkes war also erreicht: Interesse und Diskussion für

3 A.a.O., Fn. 1.

das Problem zu erwecken. Und nun schreibt Alsberg ein zweites Stück: 'Konflikt'. Es ist ein Aufstieg, nicht aus einer Tendenz erwachsen, sondern aus einem rein menschlichen Gefühl Selbsterlebtes dramatisch zu gestalten. Jeder Anwalt steht das eine oder andere Mal in diesem Konflikt: Darf ich meinen Mandanten verteidigen, wenn ich fühle, daß er schuldig ist? Dieses Schauspiel 'Konflikt' behandelt also den Gewissenskonflikt des Anwalts, der ein wahrhaftiger Mensch zu sein bestrebt ist. Alsberg will die Menschen zu seiner hohen Meinung von Recht und Gerechtigkeit Führen, einer höheren Gerechtigkeit, als es die Gesetzbuch-Gerechtigkeit ist. Er schreibt sich von der Seele, was ihn in täglicher Berufsarbeit gequält hat: entweder die äußere Schuld eines Klienten zum Anlaß nehmen, um ihn seinem Schicksal zu überlassen, oder ihn, trotz des Wissens um äußere Schuld, zu verteidigen. Einen Weg aus dem schweren Gewissenskonflikt des Anwalts findet er in der starken Erkenntnis, daß der Verteidiger nicht an der juristischen Oberfläche seines Falls bleiben darf, sondern Schicksalsverbundener seines Schützlings werden muß, um mit ihm die innere Wahrheit dieses Falles zu erringen, eine Gerechtigkeit, die höher ist, als die des Buchstabengesetzes: der Ausgleich nämlich zwischen dem Anspruch der Gesellschaft bei Wiederherstellung der normalisierenden sozialen Bindung und der verhängnisvollen, aber schicksalhaften Notwendigkeit einer sich vervollkommnenden Seele" (S. 27/28).

Das Stück wird in der Weserzeitung vom 3. März 1933 angekündigt.
Faksimile

Die Aufführung wird besprochen in der Weserzeitung vom 4. März 1933
Faksimile

sowie in den Bremer Nachrichten vom 5. März 1933
Faksimile

3. Die Gründe für die Uraufführung in Bremen

Im Programm 1932/33 des Bremer Schauspielhauses heißt es:

> „In Anbetracht der vorzüglichen Aufführung von „Voruntersuchung" im Bremer Schauspielhause hat der der Autor sein Werk der Bremer Bühne zur alleinigen Uraufführung gegeben" (S. 28).

Riess[4] schreibt dazu:

> „Als Anfang Februar die Proben zu dem Stück begannen, war bereits der Reichstag aufgelöst. Göring entließ fristlos alte und bewährte preußische Beamte, von denen er wußte, daß sie nicht mit Hitler sympathisierten. Am 27. Februar brannte das Reichstagsgebäude. Verbot sozialdemokratischer und kommunistischer Zeitungen. Kommunisten und alle, die sich im Kampf gegen Hitler exponiert hatten, auch private Feinde von hohen SA-Führern, ja selbst von SA-Männern, wurden abgeholt, gefoltert oder ermordet. Die ersten Konzentrationslager entstanden. Unter diesen Umständen schien es zu gewagt, das Stück in Berlin herauszubringen. Nicht nur, weil der Verfasser Jude

---

4 *Curt Riess*, Der Mann in der schwarzen Robe. Das Leben des Strafverteidigers Max Alsberg, Hamburg 1965.

> war; auch der Hauptdarsteller, Albert Bassermann, war mit einer Jüdin verheiratet, und die Hauptdarstellerin, Tilla Durieux, mit dem Juden Katzenellenbogen. Man entschloß sich daher, das Stück zuerst in Bremen zu geben, wo die Wogen noch nicht so hoch gingen, wo das Stück auch Erfolg hatte“ (S. 321).

Ich habe Claude Allen, Alsbergs Sohn, zu dem Widerspruch zwischen dem Programmheft und den Äußerungen von Riess befragt.

Er schreibt:[5]

> „Was Ihre Frage anbelangt, so scheint mir die Antwort darauf aus dem Buche von Tilla Durieux [...] hervorzugehen [...]. Die Tatsache, dass die Aufführung mit Bassermann und Tilla Durieux vorgesehen war und dass diese 6 Tage nach der Aufführung in Bremen stattfand, scheint es mir unmöglich zu machen, dass der Theaterdirektor Raeck innerhalb der 6 Tage zwischen dem 3. und 9. März die Berliner Premiere vorbereiten konnte [...]. Ich kann mir vorstellen, dass die Bremer Uraufführung ein Versuchskarnickel war und dass, falls es zu Krawallen kam, man die Berliner Aufführung aufgegeben hätte. Es ist sehr wohl möglich, dass mein Vater die vom Bremer Theaterdirektor erwähnten Worte gesprochen hatte. Das wäre dann eine Schmeichelei gewesen, da mein Vater nicht sehr gut die wahren Gründe hätte angeben können.“

Tilla Durieux[6] berichtet:

> „Dr. Alsberg, unser Verteidiger, hatte schon ein erfolgreiches Stück geschrieben, und nun lag ein zweites vor, für dessen Hauptrollen Albert Bassermann und ich vorgesehen wurden. Durch den Kurfürstendamm zogen Horden brüllender Menschen, die im Chor: ‘Juden raus!’ und ähnliches schrien. Man erzählte sich bereits von Fällen, wo Juden geprügelt worden waren. Unsere Premiere ging jedoch ohne Störung mit großem Erfolg vonstatten. Plötzlich verbreitete sich das Gerücht, die Kommunisten hätten den Reichstag angezündet, und in allen Teilen der Stadt gab es blutige Prügeleien. Wenn wir abends nach der Vorstellung nach Hause fuhren, begegneten wir meist marschierenden Braunhemden [...]. Am 31. März spielten wir wie alle Tage. Für den nächsten Tag, den 1. April, hatte die Regierung einen Juden-Boykott-Tag angekündigt. Nach dem ersten Akt stürzte der Direktor auf uns zu und erzählte, daß eine Demonstration geplant sei für die Vorstellung des nächsten Abends. Er beschloß, nicht mehr spielen zu lassen und gab mir den dringenden Rat, mit meinem Mann abzureisen, denn nach mir und der ‘Jüdin Else Schiff-Bassermann’ (Bassermanns Frau) habe man sich besonders erkundigt. Die Vorstellung schloß um einviertel vor elf. Um elf ging der Zug über Dresden nach Prag. Ich mußte weiter auf der Bühne stehen und schickte darum eine Kollegin, die schon frei war, zu L. K. ins Hotel, um zwei Handkoffer mit dem Nötigsten zu packen. Zum Glück befand sich der Bahnhof ganz in der Nähe des Theaters, und fünf Minuten vor Abgang konnte ich den Zug erreichen. Ich fand ihn voll besetzt von flüchtenden Personen, darunter viele bekannte Namen: die Direktoren Bernauer und Meinhard, die seit Jahren eines der großen Theater leiteten,

---

5 Brief vom 13.08.1986.

6 *Tilla Durieux*, Meine ersten neunzig Jahre, 3. Auflage, München-Berlin 1971.

den feinen Essayisten Polgar, den Chefredakteur des 'Berliner Tageblattes', Theodor Wolff, prominente Rechtsanwälte, Schriftsteller und Maler. Ein Aufatmen der Erleichterung ging durch den Zug, als er sich in Bewegung setzte. Mit zwei Handkoffern und den erlaubten zweihundert Mark pro Person zogen wir ins Ungewisse. Die meisten Flüchtlinge gedachten nur über den Boykott-Tag fernzubleiben, sie glaubten, hinterher würde sich alles wieder beruhigen. Ich war nicht so optimistisch [...]" (S. 333, 334).

Tilla Durieux kehrt auf Vorschlag ihres Direktors noch einmal nach Berlin zurück

„Wir sollten noch einige Abende spielen und dann mit dem ganzen Ensemble ins Ausland gehen. Dann ging es in die Schweiz [...]. Mit unserer Truppe verließ auch der Autor des Stückes, Doktor Alsberg, das Land. Er hat sich wenige Monate später in Zürich erschossen. Er war der berühmteste Anwalt in Deutschland. Aber im Ausland sah er für sich kein Fortkommen, und sein Blick in die Zukunft war klarer als der der meisten, die im Lande verharrten" (S. 335).

4. Nachtrag[7]

„Dr. Adolf Arndt Bonn, den 2. Mai 1953 Bundeshaus
Dr. A./K.

Herrn
Dr. F. A. Mann
Hastings House
10, Norfolk Street Luftpost!
London,W. C.2
Lieber Herr Doktor Mann!

Ich hoffe Sie auf dem Hamburger Juristentag wiederzusehen und selbstverständlich auch Ihre Gattin dort begrüßen zu können. Meine Bemühung, dass aus Anlass des Juristentages Alsbergs Schauspiel 'Konflikt' aufgeführt werden sollte, ist leider fehlgeschlagenen Unglaublicherweise hat die Deputation des Juristentages ein Bedenken daraus hergeleitet, dass Alsberg in der Figur des Rechtsanwalts Bohlen keinen idealen Verteidiger gezeichnet hätte. Dieser törichte Einwand, der bedenklichste Nachwirkungen des Nazi – Systems anklingen lässt, hat mir zu einem ironischen Brief Veranlassung gegeben, durch den ich darauf hinwies, dass Goethe in 'Dr. Faust' keinen idealen Hochschullehrer oder Kleist im 'Prinzen von Homburg' keinen idealen Offizier oder der alte Sophokles im 'König Ödipus' keinen idealen Monarchen gezeichnet haben, weshalb wahrscheinlich die Professoren, die Militärs und die Fürsten gegen die Aufführung solcher Stücke Einspruch erheben müssten. Wolle man auf der Bühne nur einen idealen Verteidiger sehen, so werde man am Schluss wohl gemeinsam das Juristen-Lied anstimmen müssen, dass ich jedoch mitzusingen, ablehne. Die Deputation wird sich über meinen Brief nicht gefreut haben.

Mit herzlichen Grüßen
Ihr
gez. Dr. Arndt
i.A. (Dr. Ehmke)"

---

7 Archiv für soziale Demokratie (FES).

Mut der Verzweiflung[1]

Frage: Herr Jungfer, Sie sind seit dem 9. Mai 1969 als Anwalt vereidigt und seit vielen Jahren ausschließlich als Strafverteidiger tätig. Macht Ihnen Ihr Beruf noch Freude?

Antwort: Ja, und ich beabsichtige ihn noch längere Zeit auszuüben. Sicherlich ist die Strafverteidigung „anstrengend", sie ist aber durch den Kontakt mit ständig wechselnden Menschen und Sachverhalten und durch die Notwendigkeit, Einfallsreichtum und emotionale Intelligenz einzubringen, auch eine sehr herausfordernde Tätigkeit.

Frage: Existiert für Sie so etwas wie eine innere Legaldefinition des Begriffes „Strafverteidigung"?

Antwort: Ja, ich habe dies in einem Aufsatz wie folgt definiert:

> „Die Strafverteidigung in der Bundesrepublik lebt, wenn sie historisch denkt, mit diesem ungeheuren Bruch: Am Ende des Rechtsstaates Weimarer Republik steht die größte Rechtlosigkeit.
>
> Diese Verteidigung weiß, dass sie nur dem Rechtsstaat ihre Existenz verdankt. Dies ist nicht anders, als es für das Bewußtsein der Verteidigung in Weimar war. Die Verteidigung in der Bundesrepublik weiß aber auch oder muss das wissen, daß sie die Energie für den Kampf um das Recht nicht nur aus dem Bewusstsein entnehmen muss, daß dort, wo die Regeln des Rechtsstaates nicht mehr gelten, auch sie nicht mehr existieren wird, sondern auch aus dem Bewußtsein, daß ein solcher Bruch in der jüngsten Geschichte geschehen konnte.
>
> Dies mag die rechtsstaatliche Entschlossenheit der jetzigen Verteidigung und die Neigung der Verteidigung zum Strafverfahrensrecht, zur Form als der geschworenen Feindin der Willkür, der Zwillingsschwester der Freiheit,[2] erklären.
>
> Vielleicht liegt hierin auch die Erklärung für die von Hanack festgestellten Besonderheiten, z.B. dafür, dass ein solcher Verteidiger in alle gesetzlichen Freiräume zugunsten seines Mandanten vorstößt, 'auch wenn er ihn für schuldig hält':
>
> Seine Berufsaufgabe ist es, dafür zu sorgen, dass das formelle und sachliche Recht eines Rechtsstaates eingehalten wird. Dies ist das Primäre, die Frage von Schuld oder

---

1 Aus: „Mut der Verzweiflung" und andere hervorstechende Eigenschaften von Strafverteidigern, Interview, Juramagazin für Fortbildung und Beruf (jumag), Sonderausgabe I/99 S. 27/28.

2 *Rudolf von Jhering*, Der Geist des römischen Rechts, 9. Aufl., Reprint 1968, der 5. Aufl., 1898, Teil 2, Abt. 2, § 45, S. 471.

Nichtschuld stellt sich dann nicht dominierend. Die Motivation dieser Verteidigung ist nicht einzelfallbezogen, sondern rechtsstaatsbezogen."[3]

Frage: Was hat Sie vor Jahren dazu veranlasst, sich als Strafverteidiger in Berlin niederzulassen?

Antwort: Ich hatte zunächst gar nicht die Idee, Strafverteidiger zu werden. Nach der Referendarzeit war mir klar: Ich wollte auf jeden Fall nicht in den Öffentlichen Dienst, meine Wünsche nach Selbständigkeit ließen sich nur im Anwaltsberuf verwirklichen.

Ich war dann neben der Anwaltstätigkeit, die ich mit einem Schild an der Tür begann und die deshalb natürlich zunächst meine Kräfte nicht ausreichend in Anspruch nahm, als Justitiar einer kleinen Firmengruppe tätig. Als ich dort weitere Aufgaben übernehmen sollte und als die Frage einer Bindung auftrat, die eine selbständige Anwaltstätigkeit unmöglich gemacht hätte, habe ich mich für letzteres entschieden.

Zur Strafverteidigung kam ich nach und nach, weil sie meinen Widerstandsgeist hervorrief. Zunächst fühlte ich mich bei Strafverteidigungen derartig ohnmächtig und wehrlos, dass ich für einige Zeit damit überhaupt aufhörte. Dann nahm der Gedanke in mir die Kraft an, man dürfe dieses Feld nicht widerstandslos räumen und ich begann, mich mit professioneller Strafverteidigung und mit der Revision in Strafsachen zu befassen. Nachdem ich zehn bis zwölf Jahre Rechtsanwalt war, nahm ich einen Teilpraxisverkauf vor, d.h. ich verkaufte einem Kollegen den Bereich außerhalb des Strafrechts. Seitdem bin ich ausschließlich als Strafverteidiger und als Disziplinarrechtler tätig.

Frage: Welche persönlichen Attribute setzen Sie bei einer Strafverteidigerin, bei einem Strafverteidiger voraus?

Antwort: Kreativität, Einfallsreichtum, Fantasie, „Fähigkeit zum Mitleiden", „Mut der Verzweiflung", „Die Kraft [...] für das aus der Reihe gestoßene Individuum Kräfte einzusetzen, die einen Meter oberhalb aller Wissenschaft und allen Intellekts wohnen", alle diese Zitate aus *Alsberg*, Das Plädoyer, Anwaltsblatt 78, Seite 6, dort auch: „Der seelische Affekt, aus dem der Enthusiasmus des Verteidigers erwächst [...]." Ferner Ausdauer („long distance runner"), emotionale Regenerationsfähigkeit, Vermeidung des „burn out".

Frage: „Strafverteidigung und Anwaltshonorar"?

---

3 Aus: *Jungfer*, Strafverteidigung in der Weimarer Republik – Strafverteidigung in der Bundesrepublik: Neuer Typ des Strafverteidigers!? In: Ebert (Hrsg.), Aktuelle Probleme der Strafrechtspflege 1991, S. 58.

Antwort: Der Beruf hat eine Sozialfunktion, man wird deshalb, auch als erfahrener Strafverteidiger mit einem großen Kostenapparat, Pflichtverteidigungen übernehmen. Andererseits bedarf es, um einen gewissen Standard der Kanzlei, aber auch um eine gewisse „Erholungsebene" halten zu können, einer ausreichenden Honorareinnahme im Büro.

Deshalb werden in aller Regel Honorarverträge zu schließen sein entweder über ein Pauschalhonorar oder auch über Stundenhonorare. In letzterem Fall wird die Größenordnung bei DM 400,– bis DM 600,– liegen müssen.

Strafverteidigung wird sich auf die Dauer nur führen lassen, wenn man auch über ausreichende Regenerationsmöglichkeiten verfügt. Niemandem nutzt ein gereizter, überarbeiteter, müder Strafverteidiger.

Frage: Haben Sie je den Wunsch verspürt, sich vom Strafrecht abzuwenden?

Antwort: Es gibt Anflüge davon, insbesondere wenn einen „déjà vu-Erlebnisse" überfallen; wenn man das Gefühl hat, „das Meer zu pflügen". Insgesamt aber: Nein.

Frage: Empfehlen Sie einen Einstieg in die anwaltliche Tätigkeit via Strafrecht?

Antwort: Zur „Psychologie der Berufswahl" der Strafverteidigerin / des Strafverteidigers gibt es meines Wissens keine Forschungsvorhaben noch Forschungsergebnisse. Es ist deshalb auch die Frage des Einstiegs nur intuitiv zu beantworten.

Sowie es viele Personen gibt, die die „Atmosphäre von Moabit" abstößt, so übt umgekehrt diese Atmosphäre auch auf einige eine magische Faszination aus. Wo das so ist, wird ein „Einstieg" gar nicht notwendig sein, dies wird sich vielmehr von alleine nach und nach ergeben.

Frage: Strafverteidigung heute und vor 20 Jahren: Wo liegen die Unterschiede?

Antwort: Vergleicht man nur diese Spanne, so gibt es einen markanten Unterschied:

Der Deal. Er wird heute sehr stark, nachhaltig und vielfach betrieben, dies war vor 20 Jahren so nicht annähernd der Fall.

Frage: Max Alsberg?

Antwort: Sein Name steht für die Strafverteidigung in der Weimarer Zeit, er steht aber auch für die Tatsache, dass aus Verteidigerfeder viel strafprozessualwissenschaftliche Leistung hervorgegangen ist, wie das auch heute geschieht. Dieser Name und andere Namen wie Alfred Apfel, Arthur Brandt, Erich Frey, Hans Litten, Rudolf Olden, Paul Reiwald stehen für die Tatsache, dass es heute keinen „neuen Typ des Strafverteidigers" gibt, sondern vielmehr eine „Renaissance der Strafverteidigung“, wie sie bereits in der Weimarer Zeit praktiziert wurde. Dies und viele andere Namen sind aber auch ein Beispiel für die Verfolgung durch die Diktatur.

Frage: Was geben Sie jungen Kolleginnen und Kollegen als Berufsanfänger im Bereich Strafrecht mit auf den Weg?

Antwort: Die Frage, ob und inwieweit Strafverteidigung erlernbar ist, ist offen, „wir behandeln hier ausschließlich die affektiven Fragen und lassen die juristischen beiseite“ hat Paul Reiwald geschrieben und weiter „ihre Beherrschung versteht sich für den guten Verteidiger von selbst. Aber er weiß, daß sich damit allein keine größere Verteidigung führen läßt“ (Paul Reiwald, Die Gesellschaft und ihre Verbrecher, 1973, Seite 190.).

Nicht zu vermitteln allein durch das Lernen der Rechtsregeln lebt Strafverteidigung besonders aus der Kraft ihrer Vorbilder.

Deshalb:

1. Ich empfehle Berufsanfängern dringend von den Erfahrungen der bereits längere Zeit praktizierenden Kolleginnen und Kollegen zu lernen, was geschehen kann durch die Teilnahme an entsprechenden Seminaren.
2. Ich empfehle ihnen dringend, Verteidigerliteratur zu lesen.
3. Ferner: Teilnahme an größeren Strafsachen (als Pflichtverteidiger), in denen erfahrene Kolleginnen und Kollegen tätig sind, im Sinne beobachtender und lernender Teilnahme.
4. Schließlich: Zusammenschluss mit anderen Berufsanfängern (jour fixe, Supervisions-Gruppen: „Berufe, in denen mit Affekt gearbeitet“ werden muss, haben [...] stets ihre besonderen Gefahren für die geistige Gesundheit“ (*Paul Reiwald* a.a.O., S. 191).

Interview Anwaltsblatt[1]

Frage: Herr Jungfer, Sie führen, nun schon zum zweiten Mal, ein Seminar zum Thema „Philosophie und Psychologie der Strafverteidigung", zusammen mit dem Psychiater und Gerichtsgutachter Dr. Böhle durch.
Was war das Motiv für dieses Seminar?

Antwort: Durch meine eigenen Recherchen und Gespräche mit Dr. Böhle ergab sich, dass es zur „Psychologie der Strafverteidigung" keine wissenschaftlichen Forschungen gibt.

Ein „weißer Fleck" in der psychologischen Wissenschaft (und damit erst recht in der juristischen Ausbildung) ist z.B. die „Psychologie der Berufswahl". Also die Frage: Warum wird eine / einer Strafverteidigerin / Strafverteidiger?

Was fasziniert sie / ihn an diesem Beruf, was hält sie / ihn in diesem Beruf, wie wird sie / er mit den Belastungen des Berufes fertig und dann natürlich die Frage: „Burnout bei Strafverteidigerinnen / Strafverteidigern".

Frage: Dies ist ein anspruchsvolles Thema, wie war die Resonanz?

Antwort:Sie war für uns überwältigend.

Die Anmeldungen waren so zahlreich, dass wir einen Stopp machen mussten und nicht einmal die Warteliste aufnehmen konnten. Und es war auch die positive Reaktion der Seminarteilnehmerinnen und -teilnehmer.

Wir hörten oft Kommentare wie: „Warum gab es ein solches Seminar nicht schon früher?"

Frage: Der Titel umfasst auch die „Philosophie der Strafverteidigung".

Antwort: Ja. Unsere primäre Motivation war zwar, das Seminar „Burnout bei Strafverteidigerinnen / Strafverteidigern" zu nennen. Dies schien aber der Anwaltakademie zu signalhaft und das ist auch richtig.

Tatsächlich ist es zwar ein „Burnout-Seminar". Aber um die Gefahren des Ausbrennens zu erkennen, muss man zurückgehen auf den Anspruch, der an den Beruf gestellt wird, auf seine Grundlagen, seine Zielvorstellung, seine Ethik.

1 Berliner Anwaltsblatt 2003, 465.

Es ist ein bekanntes Phänomen, dass in allen „Helferberufen“ die Ansprüche, die jemand an seinen Beruf stellt, der ideale Impetus, der ihn antreibt, wichtige Hinweise für die Berufspraxis bilden.

Je höher die (unreflektierte) idealistische Begeisterung ist, desto größer können Enttäuschungen beim Nichterreichen der Ziele sein und desto höher kann die Wahrscheinlichkeit sein, resignative, depressive, inaktive Phasen zu erreichen.

Frage: Deshalb muss die klare Definition der Berufsaufgabe am Anfang stehen?

Antwort: Ja, je klarer sich jemand darüber ist, welche Vorstellungen er von den Berufszielen hat und was Mandanten, aber auch Gericht und Staatsanwaltschaft von ihm erwarten und welches die Möglichkeiten der Verwirklichung sind, desto eher ist er gefeit, in unrealistische Vorstellungen zu verfallen.

Insofern gehört an den Beginn der Selbstbetrachtung die Definition, also die „Philosophie der Verteidigung“. Wenn man sein eigenes Aufgabenfeld sich selbst gegenüber definieren kann, dann kann man dies auch dem Mandanten gegenüber, beispielsweise dessen übertriebene „Rettungsphantasien“ kanalisieren und mit ihnen umgehen.

Frage: Lassen Sie mich hier das Stichwort vom „Umgang mit schwierigen Mandanten“ einwerfen. Ist es das?

Antwort: Ja, dies ist der zweite zentrale Punkt, mit dem sich das Seminar befasst. Denn häufig hat ja die Strafverteidigerin / der Strafverteidiger Persönlichkeiten vor sich, die in einer extremem Lebenskrise stehen, in diese Lebenskrise sogar möglicherweise geraten sind, aufgrund ihrer disozialen Persönlichkeit.

Hier wird von der Verteidigerin / dem Verteidiger tatsächlich mehr gefordert, als bloße Kenntnis des Strafrechts und des Strafprozessrechtes.

Hier ist der trigonometrische Punkt in mitten zu sein und doch Distanz zu halten. Zuhören, Verstehen, Einfühlen, aber dann auch Distanz, Übersetzung, Vermittlung nach außen. Es sind Fähigkeiten verlangt, die über der Rechtsanwendung liegen.

Frage: Aber es ist ja nicht nur das Verhältnis zum Mandanten: die Verteidigerin / der Verteidiger steht ja doch auch in einem Spannungsfeld nach außen?

Antwort: Dies ist der dritte Punkt! Da die beherzte Vertretung der Mandanteninteressen zu Konflikten mit Gericht und Staatsanwaltschaft führen kann und Verteidigerinnen und Verteidiger in der Regel aus der Harmonieerziehung des Humboldt'schen Bildungsideals kommen, haben sie hier zusätzliches zu leisten.

Das besonders in einer Zeit von „political correctness“:

Sie müssen Streit aushalten können, Streit führen können, Streitkultur entwickeln. Das macht oft einsam und dies gilt es auszuhalten. Im prozessualen Sinn kann die Harmonie, d.h. das gerechte Urteil, oft nur über den Weg der Disharmonie, d.h. den Streit erreicht werden. So will es die Prozessordnung. Diese alte Streitkultur ist aber in einer harmoniesüchtigen Gesellschaft, in der jedes laute Wort bereits als Angriff gilt („in meinem Gerichtssaal wird nicht geschrien!“), verloren gegangen.

Die streitbereite, Streitkultur einfordernde, Strafverteidigung setzt sich dem Verdikt der „Konfliktverteidigung“ aus.

Schon Jean Paul sagte: „Wenn man die Verteidigung nicht widerlegen kann, tadelt man die Art derselben“ und Goethe, wahrscheinlich in Erinnerung an seine Anwaltszeit, mahnte:

> „Wer das Recht auf seiner Seite fühlt, muss derb auftreten: ein höfliches Recht will gar nichts heißen. Wer das Falsche verteidigen will, hat alle Ursache, leise aufzutreten und sich zu einer feinen Lebensart zu bekennen.“

Aber wer will dies heute hören!?

So hat es die Verteidigung mit dreierlei zu tun: Mit der Selbsterkenntnis der Verteidigerin / des Verteidigers über seine eigene Persönlichkeit und deren berufliche Ziele, mit schwierigen Mandanten und mit Disharmoniebereitschaft im Verhältnis nach außen.

Frage: Und schließlich sind dann da auch noch die Personen, Bekannte, Freunde, die einem entgegen halten: „Wie kannst Du so einen verteidigen?“.

Antwort: Ja: gerade dies kann erheblich schmerzen, zeigt es doch, wie weit weg von einem inhaltlichen Demokratieverständnis solche Frager sind.

Denn schließlich: Indem Strafverteidigung auf die Einhaltung des sachlichen und formellen Rechts eines Rechtsstaats dringt, ist sie rechtsstaatsbezogen und dies ist ihre Motivation.

Frage: Kann denn ein Eintagesseminar diese Fülle der Fragen behandeln und beantworten?

Antwort: Sicher nicht. Es ist ein Anfang. Ein Anfang, bei dem uns die lebhafte und intensive Mitwirkung der Seminarteilnehmerinnen und -teilnehmer anspornt.

Es ist ein Motivations- und Reflexionsseminar. Das erste Seminar endete mit dem heiter-selbstironischen Schlusswort:

> „Dann bis nächstes Jahr in der Burnout-Klinik“.

Zur Psychologie des Vergleichs im Strafverfahren – Verteidigertypen[1]

Vor fünf Jahren, am 17. November 2000, hielt ich beim Strafverteidiger Kolloquium in München einen Vortrag: „Die Bedeutung der Form für das Strafverfahren – Chance der Verteidigung –". Heute spreche ich über den „Deal", den Rainer Hamm den „Super-Gau der Form"[2] genannt hat.

Die Veranstalter haben mir nicht gesagt, ob sie mich nun wegen dieses Gegensatzes mit dem Thema betraut haben.

Was kann man von einem erwarten, der vor fünf Jahren das Hohe Lied der Form gesungen hat, wenn man ihn bittet, nun über den „Deal" zu sprechen?

Wird er weiter die Form loben und zum Angriff auf den „Deal" ansetzen? Auf den Deal, den man nennt:

Positiv:
„strafprozessualer Vergleich",[3] „Vereinbarung",[4] „Verständigung",[5] „Absprache",[6] „Ur-

---

1 Vortrag gehalten bei dem Kolloquium der Arbeitgemeinschaft Strafrecht des DAV, „Moderne Verteidigungsstrategien" – Chancen und Risiken strafprozessualer Reformen – am 11. November 2005 in Berlin: Der „DEAL" in Theorie und Praxis – Aktuelles zur Verfahrensabsprache.

2 Diese Formulierung hat Hamm in mündlichen Beiträgen in fachwissenschaftlichen Diskussionen gebraucht.

3 *Detlef Deal* (alias *Weider*), Der strafprozessuale Vergleich, StV 1882, 545 ff.; *Denker / Hamm*, Der Vergleich im Strafprozess, 1988; *Widmaier*, StV 1986, 357; *Gallandi*, MDR 1987, 801; *Behrendt*, GA 1991, 337 ff.

4 *Schmidt-Hieber*, NJW 1982, 1017.

5 *Schünemann*, Gutachten B für den 58. DJT, Absprachen im Strafverfahren? Grundlagen, Gegenstände, Grenzen, 1990, B, nachfolgend: *Gutachten;* „Thesen zur Strafverteidigung" des Strafrechtsausschusses der BRAK, in Schriftenreihe der Bundesrechtsanwaltskammer Bd. 8 S. 66–74 (Thesen 38 bis 44); A I Nr. 1 der „Münsteraner Thesen" der Großen Strafrechtskommission des DRB; abgedruckt bei *Kintzi*, JR 1990, 309, 310 ff.; *Schmidt-Hieber*, Verständigung im Strafverfahren 1986; *Siolek*, Verständigung in der Hauptverhandlung, 1993; *Böttcher / Dahs / Widmaier*, NStZ 1993, 375; *Braun,* StraFO 2001, 77, 78; *Jähnke*, ZRP 2001, 574; *Ignor / Matt*, StV 2002, 102 ff.; *S. Ufer / F. Ufer*, Die „Verständigung" im Strafverfahren, in Ziegert (Hrsg.), Grundlagen der Strafverteidigung, 2000, 45 ff.; ähnlich *Rückel*, NStZ 1987, 297 ff.

6 *Rönnau*, Die Absprache im Strafprozeß, 1990; *Meyer-Goßner*, StPO, 48. Aufl. 2005, Einl. Rn. 119a. *Dahs*, NStZ 1988, S. 153 ff.; *Satzger*, Absprachen im Strafprozess, in: Bockemühl (Hrsg.), Handbuch des Fachanwalts Strafrecht, 2. Aufl. 2002, S. 1357–1398.

teilsabsprache",[7] „einvernehmliches (konsensuales) Verfahren",[8] „informelles Verfahren",[9] „Gentleman's Agreement";[10]

Negativ:
„untergehende Strafprozeßkultur",[11] „Absprachenelysium",[12] „Super-Gau der Form",[13] „Wunderwaffe oder Bankerotterklärung der Verteidigung?",[14] „Graue Judikatur",[15] „Sumpf",[16] „Handel mit Gerechtigkeit",[17] „Deal",[18] „Mauschelhausen",[19] Kuhhandel",[20] „Flurgerichtsbarkeit",[21]

oder zusammenfassend:

> „Die Verfahrensabsprache ist weder die 'Krone der Strafverteidigung' noch die 'Bankerotterklärung der Strafjustiz' oder das 'Reich des Bösen', sondern ein Kind der Praxis."[22]

A) Grundlegung

Wenn wir davon ausgehen, dass der Reformierte Strafprozess in Abkehr vom Inquisitionsprozess entscheidend durch das kontradiktorische Verfahren gekennzeichnet ist, wenn wir uns an von Liszt's Worte erinnern:

– „Der Prozeß ist seinem Wesen nach Parteiprozeß [...]. Der gemeinrechtliche Inquisitionsprozess ist in allen Stadien seiner Entwicklung niemals Prozeß gewesen [...].

---

7 Strafrechtsausschuss der BRAK, September 2005, BRAK – Stellungnahme 25/2005.

8 *Ignor / Matt*, StV 2002, 102, 107.

9 *Ignor / Matt*, StV 2002, 102, 106 f.

10 *E. Müller*, NJW 1981, 1801 ff.; *Bode*, DRiZ 1988, 281, 284; *Seier*, JZ 1988, 683, 684; *Hass*, NJW 1988, 1345, 1350.

11 *Schünemann*, StV 1993, 657 ff.

12 *Schünemann*, StV 1993, 657 ff.

13 *Hamm*, wie Fn. 2.

14 *Schünemann*, AnwBl. 1989, 494.

15 *Denker / Hamm*, Der Vergleich im Strafprozess, 1988.

16 13. Strafverteidigertag 1989, Arbeitsgruppe 5: „Der Vergleich im Strafverfahren-Sumpf oder Möglichkeit für die Verteidigung?" StrV 89, 276.

17 *Schumann*, Der Handel mit Gerechtigkeit, 1977; BVerfG, (3. Kammer des Zweiten Senats), Beschl. v. 27. Januar 1987 – 2 BvR 1133/86 = NStZ 1987, 419 = NJW 1987, 2662.

18 *Detlef Deal* (alias *Weider*), StV 1882, 545 ff.; *Artkämper*, Kriminalistik 1999, S. 784 ff.; *Weider*, StraFo 2003, 406 ff.

19 *Detlef Deal* (alias *Weider*), StV 1882, 545 ff.

20 Frankfurter Rundschau 18.03.1987, 5.

21 Aus Presseartikeln.

22 *Dahs*, Handbuch des Strafverteidigers, 7. Aufl. 2005, Rn. 496.

– Das Wesen des Reformierten Strafprozesses, besteht in der Schaffung der Parteirollen [...]. Man hatte sich überzeugt, daß der Inquisitionsprozeß wenig geeignet ist, zur Erforschung der Wahrheit, daß man vielmehr das Ziel, rascher und sicherer erreichen könne, gerade dadurch, daß man künstliche Parteien schuf [...],[23]

dann in der Tat liegt ein Phänomen vor, das möglicherweise nicht allein damit erklärbar ist, dass die „schmale Ressource Rechtsgewährung“[24] neue strafprozessuale Erledigungsmethoden fordert, sondern es liegt (auch) ein psychologisches Problem vor.

Ich wende mich einer Frage zu, die in vielerlei Beiträgen angedeutet ist und die einer Durchdringung bedarf, (auch) durch Nichtjuristen, durch Psychologen und Psychoanalytiker:

Wenn der Gesetzgeber des Reformierten Strafprozesses Recht hatte, indem er die Parteirollen schuf, dann hat er die These zur Maxime des gesamten Strafverfahrens erhoben, dass die prozessuale – vielleicht sogar die materielle – Wahrheit, entsteht durch Rede und Gegenrede, geistige Auseinandersetzung, Streitkultur.

Was macht dann aber die besondere Faszination des Vergleichs aus, die so bereitwillige Zuwendung zur Absprache und welches sind die Gefahren, die dadurch für den Reformierten Strafprozess entstehen?

---

23 DJZ 1901, 179 f., Nachdruck StV 2001, 137 (138).

24 „Das bewußte Einhalten kunstvoller strafprozessualer Figuren und das Denken im Modell des Reformierten deutschen Strafprozesses sind nicht an der Tagesordnung. Die sicher etwas umständlichen strafprozessualen Formen des Reformierten Prozesses werden von der Rechtsprechung, ohne festen Widerstand der Wissenschaft, mit dem Argument Prozeßökonomie = Arbeitsersparnis, Vereinfachung und Beschleunigung des Strafprozesse, abgeschliffen. Das ist der Aufbruch der richterlichen Praxis vom festen Land eines juristisch durchgeformten Prozeßverlaufes zu einem unbekannten Ufer der Utilität mit vielen, von den Gerichten zu klärenden praktischen Alternativen.“ *Naucke*, StV 1990, 397; dazu ausführlich und zu weiteren Ursachen *Satzger*, in: Bockemühl (Hrsg.), Handbuch des Fachanwalts Strafrecht, 2. Aufl. 2002, Teil H Kap. 3, Rn. 7; Braum, AnwBl 2000, 222 ff.; *Eser*, ZStW 104 (1992), 361, 371; *Behrendt*, GA 1991, 337, 344 ff.; *Weigend*, JZ 1990, 774 ff.; *Wagner / Rönnau*, GA 1990, 388, 392 f.; *Wolfslast*, NStZ 1990, 409, 410; *Hassemer*, Jus 1990, 890, 893; *Schünemann*, Gutachten, B 16 ff.; *Ders.* NJW 1989, 1895, 1896, 1989 f.; *Ders.* in: FS f. *Pfeiffer*, 1988, 461, 471 ff.; *Keller / Schmidt*, wistra 1984, 201 f.

B) Zur Psychologie des Vergleichs[25]

I. Ausgangspunkt

1. Die schützende Form

„Die Blüthezeit der Freiheit ist zugleich die Periode der peinlichsten Strenge in der Form [...]. Die Form ist die geschworene Feindin der Willkür, die Zwillingsschwester der Freiheit.“[26]

„Die Übertreibung, die heute das Spiel mit der Idee der ‘materiellen Gerechtigkeit’ bedeutet und nicht nur zu einer totalen Überforderung der Gerichte, sondern – paradox genug – zum totalen Schwund ihrer Autorität geführt hat, sie wird – früher oder später – eine Flucht zu den ‘schützenden Formen’ der geschriebenen Gesetze zur Folge haben.“[27]

Man sprach von:

2. Streitkultur

a) Was ist *Streit* in diesem Sinne?

Wir finden

– die *philosophische* Bezugnahme bei Heraklit:

Der Logos, das Prinzip der Welt, besteht im Streit („polemos“), der der „Vater aller Dinge“ ist. Die sich ständig wandelnde Welt ist geprägt von einem Kampf der Gegensätze, vom ewigen Widerspruch der Polaritäten. Dabei aber geht es nicht um die zeitliche Ablösung des einen Pols durch den anderen; vielmehr geht es ihm um die Gleichzeitigkeit und gegenseitige Verschränktheit der Gegensätze. Alle Gegensätze sind wesentlich aufeinander bezogen; jeder einzelne Pol gewinnt seinen Sinn erst durch seine polare Differenz zum anderen: Krieg und Frieden, hell und dunkel, Tag und Nacht.[28] „Man muss wissen, dass der Kampf das Gemeinsame ist und das Recht der Streit, und dass alles Geschehen vermittels des Streites und der Notwendigkeit erfolgt. Kampf ist der Vater von allem; die einen macht er zu Göttern, die andern zu Menschen, die einen zu Sklaven, die andern zu Freien.“[29]

– die *strafprozessuale* Anwendung bei Alsberg:

---

25 *Ich danke Herrn Dr. med. Alexander Böhle*, Arzt für Neurologie und Psychiatrie, Psychotherapie, Psychoanalyse, Berlin für viele Gespräche und Literaturhinweise zum Thema.

26 *Rudolf von Jhering*, Geist des römischen Rechts, Teil 2, Abteilung 2, 9., unveränderte Auflage 1968, S. 471/72.

27 *Eberhard Schmidt*, JZ 1968, 684.

28 http://de.wikipedia.org/wiki/Heraklit.

29 http://www.philosophenlexikon.de/heraklit.htm.

> „Denn als die tiefste philosophische Einsicht birgt die akkusatorische Verfahrensform in sich das starke Gefühl für die Bedeutung der Spannung der Dinge gegeneinander, jenen Streit, von dem schon Heraklit sagt, daß er der Vater aller Dinge sei. Diese Verfahrensform ermöglicht erst den Dreischritt von der Thesis über die Antithesis zur Synthesis und damit überhaupt nur in idealtypischer Reinheit einen 'Prozeß'."[30]

b) Streit*kultur* heißt: einander offen und fair die Meinung sagen.[31]

Ein hoher Anspruch – auf einem Gebiet, auf welchem es fast nur Anfänger/innen gibt.[32] Nicht Streitsucht[33] oder gar Querulanz[34], sondern Streitbarkeit.[35]

Wir erinnern uns an ein Drama aus dem Vormärz:

> „Scherz, Satire, Ironie und tiefere Bedeutung",[36]

und hören in einer Folge von Beiträgen zu „Wegen aus der Deutschen Krise" einen Beitrag: „Lob des Streits. Abschied vom deutschen Konsensmodell?", in dem ein Soziologe schreibt:

> „Streit begrenzt die Macht, klärt die Fronten, erzwingt klare Positionen, fördert Intelligenz, Mut und Kreativität."[37]

---

30 Philosophie der Verteidigung, 1930, S. 14.

31 *Naumann, Frank*, „Miteinander streiten – Die Kunst der fairen Auseinandersetzung", 1995, S. 24.

32 Deutscher Richterbund und DAV in der gemeinsamen Erklärung vom 22.10.1997, AnwBl. 1997, 664, 665: „Forderungen nach Veränderungen des Verfahrensrechtes erscheinen weniger wichtig als ein gemeinsames Bemühen um prozessuale Streitkultur."

33 Im Kriminalgericht in Moabit befinden sich in der Mittelhalle an den Umgängen Figurengruppen mit Darstellungen der „Religion", „Gerechtigkeit", „Streitsucht", „Friedfertigkeit", „Lüge" und „Wahrheit".

34 Querulanz: das Geltendmachen von offensichtlich erfolglosen Rechtsbehelfen und Rechtsmitteln oder Einreichen von Anträgen bei Behörden oder Gerichten ohne triftigen Grund. http://de.wikipedia. org/wiki/Querulanz. Querulantenwahn (paranoid halluzinatorische Psychose ICD 10 F22.8) ist eine Sonderform des Wahns. Es handelt sich dabei um eine ernsthafte psychopathologische Symptomatik. Betroffene verlieren wahntypisch ihre Einsichtsfähigkeit. Personen, die unter Querulantenwahn leiden, sind der Überzeugung, dass sich alle öffentlichen Instanzen gegen sie verschworen haben und suchen deshalb Abhilfe im ständigen Anrufen weiterer Gerichte, Behörden und Institutionen. Niederlagen z.B. vor Gericht können auf Grund des Wahns nicht objektiven Umständen zugeordnet werden; der Kranke lebt in der Gewissheit im Recht zu sein, und dieses auch gegen alle Widerstände durchsetzen zu müssen. Die Schuldfähigkeit im Sinne des Strafgesetzbuches kann [...] eingeschränkt oder ganz aufgehoben sein. http://de.wikipedia.org/wiki/Querulantenwahn.

35 So sehr richtig heißt dann auch eine Sammlung von Portraits herausragender, kämpferischer, Juristen: „Streitbare Juristen" Kritische Justiz (Hg.), 1988.

36 *Grabbe*, 1822.

37 *Sofsky*, Tagesspiegel 5.07.2002 = Deutschland Radio, 7.07.2005.

II. Die Verfahrensbeteiligten

Der *Ausgangspunkt* also ist:

> „Das Verfahrensrecht (dient) der Herbeiführung gesetzmäßiger und unter diesem Blickwinkel richtiger, aber auch im Rahmen dieser Richtigkeit gerechter Entscheidungen."

Und das *Problem*:

> „Da sich strafprozessuale Verständigungen auch wesentlich als effizienzorientierte Verhaltensregel der Beteiligten verstehen lassen, könnte möglicherweise eine extensive Verständigungspraxis die materiellen Aspekte funktionstüchtiger Rechtsgewährung aus dem Blick geraten lassen. Immerhin sind Zielkonflikte der Verfahrensbeteiligten nicht zu verkennen, die zwar unterschiedlich motiviert, aber ergebnisorientiert kongruent sind. Hier können nämlich unterschiedliche Motive aufeinander treffen, die jedes für sich, aber erst recht in ihrer Gesamtheit, Zweifel an der materiellen Rechtsgewährung aufkommen lassen könnten."[38]

Und die *Frage*: Wie sind die Verfahrensbeteiligten in dieses Problem involviert?

1. Wenden wir uns zunächst dem Verteidiger *zu:*

Norbert Gatzweiler hat gesagt: „Man muss sich eine Position der Stärke aufbauen",[39] und warnend nennt er

> „[...] den kompensations- und kampflos dem richterlichen Willen unterworfenen Verteidiger, der wegen seines passiven Verhaltens gerade im Bereich der Verständigung eine besondere Gefahr darstelle, weil er Ergebnisse in Kauf nehme, die auch von den übrigen Prozeßbeteiligten für den Fall kontradiktorischer Durchführung des Verfahrens vorgesehen gewesen seien."[40]

Wir hören:

> „Gerät ein Beschuldigter an einen Vergleichsverteidiger, der sich nach der Maxime richtet, der Mandant sei nur ein Störfaktor auf dem Wege zu einer raschen Verfahrensbeendigung, so bleibt von seiner Subjektstellung so gut wie nichts übrig [...]. Die [...] Aufgabe des Verteidigers im formellen Verfahren wird im informellen Verfahren

---

38 *Siolek*, Verständigung in der Hauptverhandlung, 1993, S. 72.

39 Diese Formulierung in der Diskussion, sinngemäß in seinen Aufsätzen. z.B. AnwBl. 1989, 502 (505): „Es führt kein Weg daran vorbei: An Professionalität und Kompetenz einer Strafverteidigerin bzw. eines Strafverteidigers werden gerade im Bereich der Verständigung im Strafprozeß höchste Anforderungen gestellt." Siehe auch AnwBl. 2005, 663, 667.

40 NJW 1989, 1904, siehe auch *Siolek*, Verständigung in der Hauptverhandlung, 1993, S. 72.

missachtet, sie ist nicht gefragt. Nicht die subtile Kenntnis des Verfahrensrechts steht zur Debatte, sondern die Geschicklichkeit im Handel."[41]

Wie kommt es zu diesen Bildern? Ich stelle also die Frage: Welche Verteidigertypen gibt es? Was ist ihre „besondere Psychologie"?[42]

Die Psychologie der Berufswahl und der Verteidigung ist nicht erforscht.[43]

Es gibt einige Ansätze bei Gerhard Mauz[44] und Paul Reiwald,[45] aber insgesamt keine strukturierten Forschungen.

---

41 „Wer erlebt hat, daß Verteidiger, und zwar nicht nur Pflichtverteidiger, in eine Hauptverhandlung gegangen sind, ohne vorher die Akte studiert und mit dem Mandanten besprochen zu haben, der wird die Sorge des Gerichts für den Beschuldigten auch gegen den Verteidiger nicht missen und sie nicht eintauschen wollen gegen ein Handelsunternehmen der professionellen Akteure." *Wagner-Rönnau*, Das „einvernehmliche Verfahren" im Strafprozess, RuP 1990, 161 (162).

42 *Reiwald*, Die Gesellschaft und ihre Verbrecher, 1948, S. 192; neu herausgegeben mit Beiträgen von *Jäger* und *Moser* 1973, S. 189.

43 Es ist ein nachdenkenswerter Umstand festzustellen: Es gibt Veröffentlichungen zur Psychologie der Berufswahl unzähliger Berufe. Ich habe mit mehreren Inhabern von Lehrstühlen gesprochen und sie gefragt, ob es Untersuchungen gäbe über die „Psychologie der Berufswahl der Strafverteidigerinnen und des Strafverteidigers". Die spontanen Antworten waren immer „Ja, selbstverständlich." Dann habe ich darum gebeten, mir solche Untersuchungen zugänglich zu machen, die Antworten waren immer die gleichen: Es gibt keine Feldstudien über diese Frage. In diesem Zusammenhang gibt auch Anlass zu Nachdenklichkeit der weitere Umstand: Es existiert eine sehr umfangreiche Burn-out-Literatur. Sie beschäftigt sich mit unzähligen Berufsgruppen: Diplomaten, Lehrern, Krankenschwestern, all' die sozialen Berufe mit dem „Helfersyndrom". Über das „Ausbrennen" von Rechtsanwältinnen und Rechtsanwälten insbesondere von Strafverteidigerinnen und Strafverteidigern gibt es keine validen Erkenntnisse. Während die Psychotherapeuten für sich selbst Regeln der Supervision haben, gibt es bei den Personen, die, um ein mittelalterliches Wort zu gebrauchen, „mit dem Blut umgehen", sowohl für Richter als für Staatsanwälte, als für Rechtsanwälte keine Regeln über Supervision, noch nicht einmal eine Ausbildung in den Fragen, wie ein Helfender Beruf mit Übertragungen, Rettungsphantasien oder schlicht dem einfachen menschlichen Leid auf die Dauer, 30 Jahre lang und mehr, umgehen kann ohne selbst infiziert zu werden von den Neurosen derjenigen, deren Fälle behandelt werden.

44 Berliner Anwaltsblatt 1977, 44, Bericht über einen Vortrag von Mauz: „Psychologie des Strafverteidigers", in dem genannt sind: „der vom Elternhaus her autoritätsgläubige Verteidiger" der „grüblerische Verteidiger, der eitle Verteidiger, der Verteidiger als Meister der Vorbesprechung" und die erste Frage in der Aussprache: „Gibt es auch nicht neurotische Verteidiger?"

45 *Paul Reiwald* 26. Mai 1895–11. August 1951. Paul Reiwald, heute wenig bekannt, ist für die Psychologie der Strafverteidigung von großer Bedeutung. Er war seit 1924 Rechtsanwalt in Berlin, Strafverteidiger, Dozent, seit 1929 Notar und musste 1933 emigrieren. Er geht in die Schweiz und schreibt darüber. „Ich habe die Zeit benutzt, um mein Studium der modernen Psychologie, zumal der Psychoanalyse sowie das des internationalen Strafrechts fortzusetzen." Er schreibt u.a. „Die Gesellschaft und ihre Verbrecher", ein Buch, das Mitscherlich eine „Pionierleistung" genannt hat und das auf seine Initiative, 1973 eine Neuauflage erfährt, der Herbert

Man wird bei aller Vorsicht folgende Grundtypen benennen dürfen und dabei bedenken: die Elemente mischen sich. Die Gefahr eine Typisierung ist immer, eine Realität zu signalisieren, wo es in Wirklichkeit lebendige und unterschiedliche Legierungen sind.

a) Der Kämpfertyp

Es ist der Verteidiger der, oft von seiner Herkunft her, den Streit liebt.

Er hat beispielsweise in seiner Jugend mit Mutter oder Vater die Dinge – oft heftig – ausdiskutiert und dabei positive Erfahrungen gewonnen,[46] ein Erlebnis der Notwendigkeit einer guten „Streitkultur".

Er hat die Bereitschaft zum Streit (Kampf), er leidet nicht daran.

Er bringt bereits die (unbewusste) Kenntnis der Dialektik der Wahrheitsfindung im Reformierten Strafprozess mit.

Selbst wenn er in einer – selektiv vermittelten – Ethik des Neuen Testamentes „Wenn dir einer auf die rechte Wange schlägt, dann halte ihm auch die andere hin",[47] erzogen ist, so kennt er (unbewusst) die Ethik des Alten Testamentes: „Auge um Auge, Zahn um Zahn"[48] und er weiß (ahnt):

Den Strafprozess in seinem Ablauf bestimmt die Ethik des Alten Testamentes.[49]

Jäger und Tilmann Moser umfangreiche Beiträge zur Einordnung der Reiwald'schen Leistung vorangestellt haben. Portrait Paul Reiwalds in StraFO 1996, 16.

46 Als ein solches Beispiel habe ich Hans Litten geschildert, BRAK – Mitteilungen 2003, 161; *Naumann*, „Miteinander streiten – Die Kunst der fairen Auseinandersetzung", 1995, 39 berichtet von einer Studie der Humboldt Universität Berlin, wonach Kinder, die Verbote und Gebote nicht widerspruchslos hinnehmen, sondern das Risiko des Selbstausprobierens auf sich nehmen, sich auch im späteren Leben erfolgreicher durchsetzen.

47 Bergpredigt bei Matthäus 5, 38–39: „Ihr habt gehört, dass gesagt worden ist 'Auge für Auge, Zahn für Zahn'. Ich aber sage euch: Leistet dem, der euch etwas Böses antut, keinen Widerstand, sondern wenn dich einer auf die rechte Wange schlägt, dann halt ihm auch die andere hin".

48 „Wenn Männer sich raufen und eine schwangere Frau stoßen, so dass herauskommen ihre Leibesfrüchte, aber (sonst) kein schlimmes Unglück entsteht, so muss dem Schuldigen eine Geldbuße auferlegt werden [...]. Wenn aber ein schlimmes Unglück entstanden ist, so sollst du geben: Lebendige Seele an Stelle von lebendiger Seele, Auge an Stelle von Auge, Hand an Stelle von Hand, Fuß an Stelle von Fuß, Brandmal an Stelle von Brandmal, Wunde an Stelle von Wunde, Strieme an Stelle von Strieme" (Exodus 21, 22–24).

49 Die vorstehenden – oft gebrauchten – Zitate geben nur eine unvollständige – wenn man will „säkularisierte" – Form, des Inhalts wieder *und dessen, was für die hiesige Fragestellung relevant ist:* Das Alte Testament enthält eine *Vertragsreligion*, das mosaische Gesetz, den Bund. Was im Gesetz steht, gilt, was nicht darin steht, nicht. Bei unseren Gerichten geht es um das

Jede / jeder, die / der sich der Strafverteidigung widmet, muss zunächst einmal diese emotionale Leistung mit- oder erbringen, aus einer (etwaigen) Harmonieerziehung herauszukommen und Streit auszuhalten. Wem dies nicht gelingt, der kann nicht genuine Strafverteidigerin / genuiner Strafverteidiger werden.

Dies ist der „gekorene" Typ für die von der Strafprozessordnung gewollte Annäherung an die Wahrheit durch Rede und Gegenrede.

b) Der Harmonietyp

Aufgewachsen in der Harmonieerziehung der (klein-)bürgerlichen Ängstlichkeit, von Erziehungshinweisen, wie „Lass' nie die Sonne untergehen, bevor nicht ein Streit beigelegt ist" etc [...].

Geprägt von der generellen Ungeeignetheit der familiären, schulischen und universitären Erziehung und der Ausbildung in der Referendarzeit zur Ausübung dieses kontradiktorischen Berufes.

Sozialisiert in einer Gesellschaft, die harmoniesüchtig und streitfeindlich ist, eine Gesellschaft, die mit Schambegriffen arbeitet in dem sie „political correctness" predigt und in der die Begriffe „Positives Denken",[50] „Mediation" und „Vergleich" die Leitbildes „vernünftigen" Handelns sind.

Gesetz. Es ist hoch bewertet. Man darf es nicht brechen. *Insofern* gilt für den Reformierten Strafprozess die Ethik des alten Testamentes. Das neue Testament will Versöhnung. Freilich nicht Versöhnung um jeden Preis. Es heißt auch: „Wer nicht für mich ist, ist gegen mich" Matthäus 12, 30 und: „Eure Rede sei Ja, Ja und Nein, Nein, – und was drüber ist, ist vom Übel." Matthäus 5, 37 Die Liebe ist das übergeordnete Element. Sie kann das (einfache) Gesetz außer Kraft setzen (man darf also z.B am Feiertag Kranken helfen).

50 „Zutreffend [...] jedenfalls für die Zeit des ausgehenden 20. Jahrhunderts, dürfte [...] eine [...] Charakterisierung sein, die diese Zeit als eine des manischen 'Positivdenkens' sieht, das über die Wahrheit dieser Epoche dereinst noch Rechenschaft ablegen wird: Eine ganze Epoche muss es sehr nötig gehabt haben, 'positiv zu denken', und zwar umso positiver, je aussichtsloser die Verhältnisse ins Negative abglitten. Positives Denken soll, einschlägigen Publikationen zufolge, eine 'sehr tiefgreifende Methode der Selbstverwirklichung' sein, um ein 'umfassendes körperlich-geistiges Wohlgefühl' zu erreichen [...]. Dass das Positivdenken selbst so großen Erfolg hat, beruht wohl auf einem Missverständnis: Ihm wird zugetraut, die lästige Widerspruchsstruktur des Lebens aus den Angeln heben zu können und dem Positiven allein Bahn zu brechen. Je intensiver dieses Ziel verfolgt wird, desto mehr wächst die Gefahr, von den Widersprüchen des Lebens wieder eingeholt zu werden, zuvörderst im alltäglich gelebten Leben, das regelmäßig Tage bereithält, denen nachzutrauern sich nicht lohnt." *Schmid*, Schönes Leben? Einführung in die Lebenskunst, 2000, S. 104, 106.

Ihm fehlt die Bereitschaft zum Streit (Kampf), er leidet daran. Er kann keine Disharmonie ertragen, jedenfalls nicht durchhalten, also keinen streitigen Prozess führen.[51] Er ist daher der „gekorene Dealer".

Kommt er einmal in die Hauptverhandlung, so wirkt er „seltsam blass".[52]

c) Der Affekttyp

> „[...] seine Bedeutung hängt aufs engste mit unbewusstem Schuldgefühl und Strafbedürfnis zusammen. [...] die Rettungsphantasien [...] die sich an seine Person knüpfen [...] genügen nicht, um den Affekt hervorzubringen, ohne den eine wirkliche
>
> Vertretung in einer großen Sache nicht möglich ist [...] unbewußte Schuldgefühle, die bis in die früheste Kindheit zurückreichen, ermöglichen es ihm, sich schuldig zu fühlen, schuldiger vielleicht als der Angeklagte selbst. Die unbewussten Affekte wissen sich des kleinsten Anhaltspunktes zu bemächtigen [...]. Das unbewußte Schuldgefühl [...] ist aber schwer erträglich. So kann es denn zu einer höchst erregten und erregenden Verteidigung kommen, die einem ganz anderen gilt als dem Angeklagten, nämlich dem Verteidiger selbst [...].
>
> Wir behandeln hier ausschließlich die affektiven Fragen und lassen die juristischen beiseite. Ihre Beherrschung versteht sich für den guten Verteidiger von selbst. Aber er weiß, daß sich damit allein keine größere Verteidigung führen läßt. Der Verteidiger, der sich mit der ruhigen leidenschaftslosen Darstellung der Sachlage begnügt, ist vielleicht ein vortrefflicher Anwalt, aber kein Verteidiger. Er wird vom Angeklagten und Publikum, wird von sich selbst nicht als Verteidiger empfunden [...].
>
> Die Spannung, die durch das Verteidigen hervorgerufen wird, kann einen sehr hohen Grad erreichen. Daher zieht der Beruf des Verteidigers sehr häufig Anwälte an, für die solche inneren Spannungen einen besonderen Reiz haben [...]. Berufe, in denen mit Affekt „gearbeitet" werden muß, haben aber stets ihre besonderen Gefahren für die geistige Gesundheit [...]. Jedenfalls finden sich unter den Verteidigern eine besonders hohe Zahl von Neurotikern, ja Persönlichkeiten, die hart an der Grenze des Pathologischen stehen [...]."[53]

Diesen Verteidigertyp beseelen oft die „feinsten Gefühle"[54], ihn erfüllt eine „tragische Grundstimmung".[55]

---

51 *Gatzweiler*, AnwBl. 2005, 663, 667 spricht sehr plastisch von dem Verteidiger der in „wohliger Harmonie" mit den Justizorganen leben will und den „Konfliktscheu prägen".

52 Berliner Anwaltsblatt 1977, 44, Bericht über einen Vortrag von Mauz: „Psychologie des Strafverteidigers" die Unterscheidung kommt in dem Bericht nicht klar zum Ausdruck, ein Manuskript fehlt, es sind meine Erinnerungen an den Vortrag.

53 *Reiwald*, Die Gesellschaft und ihre Verbrecher, 1948, S. 192 ff.; 1973, S. 188 ff.

54 *Reiwald*, a.a.O. 1948, S. 194; 1973, S. 191.

55 *Alsbergs* „Philosophie der Vereidigung, 1930, S. 11, 20, 28 ff.: „Es ist mehr als ein Vertrauen, es ist ein *Glauben*, was dem seelischen Verhalten des Verteidigers gegenüber seinem Schutzbe-

d) der Narzisstische Typ[56]

Er liebt (braucht) den „Auftritt", die Selbstdarstellung. Er will (muss) der „Tollste" sein.

In der Hauptverhandlung ist er ständig „aktiv". Ausführlich befragt er Zeugen und Sachverständige, erkennt oft nicht, dass „wenig mehr" wäre und solche Verfahrensweise den Interessen des Mandanten nicht dient.[57]

Er hat keine Wahrnehmungskultur. Er versucht dem Richter die Verhandlungsführung aus der Hand zu nehmen.

Narzisstisch Strukturierte „streben eine leitende Position an, weil sie sich nur als die Ersten wohlfühlen können. In einer leitenden Position verwirklichen sie einen Teil ihrer Größenphantasie, wichtiger als alle anderen zu sein."

> „Freilich bleiben dem narzißtisch Strukturierten die ganz großen Leistungen oft versagt, weil die nur aus einem echten, unmittelbaren Interesse an der Sache entstehen können, während seine Arbeit sekundär motiviert ist; sie ist eher Mittel zum Zweck, eine leitende Position zu erreichen."[58]

---

fohlenen die Richtung gibt. Eine Haltung des Gemüts, wie sie als soziologische Erscheinung außerhalb des religiösen Lebens einzig dasteht [...]. Aus dieser Einfühlung in die Seele des Angeklagten, aus dieser spezifischen Verbundenheit mit dem bedrohten, vielleicht versinkenden Schicksal, entsteht im Verteidiger *jene tragische Grundstimmung*, die ihn den Ablauf des forensischen Geschehens als ein Drama sehen lässt. Die ganze Inkommensurabilität von Schuld und Sühne, die Erkenntnis, dass der Schmerz, den die Verurteilung dem Angeklagten zufügt, das Unrecht nicht tilgen kann, – das ist der Alp, der sich auf die Seele des Verteidigers legt [...]. So ist der seelische Affekt, aus dem der Enthusiasmus des Verteidigers erwächst, neben der Freude, im Kampf um das Recht Mitstreiter zu sein, nicht zum letzten begründet in dem Gefühl eines ernsten, erhabenen kraftvoll erregenden Mitleids. Des Mitleids zunächst als des Sichbewusstwerdens der unentrinnbaren Konfliktsituation, die in dem Gegensatz zwischen Individuum und Gemeinschaft regelmäßig [...] vorhanden ist [...]. In foro, wo diese Konfliktsituation in einem so eminenten Maße akut wird [...] kann das Bewußtsein dieser Konfliktlage zu einem erschütternden Erleben und Erleiden werden [...]. Und zu diesem Mitleid [...] gesellt sich das Mitleid, das aus dem Mitempfinden für das uns anvertraute fremde Einzelschicksal erwächst [...]. Diese Stärke des Mitgefühls lässt auch den Verteidiger nicht die Kraft vergessen, die das Gesetz ihm nicht nur gegeben hat, die es geradezu von ihm fordert, sich als Letzter diesem Schicksalswerden entgegen zu stellen. Denn nicht kampflos so will es das Gesetz, soll sich das Recht vollenden."

56 Narzissmus ist die Bezeichnung für die selbstgefällige Bezogenheit auf den eigenen Körper und / oder die eigene Person, was sich durch extremen Egoismus und Gleichgültigkeit gegenüber jeder anderen Person äußert. Solches Verhalten fällt durch übertriebenes Selbstlob ohne größeren Grund auf. „Selbstverliebtheit". http://de.wikipedia. org/wiki/Narzissmus.

57 Dieser Typ mag *Gatzweiler*, AnwBl. 2005, 663, 666, meinen, wenn er sagt: „Oft ist der zurückhaltende Stratege mehr gefragt, als der *umtriebige Aktionist*."

58 *König*, Kleine psychoanalytische Charakterkunde, 1992, S. 103, 104.

Aber: Er braucht Erfolgserlebnisse, er will beachtet und bewundert, gar geliebt werden.

Die Folge ist, dass „es narzißtisch Strukturierte sehr behindern (kann), wenn sie sich unbeliebt machen."

> „Er kann auch nicht wirklich die Position des Beraters einnehmen, als Berater muss er heimlicher Anführer sein. Wenn die anderen das merken, wird er als Berater vielleicht in Frage gestellt."[59]

Und dann bemüht er sich um den Deal – um wieder beliebt zu werden.

2. Richter und Staatsanwälte

Auch die Psychologie dieser Verfahrensbeteiligten ist nicht erforscht und es steht mir als Verteidiger nicht an, hier Charaktertypen zu beschreiben. Auch ist dies eine Veranstaltung für Strafverteidigerinnen und Strafverteidiger und ihrer Profession gewidmet. Immerhin lässt sich wohl soviel sagen:

Die Unterscheidung in die Grundkategorien des Kämpfer- bzw. Harmonietyps wird auch hier gelten. Wie sonst ist zu erklären,

a) dass die festgestellte Neigung, Vergleiche anzustreben bei manchen Richtern und Staatsanwälten „an der Tagesordnung" ist, von einigen „teils häufig, teils gelegentlich praktiziert"[60] und von machen – wenigen – fast völlig abgelehnt wird,[61]

b) dass es „auf der richterlichen Seite zu wenig erfreulichen Erscheinungen kommen" kann und nicht „grundlos die Furcht vor einem Missbrauch von Verhandlungsgesprächen durch Richter angesprochen und auf die Gefahr unzulässiger Druckausübung auf den Angeklagten hingewiesen"[62] wird,

c) dass es zu einem Verlust der richterlichen Verhandlungskunst kommt.

Denn es

> „liegt auf der Hand, daß die vergleichsweise Erledigung von Strafverfahren in großen Umfang prozessuales Wissen und Können nicht fördern kann [...]. Mit der zunehmenden Vergleichstätigkeit und der damit einhergehenden steigenden prozessualen

---

59 Wie vor, S. 103, 104, 105.

60 *Schünemann*, Gutachten, B 17.

61 Das sind nach meiner Erfahrung – wo überhaupt – oft ältere Richter, die zumindest ein „Anverhandeln" verlangen, einen Eintritt in die formelle Beweisaufnahme, die Erhebung zentraler Beweise, „danach ist Zeit für ein Rechtsgespräch". Schünemann, Gutachten, B 18, stellt – 1986–1989 – erst bei den Richtern und Staatsanwälten über 50 Jahren eine deutliche Abnahme des Verständigungsanteils fest.

62 *Siolek*, Verständigung in der Hauptverhandlung, 1993, S. 72.

Unfähigkeit der Richterschaft, wird die Gefahr virulent, dass an die Stelle der Rechtsfindung die bloße Ausübung von Macht tritt."[63]

d) dass sich das darin zum Ausdruck kommende Harmoniestreben sich bis zur Deal-*Sucht* ausbilden kann.

Die WHO hat das Wort Sucht in den 1960er Jahren durch Abhängigkeit ersetzt. Der Begriff Abhängigkeit beschreibt den häufigen und starken, nicht zu kontrollierenden Wunsch, bestimmte Handlungen zu wiederholen.

Dazu Beispiele:
aa) Nach Zurückverweisung einer umfangreichen Sache erklärt der für die neue Hauptverhandlung zuständige Vorsitzende, er sei nicht bereit, ebenso lange wie in der ersten Hauptverhandlung zu verhandeln. Sein Vorschlag findet jedoch weder bei der Verteidigung noch bei der Staatsanwaltschaft Zustimmung. Daraufhin führt der Vorsitzende zäh und lange getrennte Gespräche mit diesen Verfahrensbeteiligten und es kommt durch diesen Druck schließlich zu einem Kompromiss: milderes Strafmaß; in den Gründen soll eine vorzeitige Entlassung aus dem Strafvollzug empfohlen werden, wobei dieser Teil der Urteilsgründe vor Unterschrift der Verteidigung für evtl. Anregungen vorgelegt werden soll. Sodann findet eine Hauptverhandlung von wenigen Stunden Dauer statt und die entsprechenden Urteilspassagen werden der Verteidigung vereinbarungsgemäß vor der endgültigen Abfassung vorgelegt.[64]

bb) *Sechstägige* Haftprüfung. Dem – nachdrücklich jede Strafbarkeit bestreitenden – Angeklagten wird währen dieser Tage ständig und sich immer wiederholend vom Gericht das Angebot gemacht, das Verfahren mit einer vierjährigen Freiheitsstrafe abzuschliessen, bei Anrechnung der U-Haft und Haftverschonung. Sonst erhalte er – ohne Haftverschonung – sechs Jahre. Der Staatsanwalt droht bei fehlendem Rechtsmittelverzicht die Wieder-Inhaftnahme noch im Gerichtssaal an.

Schließlich bricht der Angeklagte – in sehr schlechter physischer und psychischer Verfassung – mental zusammen und stimmt zu. Es wird in die Hauptverhandlung übergegangen. Verteidiger will die Umstände offenbaren, Anstaltspfarrer rät Verteidigung dringend ab. Er sagt, der Angeklagte würde das nicht durchstehen. Daraufhin wird der Deal abgewickelt, ohne Plädoyer und Antrag der Verteidigung.[65]

---

63 *Wagner-Rönnau*, Das „einvernehmliche Verfahren" im Strafprozess, RuP 1990, 161 (163).

64 Ein Fall aus meiner Praxis, berichtet bei *Siolek*, Verständigung in der Hauptverhandlung, 1993. Fn. 105, dort zwei weitere Fälle aus meiner Berufserfahrung.

65 Dieser Fall, sehr ausführlich und *beklemmend* geschildert von *Wagner-Rönnau*, Das „einvernehmliche Verfahren" im Strafprozess, RuP 1991, 32–43, lässt sich, was die Handlungen des Gerichtes angeht, nur noch mit Deal-*Sucht*-Verhalten erklären.

cc) Der Bundesgerichtshof hat sich in jüngster Zeit – 20. April 2004 bis 8. Februar 2005 – also in einem Zeitraum von nicht weniger als 10 Monaten – viermal mit einschneidenden Nötigungssituationen befasst.[66]

III. Die psychologischen Gefahren des Deals

Die Neigung zu Absprachen = die Meidung der Kontradiktion, des Streites, wird gekennzeichnet durch Umstände, die die intellektuelle und emotionale Lage der Verfahrensbeteiligten stark beeinflussen.

1. Objektive Elemente

a) Die Strukturebene (Gesetzesebene)

Die gesetzliche Ordnung des Verfahrens und der Entscheidungsfindung führt zu subjektiven Sogwirkungen, Vergleiche abzuschließen. Sie produziert strukturelle Streit verhinderungsfaktoren.

aa) Das Ermittlungsverfahren

Die gewaltige Machtfülle der Staatsanwaltschaft, verursacht – ist erst einmal Anklage erhoben – ihre oft große Passivität in der (streitigen) Hauptverhandlung.

Die subjektive Befindlichkeit ist gekennzeichnet durch die Prägung der Ermittlungen, die ja immerhin den Verdacht erbrachten, der zur Anklage ausreichte.

Staatsanwälte lassen Zeugen „durchlaufen“, während hier ein Gebiet hoher Aktivität der Verteidiger ist, Staatsanwälte agieren kaum, stellen keine Beweisanträge und geben oft zu Anträgen der Verteidigung „keine Stellungnahme“ ab.

Sie wirken farblos, sie „streiten“ nicht.

Ein Vergleich kann immer nur eine Verurteilung sein. Mag er also geschlossen werden, wenn die – seit den Ermittlungen – klare Sache ihr befriedigendes Ende findet. Wozu streiten, bei klaren Verhältnissen?

---

66 BGH 20.04.2004 – 5 StR 11/04 („Revision oder Freiheit“); 9.06.2004 – 5 StR 579/03 („Sechs Jahre Haft oder zwei auf Bewährung“); 16.09.2004 – 4 StR 84/04 („Herr Angeklagter, nicken Sie“) und vom 8.02.2005 – 3 StR 452/94 („Sicherungsverwahrung“). *Malek*, StraFo 2005, 441 kommentiert dies: „Es dürfte [...] kaum zu bezweifeln sein, dass fortwährend weiter in der dargestellten Weise verfahren wird.“ Er berichtet, Brief vom 16.11.2005 an den Verfasser: Es haben sich „bereits wenige Tage nach Erscheinen meines Aufsatzes [...] mehrere Kollegen gemeldet und weitere Fälle der von mir dargestellten Art mitgeteilt.“

bb) Die Situation im Richterkollegium:

Dort existiert ein struktureller Einigungs*zwang*.

Es entsteht ein Problemlösungsbild. Das Kollegium *muss* sich einigen. Zwar nicht einstimmig, aber doch mehrheitlich. Das prägt die Denkstruktur.

Die gilt auch nach außen: Vornehmlich in der Abklärung: was will die Staatsanwaltschaft?

Wie nahe liegt es dann, auch die Verteidigung einzubeziehen.

b) Die Belastungsebene

aa) Richter und Staatsanwälte

- Die Überlastungen objektiver Art:[67] die tatsächliche Vielzahl der Verfahren und
- der Umfang und die Schwierigkeit des Materials der Verfahren: die inhaltliche und zeitliche Unmöglichkeit einer Bewältigung in angemessenen Fristen,[68]

ergeben den *Druck*:

Es muss – soll – ein höherer output erreicht werden.

bb) Beschuldigte und Verteidiger

Hier verursacht die Abhängigkeit von der Zeitplanung der Richter und Staatsanwälte den Druck. Sie wird aus der Lage des Beschuldigten „aus dem Verhängnis, das über ihm schwebt“[69] oft als größer empfunden.

---

67 Immerhin gibt es Untersuchungen der Burn-Out-Forschung, wonach dieser bei Richtern selten ist. *Hirth*, DRiZ 2002, 449.

68 „An seine Grenzen stößt das staatliche Strafrecht aber auch dort, wo der Nachweis einer Tat auch angesichts der freien Beweiswürdigung durch den Richter infolge objektiver Schwierigkeiten nur schwer zu erbringen ist. Dies ist namentlich im Bereich der Wirtschaftskriminalität der Fall, wo es selbst spezialisierten Staatsanwälten oder Strafkammern oft nicht gelingt, das Dickicht der Bilanzposten und Geldbewegungen zu durchdringen und die kriminellen Vorgänge zu fixieren. So ist denn hier (dem amerikanischen ‘plea bargaining’ vergleichbar) eine Praxis des ‘Vergleichs im Strafprozeß’ entstanden, die jedenfalls in diesem Ausmaß in Deutschland bisher unbekannt war. Sie beruht darauf, daß der Angeklagte in denjenigen Punkten, in denen seine Verteidigung aussichtslos erscheint, ein Geständnis ablegt, während die Staatsanwaltschaft auf eine Verfolgung der Tatvorwürfe, deren Nachweis nur mit großem Aufwand möglich wäre, verzichtet. Die auf diese Weise akkordierte Strafe läßt sich z.T. mit der Verdachtsstrafe des 18. Jahrhunderts vergleichen, die dort Anwendung fand, wo ein heutiger Richter aufgrund eindeutiger Indizien verurteilen könnte, während der damals noch geltende Strengbeweis eine Verurteilung ausschloß. Auch hier also ein Rückzug des modernen Strafrechts! Ob sich diese Regression fortsetzt, muß die Zukunft zeigen.“ *Kroeschell*, Rechtsgeschichte Deutschlands des 20. Jahrhundert, 1992, S. 248; Insgesamt und insbesondere zur Verdachtsstrafe auch *Schünemann*, Gutachten , B 20, 21, 23/24, 25; 26.

69 *Reiwald*, a.a.O., 1948, S. 193; 1973, S. 189.

2. Subjektive Elemente

a) Die Erledigungsebene

aa) Richter und Staatsanwälte[70]

Zu diesem output-bezogenen Nutzen [...] tritt für die einzelnen Staatsanwälte und Richter ein gewichtiger tätigkeitsbezogener Nutzen hinzu, der in die drei Formen der äußeren, der inneren und der kontrollebezogenen Arbeitserleichterung zerfällt.

Die *äußere* Arbeitserleichterung resultiert daraus, dass die enormen Leistungsanforderungen, die an das Gericht und speziell an den Vorsitzenden in einer kontradiktorischen Hauptverhandlung gestellt werden, bei einer informellen Verständigung weitgehend zurückgenommen werden.

Die *innere* Arbeitserleichterung resultiert aus der Entlastung von dem Entscheidungsdruck, unter dem jeder Strafrichter steht und der umso stärker empfunden wird, je höher das Berufsethos des einzelnen Richters rangiert.

Die *dritte* Form der kontrollebezogenen Erleichterung ergibt sich daraus, dass der zwischen Staatsanwaltschaft und Verteidigung abgesprochene Rechtsmittelverzicht zum Standardarsenal der informellen Verständigungen gehört.

– Das hat Schünemann 1990 gesagt, die Rechtsprechung verbietet das heute.[71] Faktisch wird dies aber nur einen kleinen Teil der Fälle betreffen. Denn wenn der Deal vom Verteidiger und Angeklagten mitgetragen wird, wird es auch kein Rechtsmittel geben. –

Unabhängig von dem generellen subjektiven Nutzen, den jede Befreiung von Kontrolle bringt und für den nur auf den überragenden Stellenwert der Freiheit des Individuums in unserer Gesellschaft verwiesen zu werden braucht, schafft die Beseitigung der Revisionskontrolle dem Tatrichter noch einen besonderen sowohl äußeren als auch inneren Nutzen.

Die Abkürzung der Urteilsbegründung enthebt von einer ebenso langwierigen wie ihres post-festum-Charakters wegen im Grunde lästigen Tätigkeit,

Nimmt man hinzu, dass die justizinterne Karriere eines Instanzrichters durch eine häufige Aufhebung seiner Urteile im Rechtsmittelzuge negativ beeinflusst wird, so

70 Die nachstehenden Ausführungen übernehme ich *wörtlich* von Schünemann, Gutachten, B 32 ff. – *zu seiner tiefen Analyse habe ich nichts Vergleichbares gefunden.*

71 BGHSt 03.03.2005 GSSt 1/04.

summiert sich der Fortfall der Revisionskontrolle bei den informellen Verständigungen für den einzelnen Richter zu einem sehr erheblichen persönlichen Nutzen.[72]

bb) Beschuldigte und Rechtsanwälte

Warum aber ist in einem kontradiktorisch ausgelegten System etwas, das für Richter und Staatsanwälte so nützlich erscheint, für die andere Seite sinnvoll?

(1) *Der Beschuldigte* kann seinen Vorteil sehen in der Abkürzung oder Abmilderung des Verfahrens und in der Reduzierung der Sanktion. Bei einfachen Fällen, d.h. bei eindeutiger Beweislage, mag das klar sein.

Was aber geschieht gerade in den komplizierten Verfahren, die zu Absprachen geführt haben? Welches ist der Sachverhalt der eventuell „gestanden" werden kann.

Bei unklarer Ausgangslage führt hier jeder Deal zur Verdachtsstrafe.[73]

Hier liegt das Dilemma des Beschuldigten: Er steht unter dem Druck des Verfahrens als Prozessstrafe, er kann den Sachverhalt in seiner strafrechtlichen Relevanz nicht beurteilen, er ist auf Gedeih und Verderb seinem Verteidiger ausgeliefert. Er nimmt nicht an den Gesprächen teil. Er kennt die Motive seines Verteidigers nicht.

(2) *Der Verteidiger*
Seine subjektive Lage
Seine Interessen stimmen hier mit den Interessen des Richters nach schneller Erledigung nicht unbedingt überein.[74] Viel wichtiger fällt ins Gewicht die (subjektive) Erleichterung seiner Berufstätigkeit.

Gerade im Hinblick auf die geschilderten Verteidigertypen des Harmonietyps und des narzisstischen Typs gelten Schünemanns Feststellungen:

> „In seiner schwierigen Prozessrolle muss die Aufnahme kooperativer, letztlich auf Konsens angelegter Beziehungen zum Gericht als eine starke psychische Entlastung empfunden werden, bei Konflikt, Misserfolg und Frustration durch Zusammenarbeit, Konsens und relativen Erfolg (jedenfalls bei einer Betrachtung aus der Binnenperspektive der Verständigungskommunikation) ersetzt werden können."[75]

Der Verteidiger dieser Charakterologie wird einer solchen Lösung, unabhängig vom Mandanten, „unbewusst" zustreben, weil er anders in das System der „Disharmonie"

---

72 *Schünemann*, Gutachten B 32, 33.

73 Fn. 67.

74 Anders *Schünemann* – allerdings 1990. Es mag zwar sein, dass eine Zahl von Verteidigerinnen und Verteidigern unter „Erledigungsdruck" leiden, das trifft aber beileibe nicht für alle zu und dürfte bei der Überbesetzung des Berufes in Zukunft nicht die Regel sein.

75 *Schünemann*, Gutachten, B 46.

übergehen müsste, hohe Risiken tragen, sich enorme Arbeit aufbürden würde (Beweisanträge, umfängliche Vor- und Nachbereitungen der Verhandlungstage) und ggf. zu subjektiv als verpönt empfundenen Verfahrensweisen, (streitige Zeugenbefragungen, Befangenheitsgesuche) gelangen müsste. Und dies alles bei ungewissem Ausgang.

Kommt, wie in vielen Fällen, die Aggressivität oder Destruktivität der Vorgänge des Falles hinzu, so entsteht ein Bedürfnis nach Distanz, Selbstschutz und eigner Hygiene und eine besondere Nähe zu Staatsanwaltschaft und Gericht, wie sie sich bei kultivierten Menschen angesichts aggressiver und destruktiver Vorgänge, die sie zu behandeln haben, einstellt.

So entsteht ein *emotionaler Sog* nach Verständigung, der mehr dem Verteidiger selbst gilt, als seinem Mandanten. Es vereinigen sich die (unbewussten) Forderungen der Persönlichkeitsbilder der Verfahrensbeteiligten nach Verfahrenserledigung. Es kommt zu dem Ergebnis:

„Die Erklärung für Verständigung [...] besteht deshalb primär in ihrem Nutzen für die professionellen Akteure des Strafverfahrens (Gericht, Staatsanwaltschaft und Verteidiger),"[76] mit der Folge von Verdachtsstrafen.[77]

Seine objektive Lage

Dabei ist die Situation für den Verteidiger *nicht aussichtslos.*

> „Während unsere Verfahrensordnung den Verteidiger in mancher [...] Hinsicht vielfach in unbequeme Lagen bringt, gewährt sie ihm an dieser einzigen Stelle (im Bereich des Beweisantragsrecht) eine gewisse Überlegenheit."[78]

Da der abzuklärende Sachverhalt aber gerade durch Beweiserhebungen bestimmt wird, verstärkt sich die Position des Verteidigers in diesem Bereich, weil er hier eine verfahrensmäßige Machtposition hat, die zu einer dominanten Rolle werden kann.

Der allgemein bei Mediation und Vergleich befürchtete Machtunterschied mit der Folge, dass sich die Position des Stärkeren durchsetzt,[79] wird hier also bis zu einem gewissen Umfange kompensiert.

---

76 *Schünemann*, Gutachten, B 47.

77 Fn. 67.

78 *Sarstedt / Hamm* Die Revision in Strafsachen, 5. Aufl. Rn. 284.

79 *Hohmann*, BerlAnwBl. 2001, 337 ff.; *Schünemann*, Gutachten B 47 ff.; *Fisher / Ury / Patton*, Das Harvard – Konzept, 21. Auflage, 2002; Voraussetzungen einer Einigung nach Kostka, Planungs-methoden, http://www.laum.unihannover.de/ilr/lehre/Ptm/Ptm_Koop Verh.htm#grdl:

Allerdings erst und nur dann, wenn der Verteidiger sich dessen bewusst ist und entsprechend vorbereitet in die Vergleichsverhandlungen geht. Dies wiederum setzt eine gewisse Signalisierung von Konfliktbereitschaft voraus und dies hat die Verteidigerin / der Verteidiger am ehesten durch die Aura, die die Kämpferin / den Kämpfer umgibt.

So kommt es zu der paradoxen Situation, dass der Kämpfertyp, wenn er sich in die Arena des Konsenses begibt, in der Rolle desjenigen ist, der das Schwert hat, ohne es auch nur aus der Scheide zu ziehen. Fehlt ihm diese Aura des Kämpfers, fehlt ihm der „Stallgeruch des Prozessrechtlers- des Revisionsrechtlers", dann allerdings wird sich die stärkere Machtposition von Staatsanwaltschaft und Gericht zu Lasten seines Mandanten auswirken. Trifft ein Harmonieanwalt auf eine entschlossene Strafkammer, wird das so sein. Trifft umgekehrt ein Kämpfertyp auf einen schwachen Richter, so wird es zu „asymmetrischen Ergebnissen" kommen.

Die Macht im Strafprozess ist zwar bis zum Urteil zwischen den Verfahrensbeteiligten in gewissem Umfange aufgeteilt. Nimmt einer der Verfahrensbeteiligten die ihm zugewiesene Machtposition allerdings nicht wahr, so verschwindet die Gesamtsumme der Macht nicht um diesen Teil, sondern sie wächst dem anderen Verfahrensbeteiligten zu.

b) Die Ebene der intellektuellen Kompetenz

*aa)*Zur Durchdringung umfangreicher, in sich verschachtelter, komplizierter Sachverhalte einerseits, ihrer Subsumption in die gesetzlichen Tatbestände andererseits,

---

1. Eine Vereinbarung, die für alle Beteiligten vorteilhaft ist, muss *sachlich überhaupt möglich* sein. Das ist schwierig bei extrem ungleicher Machtverteilung der beteiligten Parteien oder bei stark wertbeladenen Konflikten, in denen sich die Konfrontation auf ein Alles oder Nichts reduziert.
2. Die Verhandlungspartner müssen *ernsthaft an einer Lösung interessiert* sein. Das beinhaltet jeweils auch die prinzipielle allseitige Bereitschaft zum Verzicht auf Teile von ursprünglichen Vorstellungen. In Situationen, die so weit eskaliert sind, dass Feindbilder die Diskussion überlagern, ist Negotiation deshalb kaum möglich ohne vorherige vertrauensbildende Maßnahmen.
3. Die Verhandlungspartner müssen jeweils wenigstens über so viel Macht verfügen, dass sie *einerseits gegenseitig aufeinander angewiesen* sind, *andererseits* aber auch die *Umsetzung getroffener Vereinbarungen im eigenen Lager sicherstellen* können. Sonst besteht die Gefahr, dass die Verhandlungen nicht als lohnend erachtet werden.
4. Negotiation verlangt ein hohes Maß an *Verhandlungserfahrung, Disziplin und allgemeiner Sozialkompetenz* aller Beteiligter. In der Regel sind diese Kompetenzen in einer Verhandlungsrunde zumindest ungleich verteilt. Das kann ad hoc nicht mehr ohne weiteres auf faire Weise ausgeglichen werden. Hier wird dann schnell der Ruf nach einem professionellen Moderator laut. An diesem Punkt kann Negotiation in Moderation oder Mediation übergehen.

bedarf es einer erheblichen Intellektualität und der Fähigkeit zur Reduktion von Komplexität.

Es kann nicht davon ausgegangen werden, dass auf der Seite der Verteidigung, der Staatsanwaltschaft, und des Gerichts eine solche Konzentration immer gleichzeitig vorhanden ist. Schon deshalb ergibt sich die Unmöglichkeit bei der Durchdringung und Subsumption des Sachverhaltes auf ein gleiches Niveau zu kommen und damit der Zwang zum Deal im Sinne der Lösung des Falles auf der Basis eines rational nicht durchdrungenen und nicht zu Ende gedachten Sachverhaltes.

- Bereits die Ungeeignetheit der Ausbildung verhindert die Durchdringung: sie vermittelt kein sozialwissenschaftliches und psychologisches Wissen, es gibt keine Leistungskontrolle solchen Wissens.
- Solche Intellektualität wird – wenn sie nicht mitgebracht wird – durch die äußeren und sozialen Bedingungen der beamteten Berufe nicht gefördert.
- Dies ist zwar anders beim Freiberufler, der – neben der genuinen Berufstätigkeit – in seinem Berufsleben ständig und über die Jahrzehnte unterschiedlichsten wechselnden Situationen ausgesetzt ist, dem statisches Verhalten unmöglich ist, der ständig reagieren / handeln muss.
- Die so geforderte, erworbene und erhaltene, Beweglichkeit ist es, die der Richter und Staatsanwalt ahnt und die zu der verbreiteten projektiven Abwertung des Anwalts führen. Sie ahnen – befürchten –, dass im Falle des Streites, der Anwalt der Beweglichere sein könnte. Deshalb muss die „offene Feldschlacht“ vermieden werden.
- Durch die ökonomischen Zwänge, kann der Anwalt aber – anders als Richter und Staatsanwalt – die Dinge oft nicht liegen lassen. Dieser Druck (Ergebnisorientierung, Handlungspragmatik) ist Gift für die Durchdringung.
- Auch gelangen durch die Überfüllung des Anwaltsberufes eine erhebliche Zahl von Berufsträgern dorthin, die ungeeignet sind, keine Passion für den Beruf haben und schon wegen dieser Inkompetenz ihr Heil im Deal suchen, in dem sie meinen, nur ein paar Alltagstugenden zu brauchen.

bb) Insgesamt: Auch Juristen haben sehr unterschiedliche Grade intellektueller Kompetenz. Viele Juristen mit besonderer Intellektualität stößt gerade der Umgang mit Kriminalität ab.

c) Die Wahrnehmungsebene

Es fällt schwer, sich von einem einmal anhand des Aktenstudiums gewonnenen Bild des Falles zu trennen (sog. Inertia-Effekt).[80]

---

80 *Schünemann*, StV 1993, 607, 608, mit weiteren Nachweisen.
„Inertia-Effekt [...] Personen (unterschätzen) den prognostischen Wert einer Information tendenziell [...] wenn diese der früheren Information und damit der Hypothese widerspricht; sie überschätzen dagegen tendenziell den diagnostischen Wert einer Information, wenn sie frühe-

Durch die prägende Kraft der Anklage gehen Staatsanwälte und Richter (unbewusst) und oft auch Verteidiger(!) von „schuldig“ und damit von schneller Erledigung aus, also: warum noch ein kontradiktorisches Verfahren?

Hinzu kommt der „Schulterschlusseffekt“, die tendenzielle Orientierung des Richters am Standpunkt des von ihm als relevante Vergleichsperson akzeptierten Staatsanwaltes.[81]

d) Die Sachebene

Die Materie selbst verursacht den Sog.

Es entsteht das Phänomen der Reaktionsbildung angesichts der destruktiven Vorgänge des Falles aus Selbstschutz und eigener Hygiene: eine besondere Sanftheit bei kultivierten Menschen, eine besondere Nähe untereinander. Folge: kein Streit, Einigung. Irgendwie.

Der Deal ist dann die konstruktive Kompensation der (nicht ausgehaltenen) Destruktivität, die in der Straftat zu Tage tritt.

e) Die Narzissmus-Ebene

In einer Gesellschaft, die eine zunehmend hedonistisch-narzisstische Kultur entwickelt hat, ist das Gesetz nicht mehr „internalisiert“, nicht mehr Teil der Person.

Es steht außerhalb, man identifiziert sich nicht mehr mit dem Gesetz, sondern es stellt ein Instrument zur Befriedigung der eigenen narzisstischen Bedürfnisse dar.

Es entsteht: „political correctness“,[82] der gutbürgerliche „Common Sense“. Die „Moral“ bestimmt die Diskussion.

Dies führt zur Streitverhinderung:

Wer das Gesetz internalisiert hat, kann nicht leicht dealen.

---

ren Informationen und damit der Hypothese entspricht. Wenn erst einmal eine subjektive Hypothese gebildet – eine tentative Entscheidung getroffen – wurde, führt das im Regelfall zu einem Mechanismus, der bewirkt, daß entgegenstehende neue Informationen systematisch unterdrückt und gleichlaufende Informationen dagegen bevorzugt werden und die gesamte Entscheidungsfindung damit zugunsten der ursprünglichen Hypothese verzerrt wird.“ *Barton*, StraFO 1993, 11 (14) unter bezug auf Schünemann.

81 *Schünemann*, StV 1993, 607, 608, StV 2000, 159.

82 Ein Beispiel für viele berichtet *Bertram*, RuP 2005, 33, 35: Unterwerfung „einer liberal verfassten Gesellschaft [...] unter [...] Gängelei durch die Großagenturen politischer Korrektheit“.

Die narzisstisch Beteiligten aber haben das Schuldbewusstsein verloren. Das Schuldstrafrecht wird in einer hedonistisch-narzisstischen Kultur immer mehr zu einem erratischen Block. Weil Schuld in viel größerem Umfang auf Bindung aufbaut, auf gesetzlichen und psychologischen, zwischenmenschlichen zwingenden, Verpflichtungen, lockern sich diese Bindungen dort, wo sich Einzelne ständig selbst verwirklichen wollen. Nicht mehr Schuldgefühle, sondern Schamgefühle werden handlungsleitend. Nicht mehr die Frage dominiert: „Halte ich das Gesetz ein?", sondern die Frage: „Werde ich entdeckt?"

An die Stelle von Schuld tritt Scham.

Scham ist der „Konflikt zwischen Ich und Ich-Ideal, Schuld der zwischen Ich und Überich".[83] Scham ist also ein Konflikt innerhalb der Persönlichkeit, Schuld ein solcher der Persönlichkeit mit den allgemeinen Wertvorstellungen, wie sie sich unter anderem, aber eben auch und gerade, im Gesetz ausdrücken.

Schuldzuweisung bedeutet: Ausurteilung einer Sanktion für (allgemein) definiertes, gesetzlich missbilligtes Verhalten. Schamzuweisung bedeutet individuell zugeschriebene Bloßstellung, Unwertigkeit; ist Diskriminierung, „an den Pranger stellen"; die andere Person „passt nicht".

Mit der Bereitschaft zum Deal verschwindet der Begriff der Schuld als Begriff des Gesetzes. Es entsteht eine Schamkultur, eine Schamgesellschaft.

Schuld kann man „entschuldigen", bei Schuld gibt es eine Sanktion, und damit ein – vielleicht fernes – Ende.

Bei abverlangter Scham? Es gibt kein „Schamstrafrecht". Scham kann man nicht wiedergutmachen. Allenfalls wird die Forderung, sich zu schämen, irgendwann vergessen, kann aber jederzeit hervorgeholt werden.

IV. Folgerungen für die Verteidigung

1. Wir müssen uns klar sein *zu welchem Verteidigertyp* wir gehören.

Nur wer den Kampf liebt, darf dealen. Wer erkennt, dass er dealt, weil er stets und ständig von Harmoniesehnsucht erfüllt ist oder von Anfällen von Narzissmus (Umtriebigkeit, Eitelkeit), muss es lassen oder zumindest auf einem hohen Grad der Selbstreflexion betreiben.

Er muss stets die Frage reflektieren: Warum gehe ich auf ein Dealangebot ein? Warum rate ich meinem Mandanten dazu?

---

83 *Seidler*, in Mertens / Waldvogel (Hrsg.), Handbuch psychoanalytischer Grundbegriffe, 2. Aufl. 2002, „Scham", S. 625.

2. Wir müssen uns fragen:
Was sind die Interessen *des Mandanten*, seine Interessen allein? Dazu müssen wir „auf den Balkon gehen“,[84] d.h. Distanz nehmen, die Dinge aus der Entfernung sehen.

3. Wir müssen uns fragen:
Was ist die „besondere Psychologie“ meiner *Gesprächspartner*: Warum bieten sie mir einen Deal an?

4. Wir müssen den Fall *sobald als möglich* auf das Niveau der *intellektuellen Kompetenz* heben: In den Zeiten des Deals besteht die Notwendigkeit der *frühen* Verteidigungsschrift, im Sinne der sorgfältigen Analyse des Sachverhaltes und seiner rechtlichen Einordnung, um *von dort* aus in die Erörterungen einzutreten.[85]

C. Schlussbemerkung

Hier vereinigen sich die Kreise – die Themen meiner beiden Beiträge zur Form und zum Deal.

Nur wer die Form kennt, kontradiktorisch verhandeln, also streiten kann, der kann, der darf auch dealen!

Pflegen wir die schützenden Form, als die Zwillingsschwester der Freiheit, denn was wären wir ohne die Freiheit. Erinnern wir uns daran:

> „[...] woher haben wir Europäer die Kraft genommen, uns immer wieder von Diktatoren zu befreien, und woher nehmen wir weiterhin und für alle Zeiten das Recht, frei sein zu wollen und die Freiheit als höchsten Wert zu betrachten, wenn nicht aus unserer Überlieferung?“[86]

Es ist eine neue Generation von Richtern und Staatsanwälten herangewachsen. Es ist eine neue Generation von Strafverteidigerinnen und Strafverteidigern herangewachsen.

– Wenige für die die
„von der Reichsstrafprozeßordnung begründete und unter dem Grundgesetz weiter ausgebaute deutsche Strafverfahrenskultur noch zu den selbstverständlichen Vo-

84 *Hohmann*, BerlAnwBl. 2002, 602, Beschreibung des Harvard Konzeptes, Anm. 76.

85 Anachronistisch insofern – und sicherlich in Liebe zum „alten“ Strafprozess fortgeschrieben – die (von ihm selbst wohl auch nicht mehr angewandten) grundsätzlich ablehnenden Ratschläge von *Dahs*, Handbuch des Strafverteidigers, 7. Aufl. 2005, Randziffern 434–438, mit der Wortwahl „Schutzschrift“, obschon niemand mehr diesen Begriff benutzt und mit der Bezeichnung von vielen „Sonderfällen“.

86 Vgl. *Fuhrmann, Manfred*, Cäsar oder Erasmus? Die alten Sprachen jetzt und morgen, 1995, S. 99.

raussetzungen des vernünftigen Redens über strafprozeßrechtsdogmatische Fragen gehören würde."

- Viele bei denen: „'Tempi passati' dem in dieser Kultur groß gewordenen Prozessualisten schon in den letzten Jahren in den Sinn kommen"[87] musste.
- Viele bei denen das „bewusste Einhalten kunstvoller strafprozessualer Figuren und das Denken im Modell des Reformierten deutschen Strafprozesses nicht an der Tagesordnung" ist.[88]

Wir alten Löwen, die Gründer dieser Arbeitsgemeinschaft, standen oft recht fassungslos vor der schleichenden Veränderung unseres Berufsbildes.[89]

Da wir aufgewachsen sind im kontradiktorischen Verfahren, haben wir eine tiefe Liebe zur Prozesskultur und sind doch, wegen unseres „Stallgeruchs", zu großen Dealern geworden.

Uns bleibt nur, den jungen Löwinnen und Löwen zuzurufen:

Pflegen wir unsere strafverfahrensrechtliches Wissen, unsere Liebe zum Prozessrecht, zum Reformierten Strafprozess. Bewahren wir uns das weiche Fell des Löwen, ohne zu vergessen, dass er in seinen samtenen Tatzen Krallen hat. Und nutzen wir diese. Denn es ist wie mit dem Verstand:

Was man nicht benutzt, das verliert man.

---

87 *Schünemann*, StV 1993, 657.

88 *Naucke* StV 1990, 397.

89 Siehe *meine* Kontroverse mit dem Ltd. OStA Schaefer, StraFo – Sonderheft anlässlich des fünfjährigen Bestehens der Arbeitgemeinschaft Strafrecht, 1989, 18/19.

III.

GRUNDFRAGEN

Die Strafverteidigung ist sicherlich die „Speerspitze der Demokratie“. Die Berufsaufgabe des Strafverteidigers ist es, dafür zu sorgen, dass das formelle und sachliche Recht eines Rechtsstaates eingehalten wird. Dies ist das Primäre, die Frage von Schuld oder Nichtschuld stellt sich dann nicht dominierend. Die Motivation dieser Verteidigung ist nicht einzelfallbezogen, sondern rechtsstaatsbezogen.

Strafverteidigung und Rechtskultur*

Der Vorstand der Vereinigung Berliner Strafverteidiger hat mir das Thema vorgeschlagen: Strafverteidigung und Rechtskultur – der Vorstand dieser Vereinigung, der ich so lange, so gerne, und so überzeugt von ihrer Notwendigkeit, angehöre. Es entfährt einem ja geradezu ein Seufzer der Dankbarkeit, dass der Vorstand nicht das Thema gewählt hat: Strafverteidigung als Rechtskultur, sondern nur „und" Rechtskultur.

So bin ich etwas freier, und kann zum Ende hin offenlassen, ob Sie vielleicht bereit sein können, nicht nur eine Möglichkeit anzuerkennen, dass es zwischen Strafverteidigung und Rechtskultur Berührungspunkte gibt, sondern auch zu erwägen, ob man die Strafverteidigung als Rechtskultur verstehen könne.

1. Lassen Sie mich beginnen mit der Vereinigung Berliner Strafverteidiger e.V.

Der Vorsitzende der Vereinigung hat einige Bemühungen beschrieben. Von besonderer Bedeutung ist dabei, dass die Vereinigung Berliner Strafverteidiger e.V. zusammen mit der Vereinigung Niedersächsischer Strafverteidiger e.V. und der Hamburger Arbeitsgemeinschaft Strafrecht e.V. im Jahre 1977 die Strafverteidigertage begründet hat.

1977: das waren virulente Zeiten.

a) Der „neue Typ des Strafverteidigers" entstand[1]

Erstmals 1969 spricht Robert Kempner in der Neuausgabe von Slings: „Richter und Gerichtete", von einem neuen Typ des Strafverteidigers:

> „Die Atmosphäre von Moabit Ende der 20er Jahre hat mit einigen Wandlungen den Nationalsozialismus und die Nachkriegsjahre überlebt. In ihrem Kern hat sie sich kaum geändert, so wie sich die Justiz selbst auch wenig geändert hat [...]. Auch die

---

* Festvortrag zum 40jährigen Jubiläum der Vereinigung Berliner Strafverteidiger e.V. am 25. Mai 1991. Die Vortragsform ist beibehalten. Erstveröffentlichung in: Anwaltsblatt 1992, 510.

1 Dieser Abschnitt aus *meinem* Aufsatz: Strafverteidigung in der Weimarer Republik – Strafverteidigung in der Bundesrepublik: neuer Typ des Strafverteidigers? In: Aktuelle Probleme der Strafrechtspflege 1991, S. 37 ff. (50 ff.).

> Verteidiger-Atmosphäre ist sich gleich geblieben [...]. Doch die Menschen haben gewechselt: Die großen Verteidiger jüdischer Herkunft wie Prof. Max Alsberg [...] oder Dr. Dr. Erich Frey wurden von den Nationalsozialisten vertrieben [...]. Erst seit 1968 scheint sich mit einer neuen jungen Generation eine neue elektrisch geladene Gerichts-Atmosphäre zu entwickeln, und zwar durch junge Richter wie auch durch Verteidiger wie Heinrich Hannover, Horst Mahler oder Christian Raabe, deren Name über einzelne Gerichte hinaus bekannt wurden."[2]

1976, bei Gerhard Mauz, bricht es dann heraus:

> „Die Strafverteidigung ist im Gespräch. Denn in Stuttgart-Stammheim quält sich der BM-Prozeß dahin, und das soll Schuld der Verteidiger sein, denen die vier Angeklagten vertrauen [...]. Zum ersten Mal in der Geschichte der Bundesrepublik steht der Beruf des Strafverteidigers im Mittelpunkt einer öffentlichen, grundsätzlichen Auseinandersetzung. Das ist eine Sensation. Denn bislang konnten Strafverteidiger tun und unterlassen, was sie wollten. Sie konnten stümpern und, schlampen, ohne daß sich irgendjemand darüber aufregte. Die Strafverteidigung war in der Bundesrepublik bis heute kein Thema. Sie war ein Beruf, den einige wenige bekannte gediegene Könner und eine Unzahl von Amateuren ausübten [...]. So ist denn von der Strafverteidigung in der Bundesrepublik bis heute nie wirklich die Rede gewesen. Der Strafverteidiger hat, wie das 1975 auf dem deutschen Anwaltstag in West-Berlin der Rechtsanwalt Hans Dahs formulierte, 'die Freiheit seines Berufs vom Staat Wieder ins allgemeine Rechtsbewußtsein zu rücken' [...]. Endlich ist die Strafverteidigung im Gespräch, das ist eine Sensation, wenn auch leider eine sehr deutsche Sensation (denn zunächst einmal erregt man sich darüber, daß angeblich zuviel geschieht, wo bislang fast nichts geschah [...].). Es ist für jedermann von kapitaler Bedeutung, daß die Strafverteidiger der Bundesrepublik entdecken, wo, wann und wie sie tatsächlich. verteidigen – unter welchen Umständen sie nichts als ein Feigenblatt sind."[3]

Ebenfalls 1976; Jürgen Serke:

> „Strafverteidiger – ein Beruf der ins Gerede gekommen ist [...]. Strafverteidigung in Deutschland ist selten brillant, noch seltener gekonnt und in den seltensten Fällen erfolgreich im Sinne des Bestmöglichen für den Mandanten. Sie ist das Aschenbrödel der Juristerei [...]. Eine neue Generation von Rechtsanwälten ist nicht bereit, sich mit solch bescheidenen Freuden zufrieden zu geben [...]."[4]

1977 wird dann der 1. Strafverteidigertag, zunächst norddeutscher Strafverteidigervereinigungen, durchgeführt. Im gleichen Jahr die Erste Deutsche Strafverteidi-

2 Kommentierung von *Sling*, Richter und Gerichtete, Neuausgabe 1969, S. 312, 313.

3 Vorwort zu *Croissant / Groenewold* u.a., Politische Prozesse ohne Verteidigung?, 1976, S. 7 ff.

4 Strafverteidiger in Deutschland, 1976, S. 7, 8, 15.

gertagung des „Deutsche Strafverteidiger e.V.“ (zugleich Arbeitsgemeinschaft des DAV).[5] 1983 spricht dann Beulke davon:

> „Es ist insbesondere das Selbstverständnis des Strafverteidigers, das sich in den vergangenen Jahren so stark gewandelt hat, daß seiner stärkeren Position nunmehr auch bei der Auslegung strafprozessualer Normen Rechnung getragen werden kann. Seine vermehrte Bedeutung wird [...] durch seinen Machtzuwachs in der Hauptverhandlung offenbar. Angesichts dieser Entwicklung ist es sachgerecht, wenn trotz der richterlichen Aufklärungspflicht und trotz der staatsanwaltschaftlichen Objektivitätsverpflichtung die Mitwirkungsbefugnisse des Verteidigers bei der Aufspürung entlastender Momente gesteigert werden.“[6]

1987 erfolgt die deutlichste und präziseste Feststellung und Beschreibung eines „neuen Typ des Strafverteidigers“ durch Ernst-Walter Hanack: Danach wird die Entwicklung zu Vereinbarungen im Strafprozess begünstigt,

> „[...] vielleicht sogar entscheidend begünstigt, durch einen neuen Typ des Strafverteidigers, der in zunehmendem Maße unsere Gerichtssäle beherrscht und ohne Zweifel in Zukunft weiter beherrschen wird. Dieser neue Verteidigertyp ist das vielleicht interessanteste und wichtigste Phänomen in der Entwicklung unserer Strafrechtspflege: Gemeint ist nicht der sog. Starverteidiger und auch nicht der sog. Krawall-Anwalt. Gemeint ist vielmehr der Typ eines sehr engagierten und grundsätzlich seriösen, oft höchst kundigen Verteidigers; aber eines Verteidigers, der die weiten und äußersten Möglichkeiten unserer Prozeßordnung, anders als die Generation vor ihm, nicht nur ausnahmsweise ausnutzt; sondern der im Interesse seines Mandanten, auch wenn er ihn für schuldig hält [...] in alle gesetzlichen Freiräume vorstößt und dabei Verteidigungsstrategien entwickelt, die gerade auch auf die typischen Schwachpunkte unserer Justiz zielen.
>
> Es ist der Typ eines Verteidigers, der in der Regel formal durchaus korrekt verfährt, auch das Standesrecht beachtet, sich im Grunde aber dem traditionellen Ziel des Strafverfahrens nicht mehr verpflichtet fühlt oder mindestens doch die Bedeutung dieses Ziels im Spannungsverhältnis zu den Interessen seiner Mandanten kritischer gewichtet als früher; und der zudem (was ein weiteres Phänomen ist) unserer Strafjustiz mit oft geradezu abgrundtiefer Skepsis gegenübersteht. Die Justiz beginnt auch im eigenen Interesse, sich auf diesen Verteidiger einzurichten. Und gerade dadurch kommt es in zunehmendem Maße eben auch zu internen Verhandlungen, Absprachen oder Vereinbarungen, und zwar in den verschiedensten Formen und Zusammenhängen.“[7]

---

5 Details in *meinem* Aufsatz: Die schwierige Annäherung tradierter Verbandspolitik an „neue“ Strafverteidigung in: Festgabe für Ludwig Koch, 1989, S. 5 ff. und nachstehend Abschnitt 1 c.

6 Das Einsichtsrecht des Strafverteidigers in polizeiliche Spurenakten, Festschrift für Hanns Dünnebier zum 75. Geburtstag, 1982, S. 285 (296).

7 *Hanack*, Vereinbarungen im Strafprozeß, ein besseres Mittel zur Bewältigung von Großverfahren?, StV 1987, 500 (501).

b) Der Schmücker-Prozess

1977: Damals begann auch die fast unendliche Geschichte des Schmücker-Prozesses:

Am 22. Juni 1976 war das erste Urteil im Schmücker-Prozess ergangen.
Am 5. Juli 1977 erfolgte die erste Aufhebung durch den 5. Strafsenat des BGH.
Juli 1979 erging das zweite Urteil, am 14. Oktober 1980 die zweite Aufhebung.
Am 3. Juli 1986 war das dritte Urteil, am 21. März 1989 die dritte Aufhebung.
Januar 1991 schließlich wurde das Verfahren eingestellt.
Dieses Urteil wurde (wenige Tage nach dem Festvortrag) durch die Rücknahme der Revision der Staatsanwaltschaft am 3. Juni 1991 rechtskräftig.

An diesem Verfahren waren von Anfang an beteiligt die Mitglieder unserer Vereinigung, die Rechtsanwälte Rainer Elfferding, Bernd Häussler, Philipp Heinisch, Wolfgang Panka, Harald Remé und Wolfgang Ziegler.[8]

Wir sind stolz, sie in unseren Reihen zu haben.

Hervorzuheben aber ist auch die Beharrlichkeit, mit der der 5. Strafsenat des BGH in der Achtung des formellen Rechtes immer wieder die Urteile des LG aufgehoben hat, und die Klarheit und Überzeugungskraft, mit der die 18. Große Strafkammer des LG Berlin durch die Berufsrichter Dr. Ingeborg Tepperwien, Peter Marhofer und Wolfgang Alban abschließend entschieden hat.

c) 1977: Der Beginn der Strafverteidigertage

Im Jahre 1977 bestanden rechtspolitische Probleme, die die Vereinigung sehr berührten:

- Ausschließung des Strafverteidigers;
- Überwachung des Verkehrs zwischen Verteidigern und Untersuchungsgefangenen;
- Die Änderungen und Änderungspläne betr. das Strafverfahrensrecht.

Dieser erste Strafverteidigertag war eine „konservative“ Protestveranstaltung. Sie wollte „bewahren“, was an Rechtszustand entstanden war.[9]

---

8 Die Verteidigung wurde für ihre Tätigkeit am 28.04.1990 mit dem Adolf Arndt Preis 1990 des Republikanischen Anwältinnen und Anwälte-Vereins ausgezeichnet. Die Vereinigung Berliner Strafverteidiger e.V. hat in ihrer Schriftenreihe das Einstellungsurteil vom 28.01. 1991 unter dem Titel „Das Urteil“ 1991 veröffentlicht.

9 Dazu die Begrüßungsansprache des Vorsitzenden der Vereinigung RA Ehrig: „Angesichts unseres jahrelangen [...] Widerstandes gegen immer neue Einschränkungen der Verteidigungsrechte wäre die Kennzeichnung unserer Vereinigung als ‘konservativ’ im Sinne von bewahrend wohl treffender.“ Einen Bericht über den Strafverteidigertag gibt *Zieger* in: Berliner Anwaltsblatt 1977, 37 f., ferner Fn. 5, S. 5 ff.

Wer hätte von uns, die wir diesen Strafverteidigertag begründet und getragen haben, geahnt, dass wir 15 Jahre später in einem Blitzlichtgewitter von „Déjà-vu"-Erlebnissen stehen würden, und uns gesagt werden würde, dass die Pläne des Jahres 1991 nicht aus einer „Schublade" hervorgeholt worden seien, sondern dass sie im Hinblick auf die besonderen Erfordernisse der deutschen Vereinigung zu diesem Zweck entwickelt worden wären.

Wer vom Beginn der unzähligen Strafverfahrensrechtsänderungsoffensiven der Ministerialbürokratie seit 1977 versucht hat, bewahrende Aktivitäten in der Achtung und intellektuellen Liebe zur StPO zu entwickeln, der kommt sich heute wie ein alter mazedonischer Steinesel vor, der immer wieder die Körbe mit Steinen den Weg hinaufschleppt, um das Absenken der Straße zu verhindern. Im Jahre 1991 hat sich die Situation prinzipiell nicht verändert, sie hat sich nur verschärft.[10]

Blicken wir auf das Generalthema dieses Vortrages, so ist von unserer Seite, der Vereinigung Berliner Strafverteidiger und der mit ihr verbündeten bewahrenden und liberalen Kräfte im Lande zu sagen: man könnte geradezu resignieren, dass wir noch immer, 15 Jahre später, fast das halbe Leben dieser Strafverteidigervereinigung in eben exakt diesem Abwehrkampf stehen, dessen Begründung auch unsere Vereinigung und die ihr befreundeten Vereinigungen zu einem bis dahin nicht gekannten Instrument der Verteidigung, der Selbstverteidigung und der Bewahrung der bestehenden Strafprozessordnung geformt hatten.[11] Man könnte auf die Idee kommen zu resignieren, weil ein 15 Jahre andauernder Abwehrkampf, Versuche, die alte StPO von 1879/1964 endlich einmal unangetastet zu lassen,[12] nicht von Erfolg war.

Man könnte resignieren angesichts der Erkenntnis, die Karl Schäfer im Einleitungskapitel zum Löwe / Rosenberg so formuliert:[13]

> „Strafprozeßordnung und Gerichtsverfassungsgesetz wahrten von ihrem Inkrafttreten am 1. Oktober 1879 ab geraume Zeit hindurch einen unveränderten Bestand."

Man kann allerdings auch, und dies entspricht der die Strafverteidigung betreibenden Anwaltschaft besser, sagen, Fontane abwandelnd:

> „Wir haben's getragen 15 Jahr
> und können's tragen noch mehr.
> Wo immer der Angriff am stärksten war,

---

10 Durch die Gesetzesvorhaben zum Außenwirtschaftsgesetz, zum Gesetz betreffend Organisierte Kriminalität und zur Entlastung der Rechtspflege.

11 Zu diesem „Gemeinsamkeitsdruck" siehe Fn. 5, 11 ff.

12 Geschweige denn, dass von uns geforderte Reformen, beispielsweise größeres Teilhaben am Ermittlungsverfahren, realisiert werden konnten.

13 *Schäfer*, in Löwe / Rosenberg, StPO, 24. Aufl. 1988, Einl. Kap. Rdnr. 1.

> da war er öd und leer, –
> und wir wurden immer mehr."

Wir sagen heute an diesem Jubiläumstag nach 15jährigem Kampf ums Strafverfahrensrecht, dass es uns bis heute gelungen ist, die alte geliebte StPO in ihren grundsätzlichen rechtsstaatlichen Konturen zu erhalten.

Wir sagen, dass wir der Auffassung sind, dass diese alte geliebte StPO für uns am Ende einer rechtsstaatlichen Entwicklung steht, deren Umkehrung wir nicht bereit sind hinzunehmen. Wir sagen, dass diese alte geliebte StPO das erste Mal in der deutschen Geschichte die konsequente Befreiung aus den Fesseln des Inquisitionsverfahrens und schlimmerer Verfahrensarten gebracht hat, und dass sie, insofern bin ich bereit, den Titel dieses Vortrages zu akzeptieren, eine Lichtgestalt der Rechtsentwicklung und Rechtskultur darstellt. Wenn wir als besonders beeindruckendes Ereignis der deutschen Geschichte und als besonderes Bildungsereignis für die nachfolgenden Generationen schlagwortartig das Stichwort „Paulskirche" wählen, dann wird die Nation, soweit sie republikanisch gesinnt ist, akzeptieren, dass es einen besonderen „Paulskirchen-Beruf" gibt: die freie Anwaltschaft im demokratischen Staat. Nicht nur, dass die Anwaltschaft in besonderem Maße am Wachsen dieses demokratischen Schatzes der Nation: „Paulskirche" beteiligt war; – *sie* in besonderem Maße ist es, die fortan auch für die Bewahrung gekämpft und in der Zeit der schrankenlosesten Diktatur hierfür *sofort* verfolgt wurde.

Wenn dieser „Paulskirchen-Beruf" nun seinerseits einen besonderen Schatz hat, den er kraft Berufseides zu erhalten und zu verteidigen hat als Kern seines demokratischen Staates, so ist dies das Strafverfahrensrecht. Innerhalb dieses Strafverfahrensrechts ist es § 338 StPO.

Auf der Tagung in Ost-Berlin „Die Zukunft deutsch-deutscher Strafverteidigung" habe ich dazu gesagt:

> „Die Revision ist ein zentraler Bestandteil einer demokratischen Rechtskultur. Sie demonstriert in § 338 StPO den dramatischen Kultursprung, der das Strafverfahren des vorigen Jahrhunderts endgültig von der Geheim- und Kabinettsjustiz zu einer modernen, rechtsstaatlichen Justiz gemacht hat. § 338 StPO ist die magna carta, das Credo, die Paulskirchenbestimmung unseres Strafverfahrensrechts."[14]

Wer historisch denkt, den überfallen eine Sturzflut von Gedanken und Gefühlen, wenn er die Fanfarenklänge hört und sich der Kämpfe von Generationen erinnert, die aus dieser Bestimmung widerhallen:

---

14 Strafverteidiger-Forum, Mitteilungsblatt der Strafverteidigervereinigung des DAV 1991, 30.

Das *Verbot*, die Gerichtsbesetzung zu manipulieren.

Das *Verbot*, Entscheidungen zu treffen mit Personen, die aus klar umrissenen Gründen für das Richteramt nicht geeignet sind.

Das *Verbot* der Entscheidungen mit befangenen Richtern.

Das *Verbot*, die Sache zu entscheiden, obschon notwendige Anwesende, insbesondere der Angeklagte, nicht anwesend sind.

Das *Verbot*, die Sache zu entscheiden, ohne die Anwesenheit der Öffentlichkeit.

Das *Verbot*, die Sache zu entscheiden unter Behinderung der Verteidigung.

Wem solche Entstehungsgeschichten dieses Kernbereiches des Strafverfahrensrechtes nicht fremd sind, der mag das lähmende Entsetzen nachzuvollziehen, das uns Strafverteidigerinnen und Strafverteidiger ergriffen hat, als wir, just zur Eröffnung des 15. Strafverteidigertages, mit Vorstellungen konfrontiert wurden, die wir nach der Erfahrung der Geschichte, insbesondere den Erfahrungen der jüngeren Geschichte, nicht mehr für denkbar gehalten hatten. Das lähmende Entsetzen ob der Undenkbarkeit dieser Vorstellungen ist einer wütenden Entschlossenheit gewichen.

Ich erinnere an das Jahr 1982, als am 25. September in Köln das Strafverteidiger-Forum „Gegenreform" durchgeführt wurde, veranstaltet von einem angesichts der Bedrohung bis dahin nie gekannten einheitlichen Willen der Strafverteidigerschaft, landauf, landab.[15]

Motto dieser Veranstaltung war das Wort Ernst Blochs:

> „Nicht nur aus der privaten Tiefe des Anwalts, auch des Richters taucht zuweilen eine Stimme auf, die die Öde des Betriebs unterbricht. Die die Sicherheit dieses Betriebs keineswegs allem voranstellt, die durch die tausend Lücken des Gesetzes mit sittlichen Einwänden noch eine Unterhaltung führt."[16]

Diese Unterhaltung haben wir seitdem, wie es scheint, manchmal einseitig, geführt. Wir haben damals, im Jahre 1982, den Begriff „Horrorliste" aufgebracht, und ich habe auf dieser Veranstaltung ins Angesicht des bereits damals großen Wellenlenkers Rieß, und damals waren wir bereits rund 7 Jahre in diesem Abwehrkampf begriffen, gesagt, bezogen auf das Beweisantragsrecht, aber es gilt für das gesamte Kunstwerk der StPO:

> „Man hat an dieser Kulturleistung nicht so lange gebaut, wie am Kölner Dom, nicht über die Jahrhunderte, aber man hat über die Jahrzehnte daran Kultur, Rechtskultur entwickelt. Wenn dies zestört werden sollte:
>
> Wer Rechtskultur zerstört, der zerstört Kultur, und wer Kultur zerstört, ist ein Barbar.

---

15 Fn. 5, S. 13.

16 Naturrecht und menschliche Würde, 1961.

> Der Kollege und Dichter Goethe hat gesagt: 'Wer im Recht ist, muß derb auftreten, ein höfliches Recht will gar nichts heißen'.
>
> Hier sind wir als Bürger eines Rechtsstaates und insbesondere als Anwälte im Recht, und wir werden hier von heute an derb auftreten."[17]

Dies war der 25. September 1982, ein markanter Zwischenschritt, dem viele weitere folgten. Wir können, da wir uns auf einer Festveranstaltung und, Gott sei Dank, noch nicht auf einer Beerdigungsveranstaltung für unsere alte StPO befinden, gerade nicht resignierend, sondern stolz und stur sagen:

> Wir haben all diese Horrorlisten-Vertreter bisher einigermaßen zurückgeschlagen. Dies hat uns nicht geschwächt, sondern uns Kraft gegeben. So hoffen wir, dass wir die unhistorischen, kleinmütigen, aufgeregten und wehleidigen Angriffe auf das Kulturgut StPO weiter abwehren können.

2. Die geschichtliche Betrachtung

Was die Strafverteidigung angeht, so hat sie begriffen, spätestens nach dem Fanal der Entschlossenheit der Nationalsozialisten, dass sie die Palastgarde der Paulskirchenbestimmungen unseres Rechtes ist, und dass deshalb ihr in besonderem Maße der „Kampf ums Recht" obliegt.

Die Strafverteidigung hat sich in den letzten Jahren zunehmend der Erforschung und der Bewusstmachung ihrer eigenen Geschichte zugewandt.

Unser Mitglied Stefan König hat mit seinem Buch „Vom Dienst am Recht, Rechtsanwälte als Strafverteidiger im Nationalsozialismus" mit der Beschreibung von Strafverteidigung im Nationalsozialismus einen Vorhang der Geschichtslosigkeit weggezogen.[18] Er hat der heutigen Strafverteidigung die Möglichkeit gegeben, sich mit der eigenen Geschichte und Identität auseinanderzusetzen, ein Geschichtsbewusstsein zu entwickeln. Auch auf Strafverteidigertagen ist dazu vielfältig Arbeit geleistet worden.

Es ergibt sich für uns: Die Strafverteidigung in der Bundesrepublik lebt, wenn sie historisch denkt, mit diesem ungeheuren Bruch.

Am Ende des Rechtsstaates Weimarer Republik steht die größte Rechtlosigkeit. Diese Verteidigung weiß, dass sie nur dem Rechtsstaat ihre Existenz verdankt. Dies ist nicht anders, als es für das Bewusstsein der Verteidigung in Weimar war. Die Verteidigung in der Bundesrepublik weiß aber auch oder muss das wissen, dass sie

---

17 Zu der Veranstaltung StV 1982, 600 ff.

18 1987, von ihm auch, S. 45, das Wort vom „Fanal der Entschlossenheit und Machtvollkommenheit der Nationalsozialisten" bezogen auf den Ausschluss der jüdischen Rechtsanwälte.

die Energie für den Kampf um das Recht nicht nur aus dem Bewusstsein entnehmen muss, dass dort, wo die Regeln des Rechtsstaates nicht mehr gelten, auch sie nicht mehr existieren wird, sondern *auch* aus dem Bewusstsein, dass ein solcher Bruch in der jüngsten Geschichte geschehen konnte. Die Motivation dieser Verteidigung ist nicht einzelfallbezogen, sondern rechtsstaatbezogen.[19]

Und: Die geschichtliche Erfahrung, dass in dem Augenblick, in dem die Diktatur 1933 auftrat, *sofort* die Verteidigung in ihren namhaftesten Vertretern beseitigt wurde,[20] dass dem eine Rechtsentwicklung folgte, an deren Ende Volksgerichtshof und KZ standen, hat die Strafverteidigung vor die Frage gestellt, wie dies, nach Paulskirche, Konstitutioneller Monarchie und Republik von Weimar, geschehen konnte.

Die Analyse ergibt: Der besondere Hass der Nationalsozialisten richtete sich auf das Verfahrensrecht. Hier verband sich die anti-rechtsstaatliche Polemik mit dem Antisemitismus: Im Jahre 1938 steht in der Juristischen Wochenschrift:

> „Es gibt für das Gericht kein Verbot der reformatio in peius, nicht mehr das nulla poena sine lege, eine weitgehende Ermessensfreiheit bei der Behandlung von Beweis- und Beeidigungsanträgen, kein Verbot der Protokolländerungen, endlich auch die Wahlfeststellung. Alle diese Änderungen dienen der Wahrheitsermittlung und Findung des richtigen Urteils. Man kann im Zuge dieser Entwicklung durchaus für wahrscheinlich halten, daß auch das Dogma des ‘ne bis in idem’ nicht unangetastet bleibt.“[21]

Was haben wir der demokratischen Nation als Ergebnis der Analyse und als Mittel der Verhinderung zu sagen, wenn wir gefragt sind, wie dies geschehen konnte?

Wir haben, als Strafverfahrensrechtler, keine andere Antwort, und die tiefe Überzeugung von der Richtigkeit dieser Antwort, als dass nur die aus rechtsgeschichtlicher Betrachtung gewonnene Definition dessen, was juristisches Sollen ist und juristisches Wollen sein soll, gelten darf. Dies, was Rudolph von Ihering in seinem Werk „Der Geist des römischen Rechtes“ so formuliert hat:

> „Die Blüthezeit der Freiheit ist zugleich die Periode der peinlichsten Strenge in der Form [...]. Die Form ist die geschworene Feindin der Willkür, die Zwillingsschwester der Freiheit [...]. Feste Formen [...] – sie lassen sich nur brechen, nicht biegen – und wo ein Volk sich wahrhaft auf den Dienst der Freiheit verstand, da hat es instinctiv auch den Werth der Form herausgefühlt und geahnt, daß es in seinen Formen nicht

19 Fn. 1, S. 58.

20 Dazu *König*, Fn. 18, S. 45.

21 *Friedrich*, JW 1938, 1300 (1301).

> etwas rein Äußerliches besitze und festhalte, sondern das Palladium seiner Freiheit."[22]

Wir sind uns klar darüber, dass die Abschätzigkeit gegenüber der Form, der Förmlichkeit, die Rede von „bloßer" Form, von „nur" formell höchst gefährlich ist.

Die Zeitschrift „Strafverteidiger" setzt die Gewichte anders: Sie beginnt nicht mit dem Aufsatzteil, sie beginnt auch nicht mit dem materiellen Recht, sondern jedes Heft fängt an mit dem Verfahrensrecht.

In der Nachkriegszeit waren wir in weiten Phasen unserer juristischen Ausbildung (oft subkutan) einem Erbe aus der Gedankenwelt der Nazizeit ausgesetzt, das die Form als etwas nur Äußerliches, Entbehrliches, schlecht Juristisches betrachtete. Im Jahre 1985 noch konnte Eduard Dreher in der Festschrift für Kleinknecht unbeanstandet, und sicherlich getragen von der stillschweigenden Zustimmung vieler Juristen, schreiben:

> „Mir ist ein Rechtsanwalt bekannt, der, als sich das noch lohnte, in jeder ihm anvertrauten Sache zunächst genaue Nachforschungen anstellte, ob bei der Bestellung der am angefochtenen Urteil beteiligten Schöffen Verstöße gegen die komplizierten Vorschriften vorgekommen waren, um ggf. die damals noch unbeschränkt durchschlagende Rüge vorschriftswidriger Besetzung des Gerichts geltend zu machen. Das nötigte den BGH zu schwierigen und unerfreulichen Urteilen. Erfreulicherweise ist dieser Methode durch die §§ 222a, b StPO und die geltende Fassung des § 338 Nr. 1 StPO meist der notwendige Riegel vorgeschoben worden [...]."[23]

Und er spricht dann von den „Methoden von Verteidigern, mit Hilfe prozessualer Rügen zum Erfolg zu kommen".

Solchem Denken, das ich nicht als nationalsozialistisches Denken diffamieren will, aber von dem ich sage, dass es zwischen der Diktatur und dem Rechtsstaat nicht in der Lage ist, eine Barriere zu bilden, die einem Ansturm Widerstand hält, bleibt nur gegenüberzustellen die geschichtliche Betrachtung Rudolph von Iherings oder die Analyse des greisen Eberhard Schmidts:

> „Ich stehe wohl bald am Ende meines Wirkens und werde mit meinen Warnungen nicht mehr lange lästig fallen. Aber eine unerschütterliche Gewißheit entnehme ich derjenigen Lehrmeisterin, die mir mehr sagt als alle Philosophie, Soziologie oder gar Politologie, nämlich der die Erfahrung der Jahrhunderte erschließenden Rechtsgeschichte: Die Übertreibung, die heute das Spiel mit der Idee der 'materiellen Gerechtigkeit' bedeutet, [...] und nicht nur zu einer totalen Überforderung der Gerichte, sondern – paradox genug – zum totalen Schwund ihrer Autorität geführt hat, sie wird – früher oder später – eine Flucht zu den 'schützenden Formen' der geschriebenen

22 9. unveränderte Auflage, Reprint 1968 der 5. Aufl. 1898 Teil 2, Abteilung 2, § 45, S. 471 f.

23 Staatsanwalt und Verteidiger, Festschrift für Kleinknecht, 1985, S. 91 ff. (100).

> Gesetze zur Folge haben. Bei diesen und bei dem von ihnen ausgehenden Zwang zu wirklich allgemeinverbindlichen, kontrollierbaren, rational erarbeiteten und rational verstehbaren Entscheidungen, mag es dabei im Einzelfall an Härten auch nicht fehlen, werden die Menschen Erholung und ‘Rechtsfrieden’ finden und die Befreiung von jenem unkontrollierbaren Dezisionismus, jenen hochmütigen Dispositionen über Rechtsgüter und Lebensinteressen, mit denen man meint, zu den Sternen der Gerechtigkeit greifen zu dürfen, während sie von nichts anderem zeugen, als davon, daß den Menschen das im höchsten Sinne ‘Gerechte’ genau so unerreichbar ist, wie die Wahrheit und das Schöne. Dann werden wieder ‘mâze’ und ‘bescheidenheit’ die Leitsterne richterlicher Entscheidung sein und damit jene Demut vor Wahrheit und Gerechtigkeit, ohne die menschliches Richten unerträglich ist.“[24]

Was bleibt zu sagen am Festtag einer Vereinigung von Strafverteidigerinnen und Strafverteidigern, in einer Zeit, in der wir die Drohung erleben, dass viele feste Formen, als „bloße Förmlichkeit“ diffamiert, abgeschafft werden sollen?

Es bleibt nur dies:
Entschlossen und ruhig bis ans Herz hinan zu sagen:
Schützen wir, die Verteidigerinnen und Verteidiger, die schützende Form, die Zwillingsschwester der Freiheit.

---

24 In: Materielle Rechtskraft – Materielle Gerechtigkeit, JZ 1968, 681 (684).

Zurück zur Form*
50 Jahre Nachkriegsadvokatur

Wer sich mit der Nachkriegsadvokatur befasst und dies verbindet mit dem Titel „Zurück zur Form“, muss etwas sagen zum Rechtsstand davor:

I. Die „Gleichschaltung“ der Anwaltschaft (die Zeit bis 1945)

Die freie Advokatur fand, nach vielerlei Kämpfen in der jüngeren Geschichte[1], ihre reichsweite Begründung durch die Rechtsanwaltsordnung von 1879.

Danach war die Anwaltschaft von staatlicher Überwachung weitgehend frei und in Rechtsanwaltskammern mit Zwangsmitgliedschaft organisiert. Sie hatte eine eigene Ehrengerichtsbarkeit, die nur in der höheren Instanz z.T. mit Berufsrichtern besetzt war (§ 90 BRAO).

Es gab keine Zulassungsbeschränkungen, keine Diskriminierungen aus religiösen oder rassischen Gründen.[2]

Die Anwaltschaft entwickelte sich einheitlich und zu hohem Selbstbewusstsein. Bereits im Jahre 1871 war der Deutsche Anwaltverein gegründet worden, er war es, der dann die so äußert erfolgreiche JW herausgab.[3]

---

* Vortrag bei der Festveranstaltung der Vereinigung Berliner Strafverteidiger e.V.: „50 Jahre wieder Freie Advokatur: Notwendige Verteidigung – Der Anwalt als Störenfried“ am 14.06. 1996. Dieser Vortrag ist weder in seiner grundsätzlichen Planung noch in den einzelnen inhaltlichen Teilen alleine von mir verfasst. Vielmehr habe ich Gespräche geführt, deren Anregungen hier eingeflossen sind. Ich danke Kolleginnen und Kollegen der Vereinigung Berliner Strafverteidiger e.V. und des Strafrechtsausschusses des Deutschen Anwaltvereins für ihre Nachdenklichkeit und Hilfe. Erstveröffentlichung in: Berliner Anwaltsblatt 1996, 391 ff., 455 ff. = Festgabe für Friebertshäuser 1997, 21 ff.

1 *Weißler*, Geschichte der Rechtsanwaltschaft 1905, unver. Nachdruck 1967, insbes. S. 343 ff.

2 *Ostler*, Die deutschen Rechtsanwälte 1871–1971, 2. Aufl. 1982, S. 11 ff.; siehe auch *Holly*, Geschichte der Ehrengerichtsbarkeit der Rechtsanwälte, 1989, S. 221 ff.; *Schubert*, Entstehung und Quellen der Rechtsanwaltsordnung von 1878, 1985; *Huffmann*, Kampf um freie Advokatur 1967.

3 *Ostler*, a.a.O. (Fn. 2), S. 86 ff., *Hachenburg*, Lebenserinnerungen eines Rechtsanwalts, 1927, erw. Nachdruck 1978, S. 136 ff.; siehe auch *mein* Magnus-Portrait NJW 1991, 2748 f. Zur Geschichte des Deutschen Anwaltvereins: 125 Jahre Deutscher Anwaltsverein, Ein Überblick, Deutscher Anwaltsverein 1996, S. 3 ff., dort auch Nachdruck *meiner* Portraits von Magnus, S. 177 ff. und *Hachenburg*, S. 185ff.

Viele deutsche Juristen jüdischer Herkunft waren Rechtsanwälte und bestimmten das organisatorische, forensische und wissenschaftliche Leben der Anwaltschaft mit.[4]

Die Anwaltschaft befand sich mit der Weimarer Zeit in einem gut organisierten Zustand, freilich gab es erste Wetterleuchten: RA Dr. Brandt wurde ohne Rechtsgrundlage aus dem Gerichtssaal getragen;[5] der Abgeordnete der NSDAP im Preußischen Landtag Kube leistete sich üble Angriffe auf jüdische Rechtsanwälte,[6] es gab große Auseinandersetzungen um den Verteidiger Litten.[7]

Es bestand auch wirtschaftliche Not in der Anwaltschaft. Der Ruf nach einem numerus clausus wurde immer lauter.[8] Mit dem Jahre 1933 änderte sich alles schlagartig.

1. Das anwaltliche Berufsrecht

Eines der ersten Kampffelder, das die Nationalsozialisten bereits in der Weimarer Zeit versucht hatten zu besetzen, nämlich das der freien, unabhängigen Anwaltschaft, wurde nun im Frühjahr und Sommer 1933 sogleich dem „Neuen Staat" einverleibt.[9]

Dieses, wie es König genannt hat, „Fanal der Entschlossenheit und Machtvollkommenheit der Nationalsozialisten"[10] traf zunächst die Verteidiger, und zwar entweder

---

4 Dazu insgesamt *Heinrich / Franzki / Schmalz / Stolleis* (Hrsg.), Deutsche Juristen jüdischer Herkunft, 1993, Einzelporträts und Querschnittsbeiträge; *Redaktion KJ* (Hrsg.); Streitbare Juristen, 1988; *Krach*, Jüdische Rechtsanwälte in Preußen, 1991; *Redecker*, NJW 1995, 1241.

5 *Brandt*, Der Tscheka-Prozeß, Denkschrift der Verteidigung, 1925, Neuausgabe 1979; dieser Sachverhalt nimmt einen breiten Raum in der Schily-Entscheidung des BVerfG vom 14.02.73 ein (BVerfG 34, 293 = NJW 1973, S. 696 (698). Man vermag es nicht zu glauben, aber ein solcher Fall hat sich im Jahre 1978 auch in der BRD zugetragen: Der Rechtsanwalt Eberhard Kempf wurde in dem Verfahren Amtsgericht Frankfurt/Main – 50/4 Js 689/77912 – am 6.09. auf Anordnung des Vorsitzenden des Schöffengerichts von zwei Wachtmeistern mit Gewalt aus dem Saal gezerrt. Ich danke dem Kollegen Kempf für die Überlassung der Unterlagen. Auf eine Strafanzeige des Angeklagten gegen den Vorsitzenden stellte die Generalstaatsanwaltschaft fest, der Richter habe den objektiven Tatbestand der Nötigung zwar verwirklicht, auf Grund Irrtums aber keinen Nötigungsvorsatz gehabt [...] (StA bei dem OLG Frankfurt am Main, Der Generalstaatsanwalt, ZS 865, 80).

6 *König*, Vom Dienst am Recht, Rechtsanwälte als Strafverteidiger im Nationalsozialismus, 1987, S. 35, siehe auch *Krach*, a.a.O. (Fn. 4), S. 79 f.

7 *König*, a.a.O. (Fn. 6), S. 18 f.; *Düx*, in Redaktion KJ (Hrsg.), Streitbare Juristen, 1988, S. 193 ff.

8 *Krach*, a.a.O. (Fn. 4), S. 40 ff.

9 Im einzelnen *Krach*, a.a.O. (Fn. 4), S. 165 ff.; *König*, a.a.O. (Fn. 6), S. 35 ff.

10 *König*, a.a.O. (Fn. 6), S. 45.

weil sie Juden waren oder / und weil sie Kommunisten verteidigt hatten. Es bricht eine für viele Juristen unvorstellbare tatsächliche und „rechtliche" Gewalt los.[11]

Zunächst einmal wird nach dem Brand des Reichstages in der Nacht zum 28. Februar 1933 eine Vielzahl von Rechtsanwälten verhaftet.

Anfang März wird die Hakenkreuzfahne auf dem Kriminalgericht gehisst, und es kommt zu Ausschreitungen durch SA- und SS-Männer in einzelnen Gerichten im gesamten Reich. Am 1. April wird ein Boykottag gegen jüdische Geschäfte, Anwälte und Ärzte organisiert. Am 31. März 1933 ergeht eine Rundverfügung unter anderem an sämtliche Oberlandesgerichtspräsidenten, jüdische Rechtsanwälte, Staatsanwälte und Beamte im Strafvollzug zu beurlauben.

Am 7. April 1933 werden dann zwei Gesetze erlassen:

- Gesetz zur Wiederherstellung des Berufsbeamtentums,
- Gesetz über die Zulassung zur Rechtsanwaltschaft.

Diese Gesetze enthalten Entlassungsvorschriften für jüdische Richter, Staatsanwälte, Hochschullehrer und Rechtsanwälte. Der Angriff richtete sich aber auch gegen die Organisationen der Anwaltschaft. Im Nu war der Deutsche Anwaltverein aufgelöst[12] und das System der Rechtsanwaltskammern wurde grundlegend geändert.

Zunächst einmal wurden durch die genannte Rundverfügung vom 31. März 1933 die Oberlandesgerichtspräsidenten aufgefordert, den Gesamtrücktritt der Vorstände der Anwaltskammern herbeizuführen und einen Kommissar zu bestellen.

Dann werden „Wahlen" durchgeführt, „in fast ausnahmslos durchaus neuen Formen".[13]

In neuen Formen!

So waren die Wahlen öffentlich, in Berlin war jede zweite Reihe des Verhandlungsraumes von SA-Leuten in Uniform besetzt.[14] Nach einigen gesetzlichen Zwischen-

---

11 Für das Nachstehende *mein* Aufsatz: Die Vertreibung der jüdischen Juristen, BerlAnwBl 1989, 38 = AnwBl 1989, 10 ff.

12 *Ostler* a.a.O. (Fn. 2), S. 229 ff.; *Hartstang*, Der deutsche Rechtsanwalt, 1986, S. 32 f. Dies machte keinerlei Schwierigkeiten: In einem Schreiben bereits vom 21.11.1933 teilt der Deutsche Anwaltverein e.V. „Im Bund Nationalsozialistischer Deutscher Juristen" zum Bespiel dem Rechtsanwalt Dr. Emil von Sauer mit: „Nach der von dem 25. Deutschen Anwaltstag am 30. September ds. Js. mit etwa viertausend gegen zwei Stimmen beschlossenen neuen Satzung des bisherigen Deutschen Anwaltvereins, der jetzigen Fachgruppe Rechtsanwälte im Bund Nationalsozialistischer Deutscher Juristen e.V., können Mitglieder dieses eingetragenen Vereins nur Rechtsanwälte deutschen (arischen) Blutes sein und bleiben" (Überblick Fn. 3, S. 52).

13 *König*, a.a.O. (Fn. 6), S. 39.

14 *Borck*, AnwBl. 1989, 8.

schritten wurde die RRAO von 1936 erlassen und die RRAK zur alleinigen „Trägerin der anwaltlichen Selbstverwaltung". Die Kammern verloren ihre Rechtspersönlichkeit, Wahlen durch die Kammermitglieder fanden nicht mehr statt,[15] es war

> „der freie Zugang zur Rechtsanwaltschaft, also der Grundsatz der freien Advokatur, aufgegeben."[16]

1938 aufgrund der 5. Verordnung zum Reichsbürgergesetz vom Sept. 1938 endet die Zulassung der letzten Rechtsanwälte jüdischer Herkunft.

Ganz wenige, knapp 50 in Berlin, werden als so genannte „Rechtskonsulenten" unter entwürdigenden Bedingungen für die Vertretung jüdischer Bürger zugelassen.[17]

2. Die Änderungen der StPO

Die Justiz wurde in eine weitgehende Abhängigkeit von der Verwaltung gebracht. Dazu wurden Änderungen der StPO vorgenommen, die

> „im ganzen [...] die Aufweichung der rechtsstaatlichen Funktion des Strafverfahrens durch Auflockerung aller schützenden Formen, durch Abbau der Verteidigungsmöglichkeiten, durch Abschwächung des richterlichen gegen den staatsanwaltschaftlichen Einfluss bedeuteten".[18]

Besonders hervorzuheben ist der berüchtigte § 24, der so genannten Vereinfachungsverordnung vom 1. September 1939, der die entwickelten Grundsätze über die Bescheidung von Beweisanträgen abschaffte.

Hier ist im Einzelnen zu bemerken:

Die nationalsozialistische Rechtstheorie zielt auf die Abschaffung der als sog. „jüdisch-liberaler Formalismus" bezeichneten Verfahrensgarantien.[19]

---

15 *König*, a.a.O. (Fn. 6), S. 41.

16 Einleitung der amtlichen Begründung des Regierungsentwurfs zur BRAO, Bundesrechtsanwaltsordnung mit der amtlichen Begründung, Beck'sche Textausgaben, 1959, S. 1; Zur Funktion der Ehrengerichtsbarkeit *Morisse*, Rechtsanwälte im Nationalsozialismus, 1995.

17 *Krach*, a.a.O. (Fn. 4), S. 397 und *sein* Aufsatz in NJW 1995, 1384 „Strafverteidigung durch jüdische Rechtsanwälte in der NS-Zeit".

18 *Eberhard Schmidt*, Einführung in die Geschichte der Deutschen Strafrechtspflege, 3. Aufl. 1983, S. 441.

19 *König*, a.a.O. (Fn. 6), S. 149, Zur Perfidie einer „Begründung", Siegert auf der Tagung: „Das Judentum in der Rechtswissenschaft", Tagungen des „Reichsinstituts für Geschichte des neuen Deutschlands"; Zur Judenfrage: I. Tagung: „Das Judentum in der Rechtswissenschaft" vom 3., 4.10.1936, zitiert nach: *Göppinger*: Juristen jüdischer Abstammung im „Dritten Reich", 2. Aufl. 1990, S. 153 ff.

In einem Artikel in der Juristischen Wochenschrift aus dem Jahre 1938 ist dies wie in einem Brennglas in wenigen Sätzen zusammengefasst:

> „Es gibt für das Gericht kein Verbot der reformatio in peius, nicht mehr das nulla poena sine lege, eine weitgehende Ermessensfreiheit bei der Behandlung von Beweis- und Beeidigungsanträgen, kein Verbot der Protokolländerung, endlich auch die Wahlfeststellung. Alle diese Änderungen dienen der Wahrheitsermittlung und -findung des richtigen Urteils. Man kann im Zuge dieser Entwicklung durchaus für wahrscheinlich halten, daß auch das Dogma des „ne bis in idem“ nicht unangetastet bleibt.“[20]

Zum anderen hat man gesagt, dass die einzelnen Gesetzesänderungen nicht unbedingt typisch nationalsozialistischen Geistes waren, weil sie beispielsweise bereits in den Ersparnisvorschlägen des Preußischen Richtervereins von 1932 genannt waren.

Freilich war es die tatsächliche Handhabung und die Zusammenfassung so vieler autoritär-rechtsstaatsfeindlicher Bestimmungen und die Entfesselung der Polizeigewalt mit der illegalen Wiedereinführung der Folter, sowie der Druck auf die Verteidigung, der diesem System alle schützenden Formen nahm.[21]

II. Der Rechtsstand ab 1945

1. Das anwaltliche Berufsrecht

Nun also:

Erneut:
Freie Advokatur!

Wie vollzog sich dies? Zunächst verloren alle Richter und Staatsanwälte ihre Ämter, die Rechtsanwälte ihre Zulassung.[22] Bereits bei Betreten deutschen Bodens hatte General Eisenhower als Oberster Befehlshaber der Alliierten Streitkräfte die Proklamation Nr. 1 „An das Deutsche Volk“ herausgegeben.

Dort heißt es, ich zitiere dies etwas ausführlicher, weil es mir eindrucksvoll erscheint, wenn man bedenkt, was die Alliierten zu diesem Zeitpunkt wussten – sie hatten ja nicht nur Krieg geführt, sie wussten auch, was geschehen war, sie kannten

---

20 *Friedrich*, JW 1938, 1300 (1301); ferner *Noack*, in Deutsches Recht (Zentralorgan des Bundes Nationalsozialistischer Deutscher Juristen), 1934, S. 357: „[...] bin ich der Überzeugung, daß der heute immer noch herrschende Rechtsformalismus restlos nur überwunden werden kann durch die Erziehung des juristischen Nachwuchses im nationalsozialistischen Geiste.“

21 *Eberhard Schmidt*, a.a.O. (Fn. 18), S. 443; siehe auch *Peters*, Strafprozess, 4. Aufl. 1985, 72; *Ingo Müller*, Rechtsstaat und Strafverfahren, 1980, S. 16 ff.; *Roxin*, Strafverfahrensrecht, 24. Aufl. 1995, S. 485 f.

22 *Ostler*, a.a.O. (Fn. 2), S. 307.

die Vernichtung der Juden –: Diese erste Proklamation eines Militärs enthält eine starke Betonung der Unschuldsvermutung, eine klare rechtsstaatliche Position in drangvoller, dunkler Zeit:

> „Die Alliierten Streitkräfte, die unter meinem Oberbefehl stehen, haben jetzt deutschen Boden betreten. Wir kommen als ein siegreiches Heer; jedoch nicht als Unterdrücker. In dem deutschen Gebiet, das von den Streitkräften unter meinem Oberbefehl besetzt ist, werden wir den Nationalsozialismus und den deutschen Militarismus vernichten, die Herrschaft der Nationalsozialistischen Deutschen Arbeiterpartei beseitigen, die NSDAP auflösen sowie die grausamen, harten und ungerechten Rechtssätze und Einrichtungen, die von der NSDAP geschaffen worden sind, aufheben. Den deutschen Militarismus, der so *oft* den Frieden der Welt gestört hat, werden wir endgültig beseitigen. Führer der Wehrmacht und der NSDAP, Mitglieder der Geheimen Staatspolizei und andere Personen, die verdächtigt sind, Verbrechen und Grausamkeiten begangen zu haben, werden gerichtlich angeklagt und, falls für schuldig befunden, ihrer gerechten Bestrafung zugeführt.
>
> [...] Alle deutschen Gerichte werden bis auf weiteres geschlossen. Dem Volksgerichtshof, den Sondergerichten, den SS-Polizeigerichten und anderen außerordentlichen Gerichten wird überall im besetzten Gebiet die Gerichtsbarkeit entzogen [...].

Alle Beamten sind verpflichtet, bis auf weiteres auf ihren Posten zu verbleiben.“[23]

Man sieht, wie sehr wichtig den Alliierten, denn das war nun die erste Proklamation bei Betreten des Landes, dieses ganze Justizwesen war, es ist der zentrale Punkt, mit dem sie sich in dieser Proklamation befassen. Ostler schildert in seinem Buch „Die deutschen Rechtsanwälte 1871–1971“ außerordentlich plastisch die Lage, in der sich die Rechtspflege befand:

> „Die Erde war wüst und leer [...]. Aus diesem Nichts musste die Justiz, die Rechtsanwaltschaft und jeder einzelne Anwalt wieder beginnen.“[24]

In Berlin erging am 20. Oktober 1945 die Proklamation Nr. 3 des Alliierten Kontrollrates:

> „Dank der Vernichtung der Gewaltherrschaft Hitlers durch die Alliierten Mächte ist das Terrorsystem der Nazi-Gerichte abgeschafft worden. An seine Stelle muss eine Rechtspflege treten, die sich auf die Errungenschaften der Demokratie, Zivilisation und Gerechtigkeit gründet. Der Kontrollrat verkündet daher die folgenden Grundsätze für die Umgestaltung der Rechtspflege, die für ganz Deutschland Geltung haben soll.

---

23 Ich kenne keine originäre Veröffentlichungsquelle, habe aber das Original von einem Lehrer erhalten, der es in Niedersachsen beim Auflösen einer Zwergschule auf dem Boden gefunden hat und dies im Faksimile veröffentlicht in: BerlAnwBl 1995, 151.

24 *Ostler*, a.a.O. (Fn. 2), S. 307.

– *Gleichheit vor dem Gesetz*

„Alle Personen sind vor dem Gesetz gleich. Niemandem, welches auch seine Rasse, Nationalität oder Religion sei, dürfen die ihm gesetzlich zustehenden Rechte entzogen werden.“

– *Gewährleistung der Rechte des Angeklagten*

1. Niemand darf des Lebens, der persönlichen Freiheit oder seines Eigentums beraubt werden, es sei denn auf Grund eines gesetzmäßigen Gerichtsverfahrens.
2. Strafrechtliche Verantwortlichkeit besteht nur für rechtlich als strafbar erklärte Handlungen.
3. Kein Gericht darf irgendeine Handlung auf Grund von „Analogie“ oder im Hinblick auf das so genannte „gesunde Volksempfinden“ als strafbar erklären, wie das im deutschen Strafgesetzbuch der Fall war.
4. In jedem Strafverfahren müssen dem Angeklagten folgende Rechte zugestanden werden, die einer demokratischen Rechtsauffassung entsprechen: Schnelles und öffentliches Gerichtsverfahren, Bekanntgabe von Grund und Art der Anklage, Gegenüberstellung mit den Belastungszeugen, gerichtliche Vorladung von Entlastungszeugen und Hinzuziehung eines Verteidigers. Strafen, die gegen das gerechte Maß oder die Menschlichkeit verstoßen und solche, die das Gesetz nicht vorsieht, dürfen nicht verhängt werden.
5. Verurteilungen, die unter dem Hitler-Regime aus politischen, rassischen oder religiösen Gründen erfolgten, müssen aufgehoben werden.

– *Abschaffung der Ausnahme- und Sondergerichte des Hitler-Regimes*

„Der Volksgerichtshof, die Gerichte der Nationalsozialistischen Deutschen Arbeiterpartei und die Sondergerichte sind aufgehoben. Ihre Wiedereinsetzung ist verboten.“[25]

Die Alliierte Kommandantur entwickelt einen Plan zur Neugestaltung des Berliner Gerichtswesens, in dem auch die Gründung der Berliner Rechtsanwaltskammer vorgesehen war.

Der frühere Rechtsanwalt, vor 1933 Mitglied im Vorstand der Rechtsanwaltskammer Berlin und damalige Vizepräsident des Kammergerichts Dr. Kurt Wergin wird beauftragt, eine Versammlung einzuberufen, die am 15. Januar 1946 zusammentritt: die Rechtsanwaltskammer Berlin war wieder gebildet, Präsident: Rechtsanwalt Dr. Kurt Wergin.

Seit Ende Juni waren bereits die ersten Zulassungen von Rechtsanwälten wieder erfolgt, im Sommer 1947 waren etwa 600 Anwälte wieder zugelassen. Die Rechtsanwaltskammer verfuhr nach der alten RAO von 1878.[26]

---

25 Verordnungsblatt der Stadt Berlin, 1. Jhg., Nr. 11, 25.10.1945.

26 Siehe die verschiedenen dokumentierten Quellen bei: *Jungfer / Hamacher*, Zur Situation der Rechtspflege und Anwaltschaft in Berlin 1945/1946 in der Redaktionsbeilage der NJW zum 48. Deutschen Anwaltstag in Berlin, 24.–27.05.1995, 44 ff.

Auch der DAV wurde wieder gegründet.[27]

In der Rechtsentwicklung der Nachkriegszeit trat im Anwaltsrecht zunächst eine Rechtszersplitterung ein, bis dann durch die Bundesrechtsanwaltsordnung vom 1. August 1959 der Grundsatz der Freien Advokatur und der Selbstverwaltung der Anwaltschaft wiedereingeführt wurde.

Dies war eine „maßvolle Wiederholung" der alten RAO von 1878.[28]

Aber immerhin: Es war wieder: Freie Advokatur.

Die Anwaltschaft selbst stagnierte, durch den „Verlust der jüdischen Kollegen war auch an vielen Stellen der Drang zu neuen Ufern weitgehend abhanden gekommen; es fehlten ihr die belebenden Elemente".[29]

Sogar die schon in der Weimarer Zeit bestehende Entwicklung zur Fachanwaltschaft wurde zunächst bekämpft. Es hieß: „Wider die Todsünde der Fachanwaltschaft",[30] gewisse Gegensätzlichkeiten zwischen BRAK und den DAV waren zu erkennen und die Anwaltschaft öffnete sich kaum neuen Anforderungen.

Aber dann geschehen mehrere Dinge:

> „Die berühmten 68er Jahre beschränken sich nicht auf Studentenunruhen; sie sind weit darüber hinaus eine Zäsur mit Ausstrahlung in alle Lebensbereiche."[31]

Sie ergreifen insbesondere die Strafverteidigerschaft und über die jüngere Strafverteidigerschaft nach und nach auch die ältere.[32]

---

27 125 Jahre Deutsche Anwaltverein, a.a.O. (Fn. 3), S. 56.

28 Siehe im einzelnen *Heins*, NJW 1950, 617 ; 1955, 281; 1958, 201; 1959, 1345; *Friedländer* JZ 1955, 11; *H. Dix*, NJW 1952, 1; *Fischer* MDR 1952, 577; *Redecker*, JZ 1954, 625; *von Sauer*, Anwaltblatt 1950, 4; 1954, 185; *Redecker*, Rechtsanwaltschaft zwischen 1945 und 1995, Ein Berufsstand im Wandel, NJW 1995, 1241 (1242).

29 *Redecker*, a.a.O. (Fn. 28), S. 1242.

30 *Neuhäuser*, AnwBl. 1956, 54.

31 *Redecker*, a.a.O. (Fn. 28), S. 1243, Fn. 31.

32 Siehe *mein* Aufsatz: „Die schwierige Annäherung tradierter Verbandspolitik an „neue" Strafverteidigung" in: Strafverteidigung und Strafprozess, Festgabe für Ludwig Koch 1989, S. 3 ff. In diesem Zusammenhang sind einige grundsätzliche Aufsätze der Positionsbestimmung und des Ausdruckes anwaltlichen Selbstbewusstseins zu nennen. Allgemein: *Karlheinz Quacks* großer Festvortrag auf dem 38. Deutschen Anwaltstag 1975 in Berlin: Sinn und Grenzen anwaltlicher Unabhängigkeit heute, AnwBl. 1975, 259 ff. Zur Strafverteidigung: *Egon Müllers* Festvortrag auf dem 41. Deutschen Anwaltstag 1991 in Mainz: Strafverteidigung, AnwBl. 1981, 311 = Überblick (Fn. 3), 119; *Norbert Gatzweilers* grundsätzliches Referat bei der Eröffnungsveranstaltung der Arbeitsgemeinschaft Strafrecht des DAV 1984 in Mainz: Möglichkeiten und Risiken einer effizienten Strafverteidigung, StrafV 1985, 248.

Die Zeit des Wiederaufbaus und der Konsolidierung ist vorbei. Die Europäische Union beherrscht das Wirtschaftsleben, die Anwaltschaft muss umdenken.

Dann geschieht das für viele Unfassbare:

Das Bundesverfassungsgericht bricht in den von vielen so gesehenen „Binnenraum“ der anwaltlichen Selbstbestimmung ein.

§ 177 Abs. 2 Nr. 2 BRAO regelte als Aufgabe der BRAK „Die allgemeine Auffassung über Fragen der Ausübung des Anwaltsberufs in Richtlinien festzustellen“. Das Bundesverfassungsgericht verwirft diese Regelungskompetenz und verlangt die Berufssteuerung durch ein demokratisch legitimiertes „Anwaltsparlament“.[33]

Die freie Advokatur ist auf dem Wege zu neuen Ufern, sie muss sich der Konkurrenz durch andere beratende Berufe stellen, sie muss in ihre Definition, wenn sie sich historisch auch als Einzelanwaltschaft oder Kleinsozietät sah, die übernationalen und überörtlichen Sozietäten aufnehmen, und sie muss mit der Tatsache fertig werden, dass sie heute überproportional wächst, weil so viele Juristen, wie sie sich im Beruf befinden heute auch in der Ausbildung sind.[34]

Freie Advokatur heute bedeutet auch frei zu sein, neue Entwicklungen zu sehen und zu erkennen.

b) Die Entwicklung der StPO

Zwischen 1945 und 1950 gab es sehr unterschiedliche Entwicklungen in den einzelnen Besatzungszonen.

Für die Bundesrepublik hat das Vereinheitlichungsgesetz des Jahres 1950 die Rechtseinheit wieder hergestellt. Es wurden im Wesentlichen die nationalsozialistischen Änderungen des Strafverfahrensrechts wieder abgeschafft und § 136a StPO eingefügt.

Die kleine Strafprozessreform, das Strafprozessänderungsgesetz von 1964 brachte eine Einschränkung der Haft, eine Erweiterung des rechtlichen Gehörs, eine Ausdehnung der notwendigen Verteidigung, eine Erweiterung des Akteneinsichts- und Besuchsrechts und die Pflicht zur Belehrung des Beschuldigten für alle Vernehmungsorgane.

---

33 BVerfGE 77,171 = NJW 1988, 1651.

34 Im Einzelnen und für alle: *Redecker*, a.a.O. (Fn. 28), S. 1244 und: Bild und Selbstverständnis des Anwalts heute, Überblick (Fn. 3), S. 166 = AnwBl. 1996, 503.

Mit diesen Maßnahmen liberalisierte das StPÄG die Strafprozessordnung und verbesserte sie die Verteidigungsmöglichkeiten des Beschuldigten ganz wesentlich.[35]

Was dann geschah, ist den Anwesenden bekannt:

Abhörgesetz,
1.Gesetz zur Reform des Strafverfahrensrecht und Ergänzungsgesetz,
Antiterrorgesetz von 1976,
Kontaktsperregesetz 1977,
Razziengesetz 1978,
Beschleunigungsnovelle 1979,
StPÄG 1986 (Schleppnetzfahndung),
Opferschutzgesetz 1986,
Terrorismusgesetz 1986,
Strafverfahrensänderungsgesetz 1989,
Org KG 1992,
Rechtspflegeentlastungsgesetz 1993,
Verbrechensbekämpfungsgesetz 1994.

Diese Gesetze haben zum Teil erhebliche Veränderungen des Strafverfahrens gebracht und Einschränkungen für den Beschuldigten. Weiteres ist geplant, mit Roxin ist zu sagen: diese Pläne rühren an „die rechtsstaatlichen Grundlagen unseres Strafverfahrens und stoßen schon im Vorfeld auf berechtigte Kritik“.[36]

III. Besondere Aufgaben des Strafverteidigers seit 1945

Auf die Anwaltschaft, richtiger auf ihre Untergruppe, die Strafverteidiger, kam sogleich nach dem Kriegsende eine große Aufgabe zu, die die deutsche Justiz selbst, jedenfalls in diesen Prozessen, nicht betraf.

1. Verteidigung in den Nürnberger Prozessen.

Während die Richter und Staatsanwälte aus den Ländern der vier Mächte und der 20 Staaten, die sie vertraten, stammten, wurden zur Verteidigung fast ausschließlich deutsche Rechtsanwälte bestellt, eine Ausnahme gab es, ein einziger amerikanischer Verteidiger konnte aufgrund der finanziellen Möglichkeiten zweier Angeklagter für diese finanziert werden.

Die deutschen Rechtsanwälte, die hier tätig wurden, standen vor kaum lösbaren Problemen.

---

35 *Roxin*, a.a.O. (Fn. 21), S. 486 ff.

36 *Roxin*, a.a.O. (Fn. 21), S. 494.

„Der Hauptkriegsverbrecherprozess wurde vor einer Öffentlichkeit geführt, der erstmals Gräuel von sekulärem Ausmaß durch den Prozess bekannt wurde und die deshalb geneigt war, die Verteidiger als Verteidiger der Tat und nicht der Täter zu sehen. Prozessiert wurde nach dem vom deutschen grundverschiedenen angelsächsischen Strafverfahren, das im Kern die Waffengleichheit zwischen Verteidigung und Anklage ist. Aber eben diese Waffengleichheit bestand nicht und konnte nicht bestehen, weil Sieger Besiegte anklagten und verurteilten.“[37]

Welche Schwierigkeiten diese Verfahren machen, schildert Robert Kempner in seinen Lebenserinnerungen:

„Wenige Tage vor Prozeßbeginn rief mich der Chief Clerk des Gerichts an, den Justice Jackson sich vom Supreme Court mitgenommen hatte. ‘Etwas Unangenehmes ist los, wir haben übersehen, daß wir für den Generalstab gar keinen Verteidiger haben’. Ein großer Teil der Anwälte, das habe ich noch nicht erwähnt, musste als Offizialverteidiger bestellt werden.

Woher nimmt man Anwälte für Massenmörder? Am schlimmsten war die Anwaltskammer Köln, auf die waren wir gar nicht gut zu sprechen. Sie hat zunächst verboten, Mitglieder der Kölner Anwaltschaft nach Nürnberg gehen zu lassen. Aber nicht aus dem Grunde, den man vermutet, sondern aus dem gegenteiligen Grunde: Solche Mörder soll ein Anwalt des jungen, kaum geborenen deutschen Staates nicht verteidigen. Die sollen umkommen! Was natürlich ein bisschen gefährlich war, denn nachher wären andere Anwaltskammern auch auf die Idee gekommen.

Wir wollen die besten Verteidiger, die da waren. Wenn es kein Duell gab im angloamerikanischen Verfahren, wo alles vorgetragen werden muss und der Richter nicht plötzlich mit Akten kommen kann, war der Prozess tot [...].

Mir fiel plötzlich ein, daß ich zwei Wochen vorher in Wiesbaden gewesen war, wo ein Militärgericht über die Euthanasiemorde in Hadamar verhandelte [...].

Nun, ich telefonierte an den Rechtsoffizier des Gouverneurs von Hessen in Wiesbaden: ‘Wer ist ein jüngerer Anwalt im Hadamar-Prozess, der Leutnant im Kriege war?’

Eine halbe Stunde später: ‘Das ist ein Rechtsanwalt Hans Laternser’. ‘Schicken Sie ihn her!’ Die packen den Laternser in einen Jeep, und er erscheint am selben Tag in Nürnberg. ‘Ich bin verhaftet worden. Was habe ich getan?’ ‘Herr Kollege, alles in bester Ordnung. Haben Sie Lust, hier zu verteidigen?’ ‘Was für eine Sache?’

‘Generalstab’.

‘Wie ist denn die Anklage?’“

So begann Laternsers Karriere. Er ist bei dieser Klientel geblieben, und mein Freund, der verstorbene Generalstaatsanwalt Fritz Bauer, hat mir später gesagt: „Ich verzeihe Ihnen nie, Kempner, was Sie mir damit angetan haben.“

---

37 *Ostler* (Fn. 2) S. 329; siehe auch *Götz*, Bilanz der Verfolgung von NS-Strafsachen, 1986, S. 14; *Friedrich*, Die kalte Amnestie, 1994, S. 52 f.

„Warum?"

„Was der uns für eine ungeheure Arbeit gemacht hat! [...]."

Zunächst haben meine Kollegen und ich es als selbstverständlich betrachtet, daß Anwälte nicht die politischen Ansichten der Angeklagten teilen müssen. Man nimmt das Mandat als Anwalt so, wie es ist. Erst allmählich hat sich nämlich der Grundsatz herausgebildet: Der Linke muss vom Linken verteidigt werden und der Rechte muss vom Rechten verteidigt werden. Zwar gab's das immer, aber nur in kleinen Cliquen und nicht in dieser Ausschließlichkeit wie heute.

Mit Recht oder Unrecht hat sich neulich ein linker Angeklagter bei Gericht beschwert, daß ihm als Offizialverteidiger der als Naziverteidiger tätig gewesene Rechtsanwalt Fritz Steinacker, der früher mit Rechtsanwalt Laternser assoziiert war, beigeordnet wurde. Der würde ihn nicht verstehen. Es ist selbstverständlich etwas Richtiges bei solchen, sagen wir, Weltanschauungsprozessen. Es gibt eben Priester, es gibt Leute, die Gräber schaufeln, und es gibt Anwälte. Sicher färbt das ab."[38]

Ich erwähne einen weiteren Verteidiger in Nürnberg, Helmut Becker, von 1945–1963 Rechtsanwalt, dann Direktor des Max-Planck-Institutes für Bildungsforschung.

In einem Interview wird er gefragt:

„H: Wie oft waren Sie am Gerichtsort?

B: Ich war achtzehn Monate lang in Nürnberg [...].

H: Sie konnten als Anwalt ohne weiteres tätig werden?

B: Man hat seine Unterlagen eingereicht, durchlief ein Zulassungsverfahren, das darauf abgebaut war, daß man Volljurist sein musste. Natürlich haben die Amerikaner auch politische Überprüfungen vorgenommen. Wie diese im Einzelnen vor sich gegangen sind, weiß ich nicht [...].

Man wusste nur nicht genau, was wirklich geschehen war. Aber als ich zum ersten Mal die Einsatzgruppenberichte mit den Fakten der Vernichtung gelesen habe [...], da habe ich mich gefragt, ob es überhaupt möglich ist, so etwas zu Papier und in Schrift zu bringen. Dasselbe gilt auch für die ersten Zeugen, die man gehört hat, die geschildert haben, was in den Lagern passierte. Ich kann nicht behaupten, daß der Prozess irgendwie ein vergnügliches Erlebnis gewesen wäre, im Gegenteil: Es war ein völlig aufrührender Vorgang. Wobei die Schwierigkeit des deutschen Verteidigers darin lag, daß das Gewicht dieser Verbrechen so stark war, daß man als Fremder – und die amerikanischen Richter waren europafremd – wie selbstverständlich davon ausgehen musste, daß, wer am Tatort gefunden wurde, auch der Mörder war [...].

Ich glaube, eine der Erkenntnisse, die man dabei sicher erwirbt, ist, daß es in Zeiten wie dem Dritten Reich ein Leben ohne moralische Schuld eigentlich nicht gibt [...].

Das gesamte Dritte Reich ist ein Lehrstück für das, was Sartre „Die schmutzigen Hände" nennt. Eine Schwierigkeit für diese unglücklichen amerikanischen Richter

---

38 *Robert Kempner*, Ankläger einer Epoche, Lebenserinnerungen, 1983, S. 234 ff.

> war, daß sie aus einer Welt kamen, wo Amerika noch gläubig dem 'American Dream' anhing. Sie hatten eigentlich alle die Vorstellung, man braucht nur gut zu sein. Das war ein Amerika vor Vietnam und Watergate. Und das war eigentlich die Schwierigkeit dieses Prozesses. Wie bringe ich unschuldigen und ehrlichen Amerikanern bei, daß es Schuldlosigkeit nicht gibt?[39]

Die Geschichte der Verteidigung in den Nürnberger Prozessen ist bisher nicht geschrieben. Ich kann nur jeder jungen Juristin, jedem jungen Juristen raten, hierzu eine Dissertation zu erstellen.

Dies gilt auch für das nächste große Arbeitsfeld der Strafverteidigung nach dem Kriege, nämlich für die Weiterverfolgung der

2. NS-Prozesse,

als diese von den Alliierten auf die deutschen Gerichte übertragen wurden. Aus diesem Bereich will ich nur einen Vorgang, der für unser Thema wichtig ist, hervorheben:

In einem Einsatzgruppenprozess hat einer der Verteidiger geltend gemacht, Hitler könne, da er über dem Gesetz gestanden habe, kein Mörder gewesen sein, auch sei die Täuschung der Opfer nicht grausam gewesen, weil sie nur bezweckt habe, ihnen die Todesangst als eine „unerwünschte Nebenerscheinung" zu ersparen.

Als die Presse dies meldete, bemächtigte sich große Empörung der Öffentlichkeit. Adolf Arndt in seiner regelmäßigen Rubrik „Umwelt und Recht" behandelt in NJW 1964, S. 2146, diesen Vorgang wie folgt:

> „Der Aufruhr unserer Gefühle, ja die tiefste Verletzung unseres Empfindens darf uns jedoch die unerbittliche Grunderkenntnis nicht verschleiern, daß uns die kulturelle Leistung aufgebürdet ist, auf der Suche nach dem Rechte uns nicht von Stimmungen leiten zu lassen [...], sondern daß die rechtliche Willensbildung rational und moralisch gefiltert sein muss, wir also die Kraft aufzubringen haben, in Selbstüberwindung von uns selber Abstand zu nehmen. Abstand befähigt zum Unterscheiden. Hier wird der Unterschied sichtbar, wie anders eine Äußerung zu werten ist, geschieht sie außerhalb oder innerhalb eines gerichtlichen Verfahrens. Wird sie von einem beliebigen als Kundgabe einer Meinung oder wird sie von einem Rechtsanwalt als unabhängigem Organ der Rechtspflege zur Verteidigung gegen eine öffentliche Anklage getan. Mit der Grenze, daß die Art der Prozessführung nicht sittenwidrig sein und der Anwalt nicht darauf ausgehen darf, sittenwidriges durchzusetzen, muss die Freiheit der Verteidigung *radikal* sein, hat sie 'auch notfalls das Unerhörte zu Gehör zu bringen', denn sie dient der Wahrheit und dem Recht dadurch, daß sie vorbehaltlos in Frage

---

39 *Hellmut Becker*; Frithjof Hager, Aufklärung als Beruf, 1992, S. 34 ff.; siehe ferner als Verteidigerliteratur: *Haensel*, Das Gericht vertagt sich, 2. Aufl. 1980; *Laternser*, Verteidigung Deutscher Soldaten, 1950; *Seidl*, Der Fall Rudolf Heß 1941–1987, 3. Aufl. 1988.

> stellt, was wahr und was rechtens ist. Nicht oft genug kann daran erinnert werden, daß Freiheit eine Last ist, hier um der kontradiktorischen Prüfung von Wahrheit und Recht willen die Last, unser Ohr auch dem schier Unerträglichen nicht zu verschließen. Versuche, zum Schutz der Selbstachtung Peinliches nicht zu Wort kommen zu lassen, helfen nicht der Wahrheit, sondern zielen auf ihre Unterdrückung. Daß es die Wirklichkeit der nationalsozialistischen Gewaltherrschaft mit ihren Massentötungen gab, und schlimmer noch, daß sie sich 'Rechtmäßigkeit' anmaßte, ist keine tollwütige Erfindung eines Verteidigers, sondern zu unserer aller Scham unauslösbare Geschichte, weshalb in einem gerichtlichen Verfahren nichts daran vorbeiführt, den Standpunkt dieser behaupteten 'Rechtmäßigkeit' auf die Probe zu stellen [...]. Verweigerte der Gerichtsvorsitzende einem Verteidiger in dieser Grundfrage, wie die nationalsozialistische Gewaltherrschaft rechtlich zu bewerten ist, den allein vom Verteidiger zu verantwortenden Standpunkt darzulegen, so würde er das rechtliche Gehör versagen. Das Verlangen, eine solche Stimme im Gerichtssaal zum Schweigen zu bringen, fordert etwas Verfassungswidriges. Es bedarf auch keiner Distanzierung. Denn gerade unsere Freiheit, uns nicht davor zu scheuen, selbst noch diese Erwägungen auf die Waagschale des Rechts zu legen, beweist unsere Distanz."[40]

Neben den Nürnberger Prozessen und den NS-Verfahren trat eine weitere große Aufgabe an die Strafverteidigung in der Bundesrepublik heran:

3. Kommunistenprozesse

Hierzu auch, wie könnte es im Rahmen eines solchen begrenzten Vortrages sein, nur einige Anmerkungen. Posser führt aus:

> „Max Hirschberg, einer der bekanntesten Strafverteidiger der Weimarer Zeit, schreibt in seinem aufrüttelnden Buch 'Das Fehlurteil im Strafprozeß', daß er den künftigen Kämpfern gegen die Fehlurteile als Vermächtnis gewidmet hat: 'Im politischen Prozeß spielt sich der Kampf ums Recht in seiner extremsten Form ab. Es gibt keine größere Aufgabe für den Verteidiger, als sich der Übermacht der Staatsgewalt und der Entrechtung des Angeklagten entgegen zu werfen'.
>
> Die Einschränkung der Verteidigungsmöglichkeiten zeigt sich besonders in der Beweisaufnahme. Der Unterschied zwischen dem gewöhnlichen und dem politischen Strafprozeß besteht nicht nur im Gegenstand des Verfahrens, sondern auch in der Verfahrensart. Zwar gilt für alle Strafprozesse die Strafprozeßordnung, doch hat sich eine Sonderbehandlung politischer Strafprozesse bei einigen Gerichten herausgebildet, die erste Bedenken auslösen muß."[41]

In seinem späteren Buch „Anwalt im Kalten Krieg" erwähnt er:

---

40 NJW 1964, 2146.

41 *Posser*, Politische Strafjustiz aus der Sicht des Strafverteidigers 1961, S. 27; siehe auch *von Brünneck*, Politische Justiz gegen Kommunisten in der Bundesrepublik Deutschland 1949–1968, 1978.

> „Unter den Verteidigern in politischen Strafprozessen gab es drei Gruppen: Die erste Gruppe, die in den Anfangsjahren bis etwa 1956 die Mehrzahl stellte, rekrutierte sich aus Mitgliedern der KPD oder Anhängern der kommunistischen Ideologie. Sie führten die Verteidigung offensiv politisch, sahen in den Richtern Vertreter einer 'Klassenjustiz' und verzichteten weitgehend auf Beweisanträge, die sie für sinnlos hielten, weil ihrer Meinung nach das Urteil bis auf das Strafmaß feststand. Die verurteilten Angeklagten waren Märtyrer ihrer politischen Überzeugung.“

Das war übrigens schon der große Konflikt zwischen Litten und der KPD in der Weimarer Zeit: Litten wollte keine Märtyrer produzieren – die KPD-Leute wollten das, Litten hat verteidigt nach den Regeln, und das wollte man nicht.

> „Die zweite Gruppe sah in den politischen Prozessen keinen entscheidenden Unterschied zu 'normalen' Strafverfahren. Die zu dieser Gruppe gehörenden Anwälte scheuten politische Ausführungen in ihren Plädoyers und stellten auch keine Beweisanträge mit zeitgeschichtlich-politischem Inhalt.
>
> Die dritte Gruppe lehnte den Kommunismus als politische Ideologie ab, war aber zur Verteidigung von Kommunisten bereit, weil sie deren Behandlung als unvereinbar mit wichtigen Grundsätzen unserer Verfassung wertete. Den Anwälten dieser Gruppe ging es um einen Staatsschutz im Geiste der Verfassung. Sie versuchten z.B. durch Beweisanträge darzulegen, daß Aussagen und Beurteilungen von Kommunisten zu zeitgeschichtlichen Vorgängen auch von Personen vertreten wurden, deren verfassungstreue Einstellung ernstlich nicht bezweifelt werden konnte [...].
>
> Dieser dritten Gruppe, zu der auch Heinemann und ich uns rechneten, konnte auch die schlimme Rechtspraxis in der DDR in politischen Prozessen nicht entgegengehalten werden, weil wir öffentlich diese Justiz angriffen und nichtöffentlich ihren Opfern nach besten Kräften halfen.“[42]

4. Contergan-Verfahren

Dann kam das große Contergan-Verfahren, von dem Hans Dahs sen. gesagt hatte, es habe sich um

> „den größten Prozess der deutschen Justizgeschichte“

gehandelt, und von dem er auch gesagt hat:

> „Ein Super-Prozess endet im Nichts.“[43]

Es ist ein Prozess, der größte Aufgaben für die Verteidigung stellte in vielerlei Hinsicht. Die standesrechtlichen Probleme werden massiv diskutiert, es entsteht der standesrechtliche Begriff der „Sockelverteidigung“.[44]

---

42 2. Aufl. 1991, 297 f.

43 Die Zeit vom 1.01.1971.

44 Ich danke den Verteidigern, Rechtsanwalt Frank Dahrendorf und Dr. Günter Dörr, für die mir gewährten Rücksprachen und die hier gegebenen Informationen.

Es waren große wissenschaftliche Fragen zu erörtern und mit Hilfe von Sachverständigen zu durchdringen.

Die Verteidigung musste sich jenseits aller Bewältigung rational erfassbarer Probleme der Tatsache stellen, dass sie zwar schlicht und emotionslos in das Verfahren gegangen war, aber von den Beweismitteln bestürzt wurde. Sie erlebte ein ständiges gefühlsmäßiges Auf und Ab.

Der Umfang des Verfahrens brachte alle Beteiligten an die Grenze ihrer Leistungsfähigkeit.

Am 27. Mai 1968 hatte der Prozess begonnen, am 10. April 1970 erfolgte die Gründung einer Stiftung, am 11. Dezember 1970 die Einstellung des Verfahrens. Das Verfahren wurde wissenschaftlich[45] und journalistisch[46] – bis in die jüngste Zeit – behandelt.

Für diesen Vortrag ist es wichtig, dass dort die standesrechtlichen Fragen des Begriffs: Sockelverteidigung gesehen und artikuliert wurden, wie sie dann später wissenschaftlich zusammenhängend von Christian Richter dargestellt wurden.[47]

5. Terroristenprozesse

Ab den siebziger Jahren entstand nun eine Situation, die sicher viele der Anwesenden beschäftigt hat, die Verteidigung in den so genannten Terroristenprozessen.

Heinrich Hannover, der Anwalt, der sowohl in Kommunistenprozessen als auch in den nachfolgenden RAF-Prozessen tätig war, berichtet zunächst über die Situation in den Kommunistenprozessen, und einige der anwesenden Verteidigerinnen und Verteidiger, die in RAF-Prozessen verteidigt haben, werden sehr lebhaft nachfühlen können, was er hier zunächst einmal über die Kommunistenprozesse schreibt:

> „Zu den Errungenschaften der postfaschistischen Demokratie in Deutschland gehörte die stillschweigende Gewährleistung ungefährdeter Verteidigertätigkeit in politischen Strafsachen gegen Kommunisten. [...]. Die Schwierigkeit, Kommunisten zu verteidigen, bestand zunächst vor allem darin, Diffamierungen und Ausgrenzungen in einer antikommunistisch emotionalisierten Öffentlichkeit zu ertragen. Wer in den 50er Jahren als ‘Kommunistenverteidiger’ abgestempelt war, lernte den Minderheitenhaß die-

---

45 Die ausführlich begründete Einstellungsentscheidung: JZ 1971, 507 ff.; *Bruns*, Ungeklärte verfahrensrechtliche Fragen des Contergan-Prozesses in: Festschrift für Maurach, 1972, S. 469; *Ders.*, Ungeklärte materiell-rechtliche Fragen des Contergan-Prozesses in: Festschrift für Heinitz, 1972, S. 317; *Armin Kaufmann*, Tatbestandsmäßigkeit und Verursachung im Contergan-Verfahren, JZ 1971, 569.

46 *Gemballa*, Der dreifache Skandal, 30 Jahre nach Contergan, 1993.

47 *Richter*, NJW, 1993, 2152.

> ses mit enttäuschendem Lernerfolg durch die faschistische Schule gegangenen Volkes frühzeitig kennen. Und mit dieser Ausgrenzung waren auch wirtschaftliche Konsequenzen und Einengungen des Berufsfeldes verbunden, die durchaus nicht selbst gewählt waren.“[48]

Dazu gehörte beispielsweise das Ende von Sozietäten, wenn der eine Kommunisten verteidigte und der andere das nicht wollte, dazu gehörte die Isolierung in den anwaltlichen Organisationen, das haben, denke ich, viele von uns später genauso erlebt.

Das führt uns zu den RAF-Prozessen.

In diesem Bereich erbitte ich eine gewisse Kürze, einfach deshalb, weil sehr viele von Ihnen dies alles kennen und miterlebt haben.

Hierzu nur zwei Beispiel aus dem Berliner Bereich.

a) Der Fall Otto Schily

Er wird 1972 vom BGH von der Verteidigung Gudrun Ensslins ausgeschlossen, weil er dringend verdächtig sei, sich an der Straftat, die seiner Mandantin zur Last gelegt wurde, beteiligt zu haben.

Das soll dadurch geschehen sein, dass er einen von Gudrun Ensslin verfassten Kassiber an Ulrike Meinhof übermittelt habe. Und der BGH kommt auf die erstaunliche Begründung in der Frage: Können Anstaltsbedienstete den Kassiber geschmuggelt haben, oder muss das der Anwalt getan haben:

> „Vor allem aber müssen hier die in erheblichem Umfange gleichgerichteten Interessen Berücksichtigung finden, die Beschuldigten und Verteidiger verbinden, während diejenigen eines Vollzugsbeamten und die des Gefangenen durchaus gegensätzlicher Art sind.“[49]

Das Bundesverfassungsgericht hat diesem Spuk ein Ende bereitet, es hebt diese Entscheidung auf, weil es an einer Rechtsgrundlage mangele.[50]

Ich darf berichten, viele werden sich daran erinnern, dass Otto Schily damals 2. Vorsitzender dieser Vereinigung Berliner Strafverteidiger war und ein Mitglied einen Abwahlantrag gegen ihn einbrachte nach der Entscheidung des BGH.

---

48 *Heinrich Hannover*, Terroristenprozesse, Erfahrungen und Erkenntnisse eines Verteidigers, 1991, S. 158.

49 BGH NJW 1972, 2140.

50 BVerfGE 34, 293 = NJW 1973, 696.

Es gab eine Mitgliederversammlung, wie sie größer seitdem wohl nicht mehr stattgefunden hat, in der sich zwar sehr vehement die Geister im Raume trafen. Aber das Erstaunliche für mich, als relativ jungem Anwalt, das Wärmende war, dass Kollegen, die wir dem politisch-rechten Spektrum zuordneten, mit Nachdruck einer Abwahl entgegentraten, solange das Verfahren noch im Gange sei. Die Versammlung hat ihn mit großer Mehrheit in seinem Amt bestätigt.

Das hat mir den Eindruck gemacht, dass wir Anwälte, ganz unabhängig von unseren politischen Ansichten in der liberalen Auffassung, die uns zur Freien Advokatur zusammengefasst hat, sehr viel stärker sind, als wir es wären, wenn wir in einzelnen politischen Parteien einfach nur Juristen wären.

Bereits am 15. Januar 1996 hat die Rechtsanwaltskammer Berlin in einer Gedenkveranstaltung die Rückkehr zur Freien Advokatur gefeiert. Der Präsident zitierte „mit Stolz" eine Erklärung der Rechtsanwaltskammer Berlin aus dem Jahre 1972:

> „Voller Freude habe ich folgende Resolution des damaligen Vorstandes gefunden."[51] [...].

Er hat dabei auch völlig zu Recht erwähnt, dass es diese Rechtsanwaltskammer Berlin unter der Leitung unseres verehrten Präsidenten Quack vermocht hat, diese ganzen auseinanderdriftenden Kräfte der damaligen Zeit zusammenzuhalten. Wir haben in Berlin im Rahmen der Kammer immer ein ruhiges Klima gehabt und die Kammer hat sich, das hat sicherlich auch zur Beruhigung beigetragen, auf die Seite der freien Verteidigung gestellt. Ich möchte deshalb, wenn es auch der Präsident schon am 15. Jan. 1996 getan hat, auch hier diese Erklärung verlesen:

> „1. Es ist weder strafbar noch standeswidrig, wenn Rechtsanwälte Strafprozeßvollmachten entgegennehmen, die sie zur Verteidigung noch nicht festgenommener Täter ermächtigen.
>
> 2. Pauschale Vorwürfe gegen Rechtsanwälte sind Angriffe gegen die Rechtspflege, deren Organe auch die Rechtsanwälte sind.
>
> 3. Der Ausschluß eines gewählten Rechtsanwalts von der Strafverteidigung ist, wie das Bundesverfassungsgericht entschieden hat, nur in ganz besonderen Ausnahmefällen zulässig. Die Tatsache, daß ein Rechtsanwalt mit seinem Mandanten unbeaufsichtigt sprechen konnte, rechtfertigt es nicht, den Verdacht des Kassibertransports allein gegen ihn zu richten und ihn mit dieser Begründung von der Verteidigung auszuschließen. Rechtsanwalt Schily ist vor der Entscheidung über seinen Ausschluß von der Verteidigung nicht einmal gehört worden. Dagegen wurde die Entscheidung alsbald spektakulär veröffentlicht.

---

51 Berliner Anwaltsblatt 1996, 18 (21).

4. Der Vorstand der Rechtsanwaltskammer Berlin mißbilligt entschieden die insgesamt deutlich werdende Tendenz, die freie Wahl auch möglicherweise unbequemer Verteidiger zu verhindern. Derartige Angriffe gegen die Freie Advokatur gefährden unsere rechtsstaatliche Ordnung.“[52]

Diese Erklärung findet man heute normal und richtig. Damals bedurfte es des Mutes dazu. Und sicher ist auch der Vorstand seinerzeit nicht ohne Anfeindungen geblieben, der Vorstand der Rechtsanwaltskammer.

Der Vorstand dieser Strafverteidigervereinigung hat 1978 eine Presseerklärung abgegeben zu den Zwangsverteidigern, also den Verteidigern im Vertrauen des Gerichtes ohne Vertrauen des Angeklagten und hat sie aufgefordert, an den Sitzungen nicht teilzunehmen, weil eine Verteidigung ohne das Vertrauen des Angeklagten standeswidrig sei.

Die Vorstandsmitglieder, die diese Erklärung abgegeben haben, sind ehrengerichtlich verfolgt und verurteilt worden.[53] Und natürlich empfinden sie diese Verurteilung als Ehre.

b) Die Kluft

Die Kluft zwischen diesen Verteidigern und der etablierten Anwaltschaft war damals größer kaum denkbar.

Im Berliner Anwaltsblatt erscheint im Dezember 1977 ein Bericht über den Strafverteidigertag in Hannover. Zwei Seiten später ein Bericht über das Herrenessen des Berliner Anwaltvereins.

In dem Bericht über den Strafverteidigertag wird aus dem Vortrag von Rechtsanwalt Schily referiert:

> „Er wies darauf hin, in welchem Umfang schon Strafverteidiger, die auch in sog. ‘Terroristenprozessen’ ihren Mandanten bei der Rechtswahrnehmung beistehen, der gesellschaftlichen Ächtung unterliegen [...]. Verteidiger, die sich als Wahrer von Mandanteninteressen, nicht aber als Garanten des zügigen Verfahrens oder als Statisten der Hauptverhandlung verstünden, würden zunehmend in eine Außenseiterrolle gedrängt.“[54]

Dann, in dem Bericht über das Herrenessen auf der übernächsten Seite, heißt es, der Vorsitzende des Berliner Anwaltsvereins

---

52 Berliner Anwaltsblatt 1972, 63 („einstimmig“).

53 Freispruch durch das EG, StrafV 1981, 136, Verurteilung durch den EGH, BRAK-Mitteilungen 1982, 81; siehe auch KG AnwBI 1978, 241, Dokumentation: „Zwangsverteidigung und Standesrecht“ 1981, Schriftenreihe der Vereinigung Berliner Strafverteidiger e.V.

54 Berliner Anwaltsblatt 1977, 73.

> „zog einen Trennungsstrich zu den Terroristenanwälten, denen er die Bezeichnung als Kollegen verweigerte.“[55]

Es spricht für das Berliner Anwaltsblatt, dass es auch in diesen Zeiten Publikationsort für beide Seiten war.

6. Der Deal

Bevor ich zum letzten Kapitel komme, nenne ich ein Problem, das unter dem Gesichtspunkt „Zurück zur Form“ uns sehr beschäftigt: Der Deal.

Rainer Hamm hat ihn den „Supergau der Form“[56] genannt und festgestellt, dass da, wo die Form weicht, das Prinzip des fair trial entdeckt wird.[57]

Freilich mit nicht voraussehbarer Sicherheit.

Hier liegt das Problem der Form. Die Form, so sie da ist, so sie eingehalten wird, gibt dem Anwalt Grundlagen zu seriöser Beratung.

Wo er nicht mehr sicher ist, wie die Dinge entschieden werden, ob ein Fairtrial-Grundsatz dazu führen kann, dass ein Urteil, bei dem ein Deal nicht eingehalten wurde, vom BGH wegen Verstoßes gegen diesen Grundsatz aufgehoben wird, wo er da nicht sicher sein kann, da kann er auch nicht richtig beraten.

7. Revision

Dies führt mich zum Thema Revision.

Bei dem ersten Strafverteidiger-Frühjahrs-Symposium der AG Strafrecht im Deutschen Anwaltverein in Karlsruhe am 18./19. April 1986 habe ich „ausgeprägte Sorgenpunkte“ eines Verteidigers gegenüber der revisionsrechtlichen Rechtsprechung benannt:

- Die Tendenzen zur Zurückdrängung der Verfahrensrüge, dies wurde dargestellt an Entscheidungen des 1. und 5. Strafsenats;
- Der Bereich der Domestizierung der Verfahrensrüge durch die Beruhensprüfung:

Zu beidem habe ich gesagt:

55 Berliner Anwaltsblatt 1977, 75.

56 *Hamm* hat in vielfältiger Weise über den Deal publiziert, u.a. in ZRP 90, 337 ff. Diese Formulierung entstammt mündlichen Beiträgen bei fachwissenschaftlichen Diskussionen. Dazu auch *Schünemann*: Wetterzeichen einer untergehenden Strafprozeßkultur? Wider die falsche Prophetie des Absprachenelysiums, StrafV 1993, 657.

57 Die Entdeckung des „fair trial“ im deutschen Strafprozeß – ein Fortschritt mit ambivalenten Ursachen, Festschrift für Hannskarl Salger, 1995, S. 273.

> „In diesem Zusammenhang muß man immer sehen: Ein Zurückdrängen der Verfahrensrüge bedeutet auch einen Verlust der Beratungsqualität der Anwaltschaft, die immerhin im Bereich der Verfahrensrüge noch relativ festen Boden für die Beratung unter den Füßen hat.“

Geschlossen habe ich diese Ausführungen mit dem Satz:

> „Der Helfer des Revisionsrichters kann nur eine revisionskundige Anwaltschaft sein, die durch revisionsgerichtliche Rechtsprechung zu hoher Beratungsqualität fähig wird, die Erfolgsaussichten von Revisionen abschätzen kann und die mit gutem Gewissen, was sie heute oft nicht kann, als Filter vor dem Revisionsgericht offenbar unbegründete Revisionen gar nicht mehr einreicht.“[58]

Zu diesem Zeitpunkt, im Jahre 1986, waren bei dem 5. Strafsenat 8% der Revisionen erfolgreich, im gleichen Zeitraum bei dem 2. Strafsenat 24,3% der eingelegten Revisionen.

Seit 1988 haben sich die Senate in ihrem Entscheidungsverhalten immer mehr angenähert. Eine Tendenz ist bei allen Senaten festzustellen. Es dominiert die Sachrüge, nur wenige Revisionen haben mit der Verfahrensrüge Erfolg, im Durchschnitt der Jahre 1992–1995 sind dies nur 9% der erfolgreichen Revisionen.[59]

Dabei ist eine besondere Entwicklung festzustellen. Hieß es noch in einem Beschluss des Großen Senates für Strafsachen BGH vom 10. April 1987:

> „Die Strafzumessung ist grundsätzlich Sache des Tatrichters“,[60]

so ist dieser Satz in nicht weniger als zehn Jahren offensichtlich unbegründet geworden.

Heute gilt:

> „Die Strafzumessung unterliegt einer strengen revisionsrechtlichen Kontrolle.“[61]

---

58 Schriftenreihe der Arbeitsgemeinschaften des DAV, AG Strafrecht: Die revisionsgerichtliche Rechtsprechung der Strafsenate des Bundesgerichtshofes, 1986, S. 158–161.

59 *Nack*, Vortrag auf dem VI. Strafverteidiger-Frühjahrssymposium der Arbeitsgemeinschaft Strafrecht des DAV, Titel der Veranstaltung: „Gefährdung rechtsstaatlicher Verfahrensgarantien“, Titel des Vortrages *Nack*: „Aufhebungsstatistik des BGH in den letzten 5 Jahren“, Vortragsmanuskript S. 6. Ich danke dem Autor für die Überlassung. Der Autor weist darauf hin, er habe Hochrechnungen vorgenommen. Insgesamt sei zum Thema dieses Vortrages auf das vorstehend bezeichnete Symposium hingewiesen mit weiteren Vorträgen: *Schwenn*, Formenstrenge und faires Verfahren; *Gillmeister*, Hinweispflicht des Tatrichters; *Kuckein*, Revisionsrechtliche Kontrolle der Mangelhaftigkeit von Anklage und Eröffnungsbeschlüssen; *Maul*, Die Rechtsprechung des BGH zum verdeckten Ermittler; *Zschockelt*, Die Auswirkung der Entscheidung des Großen Senats zum Fortsetzungszusammenhang auf die Rechtsprechung; *Niemöller*, Rechtsmissbrauch im Strafprozeß; *Kempf*, Mißbrauch von Rechten durch Gericht und Verfahrensbeteiligte.

60 BGHSt 34, 345 (349).

61 *Kalf*, NJW 1996, 1447.

In der Revisionsstatistik bedeutet dies, dass Strafzumessungsfehler 42% der sachlich-rechtlichen Aufhebungsgründe ausmachen und damit mehr als 1/3 aller Aufhebungen. Umgekehrt gibt es bei den absoluten Revisionsgründen eine äußerst geringe Erfolgsquote, von 1992–1995 hatten nur 33 Rügen absoluter Revisionsgründe Erfolg. Von wichtigen, relativen Revisionsgründen hatten in dieser Zeit nur 147 Erfolg, im Verhältnis zur Gesamtzahl eine ganz geringe Erfolgsquote.

Insgesamt ergibt sich, dass die Verfahrensrüge mit einer Erfolgsquote von unter 1% praktisch chancenlos ist.[62]

Selbst wenn man sagen wollte, auch die Strafzumessungsrügen beruhten auf formaler Rechtsstaatlichkeit, weil der Ausgangspunkt § 267 StPO sei, so wird doch deutlich, dass § 267 StPO nur die verfahrensrechtlichen Mindestgrundsätze enthält, und es sich im Wesentlichen um sachlich-rechtliche Fragen handelt. Ihre Bewertung unterliegt einem sehr viel weiteren Spielraum, als es bei Bestimmungen ausgesprochener Formstrenge, bei den eigentlichen Verfahrensrügen der Fall ist.

Die Beratungs- und Umsetzungsqualität der Anwaltschaft kann in diesen Bereichen der Sachrügen niemals die Sicherheit und Klarheit erlangen, wie dies im Bereich der Formstrenge möglich erscheint.

Auch sind diese Rügen dadurch ausgezeichnet, dass sie weitgehend auf einem bestimmten Verhalten des Beschwerdeführers in der Tatsacheninstanz beruhen. Rügen, die sich allein aufgrund eines Mangels der Urteilsgründe ergeben, kann er nur im geringen Umfange durch sein Verhalten in der Tatsacheninstanz beeinflussen. Die schützende Form der Verfahrensregeln entwickelt ihre Schutzkraft gerade dadurch, dass der Angeklagte mit Hilfe seines Verteidigers diese schützende Form auch in Anspruch nimmt. Ja es gibt sogar Ansichten, dass dann, wenn er das nicht tut, er sie später nicht mehr reklamieren kann.[63]

Wenn aber diese Verfahrenspositionen praktisch aus der Erfolgsstatistik des BGH völlig herausfallen, dann ist ein Verlust an schützender Form eingetreten und dann gilt der Titel dieses Vortrages.

Selbst wenn es so sein sollte, dass bei einer Revision, bei der sowohl Verfahrensrüge als auch Sachrüge erhoben worden sind, die Entscheidung der Sachrüge möglicherweise näher lag oder sich wegen der Erstreckungsmöglichkeit auf andere Revisions-

---

62 *Noack*, a.a.O. (Fn. 59), Vorlesungsmanuskript S. 8, 18, 19, 20.

63 Siehe z.B. BGH StrafV 1996, 187. Zur Kritik: *Feigen*, in Wolter (Hrsg.), Zur Theorie und Systematik des Strafprozeßrechts, Symposium zu Ehren Hans-Joachim Rudolphi, 1995, S. 161 ff. Siehe auch *Maul-Eschelbach*, zur „Widerspruchslösung" von Beweisverbotsproblemen in der Rechtsprechung, StraFo 1996, 66.

führer, die die formelle Rüge nicht erhoben haben, aufzwang und deshalb die Nichtbescheidung der Verfahrensrüge kein Urteil über ihre Begründetheit enthält, so ist doch für den Betrachter, und dazu gehört ja insbesondere auch der Tatrichter, der Eindruck prägend, dass es ja jedenfalls auf die Verfahrensrüge überhaupt nicht angekommen sei.

Vor diesem Hintergrund ist völlig unverständlich die ständige Klage der Tatrichter, die Ablehnung von Beweisanträgen sei nicht revisionssicher begründbar. Aus der Sicht der Anwaltschaft wäre es wünschenswert, wenn das Revisionsgericht, das bei einer begründeten Verfahrensrüge gleichwohl über die Sachrüge entscheidet, – zumindest in einem Satz – sagen würde: „Auch die Verfahrensrüge Nr. [...] wäre erfolgreich gewesen“.

Und ich verkenne auch nicht, selbstkritisch, dass wir Anwälte, wenn wir Kolleginnen und Kollegen haben, die Verfahrensrügen unzulässig erheben, selber die sind, die die schützende Form verletzen und die sind, die hier lernen müssen, sie einzuhalten. Ich weiß, dass es für ein Revisionsgericht schwierig sein kann, eine Revisionsrüge zu sehen, die an sich begründet ist, aber unzulässig vorgetragen wurde.

Ich bin der Meinung, dass in diesem Fall das Revisionsgericht nicht herangehen kann, um nach Hilfe zu sinnen, sondern es muss in aller Härte sagen, diese Revisionsrüge ist unzulässig erhoben. Dies dient dem Lernen, das Revisionsgericht soll ja mit seiner Rechtsprechung Einfluss nehmen, nicht nur auf die Richter, sondern auch auf die Anwälte. Insofern haben auch wir unseren Anteil zu leisten und die schützende Form einzuhalten.

IV. Rückblick und Ausblick

Wir haben 1945, das ist der Anlass unserer Feier, im Standesrecht und im Verfahrensrecht zur schützenden Form zurückgefunden. Wir haben dann eine schleichende Entfernung von der Form festgestellt, sowohl was den Gesetzgeber angeht, als auch was die Richter betrifft –, und manche von uns selbst.

Hier bleibt nur die Analyse des greisen Eberhard Schmidt:

> „Ich stehe wohl bald am Ende meines Wirkens und werde mit meinen Warnungen nicht mehr lange lästig fallen. Aber eine unerschütterliche Gewißheit entnehme ich derjenigen Lehrmeisterin, die mir mehr sagt als alle Philosophie, Soziologie oder gar Politologie, nämlich der die Erfahrung der Jahrhunderte erschließenden Rechtsgeschichte: Die Übertreibung, die heute das Spiel mit der Idee der 'materiellen Gerechtigkeit' bedeutet, [...] und nicht nur zu einer totalen Überforderung der Gerichte, sondern – paradox genug – zum totalen Schwund ihrer Automat [...] geführt hat, sie wird – früher oder später – eine Flucht zu den 'schützenden Formen' der geschriebe-

nen Gesetze zur Folge haben. Bei diesen und bei dem von ihnen ausgehenden Zwang zu wirklich allgemeinverbindlichen, kontrollierbaren, rational erarbeiteten und rational verstehbaren Entscheidungen, mag es dabei im Einzelfall an Härten auch nicht fehlen, werden die Menschen Erholung und auch 'Rechtsfrieden' finden und die Befreiung von jenem unkontrollierbaren Dezisionismus, jenen hochmütigen Dispositionen über Rechtsgüter und Lebensinteressen, mit denen man meint, zu den Sternen der Gerechtigkeit greifen zu dürfen, während sie von nichts anderem zeugen, als davon, daß den Menschen das im höchsten Sinne 'Gerechte' genauso unerreichbar ist, wie die Wahrheit und das Schöne. Dann werden wieder 'mâze' und 'Bescheidenheit' die Leitsterne richterlicher Entscheidung sein und damit jene Demut vor Wahrheit und Gerechtigkeit, ohne die menschliches Richten unerträglich ist."[64]

Und deshalb auch für die Zukunft und nicht nur für das Jahr 1945.

Zurück zur Form.

---

64 In: Materielle Rechtskraft-Materielle Gerechtigkeit, JZ 1968, 681 (684).

IV.

Nachdenklichkeit

Nur einige wenige Nachdenklichkeiten.

Was wären wir ohne Nachdenklichkeit!?

Wo kämen wir dann her?

Abschied vom 5. (Berliner) Strafsenat des BGH*

Meine Damen und Herren,

ich soll hier eine Tischrede halten. Meine verehrte Kollegin Ulrike Zecher hat mir gesagt, „Eine Tischrede ist keine Rede“. Was hat sie damit gemeint? Vielleicht meinte sie, dass ich einen heiteren Ton in diese Rede bringen solle.

So beginne ich mit zwei Kleinigkeiten und einer Wichtigkeit.

Als mein Kollege Peter Danckert und ich einmal vor etwa 15 Jahren im Rahmen der Anwaltsakademie ein Seminar in Schwäbisch Hall abgehalten haben „Einführung in die Praxis als Strafverteidiger“, gelangten wir im Rahmen der „Tour d’horizon“ natürlich auch zur „Revision in Strafsachen“. Wir berichteten und einer von uns sagte etwas in dem Sinne „Nach der Rechtsprechung des 5. Strafsenates in Berlin gilt [...].“ Da erhob sich ein junger Anwalt, vielleicht 30 Jahre alt, „sittliche Empörung“ erfüllte ihn. Er schleuderte uns entgegen: „Aber wissen Sie denn nicht, dass der Bundesgerichtshof in Karlsruhe ist?“ Fast hatten wir den Eindruck, als wir ihm die Zusammenhänge erläutert hatten, dass er uns nicht glauben konnte.

Die zweite Kleinigkeit. Sie ziehen nun nach Leipzig und das hat mich sofort an eine Passage aus Anton Roesens Buch „Aus dem Leben eines Juristen – Erinnerungen und Erfahrungen“ (1979) erinnert.

Leipzig:

> „Ich bin immer gern zum Reichsgericht gefahren. Dort herrschte eine wohltuend sachliche Atmosphäre, und die Reichsanwaltschaft war wirklich eine objektive Behörde. Im Zweiten Weltkrieg soll sich das geändert haben: das habe ich nicht erlebt, weil ich nach 1940 [...] nicht mehr in Leipzig war.
>
> Wir Anwälte wurden mit Höflichkeit behandelt. Im ersten Kriegswinter, in dem durch Unbill der Witterung die Eisenbahn aus den Fugen geraten war, hatte der Zug, mit dem ich die Nacht durch nach Leipzig fuhr, bereits auf halber Strecke eine solche Verspätung, daß an eine pünktliche Wahrnehmung meines 9.00-Uhr-Termins nicht zu denken war. Ich bat auf einem Bahnhof einen Beamten, mich telegraphisch zu entschuldigen. Gegen Mittag angekommen, begab ich mich zum Reichsgericht, um zu erfahren, was aus meiner Sache geworden war. Im Sitzungssaal traf ich den Protokollführer an und wollte mich bei ihm erkundigen. Er aber sagte: ‘Der Senat wartet auf Sie’.

---

* Erstveröffentlichung in: Berliner Anwaltsblatt 7–8/1997, 343 (in Vortragsform).

Dann erschien der fünfköpfige Senat, an der Spitze der Vizepräsident des Reichsgerichts, und natürlich auch der Reichsanwalt. Mir war das peinlich und ich erklärte, ich hätte mit meinem Telegramm nicht bezweckt, das der Senat so lange warten solle.

Der Präsident entgegnete jedoch:

> „Es ist das nobile officium des Gerichts, auf einen ohne sein Verschulden verhinderten Rechtsanwalt zu warten."

Diese vornehme Geste habe ich häufig bei unteren Instanzen erwähnt, wenn deren Geschäftslage ein Entgegenkommen angeblich verhinderte.[1]

Und nun die Wichtigkeit, was Leipzig betrifft. Es ist klar, dass ein Verteidiger, wenn er an den Umzug eines Strafsenates des Bundesgerichtshofes von Berlin nach Leipzig denkt, und dies habe ich ja im Einzelgespräch einigen von Ihnen gegenüber schon erwähnt, an diese für die Rechtspflege, aber insbesondere auch für die freie Strafverteidigung einmalige Szene zurückdenkt, die sich tief in mein Bewusstsein eingewurzelt hat, eine Reise wie es sie unzählige in der Weimarer Zeit gab von Berliner Anwälten zum Strafsenat nach Leipzig, aber eine von besonderer Bedeutung: Von Ossietzkys Verhandlung 1931 vor dem Reichsgericht als verantwortlichem Leiter der „Weltbühne" wegen der Veröffentlichung des Artikels Kreisers vom 12. März 1929 „Windiges aus der deutschen Luftfahrt". Von Ossietzky wird neben seinen Tatsacheninstanzverteidigern auch noch von Max Alsberg verteidigt. Er schreibt:

> „Ich wollte also einen Ablehnungsantrag stellen. Unsere Anwälte rieten mir jedoch dringend ab. Nicht nur der formalen Schwierigkeiten halber, nein, wir hätten reiches Material zur Verfügung, um den Tatbestand der Anklage zu erschüttern, genug Rechtsgründe, um ihren Geist niederzuzwingen. Wir wollten argumentieren, nicht demonstrieren. So zogen wir denn auch zur Hermannsschlacht: – Zwei Angeklagte, vier Advokaten. Max Alsberg, Alfred Apfel, Rudolf Olden, Kurt Rosenfeld, vier Juristenköpfe, die eine schwer berechenbare Summe von Qualität verkörpern. Als wir am 23. November, nachmittags, 13.30 Uhr aus dem Gerichtssaal kamen, da wußten wirs: Der Angriff der Jurisprudenz auf den IV. Strafsenat war siegreich abgeschlagen."[2]

Diese Reise von Carl von Ossietzky, Walter Kreiser, Max Alsberg, Alfred Apfel, Rudolf Olden, Kurt Rosenfeld in einem Zugabteil von Berlin nach Leipzig an einem Morgen, um rechtzeitig zur Verhandlung da zu sein, dies ist eine Vorstellung, die mich schon lange beschäftigt, lange noch bevor es nun tatsächlich dazu kam, dass

1 Berliner Anwaltsblatt 7–8/1997, S. 86.

2 Der Weltbühnen-Prozeß, Weltbühne 1931, 2. Halbjahr, 804.

der 5. Strafsenat nach Leipzig verlegt wird. Immer hatte ich einmal gedacht, wie schön wäre es gewesen, ich hätte in der Weimarer Zeit gelebt und könnte mich zur Revisionshauptverhandlung morgens in den Zug in Berlin setzen, auf der Fahrt die Akten noch einmal durchblättern, durchdenken und dann auftreten.

Dies wird jetzt wirklich sein.

Und vielleicht, wenn Peter Danckert und ich wieder einmal ein Seminar abhalten sollten „Einführung in die Praxis als Strafverteidiger" und berichten von der Rechtsprechung des 5. Strafsenats in Leipzig, wird wieder einmal ein junger Mann mit „sittlicher Empörung" aufspringen und uns entgegenschleudern: „Wissen Sie denn nicht, dass der 5. Strafsenat in Berlin ist."

Und so könnten wir sagen: Sie sehen, Sie sind Ihrer Zeit immer voraus." Aber wir müssen auch sagen: „Sorgen umhüllen unser Herz." Ihr Vorgänger, Herr Laufhütte, Herr Herrmann hat einmal bei seinen Gesprächen vor den Revisionshauptverhandlungen, wenn der Senat schon im Beratungszimmer war, vielleicht war es auch bei unserem Verabschiedungsbesuch bei seinem Eintritt in den Ruhestand, gesagt:

> „Ach, wissen Sie, manchmal habe ich gedacht, es würde schon genügen, wenn wir unsere roten Roben in das Fenster hängen [...]."

Was meinte er damit?

Ich als Teilnehmer des Gespräches werde dies auch nicht völlig enträtseln können, zumal ich den Eindruck hatte, es würde eine gewisse Resignation darin stecken. Aber jedenfalls war es auch ein Bewusstsein von Macht. Vielleicht lag die Resignation darin, dass er sich mehr Überzeugung der Tatsachen-Richter von der Richtigkeit der Rechtsprechung des Revisionsgerichtes wünschte, mehr Annahmebereitschaft, mehr Verbreitung, mehr Rechtsvereinheitlichung.

In diesem Zusammenhang passt eine andere Begegnung mit Herrmann: Ich vertrat eine Revision gegen ein Urteil des Landgerichtes Braunschweig. Das Urteil war voller Rechtsfehler, wie wir Verteidiger einen solchen Fall nennen: Es war eine „Overkill-Revision". Herrmann blieb wieder stehen, sah mich nachdenklich an und sagte:

> „Nun haben wir doch das Landgericht Braunschweig vor Jahren durch eine Reihe von Entscheidungen auf den richtigen Weg gebracht. Wie konnte dies jetzt geschehen?"

Eine solche Richterpersönlichkeit fühlt sich dem Gedanken der Rechtsvereinheitlichung als einem Ziel der Revision verpflichtet. Ein solcher Richter weiß, dass die Einzelfallgerechtigkeit als dem weiteren Ziel der Revision, die prinzipielle Richtigkeit unserer Normen vorausgesetzt, nicht entsteht, wenn er Strafmaßentscheidungen trifft oder gar aus Strafmaßerwägungen durchentscheidet, sondern nur dann, wenn eine Bemühung der Rechtsvereinheitlichung die Richter der Tatsacheninstanz diszipliniert, nach klaren, einfachen, bestimmten Regeln vorzugehen. Wenn der Wille hierzu nicht mehr vorhanden ist, wenn das formelle Recht, das als erstes der Garant für die Einhaltung dieser erstrebten Ziele ist, keine erkennbare Rolle mehr spielt, dann allerdings wird die Tatsacheninstanz sehr schnell bemerken, woher der Wind weht, insbesondere woher er nicht mehr weht. Dann können die Revisionsrichter ihre roten Roben so lange und so oft sie wollen aus dem Fenster hängen, niemand wird es mehr sehen, und wenn es jemand sieht, wird es niemand mehr interessieren.

Und hier beginnen unsere Sorgen: Bereits beim ersten Strafverteidiger-Frühjahrs-Symposium der AG Strafrecht im Deutschen AnwaltVerein in Karlsruhe am 18./19. April 1986 habe ich zwei „ausgeprägte Sorgenpunkte“ gegenüber der revisionsrechtlichen Rechtsprechung genannt[3] und erläutert:

- die Tendenz zur Zurückdrängung der Verfahrensrüge,
- die Domestizierung der Verfahrensrüge durch die Beruhensprüfung.

Die Entwicklung ist hierüber hinweggegangen mit einer in der Geschichte der Revisionsrechtsprechung noch nicht erlebten Geschwindigkeit und hat in weniger als zehn Jahren zweierlei erbracht:

- die Verfahrensrüge ist mit einer Erfolgsquote von unter 1% heute praktisch chancenlos,[4]
- die Sachrüge, und hier insbesondere die Strafzumessungsrüge, dominiert alles.

Hatte noch der Große Senat für Strafsachen des BGH am 10. April 1987 verkündet:

> „Die Strafzumessung ist grundsätzlich Sache des Tatrichters“,[5]

so kann heute verkündet werden

> „Die Strafzumessung unterliegt einer strengen revisionsrechtlichen Kontrolle.“[6]

Damit tritt ein zweites hinzu:

Eine solche Revisionsrechtsprechung unterminiert jede anwaltliche Kraft zur Rechtsberatung. Sie führt zur völligen Desillusionierung junger Anwälte und nicht nur dieser. Ein junger Anwalt, der in seiner Ausbildung sehr intensiv mit der Revision in Strafsachen befasst war, und sich – kaum war er als Anwalt zugelassen – mit Vehemenz auf das Revisionsrecht stürzte, rief mich eines Tages an, verzweifelt, demotiviert und sagte mir, er habe nun, nachdem was er gelernt und sich sonst ange-

---

3 Schriftreihe d. Arbeitsgemeinschaften des DAV, AG Strafrecht: Die revisionsrechtliche Rechtsprechung der Strafsenate des Bundesgerichtshofes, 1986, S. 158–161.

4 Nach NStZ 1997, 159.

5 BGHSt 34, 345 (349).

6 *Kalf*, NJW 1996, 1447.

nommen habe, die 10. Revision geschrieben und er habe 9½ davon verloren mit o.u. – Beschlüssen in Dingen, bei denen er, nach allem, was er wisse, fassungslos sei.

Die Bewertung der Sachrüge unterliegt einem sehr viel weiteren Spielraum, als es bei Bestimmungen ausgesprochener Formstrenge der Fall ist. Die Beratungs- und Umsetzungsqualität der Anwaltschaft kann in diesen Bereichen der Sachrügen niemals die Sicherheit und Klarheit erlangen, wie dies im Bereich der Formstrenge möglich ist. Auch sind diese Rügen dadurch gekennzeichnet, dass sie weitgehend auf einem bestimmten Verhalten des Beschwerdeführers in der Tatsacheninstanz beruhen. Rügen, die sich allein aufgrund eines Mangels der Urteilsgründe ergeben, kann er nur in geringem Umfange durch sein Verhaften in der Tatsacheninstanz beeinflussen.

Dabei entsteht ein weiteres Problem, speziell bei der augenblicklichen Praxis des 5. Strafsenats: Die Bundesanwaltschaft hat in den letzten Jahren die Anforderungen an die Zulässigkeit in „luftige Höhen“[7] geschraubt. Anwälte, die jahrzehntelang Revisionen geschrieben hatten und nie mit dem Einwand der Unzulässigkeit einzelner Rügen konfrontiert waren, entdeckten fassungslos, dass sie auf einmal lauter angeblich unzulässige Rügen erheben würden. Da der Strafsenat diese formellen Rügen in aller Regel weder positiv noch negativ bescheidet, hat er auch keine Maßstäbe gesetzt, in welcher Breite denn nun nach seiner Ansicht der Beschwerdeführer vorzutragen habe. Es bleibt der Revisionsverteidigung gar nichts anderes übrig, als „höchst vorsorglich“ in einer Breite vorzutragen, die uns unvernünftig erscheint und sicherlich die Arbeit des Senates statt zu erleichtern nur erschwert. Auch dies eine Folge der Ausblendung des formellen Rechts, von der Bundesanwaltschaft durch die Behauptung der Unzulässigkeit, vom BGH durch die wegen der Zuwendung zur Sachrüge nicht gesehene Notwendigkeit, Zulässigkeitsmaßstäbe zu setzen.

Die Anwaltschaft ist nach einer gewissen Euphorie, wie sie sich in der Einrichtung des Revisionssymposiums ab 1986, in der Zunahme von Veranstaltungen zum Revisionsrecht, in der Zunahme der Anzahl von Frauen und Männern in der Anwaltschaft, die sich mit Revisionen befassen, ausdrückt, in einen Zustand depressiver Verstimmung getreten. Dies beruht auch auf dem Wissen der spezialisierten Anwaltschaft, dass die Zahl der guten Revisionsbegründungen zugenommen hat, wie Schmidt das in der Besprechung von Sarstedt/Hamm bereits im Jahre 1984 erwähnt hat.[8] Ein Bundesanwalt hat bereits zu diesem Zeitpunkt einmal zu mir gesagt, man könne nicht mehr „durchvotieren“ wie früher. Die Zahl der Verwerfungen bleibt gleich oder steigt sogar. Wenn ich das auf einen Nenner bringe, heißt es doch, dass

7 Stefan König im Fachgespräch.

8 MDR 1984, 174.

also heute, was „offensichtlich unbegründet" ist, von größerer Qualität unbegründet ist.

Hierzu gehört natürlich auch, dass die revisionskundige Anwaltschaft niemals die Verblüffung, je nach Temperament, das Entsetzen oder die Verstimmung vermeiden kann – bei Anwendung der für das menschliche Miteinanderlebens geltenden Regeln – um festzustellen: Da gibt es einen Bereich der institutionalisierten Unhöflichkeit. Da gibt es einen Bereich des Endes der Höflichkeit. Das ist der Bereich, wo wir miteinander argumentieren, uns ernst nehmen, Veranstaltungen gemeinsame durchführen und dann morgen Post austauschen, in der steht: Was Du hier vorgetragen hast, ist offensichtlich unbegründet.

Das Rechtsmittel der Revision, so es sich völlig in der Sachrüge erschöpft, bietet keine breite Grundlage mehr für seriöse anwaltliche Arbeit, und zwar weder in der Revisionsinstanz noch in der Tatsacheninstanz. Es erfolgt eine Demontage des Rechtssystems, denn so wie das Zusammenspiel zwischen Tatsacheninstanz und Revisionsinstanz vom Gesetzgeber gemeint war, findet es nicht mehr statt.

Die Strafprozessordnung ist eben nicht nur der Garant des materiellen Rechts, sondern der Garant des rechtsstaatlichen Verfahrens.

Das Revisionsgericht ist nicht nur der Garant der Einzelfallgerechtigkeit, sondern der Garant der gleichmäßigen Anwendung des formellen und materiellen Rechts. Diese Gewichte haben sich längst verschoben. Für die Revisionsrechtsprechung in Strafsachen gilt wie kaum sonst, Rudolf von Iherings Wort:

> „Die Form ist die geschworene Feindin der Willkür, die Zwillingsschwester der Freiheit [...] feste Formen [...] – sie lassen sich nur brechen nicht biegen."[9]

Wir alle müssen gemeinsam darüber nachdenken, wie wir diesem Rechtsmittel neues Leben geben. Haften Sie mich nicht für einen Aufrührer. Hören Sie lieber die Worte des greisen Eberhard Schmidt, die ich nicht müde bin, zu zitieren:

> „Ich stehe wohl bald am Ende meines Wirkens und werde mit meinen Warnungen nicht mehr lange lästig fallen. Aber eine unerschütterliche Gewißheit entnehme ich derjenigen Lehrmeisterin, die mehr sagt als alle Philosophie, Soziologie oder gar Politologie, nämlich der die Erfahrung der Jahrhunderte erschließenden Rechtsgeschichte: Die Übertreibung, die heute das Spiel mit der Idee der 'materiellen Gerechtigkeit' bedeutet, [...] und nicht nur zu einer totalen Überforderung der Gerichte, sondern – paradox genug – zum totalen Schwund ihrer Autorität [...] geführt hat, sie wird – früher oder später – eine Flucht zu den 'schützenden Formen' der geschriebenen Gesetze zur Folge haben. Bei diesen und bei dem von ihnen ausgehenden Zwang zu wirklich allgemeinverbindlichen, kontrollierbaren, rational erarbeiteten und rational verstehba-

---

9 Geist des römischen Rechts, 9. Aufl., Teil 2, Halbband 2, S. 471.

> ren Entscheidungen, mag es dabei im Einzelfall an Härten auch nicht fehlen, werden die Menschen Erholung und auch 'Rechtsfrieden' finden und die Befreiung von jenem unkontrollierbaren Dezisionismus, jenen hochmütigen Dispositionen über Rechtsgüter und Lebensinteressen, mit denen man meint, zu den Sternen der Gerechtigkeit greifen zu dürfen, während sie von nichts anderem zeugen, als davon, daß den Menschen das im höchsten Sinne 'Gerechte' genauso unerreichbar ist, wie die Wahrheit und das Schöne. Dann werden wieder 'maze' und 'bescheidenheit' die Leitsterne richterlicher Entscheidung sein und damit jene Demut vor Wahrheit und Gerechtigkeit, ohne die menschliches Richten unerträglich ist."[10]

Die Vereinigung Berliner Strafverteidiger e.V. wünscht Ihnen eine gute Reise nach Leipzig. Sie wünscht Ihnen auch eine gute Reise „zurück zur Form".

Denn nach unserer Überzeugung gibt es ein Leben vor der Sachrüge – dies haben Sie uns ja fast genommen – und ein Leben nach der Sachrüge – dies hoffen wir, wieder zu gewinnen.

---

10 JZ 1968, 681 (684).

70 Jahre Weltbühnen-Urteil*

Am 23. November 1931 verurteilte der IV. Strafsenat des RG den Publizisten und späteren Friedensnobelpreisträger Carl von Ossietzky sowie den Luftfahrtexperten Walter Kreiser wegen Verrats militärischer Geheimnisse zu jeweils 18 Monaten Gefängnis. Das in verschiedener Hinsicht für die Justiz der Weimarer Republik typische Verfahren gilt als einer der bedeutendsten Strafprozesse der jüngeren Justizgeschichte, ein Musterbeispiel für Politische Justiz, nach der inzwischen klassischen Definition Otto Kirchheimers „die Verwendung juristischer Verfahrensmöglichkeiten zu politischen Zwecken“.

I. Die Vorgeschichte

Die innenpolitischen Auseinandersetzungen der Zwischenkriegszeit wurden mit einer heute kaum noch vorstellbaren politischen Schärfe geführt. Neben den Aufständen und Putschversuchen der ersten Jahre gab es Hunderte politischer Morde, deren prominenteste Opfer republikanische Politiker waren: die Reichsminister Matthias Erzberger und Walther Rathenau, der bayerische Ministerpräsident Kurt Eisner und zahlreiche Parteiführer wie Hugo Haase, Otto Gareis, Karl Liebknecht und Rosa Luxemburg. In unversöhnlicher Opposition standen weite Volkskreise, vor allem ehemalige Frontsoldaten, zu der auf Versailler Vertrag („Schanddiktat“) und Ausrufung der Republik („Novemberverbrechen“) gegründeten Demokratie und ihren Exponenten („Verzichtpolitiker“).

Der Friedensvertrag hatte dem Deutschen Reich einschneidende Rüstungsbeschränkungen auferlegt. Er enthielt genaue Vorschriften über zulässige Stärke der Reichswehr, ihre Ausbildung und Ausrüstung mit Munition und Material und legte sogar den Zweck des deutschen Heeres fest: nach Art. 160 durfte es nur zur Aufrechterhaltung der Ordnung innerhalb des Staatsgebiets und zum Grenzschutz herangezogen werden. Mobilmachungsmaßnahmen waren untersagt, und Luftstreitkräfte durfte Deutschland „weder zu Lande noch zu Wasser unterhalten“ (Art. 198). Die Reichswehr versuchte jedoch, die Rüstungsverbote zu umgehen und sich mit allen Mitteln zu verstärken. Sie legte geheime Waffenlager an, zog kurzfristig Soldaten, die in keiner offiziellen Statistik auftauchten („Zeitfreiwillige“), ein und bewaffnete umstürzlerische rechtsradikale Organisationen. Obwohl dies alles gegen das Gesetz

---

* Zusammen mit *Ingo Müller*, Professor für Strafrecht und Strafprozess an der Fachhochschule für öffentliche Verwaltung Hamburg. Erstveröffentlichung in: NJW 2001, 3461.

über den Friedensschluss vom 16. Juli 1919,[1] welches nach Art. 178 sogar der Reichsverfassung vorging, und gegen die Strafvorschriften des Gesetzes über die Entwaffnung der Bevölkerung[2] verstieß, die für derartige Zuwiderhandlungen sogar Zuchthausstrafen vorsahen, wurde nie gegen die Verantwortlichen ermittelt.

Neben den gemäßigten Parteien der „Weimarer Koalition“ (SPD, Zentrum und DDP) trat nur ein kleiner Kreis republikanischer, vorwiegend pazifistisch orientierter Intellektueller dem Revanchismus der Militärs entgegen. Sie sahen durch die geheimen Rüstungen die Interessen des Reichs aufs Höchste gefährdet und wollten verhindern, dass Deutschlands Position bei Abrüstungs- und Reparationsverhandlungen geschwächt und das Land international isoliert würde. Schließlich war Deutschland am 10. September 1926 in den Völkerbund aufgenommen worden, was zur Beendigung der Interalliierten Militärkontrolle führte, und im August 1928 dem Briand-Kellogg-Pakt zur internationalen Ächtung des Kriegs beigetreten, was eine Verringerung der Reparationslast und den vorzeitigen Abzug der Besatzungstruppen zur Folge hatte. „Nationale Kreise” setzten dagegen auf eine Revision des Versailler Vertrags mit militärischen Mitteln und sabotierten die Verständigungsbemühungen des Außenministers Stresemann.

Die Justiz, voran das RG, nahm in dem Grundsatzstreit einseitig Partei für das Militär und unterstellte den Kritikern der gegen Völkerrecht und nationales Recht verstoßenden Rüstungen, das Wohl des Reichs vorsätzlich zu schädigen. Gegen Journalisten, die strafbare Machenschaften der Reichswehr aufdeckten, wurden regelmäßig Ermittlungsverfahren eingeleitet. Schon 1914, anlässlich der Beratungen zum Spionagegesetz,[3] hatte Franz von Liszt bemängelt, „dass der Begriff des militärischen Geheimnisses ein Geheimnis [...] sei, (und) kein Mensch wissen könne, was darunter fällt und was nicht.“[4] Immerhin war der Begriff im Kaiserreich noch auf offizielle militärische Angelegenheiten beschränkt. Nachdem man aber alles, was gegen den Versailler Vertrag verstieß, kurzerhand zum militärischen Geheimnis erklärte, egal, ob es mit oder ohne Zustimmung staatlicher Stellen geschah, wurden auch Presseberichte über Freikorps, illegale Geheimbünde, die so genannte Schwarze Reichswehr und sogar über geplante Staatsstreiche als „Landesverrat“ verfolgt.

Die in den Landesverratsprozessen angewandte „Rechtskonstruktion“ hat das RG am klarsten im Urteil gegen Berthold Jacob und Fritz Küster herausgearbeitet. Die

---

1 Gesetz gegen den Verrat militärischer Geheimnisse v. 3.06.1914, RGBI, 195.

2 *von Liszt*, in: Festschr. f. Brunner, 1914, S. 207.

3 RGSt 62, 65.

4 Eine Urteilsabschrift befindet sich im umfangreichen Aktenbestand des Politischen Archivs des Auswärtigen Amts zum Weltbühnen-Prozeß, Bd. 1–3 (R 42695–42697).

beiden Journalisten hatten, nachdem bei einem Reichswehrmanöver 81 Soldaten ertrunken waren, in einem Zeitungsbericht nachgewiesen, dass die Unfallopfer „Zeitfreiwillige“ waren, deren Existenz der Reichswehrminister stets heftig bestritten hatte. Der V. Strafsenat verurteilte Küster und Jakob im März 1928 zu je neun Monaten Festungshaft. Das Urteil in diesem so genannten „Ponton-Prozess“ ist bemerkenswert, nicht nur, weil es das einzige in der amtlichen Sammlung veröffentlichte zum „publizistischen Landesverrat“ ist,[5] sondern auch, weil das – formell nach wie vor geheime – Urteil gegen Ossietzky[6] die Schlüsselpassagen dieses Urteils wörtlich wiederholt. Es zeigt, wie das RG über den Gesetzen der Republik eine zweite, ganz eigene Rechtsordnung errichtet, deren tragende Säulen nicht Gesetz und Verfassung sind, sondern „Not“ und „Treuepflicht“: „Dem eigenen Staat hat jeder Staatsbürger die Treue zu halten. Das Wohl des eigenen Staates wahrzunehmen, ist für ihn höchstes Gebot“. Das Verbrechen der Angeklagten wurde darin gesehen, dass sie gegen die Treuepflicht verstießen, die sie dem Staat angeblich auch schuldeten, wenn dieser seine Gesetze missachtete und damit selbst das Wohl des Reichs gefährdete:

> „Die [...] Anerkennung des Gedankens, dass die Aufdeckung [...] gesetzwidriger Zustände dem Reichswohl niemals abträglich [...] sein könne, weil das Wohl des Staates in seiner Rechtsordnung festgelegt sei und sich in deren Durchführung verwirkliche, ist abzulehnen.“[7]

Diese Rechtskonstruktion stieß bei der demokratischen Rechtslehre auf heftige Kritik, vor allem, nachdem das RG sie auf „Fememörder“ ausgedehnt hatte. Da die illegalen Rüstungsmaßnahmen mit großer Geheimhaltung betrieben wurden, kam es innerhalb der Schwarzen Reichswehr zu Lynch- und Selbstjustiz gegen mutmaßliche Verräter in den eigenen Reihen.[8] Das RG folgte der Argumentation „nationaler“ Verteidiger und stellte zu Gunsten der Mörder fest, „dass es auch ein Notwehrrecht des einzelnen Staatsbürgers gegenüber rechtswidrigen Angriffen auf die Lebensinteressen des Staates gibt“ (sog. Staatsnothilfe).[9]

Georg Jellinek, Hermann Kantorowicz, Hugo Sinzheimer („ein solcher Richterspruch erschüttert nicht die Rechtsordnung [...] er löst sie auf“) und Gustav Radbruch machten Front gegen diese Rechtssprechung, die es Rechtsbrechern überließ, das Staatswohl unabhängig von der Rechtsordnung zu definieren, „da in einem Rechts-

---

5 RGSt 62, 65 (67).

6 Vgl. dazu *Nagel*, Fememorde und Fememordprozesse in der Weimarer Republik, 1991.

7 RGSt 63, 215 (220).

8 Die Justiz, Bd. III, 1927/28, S. 109.

9 RT-Prot. Anl. II, WP 1924, Bd. 415, Nr. 3390.

staat die Annahme ausgeschlossen sein sollte, als könne der Fortbestand eines gesetzwidrigen Zustands dem Wohl des Reiches dienen“ (Radbruch).[10] Die sozialdemokratische Reichstagsfraktion warnte damals in einem Beschluss,

> „dass diese Rechtsprechung eine Gefahr für die Republik bedeutet, insofern sie Organisationen, die staatsfeindlich und monarchistisch sind, die Möglichkeit der Waffenrüstung gewährt, ohne der republikanischen Bevölkerung die Möglichkeit zu geben, sich dagegen zu wehren oder auf Einhaltung von Recht und Gesetz zu bestehen.“[11]

II. Ossietzkys Straftat

Am 12. März 1929 hatte die von Carl von Ossietzky redigierte Weltbühne, eine im Quartformat erscheinende linksliberale „Wochenschrift für Politik, Kunst, Wirtschaft“ mit kleinem Abonnentenstamm (12.000) und großer Anhängerschaft, die auch im Reichswehrministerium und bei der Reichsanwaltschaft aufmerksam gelesen wurde, einen Aufsatz mit dem Titel „Windiges aus der Deutschen Luftfahrt“ gedruckt, in dem der Journalist und Luftfahrtexperte Walter Kreiser im Wesentlichen die Anfrage des sozialdemokratischen Abgeordneten Krüger im Haushaltsausschuss des Reichstags referiert,[12] kaum mehr als im Protokoll der 312. Sitzung des Ausschusses für den Reichshaushalt vom 3. Februar 1928 nachzulesen war.

Der Artikel kritisiert auf vier Seiten allerlei Misswirtschaft bei der mit 22 Millionen Mark aus dem Reichshaushalt subventionierten Lufthansa, insbesondere üppige Sonderzuwendungen an deren Vorstandsmitglieder. Lediglich in den letzten beiden Absätzen erwähnt er, dass

> „unter der Bezeichnung ‘Severa’ vor einigen Jahren eine Seeversuchsanstalt gegründet (wurde), deren Zweck immer dunkel geblieben ist [...]. Nun pfeifen es aber die Spatzen von den Dächern, dass die Severa nichts anderes als eine getarnte Abteilung der Marineleitung ist.“

Schließlich gebe es auch auf dem Berliner Flugplatz Johannistal eine Erprobungsabteilung Albatros und die sei „zu Lande, was zu Wasser die ‘Küstenflugabteilung Lufthansa’ darstellt. Beide Abteilungen besitzen je 30, 40 Flugzeuge, manchmal auch mehr. Aber nicht alle Flugzeuge sind immer in Deutschland [...]“. Mit dem abgebrochenen Satz am Ende des Artikels deutete Kreiser an, dass die Rote Armee die Reichswehr unterstützte und deutsche Luftfahrtmanöver ausgerechnet in der Sowjetunion stattfanden.[13]

---

10 Die Justiz, Bd. III, 1927/28, S. 109.

11 RT-Prot. Anl. II, WP 1924, Bd. 415, Nr. 3390.

12 Die Weltbühne 1929, 402 ff.

13 Diese weithin bekannten Aktivitäten verstießen ebenfalls gegen zahlreiche Strafvorschriften. Vgl. dazu VO über Luftfahrzeugbau v. 13.07.1926, RGBI I, 463; VO über Beschränkung bei der Flugausbildung v. 13.07.1926, RGBI I, 464, beide erlassen auf Grund des Gesetzes zur

Der Artikel war zunächst nicht sonderlich beachtet worden. Das Reichswehrministerium legte zwar routinemäßig eine Akte an und schickte sie zur Reichsanwaltschaft, Ossietzky wurde im August 1929 einmal vernommen, die Redaktionsräume und Ossietzkys Wohnung wurden durchsucht, aber dann geschah zwei Jahre nichts und man nahm an, das Verfahren werde irgendwann eingestellt. Später erklärte Ossietzky sich die lange Dauer des Ermittlungsverfahrens mit dem Widerstand des Außenministeriums, das, 1929 noch von Stresemann geleitet, die Umtriebe der Reichswehr missbilligte. Heute zugängliche Akten des Auswärtigen Amts bestätigen seine Vermutung.

Dort wurde moniert, dass ein Großteil der beanstandeten Mitteilungen nicht geheim gewesen sei, allenfalls zu den Tatsachen eines Abschnitts („Abteilung M") habe man keine Vorveröffentlichung gefunden, bezweifle aber „ob im Hinblick auf die Erörterungen [...] in der 312. Sitzung des Reichstags-Haushaltsausschusses [...] die in dem fraglichen Artikel weitergegebenen Nachrichten [...] noch als geheim anzusehen waren".[14]

III. Die Hauptverhandlung

Nach zweieinhalb Jahren erhob die Reichsanwaltschaft aber doch Anklage vor dem für Hoch- und Landesverrat erst- und letztinstanzlich zuständigen RG. Am 17. November 1931 begann die Hauptverhandlung, von der wenig mehr bekannt ist, als dass sie zwei Tage dauerte und mit der eingangs erwähnten Verurteilung endete. Das Gericht hatte allen Beteiligten ein Schweigegebot nach § 174 II GVG auferlegt, selbst das Urteil wurde für geheim erklärt.

Bekannt waren jedoch die Akteure. Der Angeklagte von Ossietzky genoss in republikanischen Kreisen des In- und Auslands große Sympathie, schon damals galt er als herausragender Repräsentant des republikanischen, verständigungsbereiten Deutschland. Die Anklage war in der Abteilung des zuständigen Reichsanwalts Paul Jorns erstellt worden. Jorns war die prominenteste Skandalfigur der Weimarer Justiz. Ein durch alle Instanzen geführter Beleidigungsprozess gegen einen Journalisten ergab, dass Jorns als ermittelnder Kriegsgerichtsrat die Mörder Rosa Luxemburgs und Karl Liebknechts schamlos begünstigt hatte, indem er laut Gerichtsurteil „Spuren verwischte" und „das Gegenteil des Ermittelten ins

---

Durchführung der Art. 177, 178 und 198 des Vertrags von Versailles v. 8.07.1926, RGBl I, 397.

14 Vgl. die Korrespondenz des Auswärtigen Amts mit der Reichsanwaltschaft (o. Fn. 6), großteils zitiert bei: *Rottka*, in: de Boor / Meurer, Über den Zeitgeist: Deutschland in den Jahren 1918 bis 1995, Bd. II, 1995, S. 135.

Protokoll aufnahm".[15] Der Vorsitzende, Reichsgerichtsrat Alexander Baumgarten hatte ein Jahr zuvor Aufsehen erregt, als er im Hochverratsprozess gegen drei junge nationalsozialistische Reichswehrleutnants, die „Ulmer Reichswehroffiziere", Hitler eine zweistündige Propagandarede halten und die Legalität der NSDAP in der Art eines mittelalterlichen Reinigungseides beschwören ließ.[16]

Die Verteidigerbank war mit Max Alsberg, Alfred Apfel, Rudolf Olden und Kurt Rosenfeld – „vier Juristenköpfen, die eine schwer berechenbare Summe von Qualität verkörpern" (Ossietzky) – so gut besetzt wie wohl nie wieder, mit vier engagierten Republikanern verschiedener politischer Ausrichtung und prominenten Juristen.[17] Der konservative Honorarprofessor Alsberg, angesehenster Strafverteidiger seiner Zeit und bedeutender Fachautor, hatte bis dahin nur „nationale" Angeklagte vor dem RG verteidigt und war daher voller Zuversicht nach Leipzig gefahren. Wie Rosenfeld berichtete, glaubte er „auf viele höchstrichterliche Entscheidungen gestützt, auf Grund von Äußerungen der angesehensten Kommentatoren [...] die Reichsrichter sehr leicht davon überzeugen zu können, dass eine Verurteilung unmöglich sei".[18] Nach der Verhandlung bekannte er erschüttert, er habe nicht glauben wollen, „dass es in Deutschland Richter gibt, die einen politischen Gegner mit den Mitteln des Strafprozesses zum gemeinen Verbrecher stempelten".[19]

IV. Das Urteil

In der Tat enthielt das Urteil „eine Verfemung, die über das normale Maß hinausgeht"[20] und Ossietzky merkte an: „Das RG hat mich vorsorglich und in unangenehmer Weise abgestempelt. Landesverrat und Verrat militärischer Geheimnisse, das ist eine höchst diffamierende Etikette, mit der sich nicht leicht leben lässt."[21] Das Gericht hatte ihn allerdings nicht wegen Landesverrats, sondern spezieller „wegen

15 Das Urteil ist abgedr. in: Die Justiz, Bd. IV, 1928/29, S. 567 ff., zum Prozess insgesamt s. *H.* u. *E. Hannover*, Politische Justiz 1918–1933, 2. Aufl. (1978), S. 200 ff. Nach Gründung des Volksgerichtshofs 1934 wurde Jorns dort erster Chefankläger.

16 Das Urteil ist abgedr. in: Die Justiz, Bd. VI, 1930/31, S. 187 ff.

17 Zu den Biografien der vier sämtlich 1933 aus Deutschland Geflohenen s.: Institut f. Zeitgeschichte (Hrsg.), Biographisches Hdb. der deutschsprachigen Emigration nach 1933, Bd. 1, 1980.

18 Zit. nach *Grossmann / Ossietzky*, Ein deutscher Patriot, 1963, S. 201.

19 *Apfel*, Behind the Scenes of German Justice, 1935, S. 111.

20 Frankfurter Zeitung, 24.11.1931.

21 Rechenschaft, Die Weltbühne 10.05.1932, 699.

Verbrechens gegen § 1 II des Gesetzes gegen den Verrat militärischer Geheimnisse vom 3. Juni 1914“ verurteilt.[22]

Die Überzeugungstäterschaft, die nach § 52 der Reichsratsgrundsätze über den Vollzug von Freiheitsstrafen zur ehrenvollen Festungshaft geführt hätte,[23] sprach das Gericht Ossietzky ab:

> „Die Straftat der Angeklagten, die ihre Treuepflicht als Staatsbürger verletzt haben, ist als eine staatsschädliche anzusprechen: Unbekümmert um die Interessen ihres Vaterlandes in schwerster Zeit [...] haben sie aus Sensationsbedürfnis das Maß einer sachlichen Kritik weit überschritten.“

Vor allem Ossietzky sei ein Mann,

> „der gerade in militärischen Angelegenheiten leichtfertig mit fremden Rechtsgütern in seinem Beruf als Publizist verfährt“.

Dabei hatte sich das Gericht mit der Feststellung der Motive Ossietzkys und seines Vorsatzes, Geheimnisse zu verraten, wenig Mühe gemacht:

> „Der Angeklagte war auch Pazifist. Mit der Erwähnung dieser Tatsache soll zu dieser Weltanschauungsfrage keine Stellung zu Ungunsten des Angeklagten genommen werden. Sie rechtfertigt aber psychologisch den Schluss, dass der Angeklagte mit dem fraglichen Artikel, antimilitärisch wirken wollte, und unter diesem Gesichtspunkt ergibt sich zwanglos der Wille des Angeklagten, etwas von der Militärverwaltung geheim Gehaltenes aufzudecken.“[24]

Das Urteil steckt voller Ungereimtheiten und Widersprüche, insbesondere zu der entscheidenden Frage, ob die mitgeteilten Fakten überhaupt noch geheim waren und ob sie einer ausländischen Regierung verraten wurden. Dazu hatte der Senat Major Himer aus dem Reichswehrministerium und Ministerialrat Dr. Wegert vom Verkehrsministerium gehört und „sich den schlüssigen und den überzeugenden eidlichen Gutachten der beiden Sachverständigen angeschlossen.“[25] Diese hatten freilich „keine positive Unterlage dafür (gefunden), dass der in Rede stehende Artikel [...] von einer ausländischen Nachrichtenstelle ausgewertet worden sei“, Major Himer war lediglich „auf Grund seiner Erfahrungen [...] zu der Überzeugung gelangt, dass dieser Artikel sowohl ausländischen Regierungen als auch Personen, die in ihrem

---

22 RGBl, 195: „Mit Zuchthaus nicht unter zwei Jahren, bei mildernden Umständen mit Gefängnis nicht unter einem Jahre [...] wird bestraft, wer vorsätzlich Nachrichten, deren Geheimhaltung im Interesse der Landesverteidigung erforderlich ist, an eine ausländische Regierung oder an eine Person, die im Interesse einer ausländischen Regierung tätig ist, gelangen lässt und dadurch die Sicherheit des Reichs gefährdet“.

23 Vom 7.06.1923, RGBl II, 263.

24 S. 25 des Weltbühnen-Urteils.

25 S. 20 des Urteils.

Interesse tätig seien [...] bekannt geworden sei“, da „der ausländische, insbesondere der französische Geheimdienst alle das Deutsche Luftfahrtwesen betreffenden Nachrichten mit größtem Interesse verfolge.“[26] Warum den Diensten dann die ebenfalls öffentlich zugänglichen Reichstagsprotokolle, in denen das Gleiche früher zu lesen war, entgangen sein sollen, darüber schweigt das Urteil. Lapidar stellt es dazu fest: „Diese ‘Nachrichten’ betrafen geheime Tatsachen. Geheim ist, was nicht offenkundig oder doch nicht jedermann zugänglich ist.“[27]

Den zentralen Beweisantrag der Verteidigung zu der Tatsache, dass die strittigen Luftfahrtaktivitäten ausländischen Luftfahrtexperten und Militärs schon lange bekannt waren, formuliert von Alsberg, dem Meister des Beweisantrags, lehnte das Gericht als „zu unbestimmt“ und „unbeachtlich“ ab. Das war nicht nur ein Bruch mit der ständigen Reichsgerichtspraxis bei der Behandlung derartiger Anträge,[28] sondern auch unzutreffend. Unbestimmt war der Antrag nicht, er nannte 19 Namen; unbeachtlich auch nicht, denn unter ihnen befanden sich ein Deputierter der französischen Nationalversammlung, ein pensionierter französischer Luftwaffen-Oberstleutnant und der Herausgeber der Luftfahrtzeitschrift l’Aerophile Wenn es „entscheidend nur darauf an(-kommt), ob die in Rede stehenden Nachrichten einer ausländischen Regierung oder einer in ihrem Interesse tätigen Person bereits bekannt gewesen sind,“[29] ist diese Bedingung mit den drei erwähnten Personen wohl erfüllt. Ähnlich großzügig behandelt das Urteil die Rechtsfragen. So erklärt es den Einwand der Angeklagten, das Wohl des Reichs sei anders zu definieren als in Militärkreisen üblich, für unerheblich, weil dieses Wohl „kein Rechtsbegriff, sondern ein tatsächlicher“ sei. Kurz darauf wird ein möglicher Irrtum der Angeklagten darüber als „unbeachtlicher Strafrechtsirrtum“ abgetan. Derart subtile Erwägungen werden der Entscheidung aber nicht gerecht. Mit juristischen Mitteln war das Urteil nicht anfechtbar, der öffentlichen Überprüfung entzogen es die Richter mit der Geheimerklärung. Juristische Präzision war daher nicht erforderlich, wurde offenbar auch nicht angestrebt. Das Weltbühnen-Urteil war eben, wie Thomas Mann treffend anmerkte, „kein Rechtsspruch im strengen und reinen Sinn des Worts, sondern ein politischer Akt, der die Abneigung gewisser Mächte und Interessen gegen jede öffentliche Kontrolle

---

26 S. 19 des Urteils. S. 21 des Urteils.

27 Vgl. die Nachw. und Kritik der RG-Praxis bei *Hanten*, Publizistischer Landesverrat vor dem Reichsgericht, 1999, S. 242 ff.

28 Vgl. die Nachw. und Kritik der RG Praxis bei *Hanten*, Publizistischer Landesverrat vor dem Reichsgericht, 1999, S. 242 ff.

29 S. 22 des Urteils.

zu decken bestimmt ist."[30] Zugleich diente es der Diffamierung und Mundtotmachung eines prominenten Pazifisten und exponierten „deutschen Patrioten",[31] der vom Staat eine ganz andere Vorstellung hatte als Militär und RG, nämlich die eines verfassungsrechtlich verbürgten demokratischen Rechtsstaats, und von dessen Wohl erst recht. Zwei umfangreiche Gnadengesuche Alsbergs und Apfels hatten so wenig Erfolg wie eine Interpellation der sozialdemokratischen Reichstagsfraktion und eine Petition von 43600 Unterzeichnern, darunter Albert Einstein, Lion Feuchtwanger, Heinrich und Thomas Mann, Ernst Toller, Jakob Wassermann, Theodor Wolff und Arnold Zweig.[32] Sich wie sein Mitverurteilter Kreiser ins Ausland abzusetzen, lehnte Ossietzky ab, weil er „als Eingesperrter am unbequemsten" war.[33] Am 10. Mai 1932 trat er, bis ans Gefängnistor von Schriftstellerkollegen und seinen Verteidigern begleitet, die Haft in Tegel an. Nach 227 Gefängnistagen wurde er auf Grund einer großen Weihnachtsamnestie am 22. Dezember entlassen, in der Reichstagsbrandnacht unter Bezugnahme auf das Reichsgerichtsurteil aber wieder verhaftet, und nach fünfjährigem Leidensweg durch verschiedene Haftanstalten und Konzentrationslager starb er am 4. Mai 1938. Schon der unbestechliche Chronist der Weimarer Jahre hatte als Repräsentant des „anderen" Deutschland gegolten. Nach seinem Opfergang wurde der Häftling Nr. 562, der auf einem Foto, welches um die Welt ging, so unheroisch vor seinem Peiniger stand, vollends zum Symbol für den antifaschistischen Widerstand, für seine Schwäche wie für seine Unbeugsamkeit gleichermaßen. Wohl deshalb verlieh ihm das Nobel-Komitee den Friedensnobelpreis 1935.[34]

Verschiedentlich ist den Reichsrichtern vorgeworfen worden, mit dem Weltbühnen-Urteil eine strafbare Rechtsbeugung begangen zu haben.[35] Möglicherweise zu Recht, aber gravierender ist, was sie mit ihrem Urteil dem Recht insgesamt antaten. Dass sie nämlich mit dieser Entscheidung die „Rechtsordnung" des Dritten Reichs vorbereitet haben, darüber waren sich Kritiker wie Bewunderer und Mitglieder dieses Gerichts einig. Reichsgerichtsrat Niethammer bestätigte ihm „Schrittmacher"-Dien-

---

30 Brief Th. Manns an Apfel, faksimiliert abgedr. bei *Bergholz* (Hrsg.), 227 Tage im Gefängnis, 1988, S. 30.

31 So der Untertitel der Ossietzky-Biografie *Grossmanns*, 1963.

32 Zu den Details s. *Grossmann*, (o. Fn. 31), S. 233 f.

33 Rechenschaft, Die Weltbühne, 10.5.1932, 690.

34 Vgl. dazu *Walter / Kiaulehn*, Die Geschichte eines Preises, der Monat 14, 1961, S. 87 ff. sowie Der verbotene Preis, Das Parlament v. 23.02.1955.

35 *Hanten* (o. Fn. 28), S. 186 f., im Anschluss an die Beschwerdebegründung Strates im Wiederaufnahmeverfahren.

ste für das NS-Recht,[36] und der „nationale“ Verteidiger Alfons Sack lobte das RG für den „mutigen Schritt, [...] entgegen den Buchstaben der Verfassung dem neuen Staatsgedanken zum Siege zu verhelfen“, womit es seinen Beitrag geleistet habe zur „Schaffung des neuen Rechts, für das allein die Sicherung des Deutschen Volkes den Maßstab bildet.“[37] Mit etwas anderen Worten beschrieb Ossietzky-Verteidiger Olden dasselbe: „Von hier stammt jene Verrottung des Rechts und des Rechtsgefühls, die den obersten Gerichtshof bis zur nationalsozialistischen Verdrehung aller Rechtsbegriffe, bis zur Legitimierung des Mords führt, wenn er nur dem ‘Staatswohl’ dient.“[38]

V. Postskriptum

Ossietzky hatte Zeit seines Lebens eine Wiederaufnahme des Weltbühnen-Prozesses ersehnt, „unser fernes, zunächst nur vage durch Zukunftsnebel schimmerndes Ziel hieß Wiederaufnahme“ schrieb er 1932 in der Weltbühne.[39] 60 Jahre später schien seiner in Schweden lebenden Tochter die Zeit reif, das Vermächtnis ihres Vaters zu erfüllen, zumal das Stigma des Landesverrats bis in jüngste Zeit fortwirkte. Rosalinda von Ossietzky-Palm scheiterte mit ihrem Antrag beim KG und beim BGH.[40] Nach ihrem Tod im Herbst 2000 gibt es aber noch eine Antragsberechtigte für ein erneutes Wiederaufnahmeverfahren: die Staatsanwaltschaft. Nachdem sich auch beim BGH die Erkenntnis durchgesetzt hat, dass nicht jedes Reichsgerichtsurteil erhaltenswert ist und der 5. Strafsenat schon die mangelhafte Vergangenheitsaufarbeitung des BGH gerügt hat,[41] wäre es ein nobile officium der deutschen Justiz, das 70 Jahre alte Urteil aufzuheben und den Nobelpreisträger – nicht zuletzt auch sich selbst – zu rehabilitieren.

---

36 Deutsches StrafR Bd IV, 1937, S. 125 ff.

37 Der Reichstagsprozess, 1934, S. 93.

38 Hindenburg oder Der Geist der preußischen Armee, 1935, Neudr. 1982, S. 205.

39 Rechenschaft (o. Fn. 33), S. 693.

40 BGHSt 39, 75 = NJW 1994, 1481 = NStZ 1993, 502.

41 Urt. v. 16.11.1995, NJW 1996, 857 (863), m. Anm. *Gritschneider*, NJW 1996, 1239.

ANHANG

Lebenslauf Gerhard Jungfer

23. Juni 1940	Geburt in Berlin
2. März 1959	Abitur
SS 1959 und WS 1959/60	Studium Generale am Leibnizkolleg der Eberhard Karls Universität Tübingen
SS 1960	Studium der Rechtswissenschaft: Eberhard Karls-Universität Tübingen
WS 1960/1961, SS 1961	Universität Hamburg
WS 1961/1962	Freie Universität Berlin
August 1964:	Erste Juristische Staatsprüfung in Berlin
Oktober 1964 bis März 1965	Pädagogischer Helfer (Diakonisches Jahr) im Jungenheim Steglitz hauptberuflich, danach bis Ende 1965 nebenberuflich
November 1965 bis Februar 1966	Assistententätigkeit an der FU Berlin (Prof. Dr. Wiedemann)
1965 bis 1968	Referendarausbildung
Juni bis November 1966	Wahlstation Deutsch-Kolumbianische Handelskammer in Bogotá, Kolumbien
April bis Juli 1967 und Oktober 1967 bis Februar 1968	erneute Assistententätigkeit an der FU Berlin
Dezember 1968	Zweite (große) Juristische Staatsprüfung in Berlin
Mai 1969	Zulassung zur Rechtsanwaltschaft; Vereidigung als Rechtsanwalt
Bis Mitte 1972	Tätigkeit als Assistent des Justitiars, dann als Justitiar bei Beroflex Kamera Film AG
Mai 1970	Dreharbeiten zu einem TV-Film in Kolumbien als Regisseur: „Bäuerliches Genossenschaftswesen in Kolumbien". Ausstrahlung am 7. Januar 1971
2. Juli 1976	Geburt der Töchter Anna und Julia
Januar 1977 bis Oktober 1977	Erster Vorsitzender der Vereinigung Berliner Strafverteidiger
13./14. Oktober 1977	Erste Deutsche Strafverteidiger-Tagung, Deutsche Strafverteidiger e.V. – zugleich Arbeitsgemeinschaft Strafrecht des DAV

Dezember 1978	Vortrag beim Kölner Anwaltsverein: „Ist es sinnvoll, eine Strafverteidigervereinigung zu gründen?“
1979	Deutsche Anwaltsakademie in Zusammenarbeit mit der Vereinigung Berliner Strafverteidiger e.V.: „Einführung in die Praxis als Strafverteidiger“ zusammen mit Rechtsanwalt Dr. Peter Danckert
Februar 1979	Treffen mit Bertram Börner und Christian Richter II in Berlin wegen des Projekts Strafverteidigerzeitschrift
Juni 1980	Gründungssitzung der Zeitschrift „Strafverteidiger“ in Frankfurt am Main
September 1982	„2. Strafverteidigerforum – Gegenreform“ in Köln
Mai 1984	Gründungssitzung der Arbeitsgemeinschaft Strafrecht des DAV
Februar 1988	Berufung als ordentliches Mitglied in den Strafrechtsausschuss des DAV
Mai 1988	Büro-Umzug in die Kissinger Straße
Juli 1989	Mitherausgabe der Festschrift für Ludwig Koch „Strafverteidigung und Strafprozess“
22. Oktober 1989	Drucker-Gedenkveranstaltung in Leipzig
Januar 1991	Erneute Berufung in den Strafrechtsausschuss des DAV
März 1991	Erneute Wahl in den Kammervorstand und Wahl zum Vorsitzenden der Abteilung III
9. Mai 1991	46. Anwaltstag in Düsseldorf: Vortrag über Julius Magnus
25. Mai 1991	Festvortrag zum 10-jährigen Jubiläum der Strafverteidigervereinigung
Juni 1994	Weimarer Tage AG Strafrecht des DAV. Vortrag zum Zeugnisverweigerungsrecht
März 1995	Gespräch in Köln mit Norbert Gatzweiler und Christian Richte II wegen einer „Stiftung Strafverteidigung“
März 1995	Beendigung der Tätigkeit im Strafrechtsausschuss des DAV
Januar 1997	Mitglied des Fachausschusses für Strafrecht der RAK Berlin
17. November 1997	Vortrag in München: „Die Form im Strafverfahren“
März 2001	Historischer Vortrag über Franz von Liszt auf dem Strafverteidigertag

12. September 2001	Enthüllung der Gedenktafel für Max Alsberg
Januar 2002	Verleihung des Verdienstkreuzes I. Klasse des Verdienstordens der Bundesrepublik Deutschland durch den Bundespräsidenten; Aushändigung durch die Bundesministerin für Justiz am 21. August 2002 im Bundesministerium der Justiz
März 2004	Büro-Umzug in die Humboldt-Straße 51A
11. November 2004	Vortrag „Zur Psychologie des Vergleichs" bei der Arbeitsgemeinschaft Strafrecht des DAV
März 2006	Ende der Pläne für ein „Museum der Deutschen Anwaltschaft"
13. Juni 2004	Ende der Seminare mit Dr. Böhle
November 2008	Vortrag vor der Vereinigung Berliner Strafverteidiger e.V.: „Psychologie des Strafverteidigers"
Mai 2009	Vierzigjähriges Anwaltsjubiläum
Juni 2010	70. Geburtstag

Schriftenverzeichnis Gerhard Jungfer

Autobiographisches

Die Rede bei der Verleihung des Bundesverdienstkreuzes am 21. August 2002, Berliner AnwBl. 2002, 482.

Anwaltsgeschichte

1. Besprechung der: Festschrift für Martin Drucker zum 65. Geburtstag, 6. Oktober 1934, Nachdruck 1983, StV 1985, 172.
2. Geleitwort zu: König, Vom Dienst am Recht, Rechtsanwälte als Strafverteidiger im Nationalsozialismus, 1987, V.
3. Die Vertreibung der jüdischen Juristen, AnwBl. 1989, 10 = Berliner AnwBl. 1989, 38.
4. Die schwierige Annäherung tradierter Verbandspolitik an „neue" Strafverteidigung, Strafverteidigung und Strafprozess, Festgabe für Ludwig Koch, 1989, 3 = Berliner AnwBl. 1990, 50 ff.
5. Moabiter Landrecht. Eine Dokumentation. Schriftenreihe der Vereinigung Berliner Strafverteidiger e.V., 1991, Mitherausgeber.
6. Strafverteidigung in der Weimarer Republik – Strafverteidigung in der Bundesrepublik: Neuer Typ des Strafverteidigers!?, Ebert (Hrsg.), Aktuelle Probleme der Strafrechtspflege, 1991, 37 ff.
7. Aufruf „Museum der Deutschen Anwaltschaft". Berliner AnwBl. 2003, 226 = BRAK-Mitteilungen 2003, 125.
8. 125 Jahre Rechtsanwaltskammer Berlin. Jubiläumsschrift, herausgegeben mit Stefan König und Autor des Beitrages: „Die Rechtsanwaltskammer Berlin 1945 bis heute", 2006.
9. Beitrag für die Jubiläumsschrift: „30 Jahre Strafverteidigertage" „Strafprozeßgeschichte und Geschichte der Strafverteidigung auf den Strafverteidigertagen", 2007.
10. Anwaltsgeschichte für Referendarinnen und Referendare, Berliner AnwBl. 2008, 264.
11. Besprechung von: „Martin Schumacher, Von Max Alsberg bis Ludwig Töpfer: Bücher und Bibliotheken jüdischer Rechtsanwälte nach 1933" Berliner AnwBl. 2013, 440.

Anwaltsbiographien

1. Hans Litten zum 50. Todestag, Eine Dokumentation, AnwBl. 1988, 213.
2. Max Alsberg (1877–1933), Verteidigung als ethische Mission, Streitbare Juristen. 1988, 14.

3 Besprechung von: Schumacher, Von Max Alsberg bis Ludwig Töpfer; Bücher und Bibliotheken jüdischer Rechtsanwälte nach 1933. In: Berliner AnwBl. 2013, 440 f.

4. Für Robert Kempner zum 90. Geburtstag, Gratulationen zum 90. Geburtstag, von Robert M. W. Kempner, Friedrich-Ebert-Stiftung 1989 (Privatdruck).
5. Rechtsanwalt Dr. Julius Magnus zum Gedenken, NJW 1991, 2748.
6. Zur Erinnerung: Hans Litten – ein Lebenslauf. Vortrag vom 17.06.1991, Mitteilungen des Deutschen Richterbundes Berlin, 1991, 13 = Berliner AnwBl. 1991, 272.
7. Julius Magnus (1867–1944), Mentor und Mahner der freien Advokatur. In: Heinrich / Franzki / Schmalz / Stolleis (Hrsg.), Deutsche Juristen jüdischer Herkunft. 1993, 517.
8. Robert M.W. Kempner, 17.10.1899–1.8.1993. Nachruf, AnwBl. 1994, 82.
9. Max Hachenburg – 1.10.1860–23.11.1951. In: AnwBl. 1995, 342.
10. Das historische Portrait: Arthur Brandt 21.06.1893–24.01.1989. In: StraFo 1995, 6210.
11. Das historische Portrait: Paul Reiwald 26.05.1895–11.08.1951. In: StraFo 1996, 16.
12. Das historische Portrait: Paul Reiwald 26.05.1895–11.08.1951. In: StraFo 1996, 16.
13. „Rede anlässlich der Gedenktafelenthüllung für Max Alsberg am 12.09.2001“, Berliner Anwaltsblatt 2001, 501.
14. Warum eigentlich ‘Hans-Litten-Haus’? Zusammen mit Tillmann Krach. In: Berliner AnwBl. 2001, 14.
15. Alfred Apfel. Zusammen mit Ingo Müller, StraFo 2003, 149.
16. Martin Drucker als Strafverteidiger. AnwBl. 2003, 209.
17. Hans Litten zum 100. Geburtstag: Hans Litten als Strafverteidiger. Gedenkvortrag, Gedenkveranstaltung am 22. Juni 2003 der Bundesrechtsanwaltskammer, der Rechtsanwaltskammer Berlin und der Gedenk- und Bildungsstätte Haus der Wannseekonferenz, BRAK-Mittelungen 2003, 161.
18. Du musst es dreimal sagen, Liber Amicorum für Eberhard Kempf zum 60. Geburtstag. Privatdruck (Deutscher Anwaltverein / Soldan), 2003, 61.
19. Köpfe des Berliner Anwaltsvereins in der Weimarer Republik. Festschrift zum 150-jährigen Bestehen des Berliner Anwaltsvereins 2003, 299.
20. Robert Kempner, Vortrag anlässlich der Benennung einer Straße in Berlin nach Robert Kempner am 27. August 2003, Bericht Berliner AnwBl. 2003, 467 = Recht und Politk 2004, 121.

Berufsrecht

1. Eigene Ermittlungstätigkeit des Strafverteidigers – strafprozessuale und standesrechtliche Möglichkeiten und Grenzen, StV 1981, 100 = Schriftenreihe der Vereinigung Berliner Strafverteidiger e.V.
2. Zur Fristwahrung an Nachtbriefkästen oder: Der Anwalt als Organ der Rechtspflege, Berliner AnwBl. 1982, 118 ff.
3. Berufsrecht aus der Sicht des Strafverteidigers, AnwBl. 1989, 469.

4. Die unendliche Geschichte oder die Gemeinsame Briefannahme. Berliner AnwBl. 1991, 196.
5. Strafverteidigung – Gleiche Seiten einer Medaille? – Staatsschutz in Ost und West, Berliner AnwBl. 1997, 404 ff = Festgabe für Friebertshäuser 1997, 121 ff.
6. Die anwaltliche Berufsordnung und die Fachanwaltsordnung von 1997, eine Zwischenbilanz nach drei Jahren, Berliner AnwBl. 2000, 357 ff.
7. Die Verschwiegenheitspflicht des Vorstandes der Rechtsanwaltskammer nach § 76 BRAO de lege lata et de lege ferenda. BRAK-Mitteilungen 2001, 167 f. = (gekürzt) Berliner AnwBl. 2001, 453 ff.
8. Aus der Rechtsprechung des Anwaltsgerichtshofes und des Anwaltsgerichtes Berlin, Berichtszeitraum 2000 bis Juni 2002, Berliner AnwBl. 2002, 589.
9. Ärztliches Berufsrecht. 29. Symposion für Juristen und Ärzte, 13. und 14. Februar 2004 in Berlin. Ein Tagungsbericht. Berliner Ärzteblatt 2004, 51 = Berliner AnwBl. 2004, 74.

Strafverteidigung (allg. Fragen und Grundlagen)

1. Den hochgemuten, voreiligen Griff nach der Wahrheit hemmen – Strafverteidigung, JA 1986, 20 = In: Fabricius-Brand (Hrsg.), Anwaltsprotokolle, 1986, 50.
2. Max Alsberg: Konflikt – Bremen, 3. März 1933 – Eine Dokumentation. Festschrift für Franz-Josef Brieske (Privatdruck), 1986, 171.
3. Auswahl und Bestellung des Pflichtverteidigers – Idee und Wirklichkeit, Schriftenreihe der Arbeitsgemeinschaften des Deutschen AnwaltVerein, Arbeitsgemeinschaft Strafrecht, Pflichtverteidigung und Rechtsstaat, 1986, 24.
4. Freiheit und Form ..., AnwBl. 1987, 76.
5. Die schwierige Annäherung tradierter Verbandspolitik an „neue“ Strafverteidigung, Strafverteidigung und Strafprozess. Festgabe für Ludwig Koch, 1989, 3 = Berliner AnwBl. 1990, 50 ff.
6. Strafverteidigung in der Weimarer Republik – Strafverteidigung in der Bundesrepublik: Neuer Typ des Strafverteidigers!? Ebert (Hrsg.), Aktuelle Probleme der Strafrechtspflege, 1991, 37 ff.
7. Strafverteidigung und Rechtskultur. Festvortrag zum 40-jährigen Jubiläum der Vereinigung Berliner Strafverteidiger e.V. am 25. Mai 1991, AnwBl. 1992, 510.
8. Die Hauptverhandlung gegen Paul Krantz im Jahre 1928. Strafverteidiger-Forum, Mitteilungsblatt der Strafverteidigervereinigung des DAV, 1993, 4.
9. „Zurück zur Form – 50 Jahre Nachkriegsadvokatur“. Festvortrag bei der Gedenkveranstaltung der Vereinigung Berliner Strafverteidiger e.V. am 14.06.1996, Berliner AnwBl. 1996, 391 ff, 455 ff = Festgabe für Friebertshäuser 1997, 21 ff.
10. „Mut der Verzweiflung“ und andere hervorstechende Eigenschaften von Strafverteidigern. Interview. Juramagazin für Fortbildung und Beruf (jumag), Sonderausgabe I/99 S. 27/28.

11. Wilfried Rasch (27.08.1925–23.09.2000), Nachruf, StV 2000, 641.

12. „Philosophie und Psychologie der Strafverteidigung". Anwaltsblatt-Gespräch, Berliner AnwBl. 2003, 465.

2. Straf- und Strafprozessrecht

1. Eigene Ermittlungstätigkeit des Strafverteidigers – strafprozessuale und standesrechtliche Möglichkeiten und Grenzen, StV 1981, 100 = Schriftenreihe der Vereinigung Berliner Strafverteidiger e.V.

2. Anmerkung zum Urteil des Bundesgerichtshofes vom 29. September 1981 – 1 StR 112/91 – StV 1982, 156.

3. Anmerkung zu den Beschlüssen des LG Bremen vom 6. August und 20. August 1982 – 41 KLs 74 Js 42/77 – StV 1982, 462.

4. Anmerkung zum Beschluss des Bundesgerichtshofes vom 9. November 1982-5 StR 471/82 – StV 1983, 10.

5. Besprechung von: Krause / Nehring, Strafverfahrensrecht in der Polizeipraxis, 1978, StV 1983, 351.

6. Festschrift für Hanns Dünnebier, Referate einzelner Beiträge und persönliche Zusätze, StV 1983, 391.

7. Freiheit und Form ..., AnwBl. 1987, 76.

8. 1. Grundfragen der vergleichenden Strafzumessung 2. Anwalt und Revision, Schriftenreihe der Arbeitsgemeinschaften des Deutschen AnwaltVerein, Arbeitsgemeinschaft Strafrecht, Die revisionsgerichtliche Rechtsprechung der Strafsenate des Bundesgerichtshofes, I. Strafverteidiger Frühjahrssymposium der Arbeitsgemeinschaft Strafrecht im Deutschen AnwaltVerein 1987, 155.

9. Strafverteidiger und Detektiv (Der Detektivberuf in Deutschland, Rechtsbeziehungen des Detektivs zum Anwalt, Rechtsstellung der Detektive), Schriftenreihe der Arbeitsgemeinschaften des Deutschen AnwaltVerein, Arbeitsgemeinschaft Strafrecht, Der Bürger im Ermittlungsverfahren, 1989, 136 = StV 1989, 495.

10. Sicherheitsleistung zur Verminderung der Verdunkelungsgefahr? – Gedächtnisschrift für Karlheinz Meyer, 1990, 227 ff.

11. Grundzüge des Revisionsverfahrens, Strafverteidiger-Forum, Mitteilungsblatt der Strafverteidigervereinigung des DAV, 1991, 30.

12. Laudatio zum 65. Geburtstag von Herrn VRiBGH Gerhard Herdegen, Rechtssicherheit versus Einzelfallgerechtigkeit. Schriftenreihe der Arbeitsgemeinschaften des Deutschen AnwaltVerein, Arbeitsgemeinschaft Strafrecht, 1992, 86.

13. Zum Anspruch auf Erstellung eines schriftlichen Sachverständigengutachten und zur Beiziehung der Sachverständigenunterlagen. In: Recht und Psychiatrie, 1995, 29 = StraFO 1995, 19.

14. Desorganisation der Hauptverhandlung „Kurzer Prozess – Langes Verfahren?" In: AnwBl. 1997, 98.

15. Abschied vom 5. (Berliner) Strafsenat, Berliner AnwBl. 1997, 343.
16. Die Ladung des psychiatrisch/psychologischen Sachverständigen nach § 220 StPO – Ein Disput – Wilfried Rasch und Gerhard Jungfer, StV 1999, 513.
17. Der Vortrag Prof. von Liszt's vor dem Berliner Anwaltsverein am 23.03.1901 – 'Die Stellung der Verteidigung in Strafsachen – damalige und heutige Bedeutung'. In: Berliner AnwBl. 2001, 216.
18. 70 Jahre Weltbühnenurteil. Zusammen mit Ingo Müller, NJW 2001, 3461.
19. Die Justizpressestelle Moabit. Rechtliche Grundlagen und Arbeitsweise. Berliner AnwBl. 2003, 273.
20. „Das Kriminalgericht in Moabit in Architekturbeschreibung und Literatur", S. 53 ff. in der Festschrift zum 100. Geburtstag: „Das Neue Kriminalgericht in Moabit". Alois Wosnitzka (Hrsg.), 2006.

Rechtsgeschichte und Rechtsgeschehen

hrsg. von Prof. Dr. Dr. Thomas Vormbaum (FernUniversität Hagen)

Peter Linscheidt
Das Landgericht Hagen
Rechtsprechung im Südteil der Grafschaft Mark von der Frühzeit bis zur Gegenwart
Bd. 1, 2004, 144 S., 39,90 €, gb., ISBN 3-8258-8314-0

Sandra Kischka
Todesbedingtes Ausscheiden eines Gesellschafters aus der Personenhandelsgesellschaft
Die Entwicklung bis zu den Naturrechtskodifikationen
Bd. 2, 2005, 336 S., 33,90 €, gb., ISBN 3-8258-8426-0

Institut für Juristische Zeitgeschichte Hagen
Der Große Lauschangriff vor dem Bundesverfassungsgericht
Verfahren, Nachspiel und Presse-Echo. Herausgegeben von Thomas Vormbaum unter Mitarbeit von Martin Asholt
Bd. 3, 2005, 456 S., 39,90 €, gb., ISBN 3-8258-8381-7

Wolf Lammers
Anton Matthias Sprickmann
Ein Juristenleben
Bd. 4, 2005, 112 S., 34,90 €, gb., ISBN 3-8258-9148-8

Ettore Dezza
Beiträge zur Geschichte des italienischen Strafprozesses im Kodifikationszeitalter
Bd. 5, 2007, 176 S., 39,90 €, gb., ISBN 978-3-8258-0592-0

Petra Zrenner
Die konservativen Parteien und die Entstehung des Bürgerlichen Gesetzbuches
Bd. 6, 2008, 416 S., 39,90 €, gb., ISBN 978-3-8258-0928-7

Valentin Petev
Von sozialistischer Diktatur und westlicher Freiheit
Eine politische Autobiographie
Bd. 7, 2007, 128 S., 34,90 €, gb., ISBN 978-3-8258-1009-2

Nora Düwell
Die Standesgerichtsbarkeit der Presse im Nationalsozialismus
Das Bezirksgericht der Presse München
Bd. 8, 2008, 264 S., 34,90 €, gb., ISBN 978-3-8258-1330-7

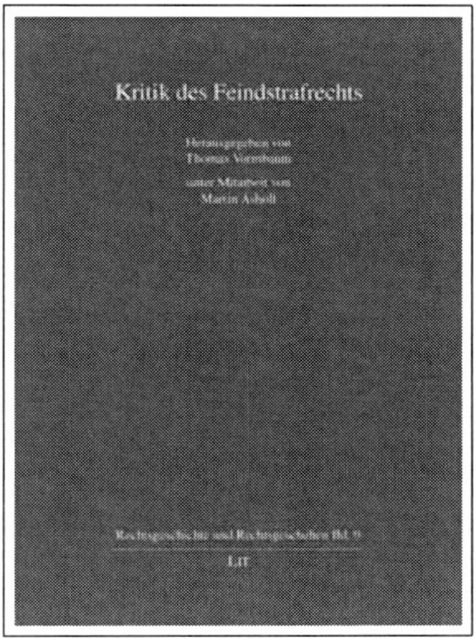

Thomas Vormbaum (Hg.) unter Mitarbeit von Martin Asholt
Kritik des Feindstrafrechts
Bd. 9, 2009, 480 S., 59,90 €, gb., ISBN 978-3-643-10438-0

Adolfo Ceretti; Loredana Garlati (Hg.)
Laizität und Rechtsstaat
Akten des 4. Fakultätskongresses der juristischen Fakultät der Universität Mailand-Bicocca, 9. – 10. Februar 2006
Bd. 10, 2009, 312 S., 39,90 €, gb., ISBN 978-3-643-10439-7

Hermann Weber (Hg.)
Literatur, Recht und Religion
Tagung im Nordkolleg Rendsburg vom 18. bis 20. September 2009
Bd. 11, 2. Aufl. 2011, 176 S., 29,90 €, gb., ISBN 978-3-643-10645-2

Elemér Balogh
Die ungarische Strafrechtskodifikation im 19. Jahrhundert
Bd. 12, 2010, 328 S., 39,90 €, gb., ISBN 978-3-643-90057-9

LIT Verlag Berlin – Münster – Wien – Zürich – London
Auslieferung Deutschland / Österreich / Schweiz: siehe Impressumsseite

Loredana Garlati; Tiziana Vettor (Hg.)
Das Recht und die Rechtsschändung
70 Jahre nach dem Erlass der italienischen Rassegesetze. Tagung der Universität Mailand-Bicocca 27. November 2008
Bd. 13, 2011, 232 S., 34,90 €, gb.,
ISBN 978-3-643-11096-1

Elisabeth Berger
Rezeption im liechtensteinischen Privatrecht unter besonderer Berücksichtigung des ABGB
Bd. 14, 2. Aufl. 2011, 296 S., 39,90 €, gb.,
ISBN 978-3-643-50322-0

Peter Rieß
Beiträge zur Entwicklung der deutschen Strafprozessordnung
Bd. 16, 2011, 272 S., 34,90 €, gb.,
ISBN 978-3-643-11486-0

Detlev Achhammer
Die Rolle der Berliner Staatsanwaltschaft bei der Herstellung der Rechtseinheit Berlins 1989/1990
Ein Erlebnisbericht
Bd. 17, 2011, 144 S., 34,90 €, gb.,
ISBN 978-3-643-11511-9

Hermann Weber (Hg.)
Juristen hinter Literatur und Kunst
Tagung im Nordkolleg Rendsburg vom 16. bis 18. September 2011
Bd. 18, 2. Aufl. 2013, 208 S., 34,90 €, gb.,
ISBN 978-3-643-11768-7

Hermann Weber (Hg.)
Recht und Juristen im Spiegel von Literatur und Kunst
Tagung im Nordkolleg Rendsburg vom 6. bis 8. September 2013
Bd. 19, 2014, 216 S., 34,90 €, gb.,
ISBN 978-3-643-12456-2

Frank L. Schäfer; Mathias Schmoeckel; Thomas Vormbaum (Hg.)
Ad fontes!
Werner Schubert zum 75. Geburtstag
Bd. 20, 2015, 170 S., 34,90 €, gb.,
ISBN 978-3-643-12958-1

LIT Verlag Berlin – Münster – Wien – Zürich – London
Auslieferung Deutschland / Österreich / Schweiz: siehe Impressumsseite

Rechtsgeschichte und Rechtsgeschehen
Italien
hrsg. von Prof. Dr. Dr. Thomas Vormbaum (FernUniversität Hagen)

Thomas Vormbaum (Hg.)
Beiträge zur Geschichte der modernen italienischen Strafrechtswissenschaft
Bd. 1, 2014, 184 S., 39,90 €, gb., ISBN 978-3-643-12755-6

Mario Sbriccoli
Die bürgerliche Strafrechtswissenschaft
Theorien und Ideologien des Strafrechts im vereinigten Italien
Bd. 2, 2014, 136 S., 29,90 €, gb., ISBN 978-3-643-12769-3

Luigi Lacchè
Der eklektizistische Kanon
Auf der Suche nach einer „Tiefenschicht" der italienischen Rechtskultur des 19. Jahrhunderts
Bd. 3, 2014, 112 S., 29,90 €, gb., ISBN 978-3-643-12770-9

Sergio Vinciguerra; Thomas Vormbaum (Hg.)
Strafgesetzbuch für das Königreich Italien („Codice Zanardelli") vom 30. Juni 1889
Bd. 4, 2014, 224 S., 39,90 €, gb., ISBN 978-3-643-12611-5

Lorenzo Picotti; Francesca Zanuso (Hg.)
Die Kriminalanthropologie Cesare Lombrosos
Vom 19. Jahrhundert zur aktuellen strafrechtsphilosophischen Debatte. Akten des internationalen Kongresses zum 100. Todestag Lombrosos an der Juristischen Fakultät der Universität Verona (16./17. Oktober 2009)
Bd. 5, 2015, 148 S., 34,90 €, gb., ISBN 978-3-643-90629-8

Thomas Vormbaum (Hg.)
Arturo Rocco und der Rechtstechnizismus im italienischen Strafrecht
Mit kommentierenden Beiträgen von Sergio Seminara, Giovanni Fiandaca und Massimo Donini sowie dem Text des „Manifesto" aus dem Jahre 1910
Bd. 6, 2013, 200 S., 34,90 €, gb., ISBN 978-3-643-12211-7

Thomas Vormbaum (Hg.)
Vorentwurf zu einem italienischen Strafgesetzbuch über Verbrechen von 1921 („Progetto Ferri")
Text und Kommissionsbericht. Mit einer Einführung von Sergio Seminara. Aus dem Italienischen von Thomas Vormbaum
Bd. 7, 2014, 256 S., 39,90 €, gb., ISBN 978-3-643-12767-9

Thomas Vormbaum (Hg.)
Beiträge zur italienischen Strafrechts- und Kriminalpolitik
Bd. 8, 2015, 248 S., 34,90 €, gb., ISBN 978-3-643-12945-1

Marco Mantovani
Die Verjährung der Strafe
Bd. 9, 2014, 152 S., 34,90 €, gb., ISBN 978-3-643-12610-8

Fabio Basile
Multikulturelle Gesellschaft und Strafrecht
Die Behandlung der kulturell motivierten Straftaten. Aus dem Italienischen von Thomas Vormbaum
Bd. 10, 2015, 520 S., 64,90 €, gb., ISBN 978-3-643-90612-0

Carl Joseph Anton Mittermaier
Über den gegenwärtigen Stand der Rechtswissenschaft in Italien (1851 .. 1852)
Mit einer Einführung von Martin Gebauer. Herausgegeben von Thomas Vormbaum
Bd. 11, 2016, 136 S., 29,90 €, gb., ISBN 978-3-643-13298-7

Stefano Canestrari
Prinzipien des Bio-Strafrechts
Aus dem Italienischen von Thomas Vormbaum
Bd. 12, 2016, 114 S., 34,90 €, gb., ISBN 978-3-643-13418-9

LIT Verlag Berlin – Münster – Wien – Zürich – London
Auslieferung Deutschland / Österreich / Schweiz: siehe Impressumsseite

Rechtsgeschichte und Rechtsgeschehen

Kleine Schriften

hrsg. von Prof. Dr. Dr. Thomas Vormbaum (FernUniversität Hagen)

Norman Weiß
Die Reform des Amtsrechts der Staatsanwaltschaft
Europarechtliche und völkerrechtliche Impulse
Bd. 1, 2005, 64 S., 12,90 €, br., ISBN 3-8258-8824-x

Stefan Baufeld
Der 11. September 2001 als Herausforderung für das Völkerrecht
Bd. 2, 2005, 72 S., 12,90 €, br., ISBN 3-8258-8909-2

Carola Vulpius (Hg.)
Gustav Radbruch/Archibald H. Campbell: Briefwechsel 1935–1949
Mit einem Neuabdruck des Campbellschen Aufsatzes über Radbruchs Rechtsphilosophie (1948). Eingeleitet und herausgegeben von Carola Vulpius
Bd. 3, 2005, 72 S., 12,90 €, br., ISBN 3-8258-9004-X

Tillmann Krach (Hg.)
Anwaltsalltag in der DDR
Mit Beiträgen von Bernd Eisenfeld, Franz Norbert Otterbeck und Dietrich Schümann
Bd. 4, 2005, 64 S., 12,90 €, br., ISBN 3-8258-9020-1

Birthe Pasemann
Der Einfluß des Bundesrates auf die Gesetzgebung
Der Bundesrat als Gewähr für die Vollziehbarkeit von Gesetzen
Bd. 5, 2006, 104 S., 14,90 €, br., ISBN 3-8258-9397-9

Günter Gribbohm
Selbst mit einer „Repressalquote“ von zehn zu eins?
Über Recht und Unrecht einer Geiseltötung im Zweiten Weltkrieg
Bd. 6, 2006, 56 S., 14,90 €, br., ISBN 3-8258-9695-1

Tade M. Spranger
Die Stellung des Beamten in der Weimarer Republik
Ein Beitrag zum verfassungsrechtlichen Vorverständnis des Art. 33 Abs. 5 GG
Bd. 7, 2007, 56 S., 14,90 €, br., ISBN 978-3-8258-0075-8

Institut für Juristische Zeitgeschichte Hagen
Deutsche Justizinstitutionen in Geschichtswerken und Festschriften
Gerichte, Justizverwaltungen, juristische Fakultäten. Herausgegeben von Thomas Vormbaum
Bd. 8, 2007, 72 S., 19,90 €, br., ISBN 978-3-8258-0607-1

Giovannangelo De Francesco
Schutzprogramme und Straftatbestände
Bd. 9, 2007, 96 S., 19,90 €, br., ISBN 978-3-8258-0608-8

Francisco Muñoz Conde
Über das „Feindstrafrecht“
Bd. 10, 2007, 72 S., 14,90 €, br., ISBN 978-3-8258-0526-5

Massimo Donini
Das Strafrecht und der „Feind“
Bd. 11, 2007, 112 S., 19,90 €, br., ISBN 978-3-8258-0609-5

Sergio Moccia
Das „nicht gehaltene Versprechen“
Bedeutung und Perspektiven des Grundsatzes der Bestimmtheit/Berechenbarkeit im italienischen Strafrecht
Bd. 12, 2007, 120 S., 19,90 €, br., ISBN 978-3-8258-0789-4

Domenico Pulitanò
Laizität und Strafrecht
Bd. 13, 2007, 80 S., 19,90 €, br., ISBN 978-3-8258-0610-1

Mario A. Cattaneo
Naturrecht und Menschenwürde
Bd. 14, 2007, 96 S., 19,90 €, br., ISBN 978-3-8258-0611-8

José Luis González Cussac
„Feindstrafrecht“
Die Wiedergeburt des autoritären Denkens im Schoße des Rechtsstaates
Bd. 15, 2007, 56 S., 19,90 €, br., ISBN 978-3-8258-0865-5

Bernhard Kretschmer
Schöffin mit Kopftuch: Persona non grata?
Bd. 16, 2007, 72 S., 19,90 €, br., ISBN 978-3-8258-0994-2

Stefano Canestrari
Strafrechtliche Probleme der Laizität
Bd. 17, 2008, 88 S., 19,90 €, br., ISBN 978-3-8258-1172-3

LIT Verlag Berlin – Münster – Wien – Zürich – London

Auslieferung Deutschland / Österreich / Schweiz: siehe Impressumsseite

Mario A. Cattaneo
Recht und Gewalt
Ein problematisches Verhältnis
Bd. 18, 2009, 104 S., 19,90 €, br.,
ISBN 978-3-643-10171-6

Sergio Seminara; Hans Joachim Hirsch
Zur strafrechtlichen Versuchslehre im 19. und 20. Jahrhundert
Bd. 19, 2009, 96 S., 19,90 €, br., ISBN 978-3-8258-1753-4

Elemér Balogh
Die Verdachtsstrafe in Deutschland im 19. Jahrhundert
Bd. 20, 2009, 128 S., 19,90 €, br.,
ISBN 978-3-643-10000-9

Günter Gribbohm
„Geführte" Strafjustiz
Reichsgericht und Kriegsstrafrecht im Zweiten Weltkrieg
Bd. 21, 2009, 96 S., 19,90 €, br., ISBN 978-3-643-10362-8

Francesco Palazzo
Strafgesetzlichkeit
Transformation und Vielschichtigkeit eines „Fundamentalprinzips"
Bd. 22, 2010, 72 S., 19,90 €, br., ISBN 978-3-643-10708-4

Valerio Marotta
Das Bürgerrecht im römischen Kaiserreich
Bd. 23, 2010, 112 S., 19,90 €, br.,
ISBN 978-3-643-10709-1

Ettore Dezza; Loredana Garlati
Beiträge zur Geschichte der habsburgischen Strafgesetzgebung in Italien
Mit einem Anhang: Cesare Beccarias Gutachten zum Allgemeinen Gesetzbuch über Verbrechen und Strafen aus dem Jahre 1791. Übersetzt und herausgegeben von Thomas Vormbaum
Bd. 24, 2010, 152 S., 19,90 €, br.,
ISBN 978-3-643-10707-7

Jan Zopfs (Hg.)
Quellen zur Aufhebung der Folter
Die Aufhebung der Folter in Baiern (1806) von Paul Johann Anselm Feuerbach sowie die Verordnungen Friedrichs II. aus den Jahren 1740 – 1756 zur Abschaffung der Folter in Preußen
Bd. 25, 2010, 64 S., 19,90 €, br., ISBN 978-3-643-10880-7

Loredana Garlati
Die Verteidigung hat das Wort
Strafrechtliche Aspekte der lombardischen Verteidigungsschriften (Allegationes) an der Wende vom 18. zum 19. Jahrhundert
Bd. 26, 2011, 112 S., 19,90 €, br.,
ISBN 978-3-643-11097-8

Thomas Vormbaum
Die Strafrechtsangleichungsverordnung vom 29. Mai 1943
Materialien zur Verordnung und zu den Durchführungsverordnungen
Bd. 27, 2011, 129 S., 19,90 €, br.,
ISBN 978-3-643-11098-5

Vasco Reuss
Zivilcourage als Strafzweck des Völkerstrafrechts
Was bedeutet Positive Generalprävention in der globalen Zivilgesellschaft?
Bd. 28, 2012, 104 S., 19,90 €, br.,
ISBN 978-3-643-11325-2

Lorenzo Zilletti; Franco Oliva (Hg.)
Richterliche Kontrolle der Kriminalpolitik?
Zur Prüfung der Verfassungsmäßigkeit begünstigender Strafnormen durch das italienische Verfassungsgericht. Aus dem Italienischen von Thomas Vormbaum
Bd. 29, 2011, 72 S., 19,90 €, br., ISBN 978-3-643-11459-4

Daniela Tafani
Beiträge zur Rechtsphilosophie des deutschen Idealismus
Aus dem Italienischen von Thomas Vormbaum
Bd. 30, 2011, 160 S., 19,90 €, br.,
ISBN 978-3-643-11460-0

Johann Michael Franz Birnbaum
Zwei Aufsätze. Ueber das Erforderniß einer Rechtsverletzung zum Begriffe des Verbrechens (1834). Bemerkungen über den Begriff des natürlichen Verbrechens (1836)
Herausgegeben von José Luis Guzmán Dalbora und Thomas Vormbaum
Bd. 31, 2011, 128 S., 19,90 €, br.,
ISBN 978-3-643-11461-7

LIT Verlag Berlin – Münster – Wien – Zürich – London
Auslieferung Deutschland / Österreich / Schweiz: siehe Impressumsseite

Giuseppe Acerbi
„Terreur“ und „Grande Terreur“
Zum Strafrecht der Französischen Revolution. Aus dem Italienischen von Thomas Vormbaum
Bd. 32, 2011, 88 S., 19,90 €, br., ISBN 978-3-643-11462-4

Wolfgang Naucke
Der Begriff der politischen Wirtschaftsstraftat
Eine Annäherung
Bd. 33, 2012, 112 S., 19,90 €, br.,
ISBN 978-3-643-11570-6

Luigi Lacchè
„Richtet nicht!“
Anthropologie der Justiz und Formen der öffentlichen Meinung im 19. und 20. Jahrhundert
Bd. 34, 2012, 80 S., 19,90 €, br., ISBN 978-3-643-11577-5

Ezequiel Malarino; Pablo Eiroa
Kurze Geschichte des argentinischen Strafrechts
Bd. 35, 2012, 96 S., 19,90 €, br., ISBN 978-3-643-11578-2

Thomas Vormbaum
Reform der Aussagetatbestände (§§153-162 StGB)
Reformüberlegungen und Gesetzentwurf
Bd. 36, 2. Aufl. 2012, 88 S., 19,90 €, br.,
ISBN 978-3-643-11579-9

Roberto Bartoli
Der internationale Terrorist
Krimineller, Feind oder absoluter Feind?
Bd. 37, 2013, 64 S., 19,90 €, br., ISBN 978-3-643-11979-7

Lorenzo Picotti
Zwischen ‚spezifischem' Vorsatz und subjektiven Unrechtselementen
Ein Beitrag zur typisierten Zielsetzung im gesetzlichen Tatbestand
Bd. 38, 2014, 88 S., 19,90 €, br., ISBN 978-3-643-90326-6

Markus Hirte
Die Todesstrafe in der Entstehung des Reichsstrafgesetzbuches
Bd. 39, 2013, 104 S., 19,90 €, br.,
ISBN 978-3-643-12069-4

Loredana Garlati
„Schuldig eines Verbrechens, das es nicht gab“
Der Prozess gegen die Mailänder „Pestschmierer“ in der Deutung Pietro Verris und Alessandro Manzonis
Bd. 40, 2013, 96 S., 19,90 €, br., ISBN 978-3-643-12306-0

Carlos Gómez-Jara Díez
Staatsschuldenkrise und europäisches Strafrecht
Bd. 41, 2014, 112 S., 29,90 €, br., ISBN 3-643-90499-7

Wolfgang Naucke
Negatives Strafrecht
- 4 Ansätze –
Bd. 42, 2016, 142 S., 24,90 €, br.,
ISBN 978-3-643-13198-0

Emanuela Fronza
Negationismus
Leugnen, Rechtfertigen und Verharmlosen von Makro-Verbrechen als Straftat
Bd. 43, 2016, 76 S., 19,80 €, br., ISBN 978-3-643-13371-7

Gigliola di Renzo Villata
Beccaria und die Anderen
Zur Strafrechtswissenschaft der Frühen Neuzeit
Bd. 44, 2016, 82 S., 19,90 €, br., ISBN 978-3-643-13384-7

Massimo Donini
Strafrecht als öffentliche Moral
Betrachtungen über den Politiker als „Tätertyp“
Bd. 45, 2016, 70 S., 19,90 €, br., ISBN 978-3-643-13400-4

LIT Verlag Berlin – Münster – Wien – Zürich – London
Auslieferung Deutschland / Österreich / Schweiz: siehe Impressumsseite